Bildnachweis:
Alle Fotos stammen vom Autor mit den folgenden Ausnahmen:
Titelbild: ©Shutterstock.com/everst
Seite 55: MEV

ISBN 978-3-613-50907-8

Ein Unternehmen
der Paul Pietsch Verlage GmbH & Co. KG

1. Auflage 2020
Sie finden uns im Internet unter
www.pietsch-verlag.de

Lektorat: Ulrike Ruh
Cover, Layout und Satz:
grafik+design Kornelia Erlewein
Druck und Bindung: Graspo CZ, 76302 Zlín
Printed in Czech Republic

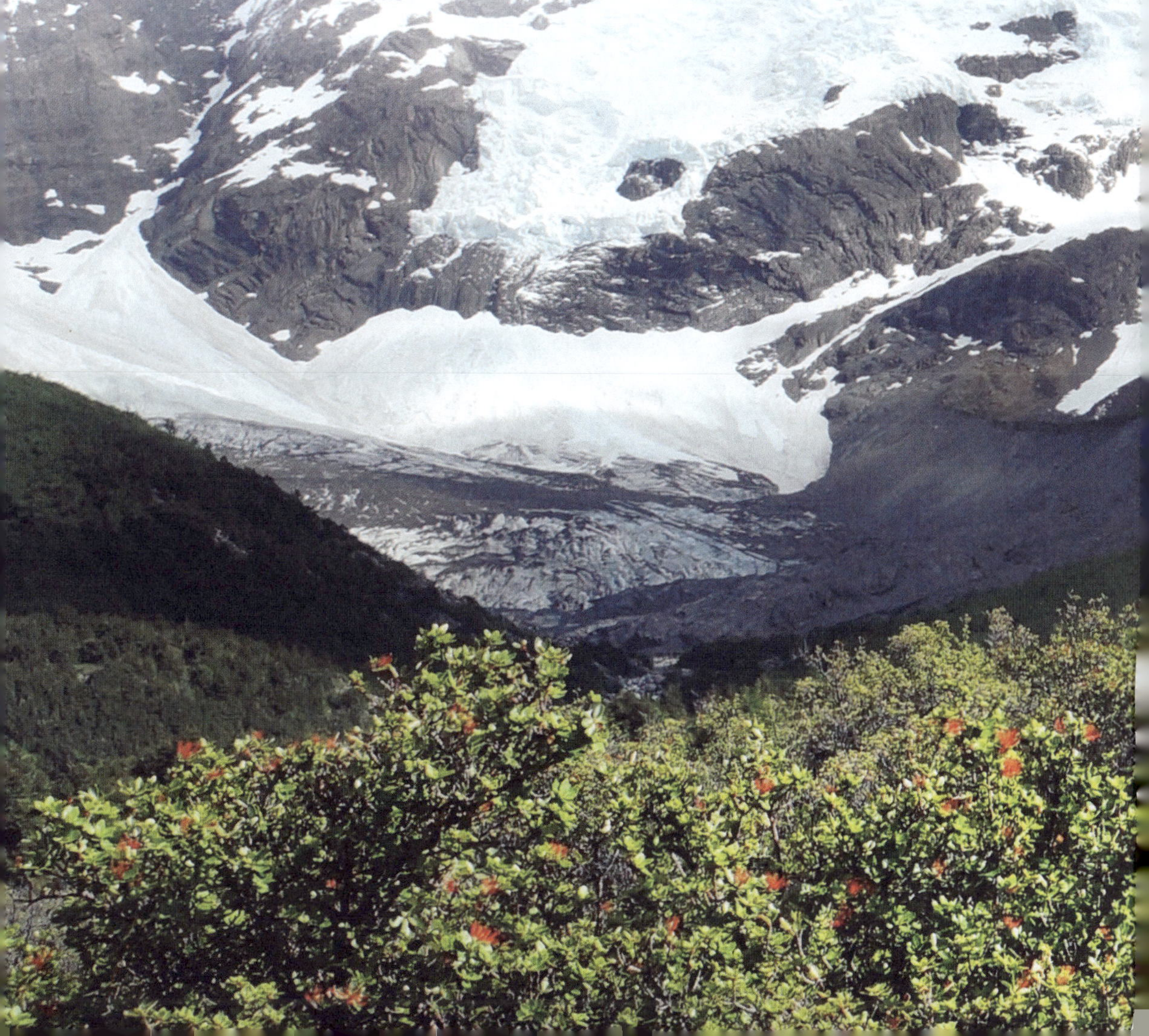

Axel Klemm

Ultraleicht auf Tour.

Produkte und Packkonzepte für minimales Gewicht
Ein **Ausrüstungsratgeber**

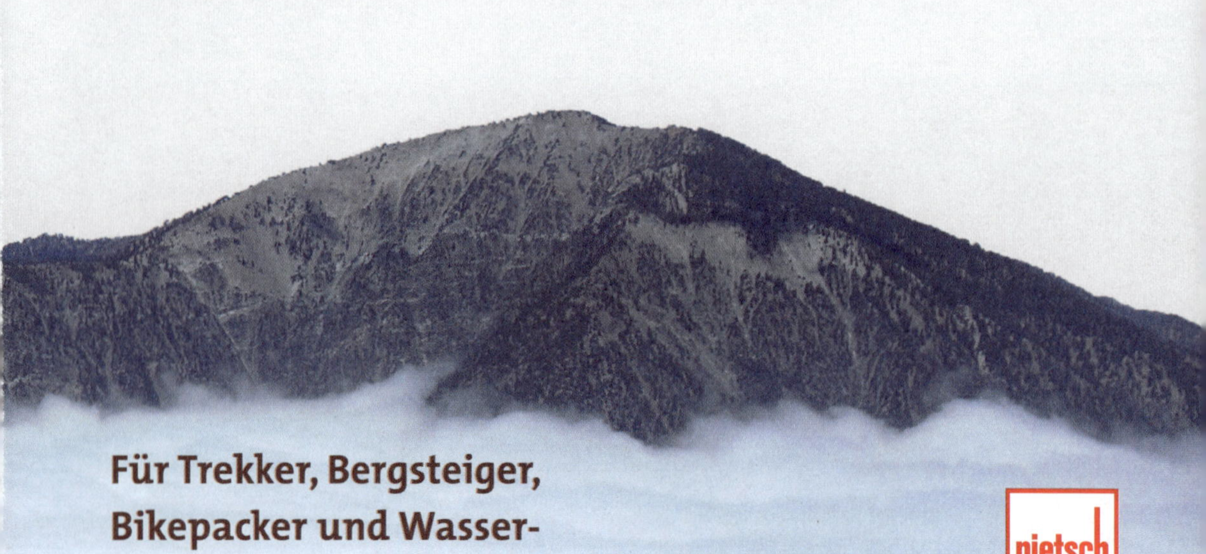

Für Trekker, Bergsteiger, Bikepacker und Wasserwanderer

pietsch

Tipps für ultraleichte Ausrüstung,
insbesondere zum Wandern,
aber auch Bikepacking und Wasserwandern.

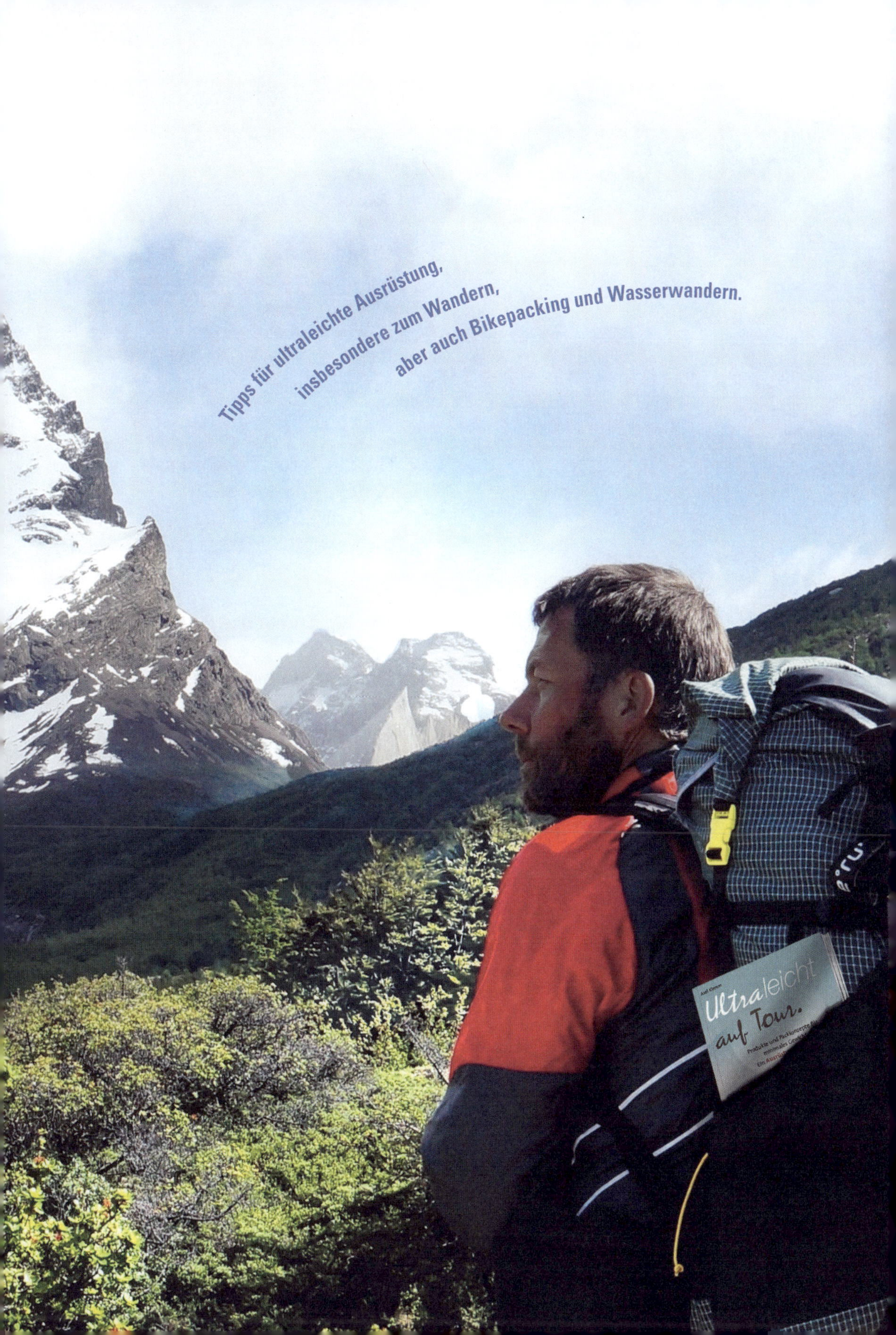

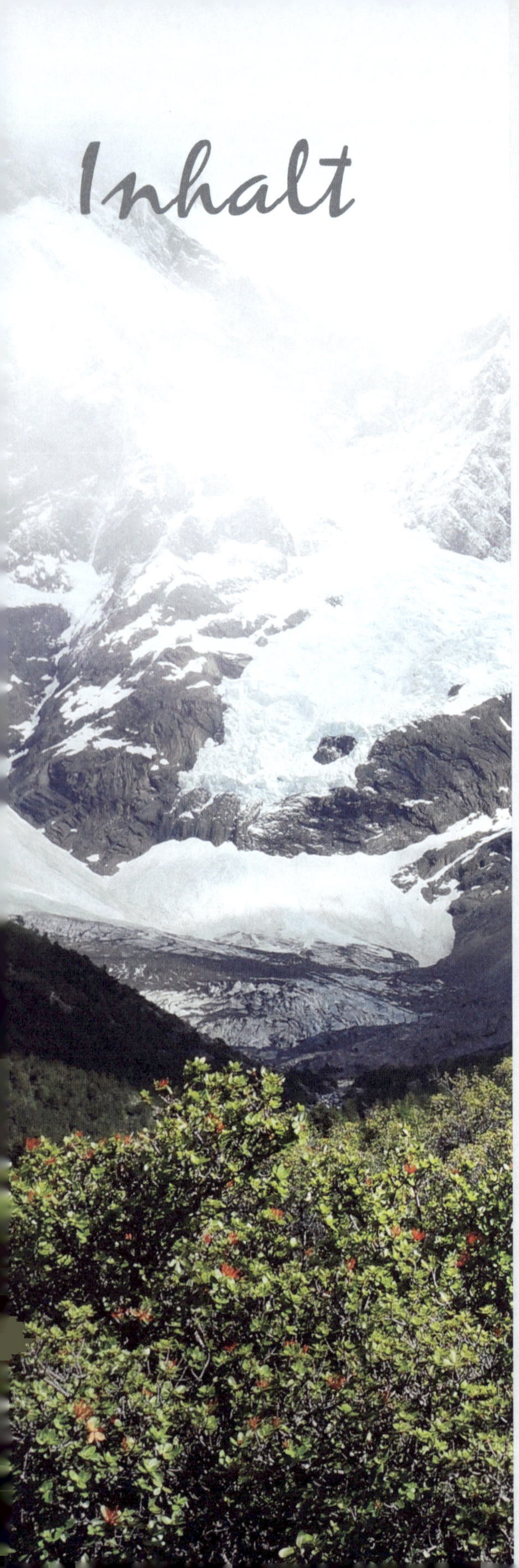

Inhalt

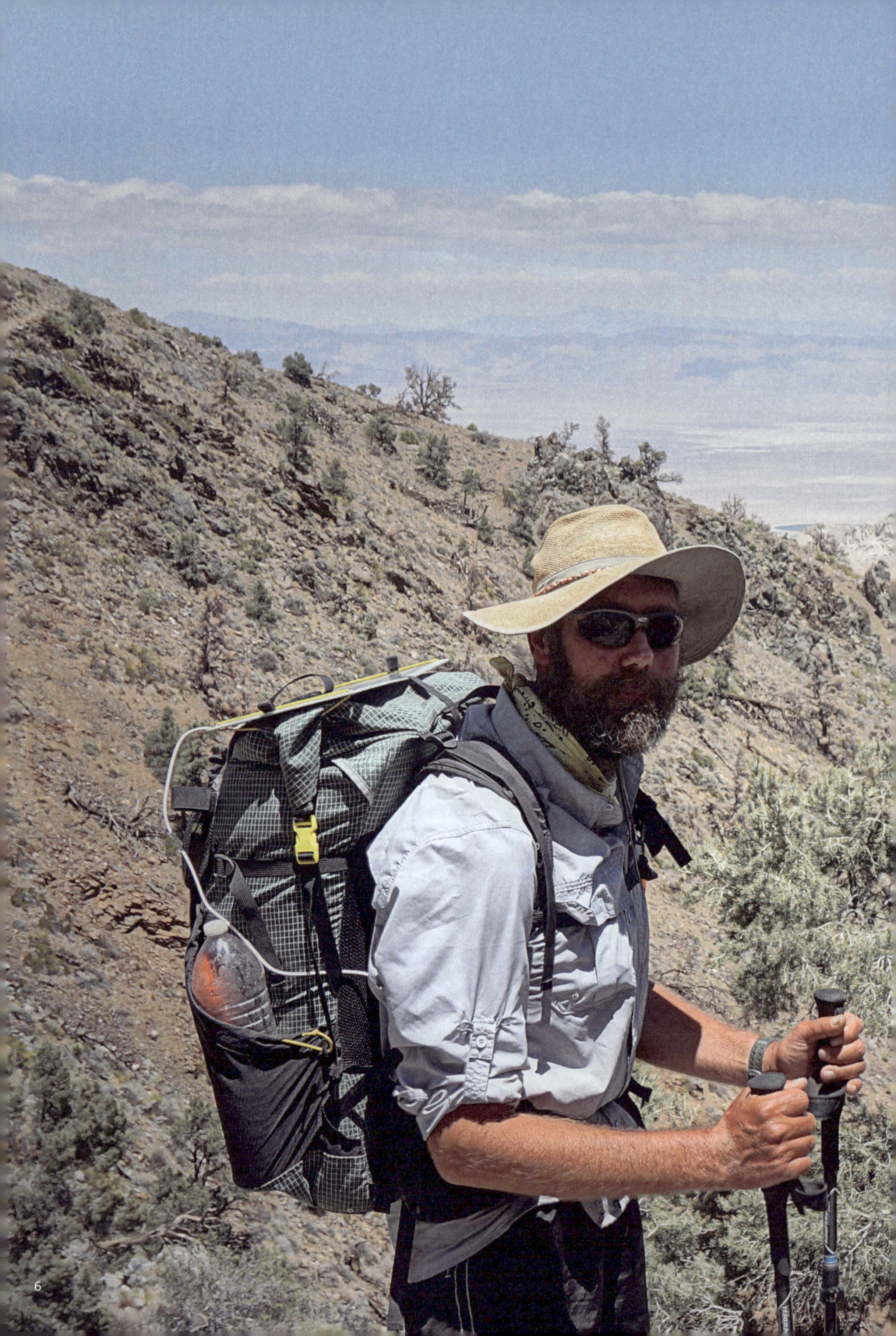

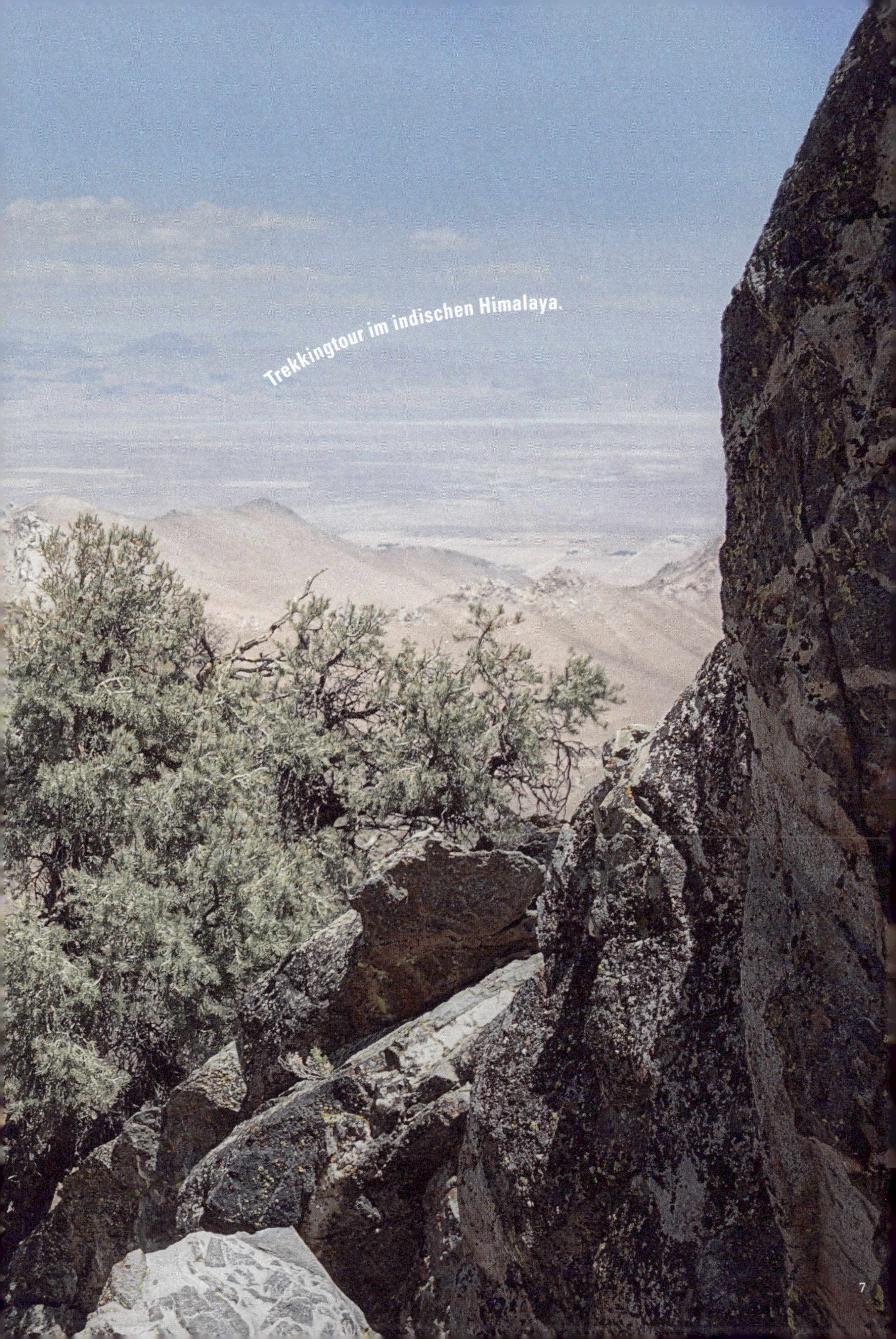
Trekkingtour im indischen Himalaya.

Vorwort

Jeder Trekker kennt das: spätestens ab Mittag drückt der Rucksack erbarmungslos. Er scheint immer schwerer zu werden, die Gurte schneiden ein, der Hüftgurt drückt. Der Spaß lässt nach und die Schönheit der Natur kann man immer weniger genießen. Hier hilft nur noch eine Reduktion des Rucksackgewichts.

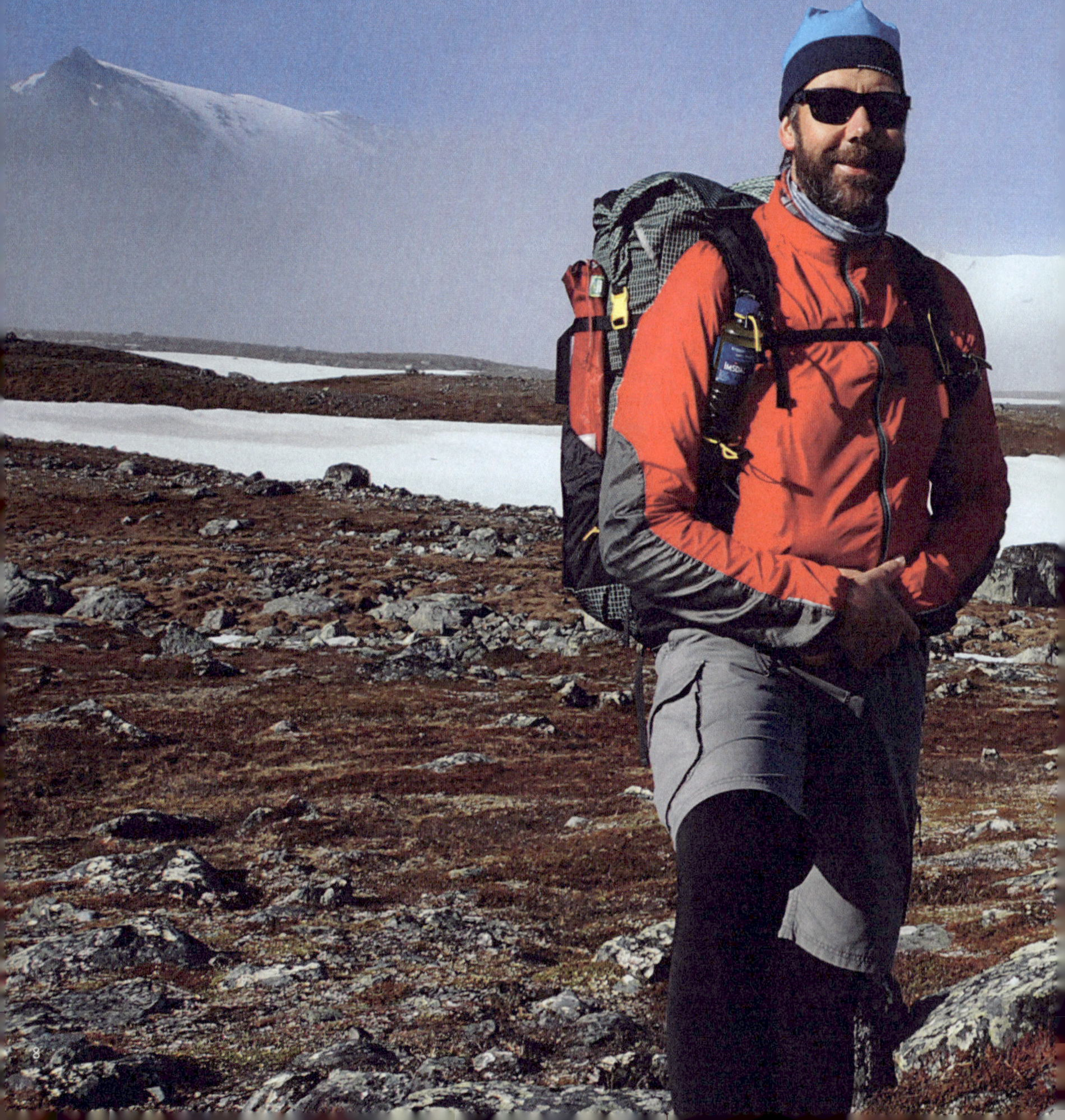

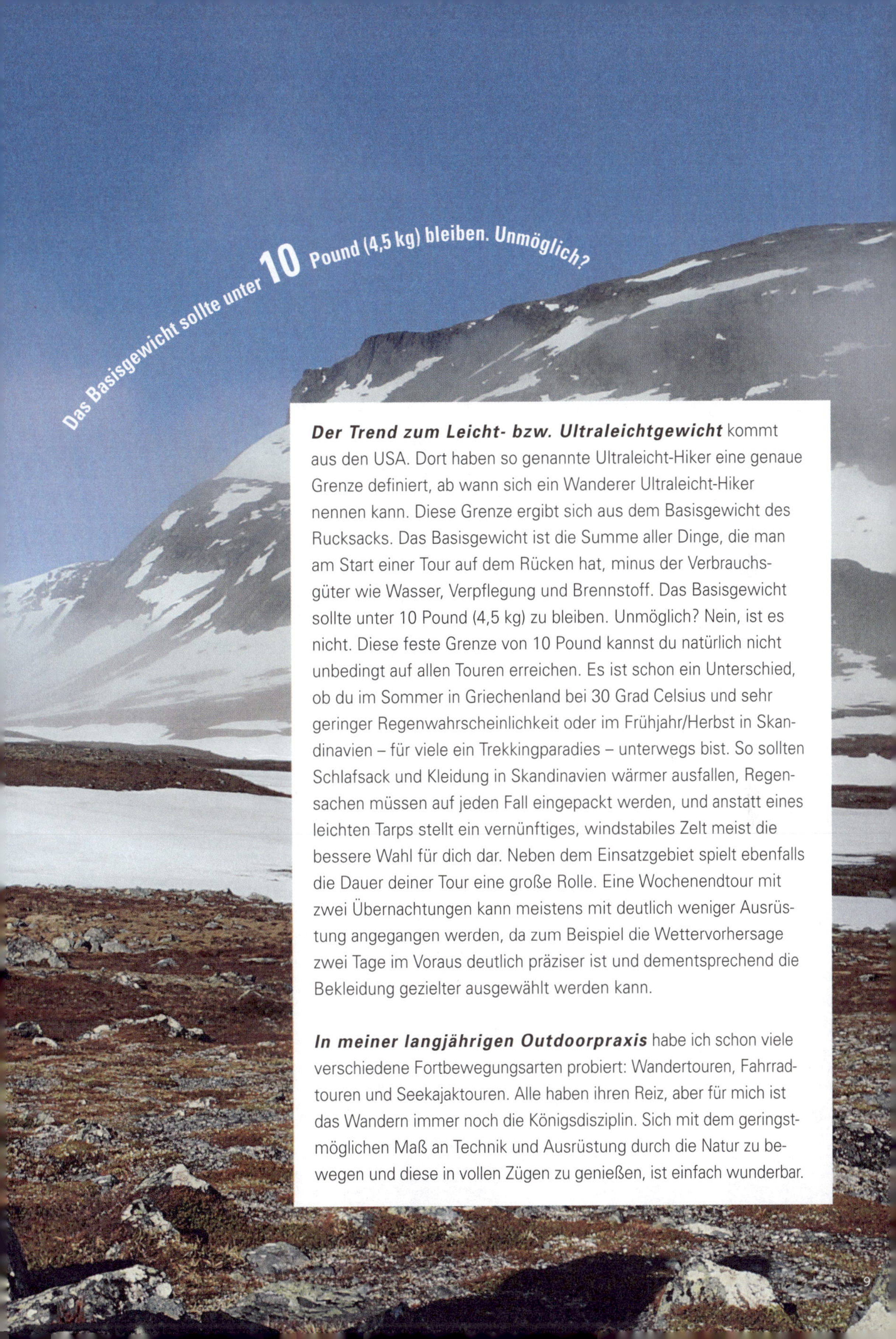

Das Basisgewicht sollte unter 10 Pound (4,5 kg) bleiben. Unmöglich?

Der Trend zum Leicht- bzw. Ultraleichtgewicht kommt aus den USA. Dort haben so genannte Ultraleicht-Hiker eine genaue Grenze definiert, ab wann sich ein Wanderer Ultraleicht-Hiker nennen kann. Diese Grenze ergibt sich aus dem Basisgewicht des Rucksacks. Das Basisgewicht ist die Summe aller Dinge, die man am Start einer Tour auf dem Rücken hat, minus der Verbrauchsgüter wie Wasser, Verpflegung und Brennstoff. Das Basisgewicht sollte unter 10 Pound (4,5 kg) zu bleiben. Unmöglich? Nein, ist es nicht. Diese feste Grenze von 10 Pound kannst du natürlich nicht unbedingt auf allen Touren erreichen. Es ist schon ein Unterschied, ob du im Sommer in Griechenland bei 30 Grad Celsius und sehr geringer Regenwahrscheinlichkeit oder im Frühjahr/Herbst in Skandinavien – für viele ein Trekkingparadies – unterwegs bist. So sollten Schlafsack und Kleidung in Skandinavien wärmer ausfallen, Regensachen müssen auf jeden Fall eingepackt werden, und anstatt eines leichten Tarps stellt ein vernünftiges, windstabiles Zelt meist die bessere Wahl für dich dar. Neben dem Einsatzgebiet spielt ebenfalls die Dauer deiner Tour eine große Rolle. Eine Wochenendtour mit zwei Übernachtungen kann meistens mit deutlich weniger Ausrüstung angegangen werden, da zum Beispiel die Wettervorhersage zwei Tage im Voraus deutlich präziser ist und dementsprechend die Bekleidung gezielter ausgewählt werden kann.

In meiner langjährigen Outdoorpraxis habe ich schon viele verschiedene Fortbewegungsarten probiert: Wandertouren, Fahrradtouren und Seekajaktouren. Alle haben ihren Reiz, aber für mich ist das Wandern immer noch die Königsdisziplin. Sich mit dem geringstmöglichen Maß an Technik und Ausrüstung durch die Natur zu bewegen und diese in vollen Zügen zu genießen, ist einfach wunderbar.

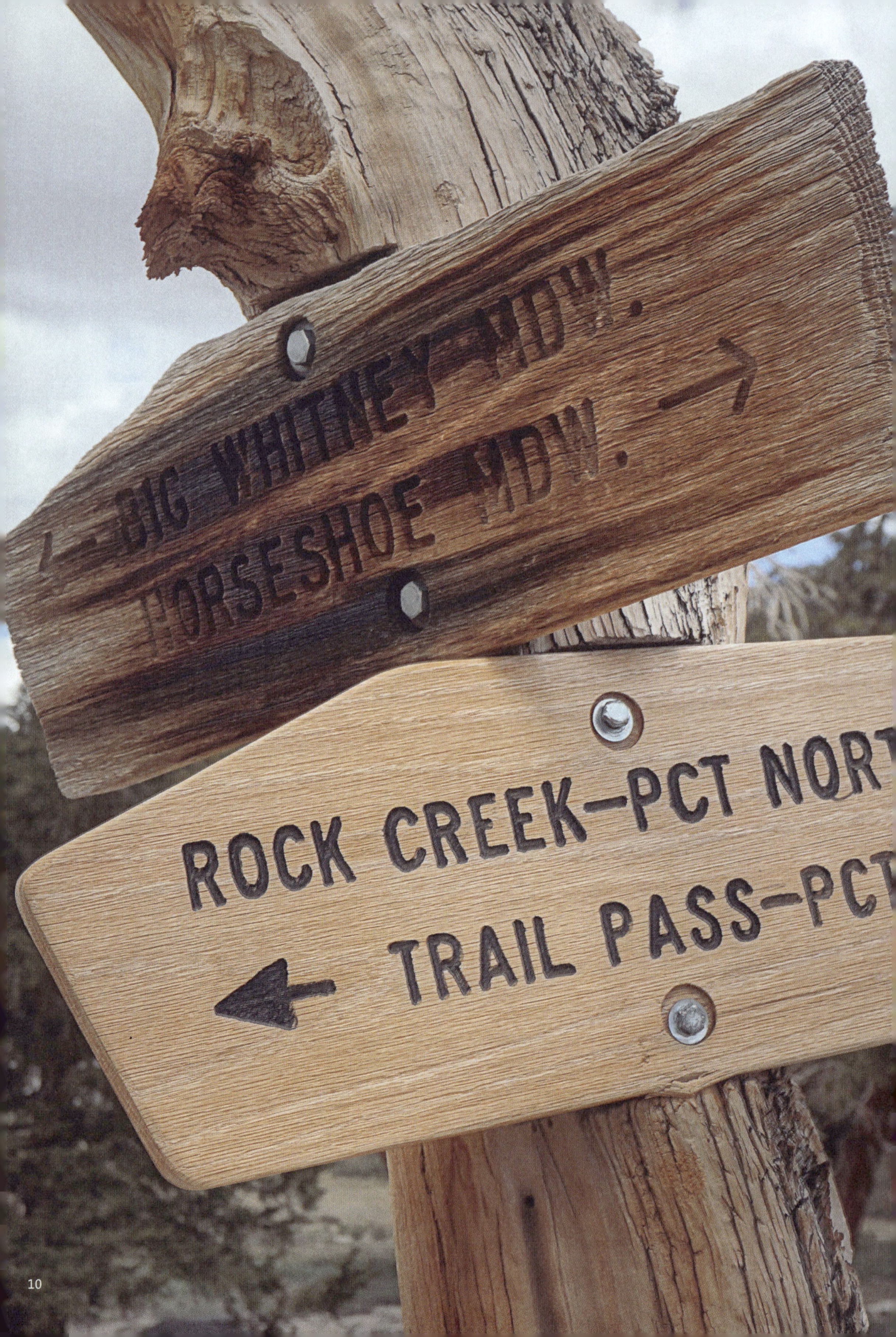
BIG WHITNEY MDW.
HORSESHOE MDW.
ROCK CREEK—PCT NORT
TRAIL PASS—PC

Sowohl beim Wandern als auch in meinem Beruf als Berater in einem großen Outdoorgeschäft mit 25 Jahren Erfahrung treffe ich regelmäßig auf Menschen, die gerne mit viel Ausrüstung in der Natur unterwegs sind. Oft auch mit der Begründung, auf diesen oder jenen Komfort nicht verzichten zu können. Dafür sind viele bereit, beispielsweise Rucksäcke mit 30 kg und mehr durch den schwedischen Fjäll zu tragen – ein schweres und kräftezehrendes Unterfangen.

Beim Leichtgewichtswandern hat man den ganzen Tag deutlich mehr Komfort, weil der Rucksack zu Beginn der Tour incl. Essen für eine Woche vielleicht zu Anfang der Tour nur 12 kg wiegt. Man muss sich auch räumlich im Zelt nicht sonderlich einschränken. Wie das geht, soll dieses Buch zeigen. Aber nur das Buch allein kann das nicht schaffen. Jeder Leser muss auch bereit sein, alte Denkmuster über den Haufen zu werfen und neue Dinge, zumindest mal auf einer Wochenendtour im Sommer, auszuprobieren.

Dieses Buch soll dir dabei helfen, ein neues Bewusstsein für eine Leichtgewichtsausrüstung vor allem bei Rucksackwanderungen zu entwickeln. Mittlerweile gibt es schon viele Wanderer, die sich über das Gewicht im Rucksack ernsthaft Gedanken machen. Oft hindern aber »überlieferte Weisheiten«, eigene Gewohnheiten oder glaubwürdig klingende Tipps der Verkäufer im Outdoorshop den oft schon erfahrenen Wanderer daran, sich dem Konzept des Leichtgewichtes vollständig zu verschreiben. Dieses Buch soll Denkanstöße liefern, um zukünftig vielleicht mit weniger Last entspannter unterwegs zu sein.

Gedacht ist das Buch für Touren in Temperaturbereichen, bei denen es nicht weit unter den Gefrierpunkt geht. Bei Temperaturen im Winter, also im deutlichen Minusbereich, solltest du aus Gründen der Sicherheit vom Konzept Ultraleicht Abstand nehmen. Je tiefer die Temperatur, desto weniger Spielraum hat man für Fehler oder Irrtümer. Es ist etwas anderes, bei fünf Grad Plus zu merken, dass der Schlafsack zu kalt ist, als bei minus 20 Grad Celsius. Trotzdem können einige Ideen aus diesem Buch auch bei der Planung einer Wintertour durchaus hilfreich sein.

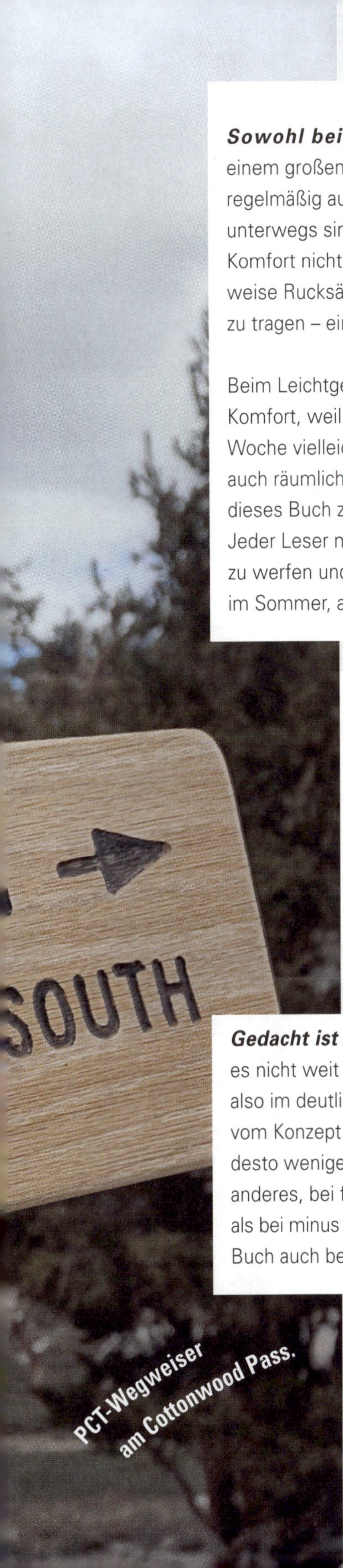

PCT-Wegweiser am Cottonwood Pass.

1. Grundlagen: das »optimale« Rucksackgewicht

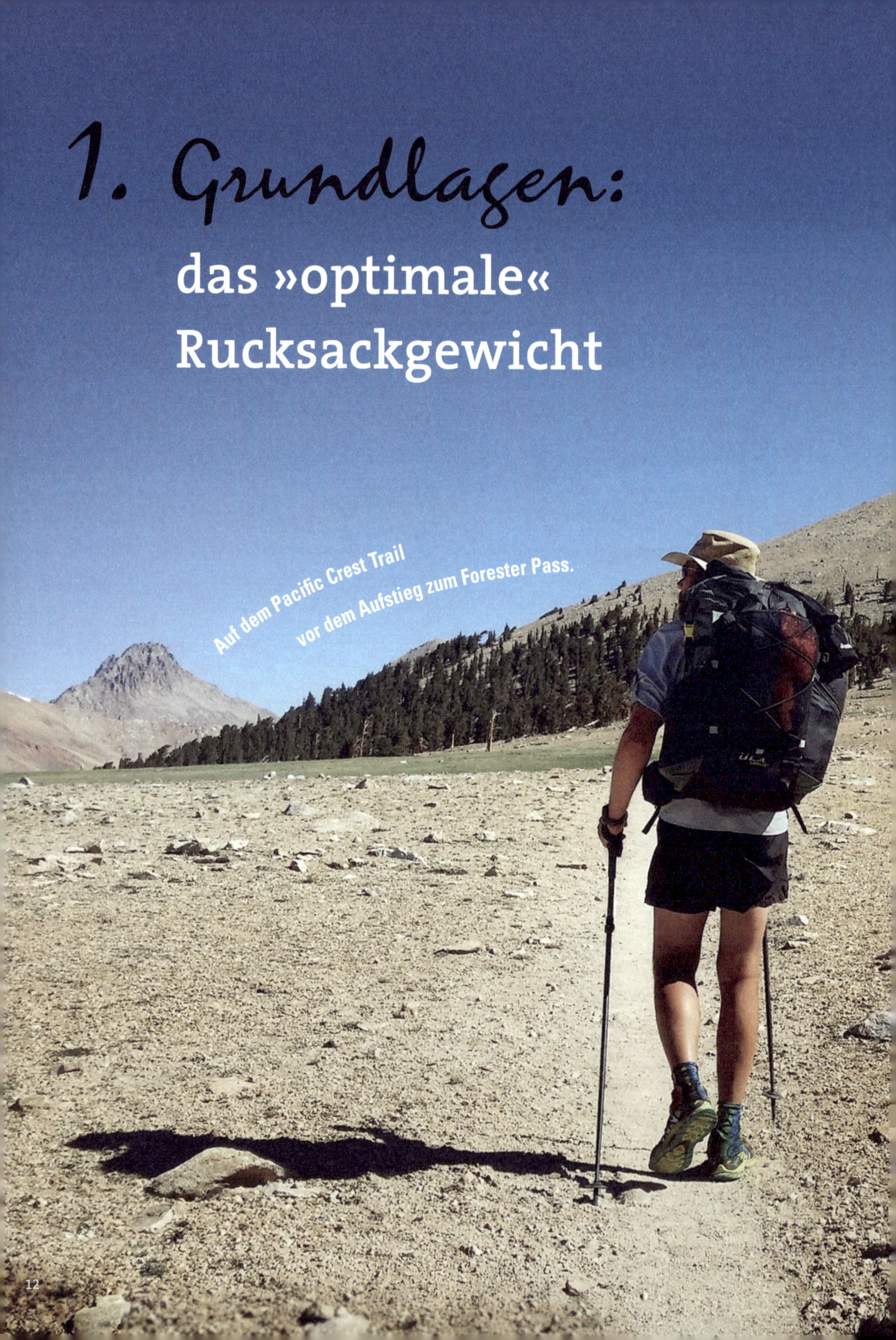

Auf dem Pacific Crest Trail vor dem Aufstieg zum Forester Pass.

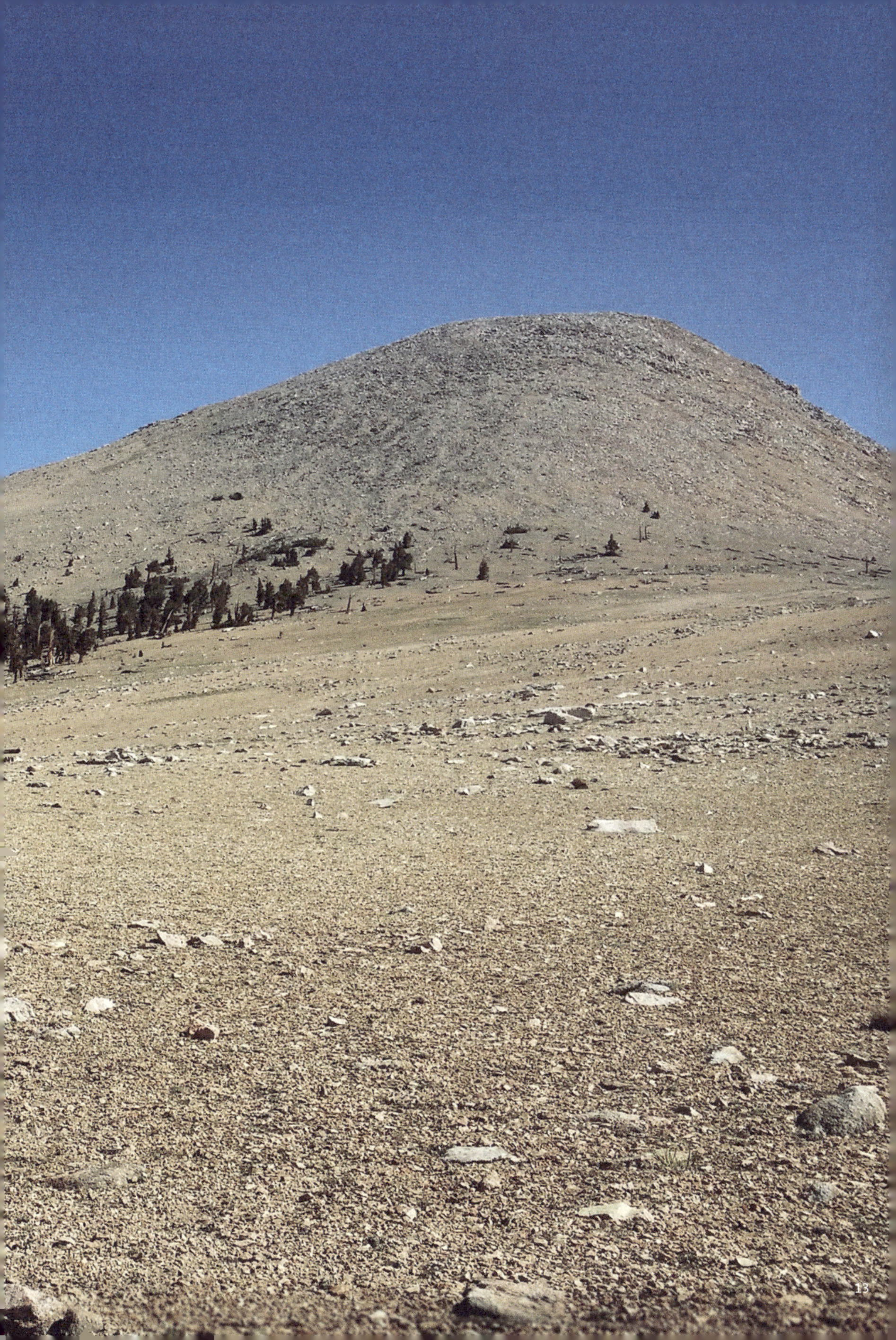

»The Big Three«

Das mit Abstand wichtigste Prinzip beim Leichtgewichtswandern heißt:

kenne das genaue Gewicht deiner Ausrüstung. Als erstes solltest du dir daher eine gute Waage, am besten eine digitale Küchenwaage anschaffen. Damit ermittelst du das jeweilige Gewicht aller Sachen – und ich meine ALLER! Sachen – und überträgst die Gewichte am besten in eine Exceltabelle. Es ist überraschend, welche Gewichtsunterschiede es bereits bei T-Shirts gibt. Noch gravierender werden die Unterschiede natürlich bei den größeren Sachen wie Rucksack, Zelt und Schlafsack. Deshalb spricht man bei diesen drei Dingen auch von den »Big Three«. Rucksack, Schlafsystem (Schlafsack plus Isomatte) und Zelt weisen die höchsten Einzelgewichte der Ausrüstung auf und bieten daher auch das größte Einsparpotenzial.

Bevor du also anfängst, deine Zahnbürste abzusägen oder die Etiketten aus deinen Klamotten zu schneiden, solltest du sorgfältig deinen Bedarf analysieren und entsprechend die Produkte danach aussuchen. Um ein Basisgewicht von 4,5 kg oder weniger zu erreichen, sind 3 kg für »The Big Three« ein elementares Ziel, das du erreichen musst.
Ich habe mal das Gewicht der Big-Three-Bestseller im mittleren Preissegment aus dem Outdoorgeschäft, in dem ich arbeite, zusammengerechnet:

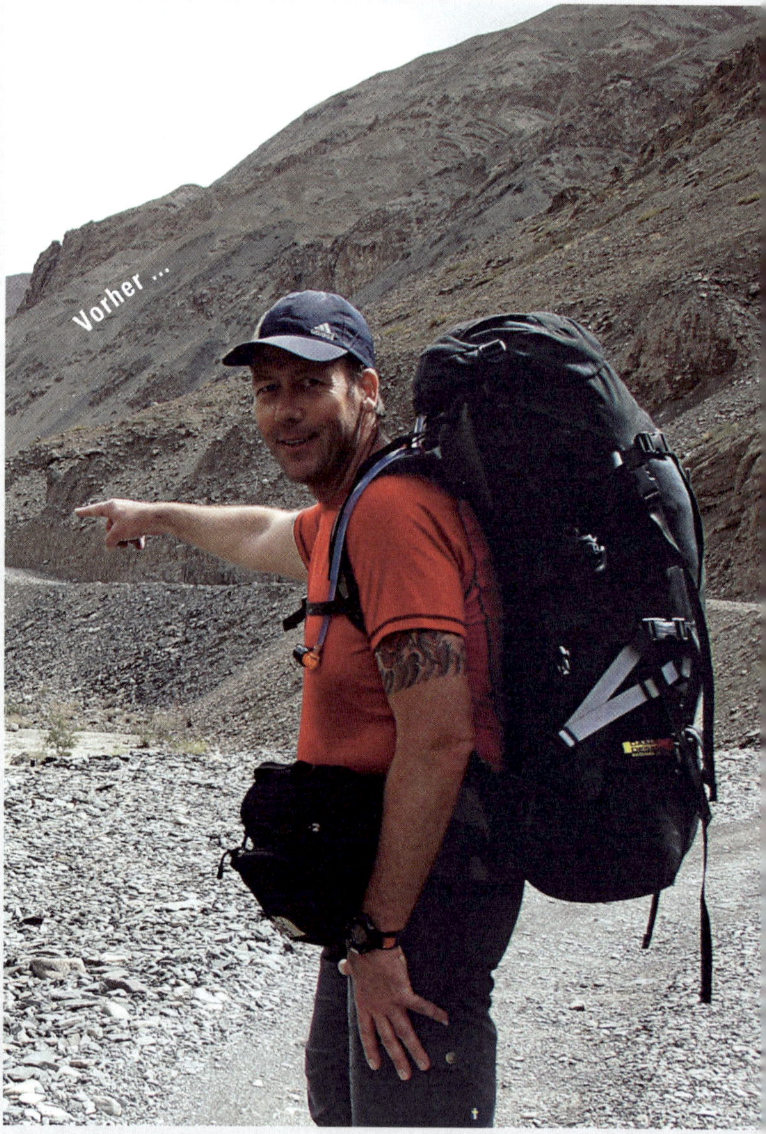

Vorher – extraschwer:
Rucksack für 10-tägige Trekkingtour im indischen Himalaya.

zusammen ergeben sie ein Gewicht von 7,66 kg! Mit Ultraleichtausrüstung besteht also ein Einsparpotenzial von 4,6 kg. Das ist eine ganze Menge. Dafür ist es wichtig, das Gesamtgewicht der Big Three zu betrachten. Nicht jeder Bestandteil der Big Three muss der Leichteste sein, sondern alle zusammen sollten bei insgesamt 3 kg liegen. Damit entsteht ein gewisser Spielraum, um eventuell einen etwas schwereren Schlafsack zu wählen und dafür beispielsweise Gewicht beim Rucksack zu sparen. Bist du zu zweit unterwegs, wird das Zelt natürlich schwerer, da es größer sein muss. Dadurch ist es vielleicht schwierig, die Gewichtsgrenze von 3 kg nicht zu überschreiten. Weil aber zwei Personen das Zelt nutzen, kann auch das Gewicht auf zwei Personen verteilt gerechnet werden.
Wie du es machst, ist letztlich egal. Denn das unbedingte Ziel ist es ja, das Basisgewicht zu reduzieren.

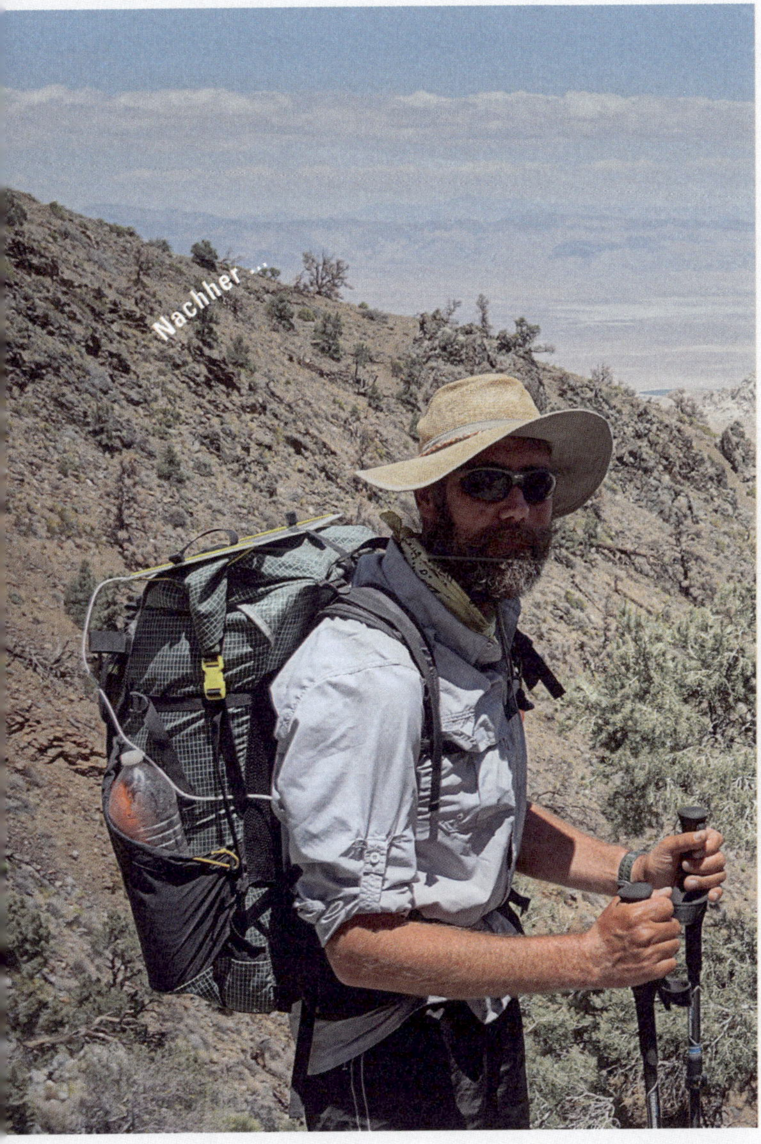

Nachher – ultraleicht:
Gepäck für eine 6-monatige Wanderung auf dem PCT.

Auf Überflüssiges verzichten

Wenn du also damit startest, deine Ausrüstung zu wiegen und immer nur das leichtere Teil einpackst, sowie dich bei jedem Gegenstand fragst: »Brauche ich das Teil wirklich oder kann nicht ein anderes Teil die gleiche Funktion erfüllen?«, kostet dich das erstmal keinen Cent und du kannst so schon einige Kilo sparen.

Musst du dich komplett neu ausstatten, weil du die erste Trekkingtour machst oder deine Ausrüstung einfach in die Jahre gekommen ist, kannst du dich natürlich gleich nach spezifischer Leichtgewichtsausrüstung umschauen. Der Markt dafür wird immer größer. Auch viele der etablierten Hersteller haben den Trend zum Leichtgewicht erkannt und bieten entsprechende Produktlinien an. Um leicht unterwegs sein zu können, ist es neben dem Wiegen der einzelnen Ausrüstungsgegenstände notwendig, dir bewusst zu machen, welche weiteren »Luxusdinge« wirklich für die jeweilige Tour nötig sind und ob es nicht leichtere Alternativen gibt. Eine Kamera beispielsweise ist – vor allem auch mit Ersatz-Akku und Ladegerät – schon sehr schwer. Auch moderne Kameras wiegen komplett schnell ein halbes Kilo oder mehr. Moderne Smartphones hingegen haben mittlerweile schon erstaunlich gute Kameras, die

Was könnte man hier alles weglassen …

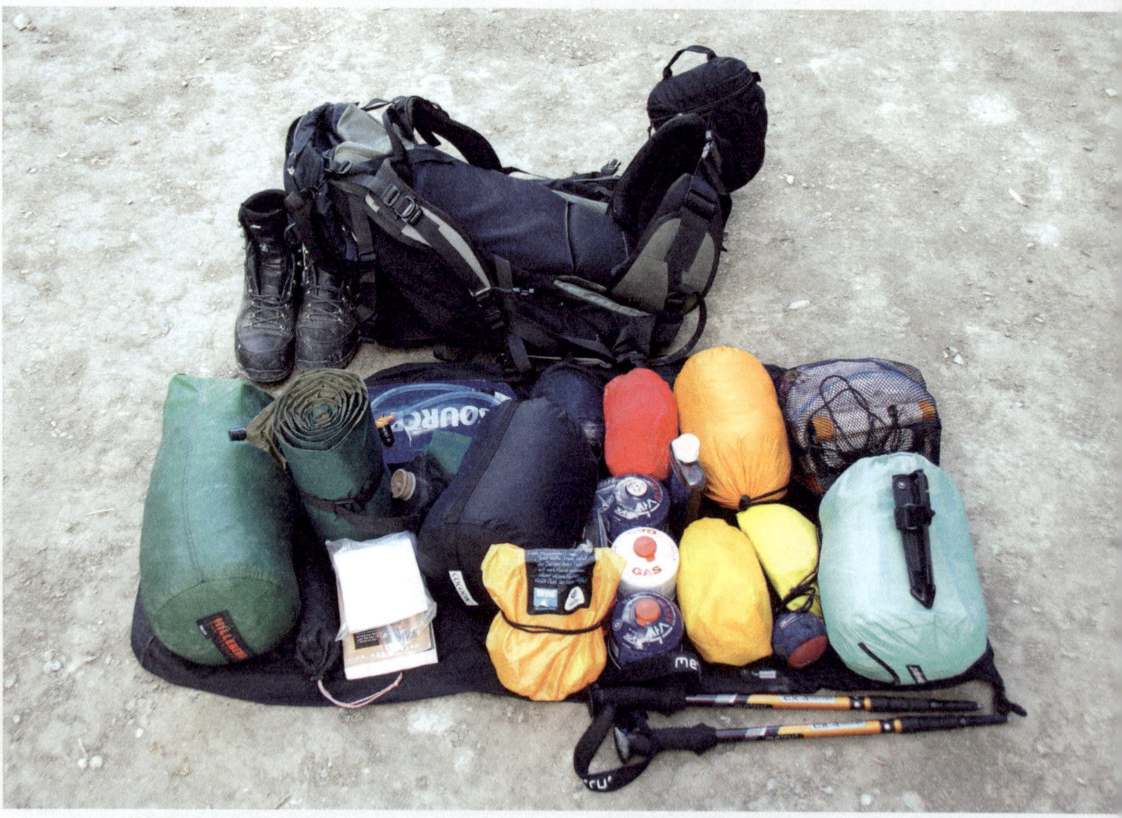

eine sehr gute Bildqualität erreichen. Du solltest dir vor der Tour Gedanken machen, ob für die spätere Bildverwendung nicht das Smartphone ausreichend ist oder ob es doch die Spiegelreflexkamera sein muss. Diese Entscheidung musst du für dich treffen, wichtig ist nur, dir eben über Sinn und Zweck jeden Gegenstands vor dem Hintergrund des jeweiligen Gewichts klar zu werden. Nüchtern betrachtet werden die meisten Bilder doch nur auf einem großen Fernseher in einer Bildershow gezeigt und dafür ist die Bildqualität, die ich mit einem Smartphone erziele, völlig ausreichend.

Wer eine lange und anstrengende Wanderung unternimmt, will natürlich ungern auf einen gewissen Komfort verzichten. Die Frage ist aber: Was kostet dich dieser Komfort in Bezug auf das Gewicht?

Ist es nicht viel mehr Komfort, den ganzen Tag mit einem leichten Rucksack unterwegs zu sein als die wenigen Stunden am Abend auf dem mitgeschleppten Faltstuhl zu sitzen?

Hast du wirklich die Lust und Zeit auf einer Tour ein Buch zu lesen? Oder kann ich für den Fall, dass ich lesen will, nicht auch auf mein Smartphone mit einer Lese-App zurückgreifen? Brauchst du zwei Kochtöpfe oder reicht nicht einer für alles aus? Kannst du nicht sogar komplett auf warme Mahlzeiten verzichten und sparst wiederum viel Gewicht? Wie hoch ist die Regenwahrscheinlichkeit und kannst du nicht nur mit einem leichten Poncho unterwegs sein, der dir sogar auch noch eventuell als Tarp dienen kann. Das sind die Fragen, die du dir im Vorfeld genau überlegen und auch in Bezug auf das Reiseziel bei jeder Tour individuell entscheiden solltest.

... oder durch leichtere Sachen ersetzen? Unsere Ausrüstung für eine Trekkingtour im indischen Himalaya.

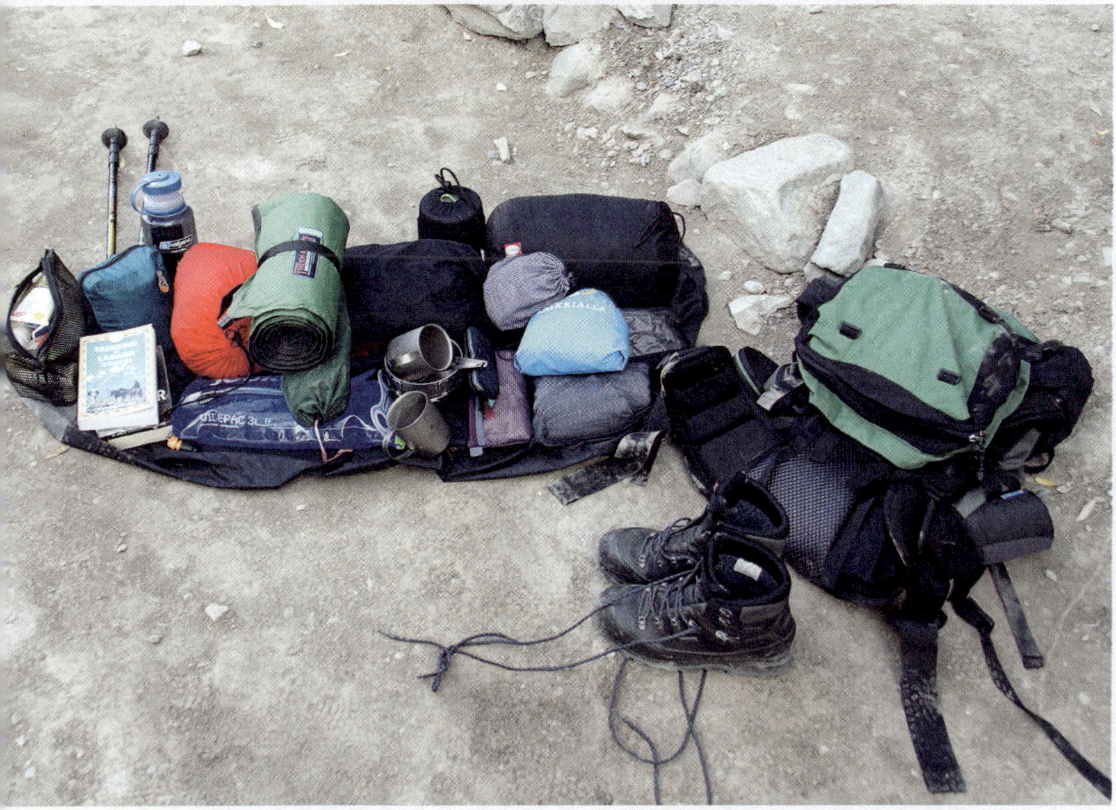

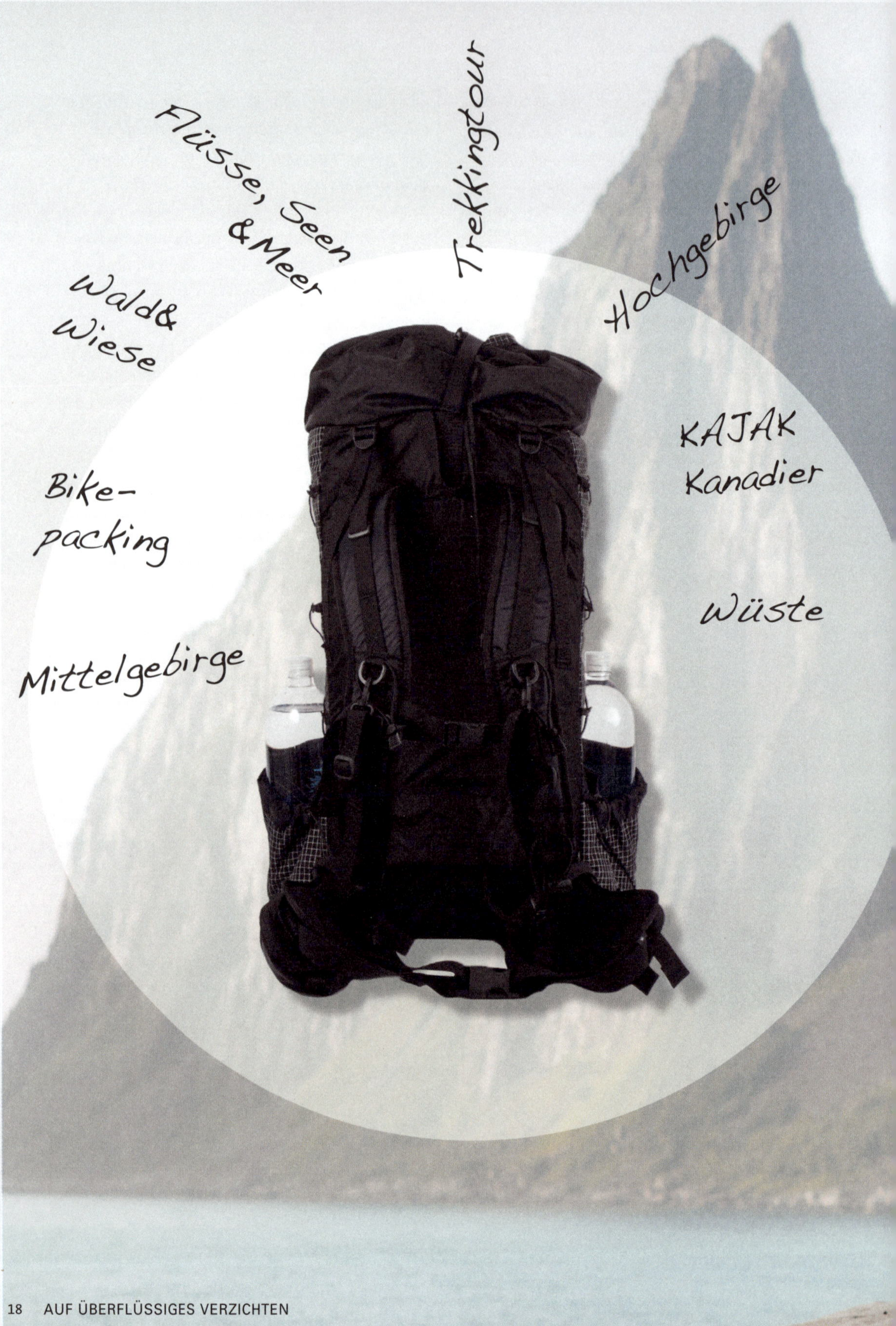
Flüsse, Seen
& Meer
Trekkingtour
Hochgebirge
Wald&
Wiese
KAJAK
Kanadier
Bike-
packing
Wüste
Mittelgebirge

Ultraleicht, nicht nur für Wanderer

Im Übrigen ist die Reduktion des Gewichtes der Ausrüstung nicht nur für Wanderer von Bedeutung. Jeder, der mit der Kraft seiner Muskeln unterwegs ist, auch der Radfahrer, auch der Kajak-/Kanadier-Fahrer wird vom Leichtgewichtstrend profitieren. Auch wenn den Radfahrer kein schwerer Rucksack drückt, muss er doch sein Gepäck von A nach B bewegen.

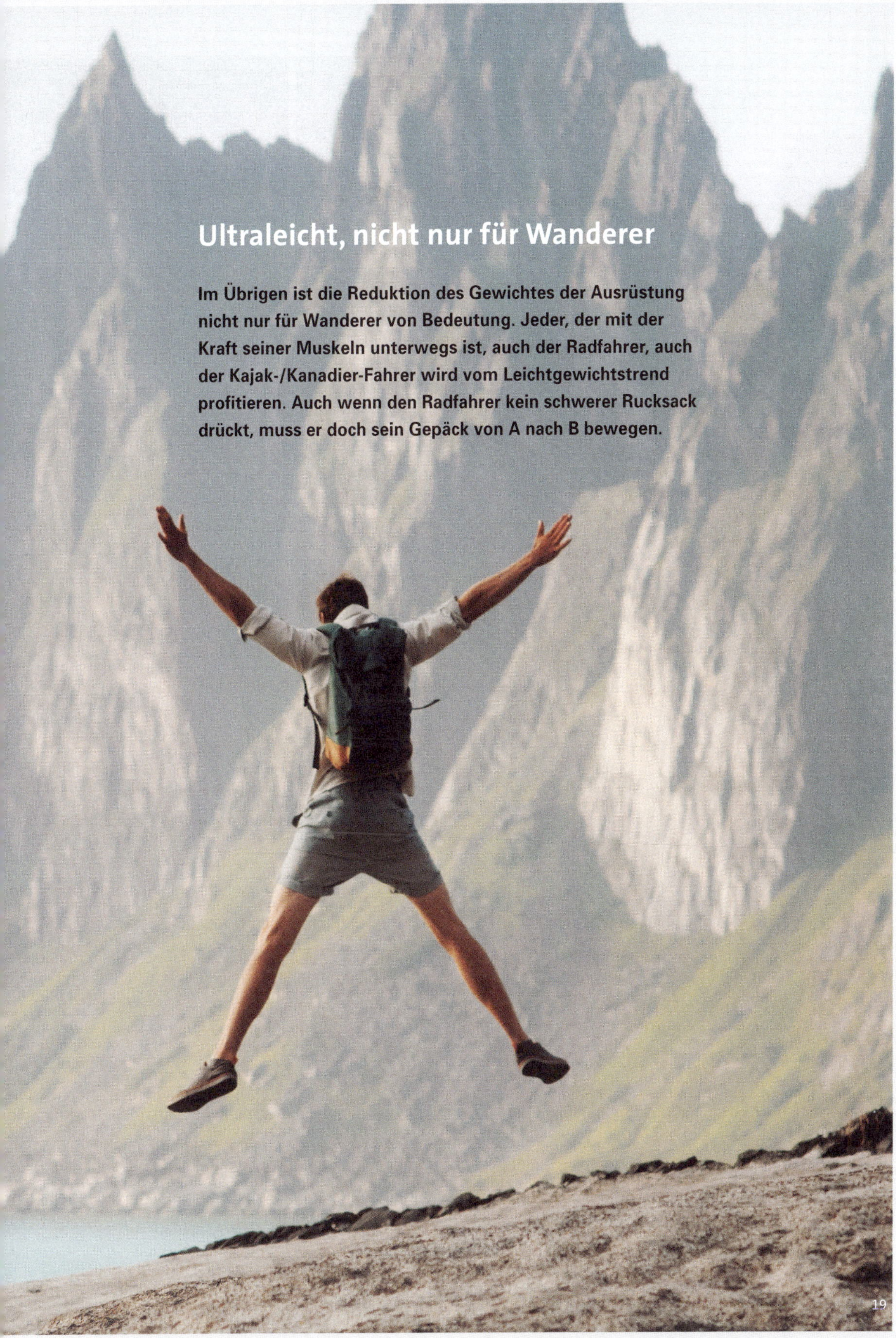

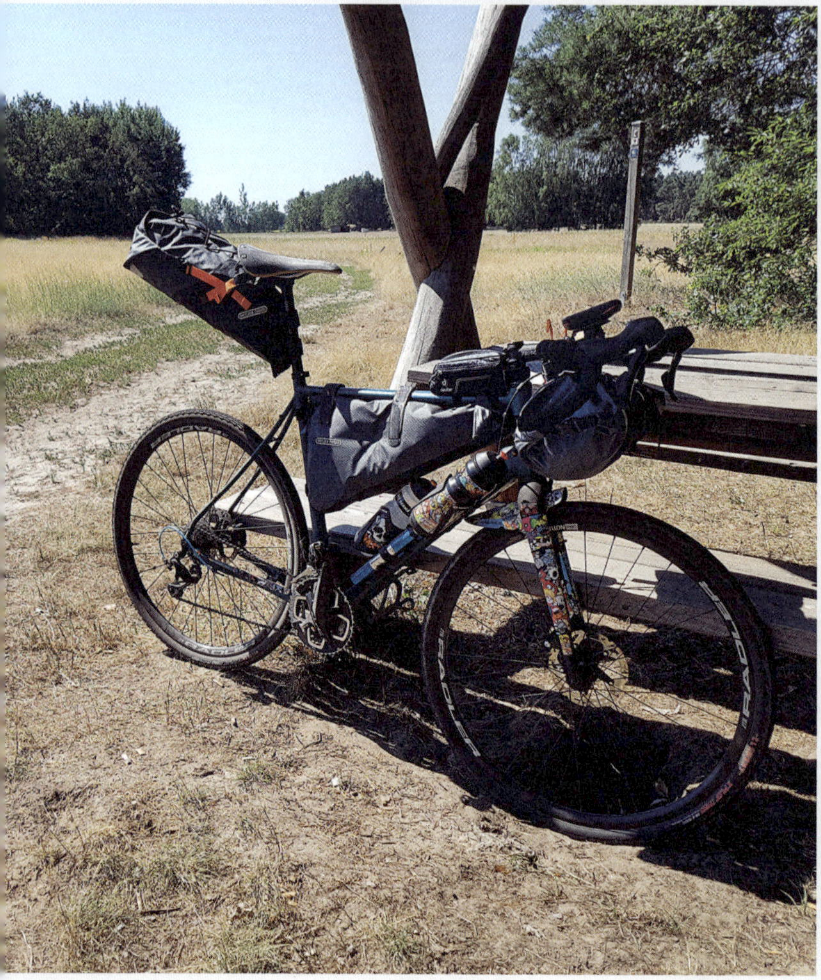

Ultraleicht ist auch besonders beim Bikepacking sinnvoll.

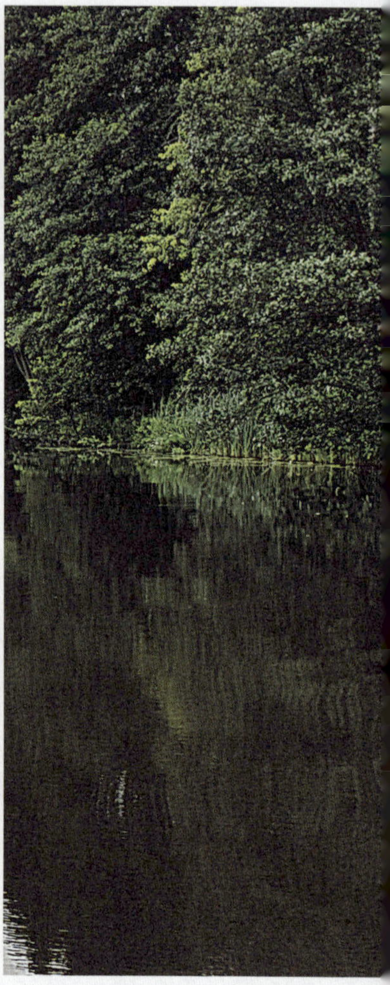

Wochenendtour mit einem

Wie ein Auto, das mit vollgepacktem Kofferraum mehr Kraftstoff benötigt, benötigt der Mensch mehr Nahrung, je größer die zu bewegende Masse ist. Mit weniger Gewicht kann ein Radfahrer bei gleichem Energieverbrauch eine längere Strecke fahren, ist schneller im nächsten Ort und braucht so vielleicht eine Tagesration weniger Essen. Für Radfahrer gibt es einen entsprechenden Trend, das Bikepacking. Dort verschwinden zunehmend die traditionellen Packtaschen am Rad und machen größeren Taschen an Lenker, Sattelrohr und Rahmen Platz. Dadurch kannst du viele Touren mit deinem vollgefederten Mountainbike, deinem leichten Rennrad oder deinem Fatbike machen, anstatt dich auf dein vergleichsweise behäbiges Trekkingbike zu setzen. Aber darauf komme ich später nochmals zurück. Ebenso ist für SUP-Fahrer (SUP steht für Stand-Up-Paddle-Board) das Konzept Ultraleicht interessant. Hat doch der SUP-Fahrer keinen großen Stauraum für Gepäck. Willst Du mit einem SUP also Touren mit Übernachtungen machen, musst Du schon kreativ werden, um deine Ausrüstung auf dem Board unterzubringen.

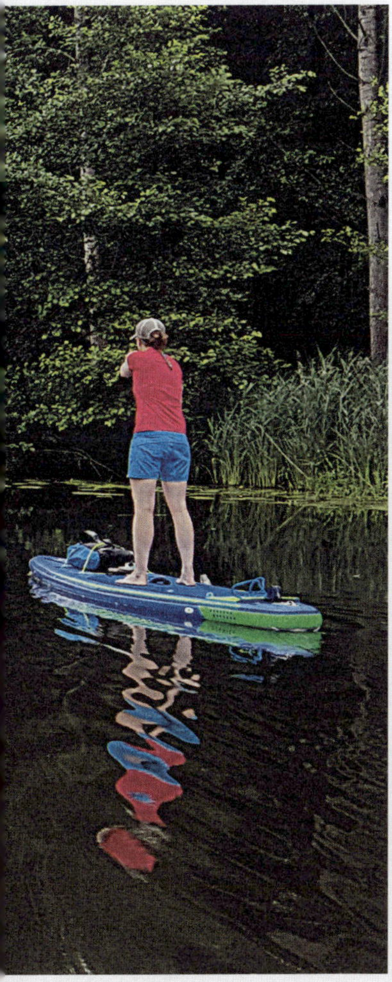

Stand-Up-Paddle-Board in Brandenburg.

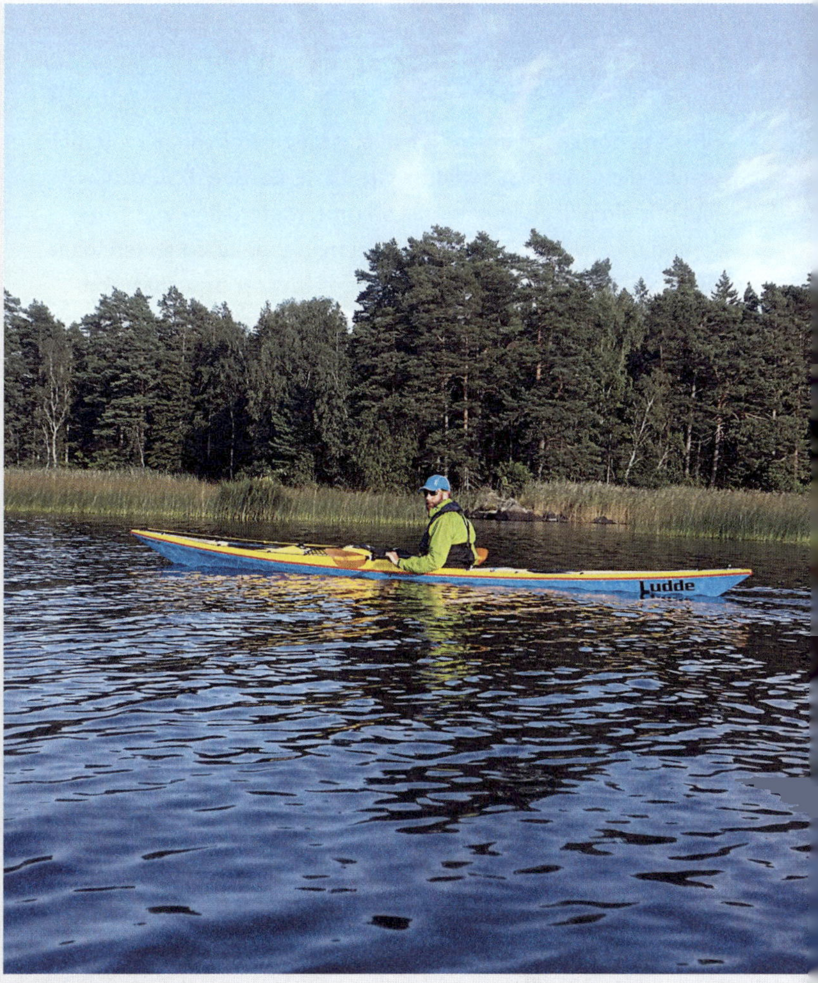

Kajaktour auf schwedischen Seen.

Nicht zuletzt hat sich Ultraleicht auch bei normalen Reisen in ferne Länder mit öffentlichen Verkehrsmitteln bewährt. Gerade bei Touren in wärmere Regionen, wie Südostasien oder Mittelamerika kann man deutlich unbeschwerter mit einem Rucksack im Handgepäcksformat reisen. Kein Schlangestehen am Gepäckband, keine »Wanderungen« mit schwerem Gepäck durch das Gewühl asiatischer Großstädte, kein Aufgeben des Gepäcks in Zug und Bus. Bei solchen Reisen hast du natürlich kein Zelt, Kocher oder Essen dabei, aber Ultraleicht ist ja auch eine Philosophie.

Es geht im Wesentlichen nicht darum, ein »bedingungsloser Ultraleichter« zu werden und etwa den Zahnbürstengriff abzusägen, sondern sich das Gewicht der einzelnen Ausrüstungsgegenstände bewusst zu machen und im besten Fall das Gewicht relevant zu reduzieren. Jedes eingesparte Kilo ist eine Erleichterung für dich!

Ist Ultraleicht nicht zu teuer?

Ein oft gehörtes Argument ist: »Leichtgewicht kann ich mir nicht leisten, die ganzen Materialien wie Titan, Carbon, Daune usw. sind mir einfach zu teuer«. Das stimmt, Materialien wie Titan, Carbon und Daune sind sicherlich teuer. Aber zu erkennen, dass du kein 560 g schweres, feststehendes Messer brauchst, sondern ein einfaches Klappmesser mit 53 g ausreicht, spart nicht nur viel Gewicht, sondern auch eine Menge Geld. Ähnlich ist es in vielen anderen Bereichen.

> ***Eine stabile, atmungsaktive »X-Tex«-Jacke ist viel schwerer und teurer als beispielsweise ein Poncho, der in Regionen mit geringer Regenwahrscheinlichkeit ausreicht.***

Schon hat man schnell ein paar hundert Euro gespart, die z.B. in ein leichtes Zelt oder einen leichten Schlafsack besser investiert werden können.

Dieses Zelt-Modell ist nicht ultraleicht, aber deutlich teurer als ein ultraleichtes Zelt und natürlich sehr viel schwerer.

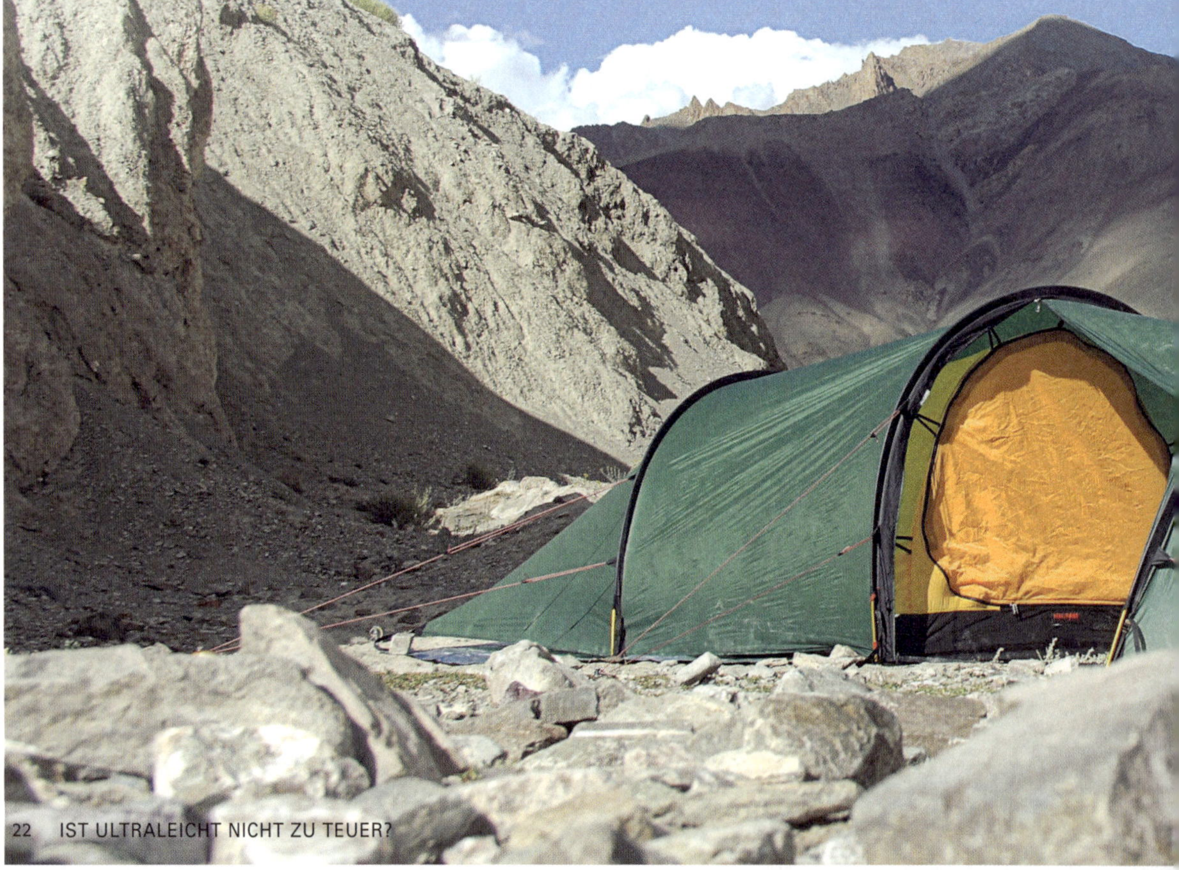

Brauchst du ein superstabiles Zelt, das auch starken Stürmen im tief verschneiten hohen Norden standhält, oder führt dich deine Tour in gemäßigte Breiten? Außerdem gibt es im Internet massenweise Anleitungen zum Selberbauen von Kochern oder anderer Ausrüstung. Es gibt einige Ultraleicht-Hiker, die sich ihre Rucksäcke, Schlafsäcke oder Kleidung selbst nähen. Wenn du zum Beispiel deinen Rucksack selbst herstellst oder deinen einfachen Spirituskocher selbst baust, bekommst du auf jeden Fall auch ein tieferes Verständnis für deine Ausrüstung und kannst im Notfall deine Ausrüstung zuverlässig unterwegs reparieren, falls etwas kaputt gehen sollte. Auf diese Weise können erhebliche Summen eingespart werden.

Da Leichtgewicht bzw. Ultraleicht nicht nur mit geringem Gewicht, sondern auch mit Verzicht erreicht wird, besteht in dieser Hinsicht ein noch viel größeres Potenzial für eine finanzielle Entlastung. Statt eines kompletten, mehrteiligen Kochgeschirrs reicht ein Topf oder vielleicht sogar eine große Tasse, in der ich auch kochen kann, aus. Sind die 1000-Lumen-Taschenlampe oder die 20 Packsäckchen, in denen die tausend Kleinigkeiten transportiert werden sollen, die sich in einem konventionell gepackten Rucksack finden, tatsächlich erforderlich? Diese ganzen Kleinigkeiten können sich sehr schnell aufsummieren. Das hier gesparte Geld kannst du besser in einen leichteren Rucksack, Schlafsack oder ein leichteres Zelt investieren. Letztlich ist die Philosophie des Ultraleicht-Hikers auch eine Philosophie der Einfachheit. Alles, was nicht absolut notwendig ist, bleibt zu Hause. Deshalb brauchst du auch nur einen Bruchteil der Sachen zu kaufen, die ein »normaler« Hiker im Rucksack mit sich herumträgt.

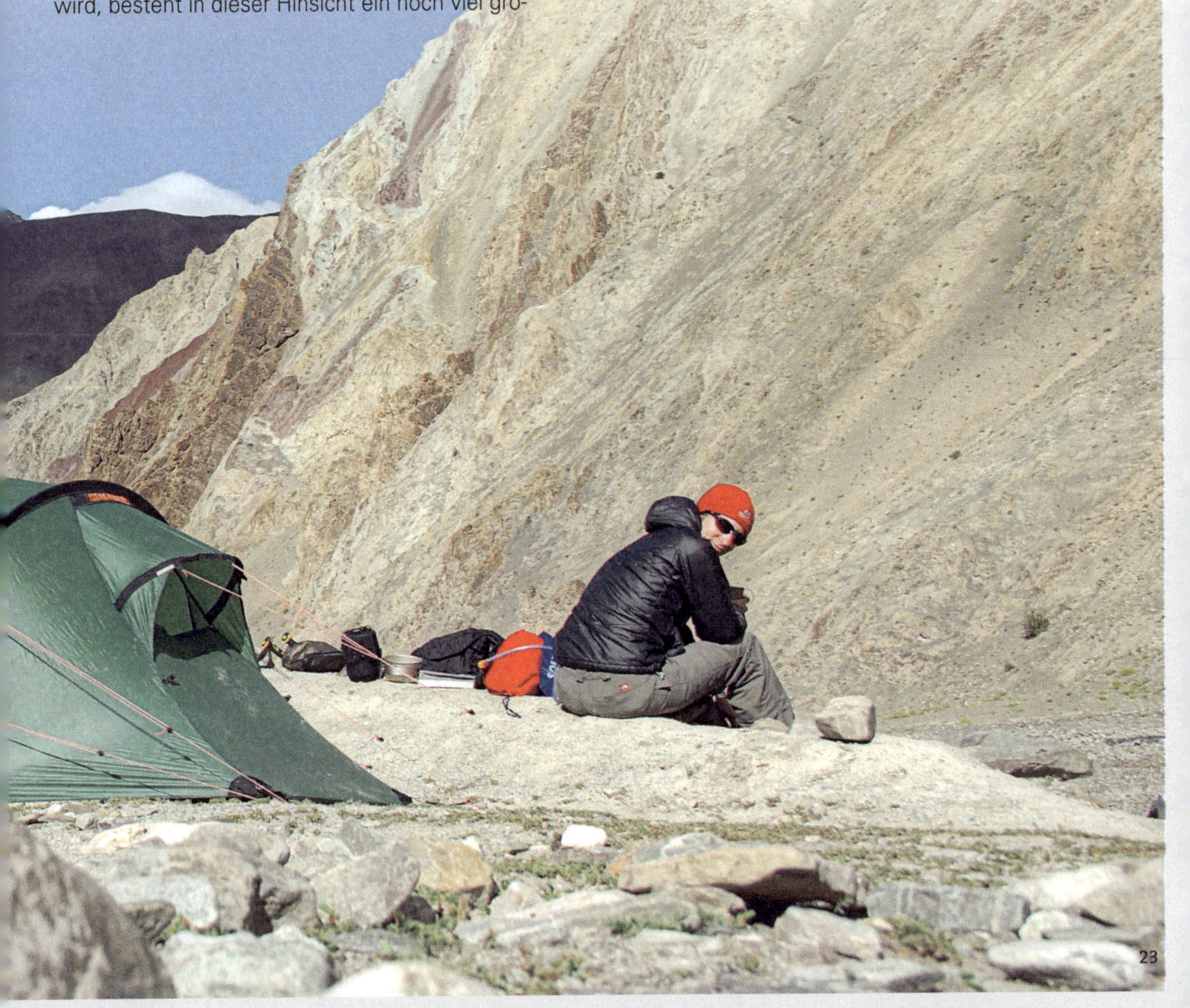

2. The Big Three: der Rucksack

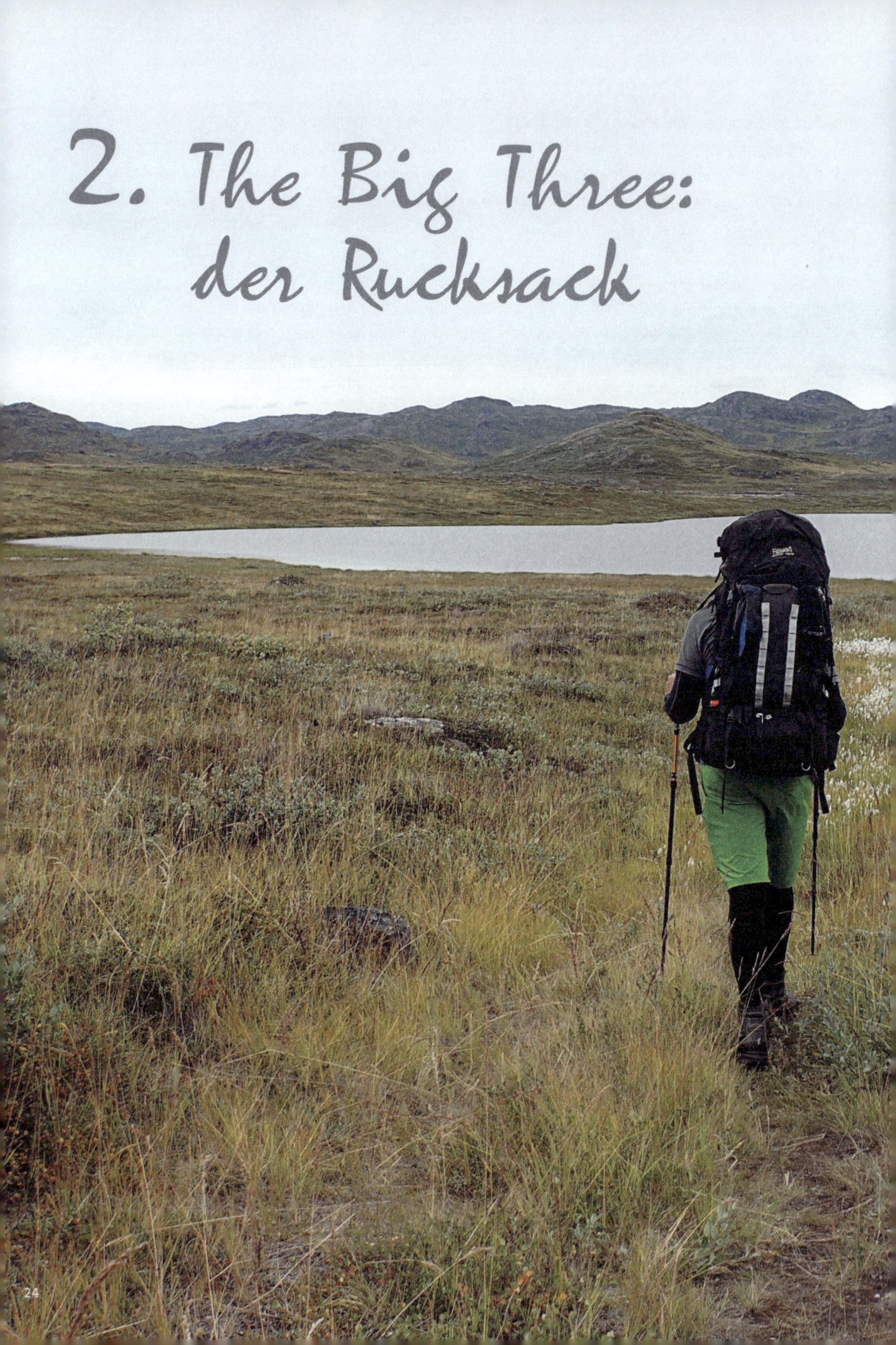

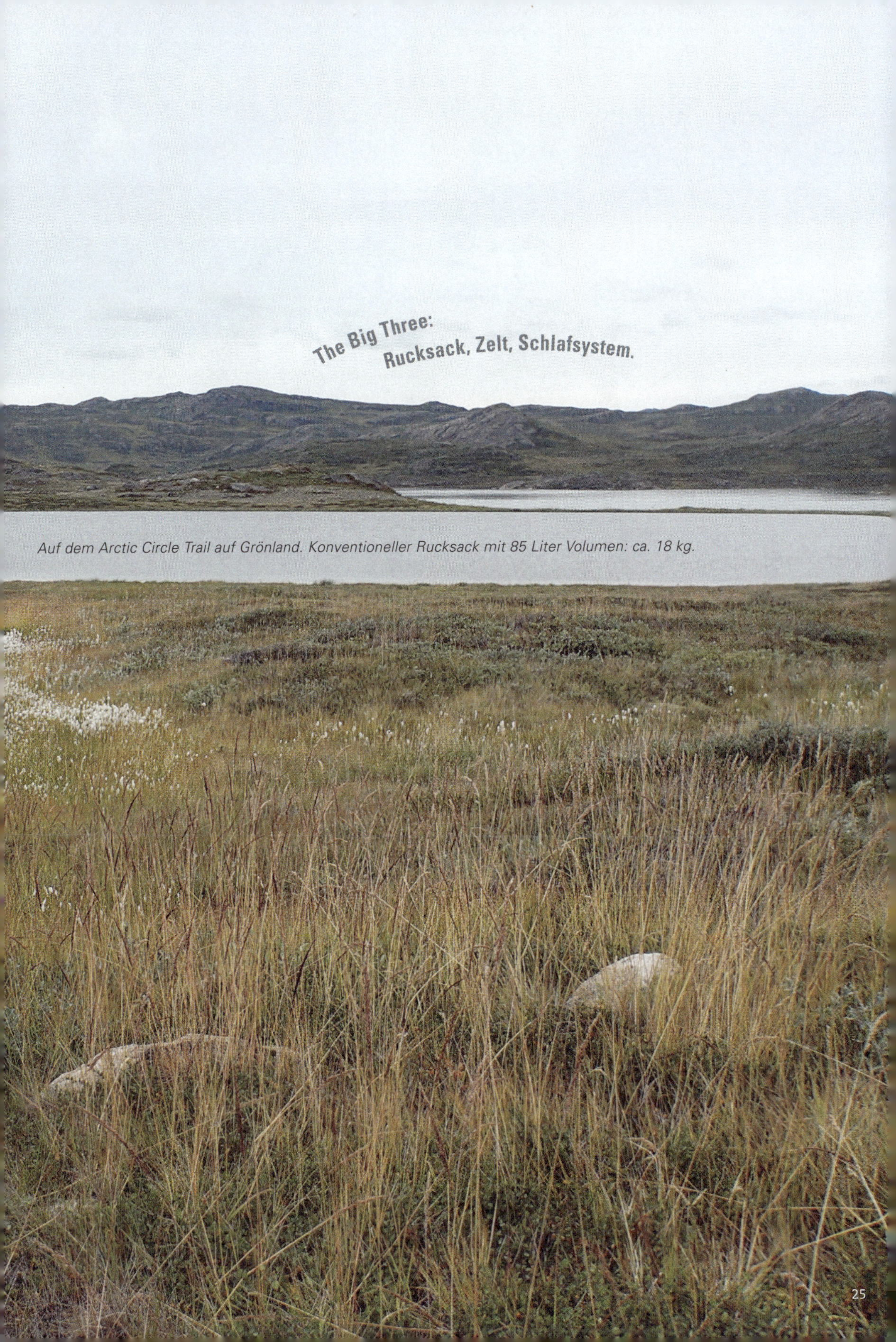

Auf dem Arctic Circle Trail auf Grönland. Konventioneller Rucksack mit 85 Liter Volumen: ca. 18 kg.

Der konventionelle Rucksack

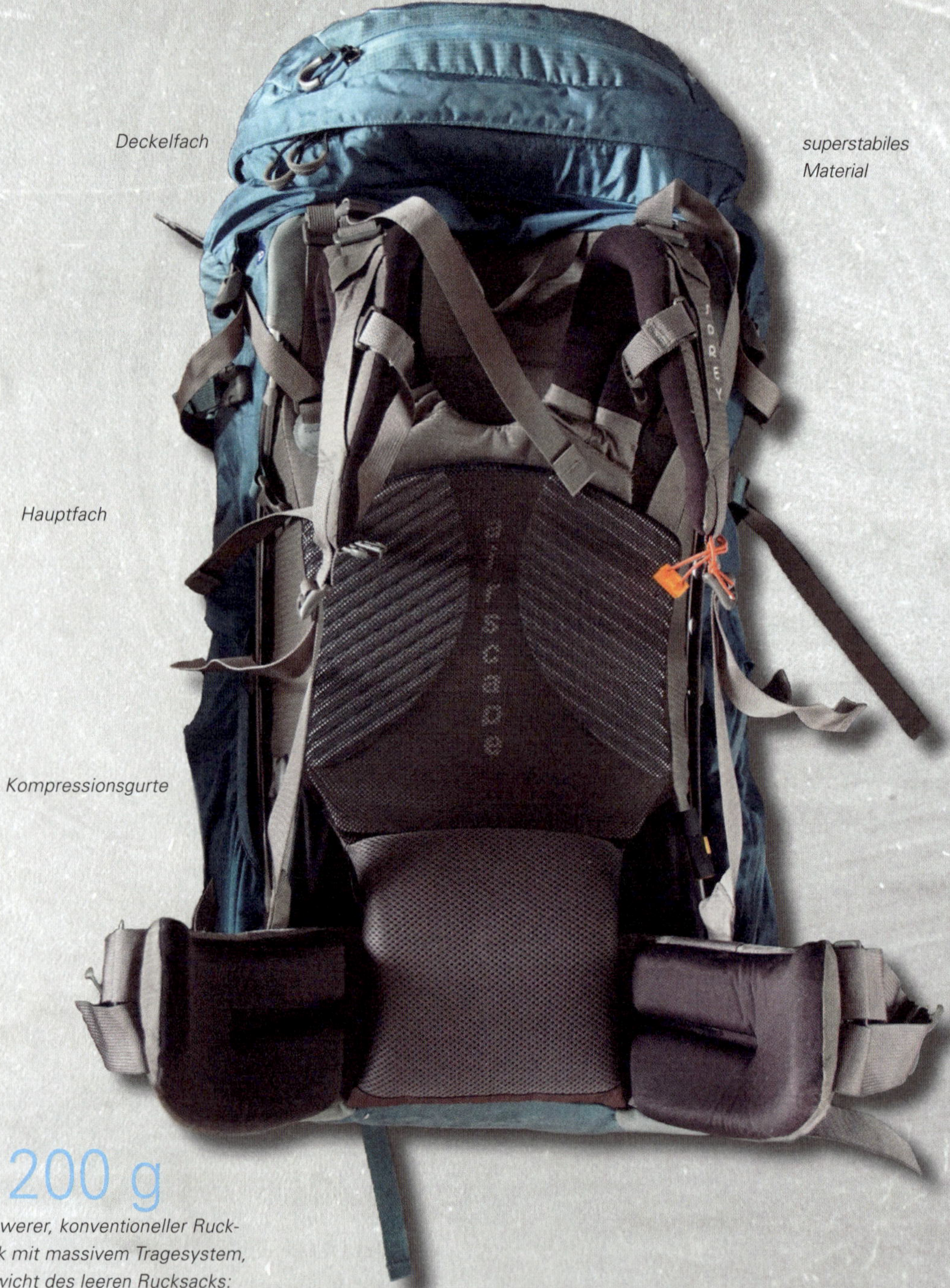

2 200 g

Schwerer, konventioneller Rucksack mit massivem Tragesystem, Gewicht des leeren Rucksacks: mehr als 2,2 kg.

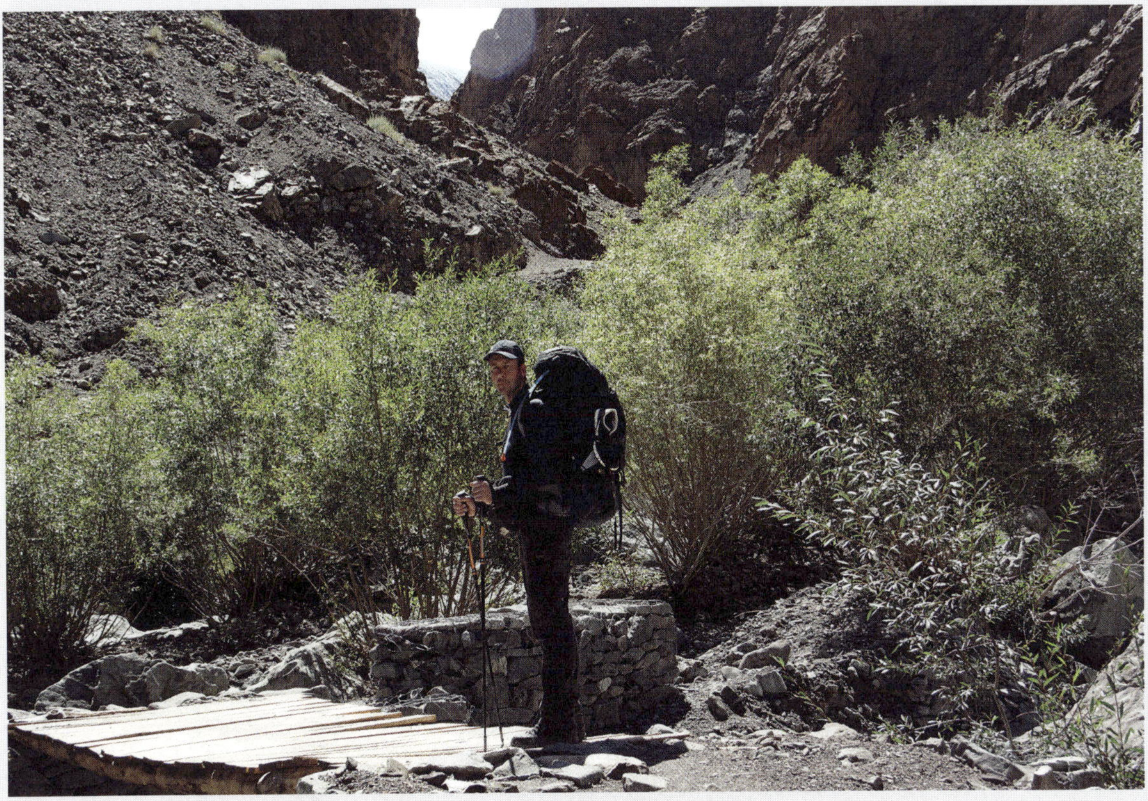

Auf dem Markha-Valley-Trek in Ladakh, Indien. Rucksackgewicht mit extra Fototasche: 22 kg.

Der Rucksack ist dazu da, deine gesamte Ausrüstung inklusive Verpflegung auf dem Rücken zu transportieren. Traditionelle Rucksäcke sind – neben dem Zelt – oft das schwerste Einzelstück der gesamten Wanderausrüstung.

Konventionelle Rücksäcke verfügen in der Regel über ein Hauptfach, ein Schlafsackfach und ein Deckelfach. Hinzu kommen Kompressionsgurte, spezielle Halterungen für Wanderstöcke, Eispickel, Wasserflaschen, Isomatten, Trinksysteme, Deckeltaschen mit extra Schultergurten. Die Schultergurte haben in der Regel aufwändige Verstellsysteme, damit man jederzeit leicht die Rückenlänge verstellen kann (das ist vermutlich notwendig, weil sich beim Herumschleppen schwerer Rücksäcke deine Wirbelsäule staucht ☹).

Das Material ist superstabil und hält 250 000 Scheuerzyklen aus. Solche Rucksäcke, die ein Fassungsvermögen von 60 bis 80 Litern haben, wiegen in der Regel um die 2,5 kg. Die von echten Kerlen gerne gekauften Rucksäcke für militärische Spezialeinheiten, mit Volumen von mehr als 100 Litern, bringen es sogar auf ca. 4 kg. Damit wäre natürlich der Plan, für die Big Three (Rucksack, Zelt, Schlafsystem) auf maximal 3 kg zu kommen, nicht durchführbar. Der kundige Berater im Outdoorgeschäft wird derartige Rucksäcke mit den Worten anpreisen: »Dieser Rucksack kann Lasten von bis zu 20 kg sicher auf die Hüfte transferieren und somit Schultern und Wirbelsäule entlasten.«
Das ist so völlig richtig, nur dass du ja das Ziel verfolgst, gar keine Gewichte in dieser Größenordnung durch die Landschaft zu bewegen. Du bist ja ultraleicht unterwegs und selbst mit Verpflegung für 5 Tage wird das Gewicht deines Rucksackes selten mehr als 10 kg betragen.

Der Leichtgewichtsrucksack

730 g

1. Sehr leichter Rucksack mit ca. 35 Liter Volumen und 730 g Gewicht, trotzdem schon mit einem sehr bequemen Tragesystem, das Lasten bis etwa 8 kg gut bewältigen kann.

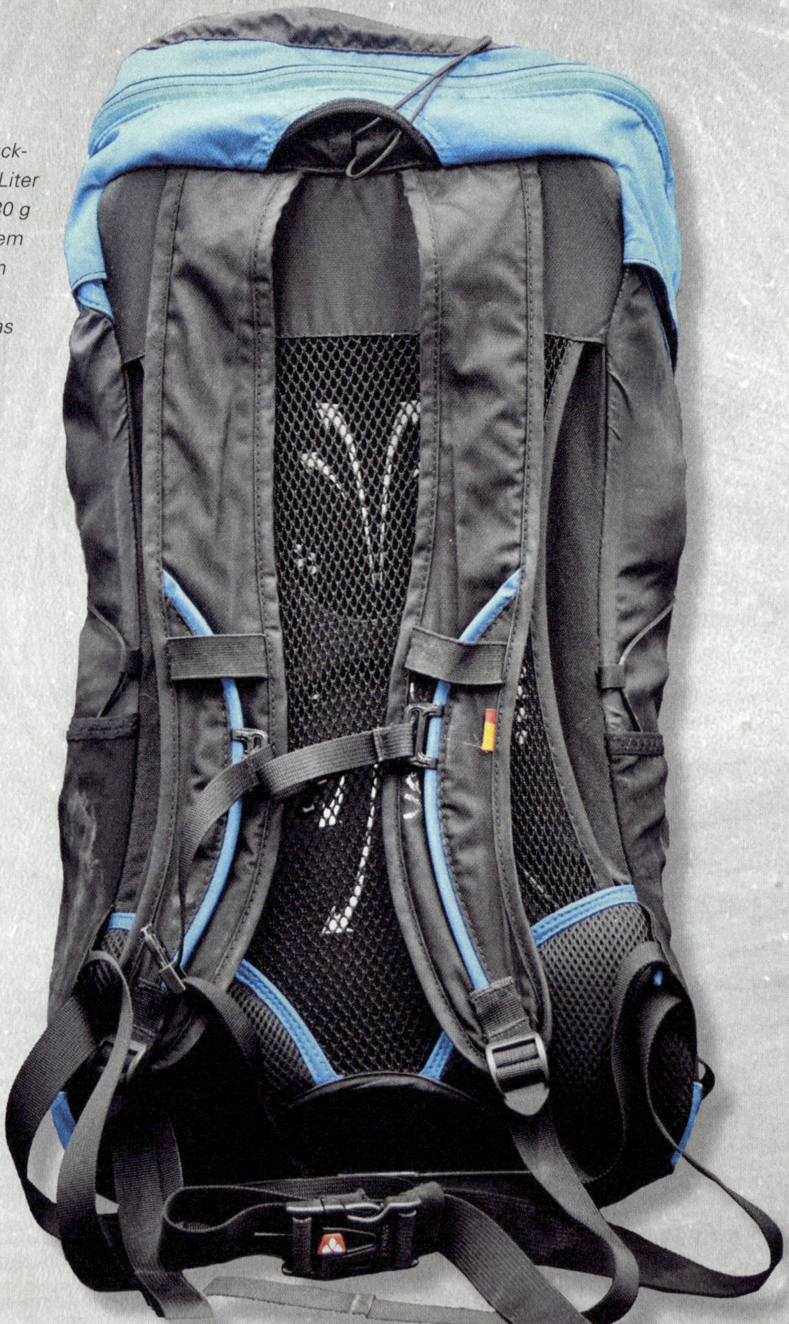

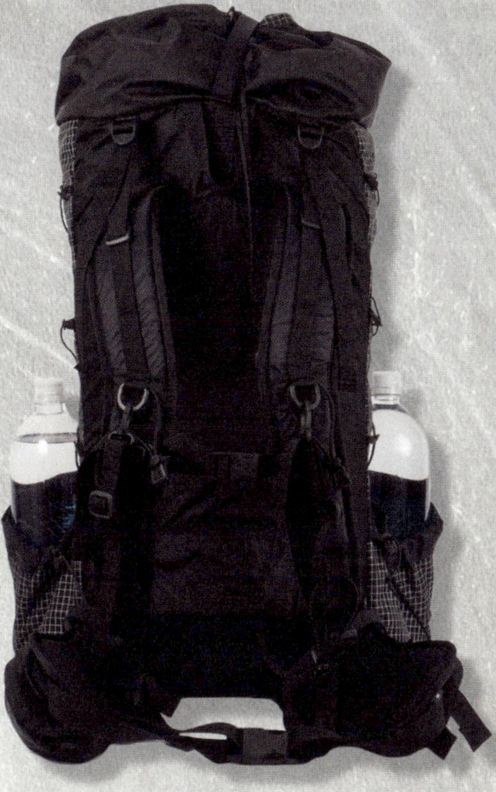

Wie sehen also die Leichtgewichtsrucksack-Alternativen aus? Diese Art von Rucksäcken gibt es schon ab Gewichten von 500 g und weniger. Um solche Gewichte zu erreichen, muss wieder einmal auf alles Überflüssige verzichtet werden. Denn diese Rucksäcke bestehen aus nicht viel mehr als einem Sack mit einfachen Schultergurten. Einen stabilen Hüftgurt, der Lasten übertragen kann, oder eine aufwändige Rückenpolsterung sucht man in dieser Gewichtsklasse vergebens. Je nach Tour-Charakter ist das auch in Ordnung. Solche Rucksäcke sind mit Gewichten bis etwa 6 kg gut nutzbar.

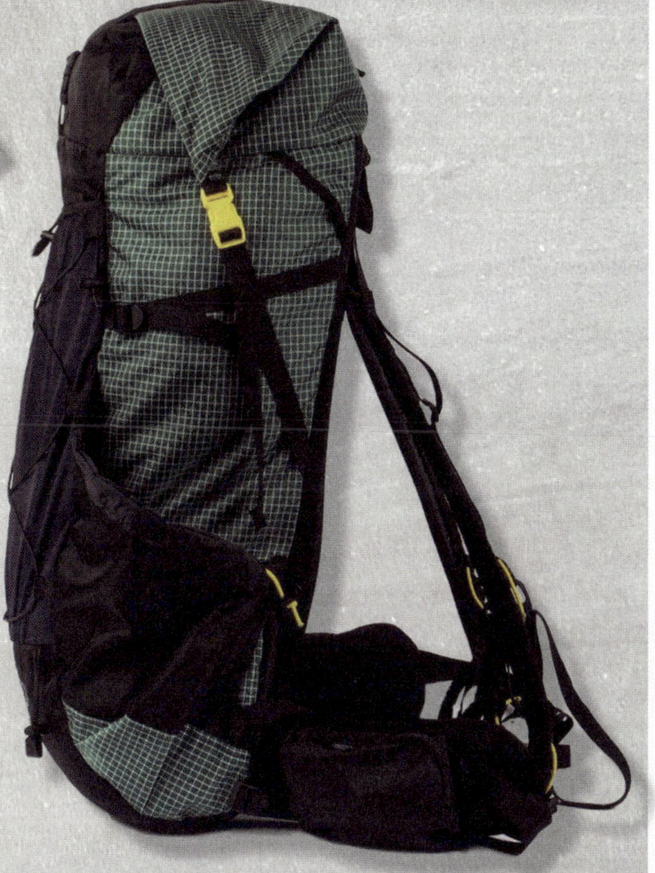

980 g

2. Im Prinzip der gleiche Aufbau wie ein Schwerlast-Rucksack, nur weniger massiv und damit deutlich leichter, 980 g bei 63 Liter Volumen.

1320 g

3. ULA Catalyst, 75 Liter Volumen, Gewicht 1320 g, das Tragesystem ist bis etwa 16 kg belastbar.

Rucksack	Volumen	Gewicht
1	35 Liter	730 g
2	63 Liter	980 g
3	75 Liter	1320 g

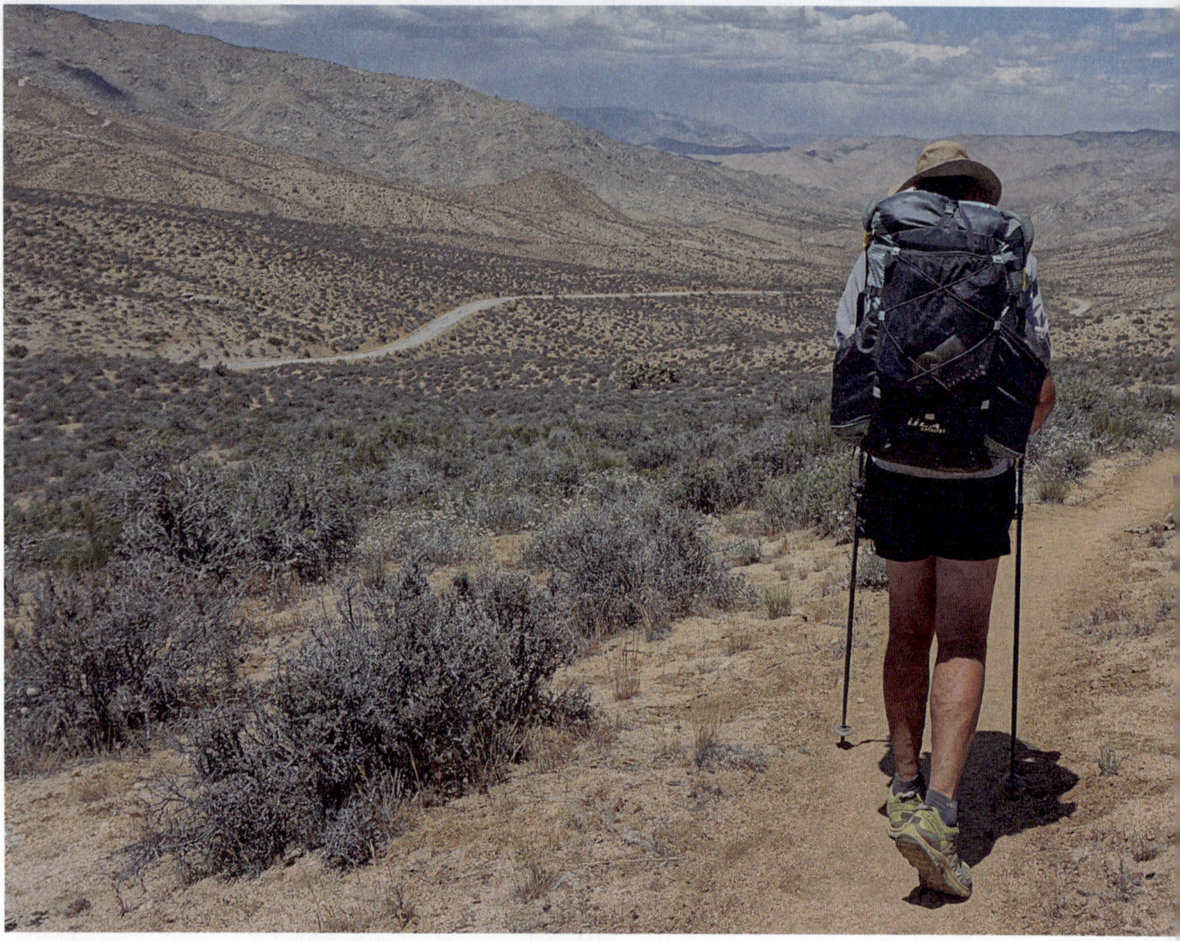

PCT in der Mojave Desert, noch 56 Meilen bis zur nächsten Wasserquelle …

Das ist ausreichend für Touren in warmem Klima mit nicht mehr als etwa 2 Tagen Verpflegung im Rucksack. Dabei ist die gesamte Dauer der Tour völlig unerheblich. Es zählt nur die Anzahl der Tage zwischen den Verpflegungspunkten.
Für Touren, bei denen für mehr als zwei Tage Verpflegung mitgenommen werden muss, darf es allerdings schon etwas mehr an Tragekomfort sein. Rucksäcke, die mit einem komfortableren Tragesystem ausgestattet sind, wiegen etwa ab 800 g aufwärts. Massivere Rucksäcke für ausgedehnte Touren abseits der Zivilisation, bei denen Essen für mehrere Tage mitgenommen werden muss und die über ein richtiges Tragesystem mit Innengestell und einen stabilen Hüftgurt verfügen, gibt es im Gewichtsbereich von 1000 bis 1300 g.

Wie ist das möglich, solche leichten Rucksäcke herzustellen und sind die auch tatsächlich stabil? Die Materialtechnik hat sich in den letzten Jahren sehr stark weiterentwickelt. Vorbei sind die Zeiten in denen 500 oder 1000 Denier Cordura der »Goldstandard« waren. Heute gibt es viele Materialien, die bei ausreichender Stabilität nur einen Bruchteil wiegen. Zum Beispiel mit Kevlar verstärkte RipStop-Gewebe oder Materialien, aus denen die Segel von Hightech-Hochsee-Rennjachten gefertigt werden. Diese sind zugegebenermaßen schon deutlich empfindlicher als ein dickes Nylonmaterial, aber mit einem gesunden Maß an Vorsicht im Gebrauch völlig ausreichend in der Stabilität. Die Rucksäcke hunderter Hiker, die jährlich die mehrere tausend Kilometer langen Hikingtrails in den USA wandern,

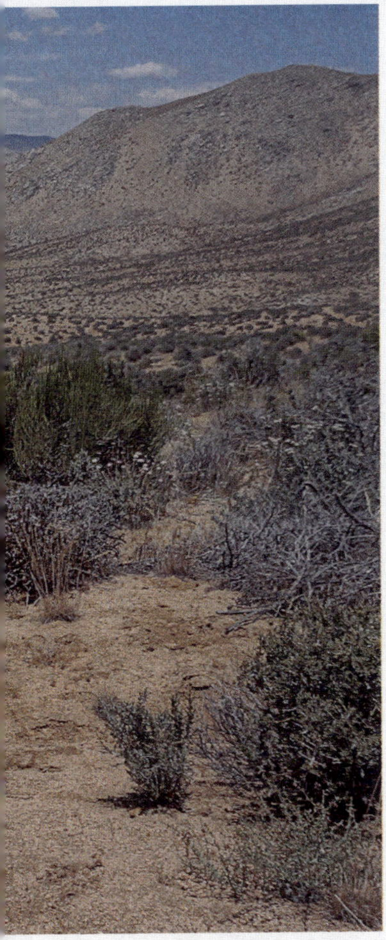

sind Zeugnis dafür. Die größte Gefahr für einen Leichtgewichtsrucksack stellt sicher der Transport in einem Flugzeug dar.

Der Rucksack sollte bei einem Flugzeugtransport unbedingt vor Beschädigungen durch Gepäckbänder oder das Bodenpersonal geschützt werden. Das kann man zum Beispiel schon einfach und preiswert mit einem stabilen Müllsack tun, den man am Zielort entsorgt und damit Gewicht spart.

Sind solche Hightech-Materialien nicht teuer? Ja, sind sie. Sogar deutlich teurer als einfaches Polyester. Doch die Materialkosten eines Rucksackes sind eher gering. Viel mehr ins Gewicht fallen die Produktionskosten durch die Näharbeit.

Da Leichtgewichtsrucksäcke ohne viele Unterteilungen, Riemen und Schnallen auskommen, sind die Kosten für das Nähen deutlich geringer als bei konventionellen Rucksäcken. In der Regel bestehen die Leichtgewichtsrucksäcke aus einem Fach für die gesamte Ausrüstung. Da ein Ultraleicht-Hiker mit sehr viel weniger Ausrüstung unterwegs ist, ist ein Fach auch völlig ausreichend.
Ebenso gibt es auch die Möglichkeit, sich seinen Rucksack selbst zu nähen. Das ist nicht nur deutlich billiger, sondern macht auch noch viel Spaß. Im Internet gibt es genügend Anleitungen für ein solches Vorhaben. Einer der Pioniere der Ultraleicht-Bewegung, Ray Jardine, bietet auf seiner Homepage sogar ein komplettes Kit an, um sich seinen Ultraleichtrucksack selbst zu fertigen.

Ein komplettes Rucksack-Näh-Kit, mit allen Materialien und einer ausführlichen Anleitung, kostet weniger als 85 Dollar.

Der Rucksack hat eine Größe von 36 Litern, was locker ausreicht für eine große Tour, bei der nicht allzu viel Verpflegung mitgenommen werden muss. Ray Jardine ist mit diesem Rucksack sogar den kompletten Pacific Crest Trail (knapp 4300 km) sowie den Appalachian Trail (etwa 3500 km) gewandert.

Das Angebot an fertigen Rucksäcken ist ebenfalls sehr groß. Nicht selten sind es kleine Firmen aus den USA, die von Hikern gegründet wurden, die mindestens einen der großen, mehrere tausend kilometerlangen Trails der USA gelaufen sind. Meist bieten diese Firmen ein umfangreiches Programm mit Rucksäcken, Zelten und Schlafsäcken an.
Es sind Firmen wie Granite Gear, Ultralight Adventure Equipment (ULA), Montane, Six Moons Design, Exped oder Lightwave, die sich dem Bau ultraleichter Rucksäcke oder Ausrüstung verschrieben haben.
Aber auch die etablierten, traditionellen Rucksackhersteller, wie zum Beispiel die Firma Osprey, haben mittlerweile viele, sehr leichte Rucksäcke im Programm.

Die Auswahl des richtigen Rucksacks

Worauf musst du nun bei der Auswahl eines Leichtgewichtsrucksacks achten? Ein Kriterium ist das Volumen, das vom Charakter deiner Tour abhängt. Die Basisausstattung – alle Gegenstände im Rucksack ohne Verpflegung und Wasser – passt in der Regel in einen 20–30-Liter-Rucksack.

Jetzt muss nur noch kalkuliert werden, wie viel Volumen die Verpflegung plus Wasser einnimmt und so ergibt sich das Gesamtvolumen des Rucksacks. Für normale Wanderungen auf den meisten Trails reicht ein Gesamtvolumen von ca. 50 Litern aus. Natürlich ist das Basisvolumen auch von der Klimazone abhängig, in der das Wandergebiet liegt. Wir hatten bei unserem Versuch, den fast 4 300 Kilometer langen Pacific Crest Trail (PCT) zu wandern, Rucksäcke mit 60/70 Litern dabei. Das reichte gut aus, um Verpflegung für maximal zwölf Tage (das Ganze auch noch auf einigen Abschnitten in der recht voluminösen Bärenbox) zu transportieren.

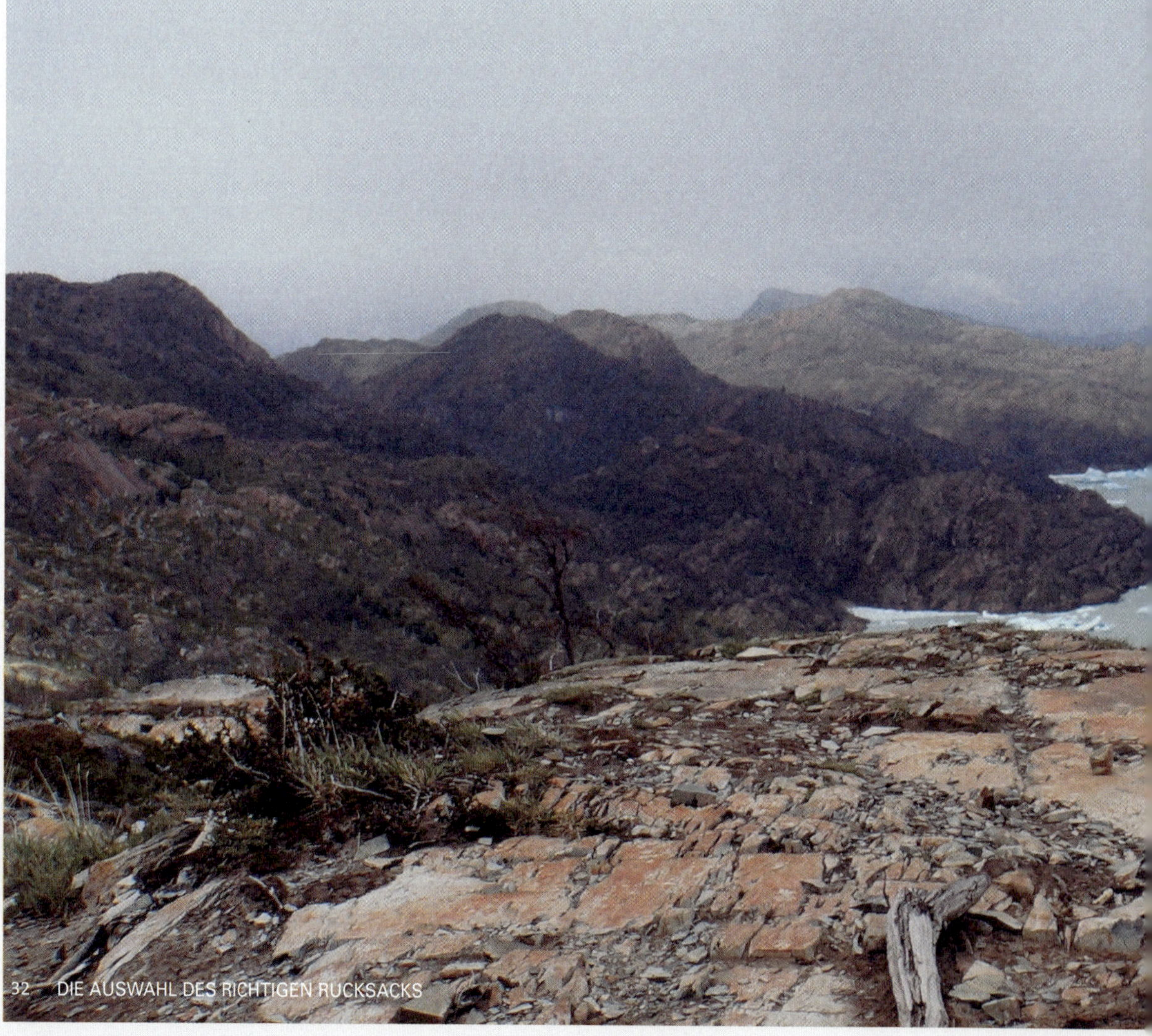

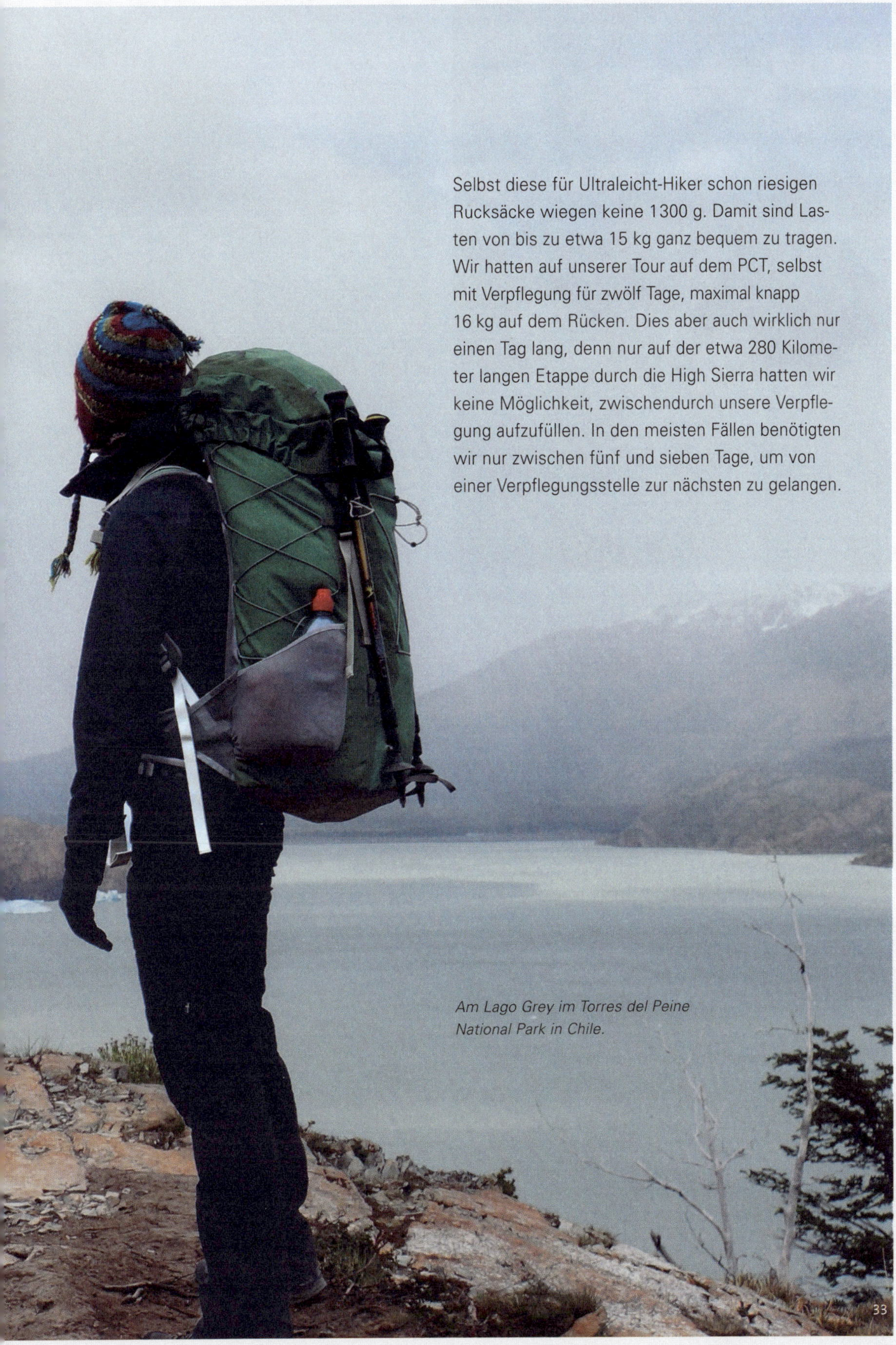

Selbst diese für Ultraleicht-Hiker schon riesigen Rucksäcke wiegen keine 1300 g. Damit sind Lasten von bis zu etwa 15 kg ganz bequem zu tragen. Wir hatten auf unserer Tour auf dem PCT, selbst mit Verpflegung für zwölf Tage, maximal knapp 16 kg auf dem Rücken. Dies aber auch wirklich nur einen Tag lang, denn nur auf der etwa 280 Kilometer langen Etappe durch die High Sierra hatten wir keine Möglichkeit, zwischendurch unsere Verpflegung aufzufüllen. In den meisten Fällen benötigten wir nur zwischen fünf und sieben Tage, um von einer Verpflegungsstelle zur nächsten zu gelangen.

Am Lago Grey im Torres del Peine National Park in Chile.

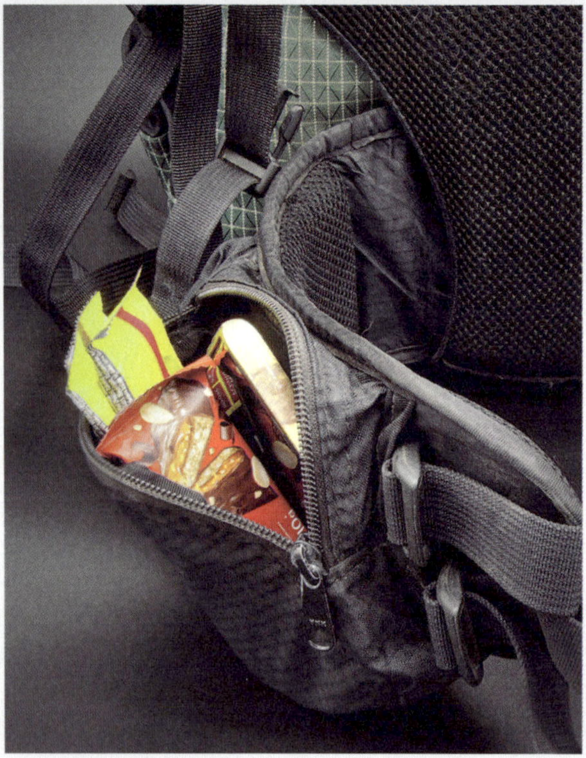

Eine kleine Tasche auf dem Hüftgurt ist eine gute Sache. Darin sind das Handy für schnelle Fotos und ein paar Snacks gut aufgehoben und schnell griffbereit.

Ich finde es sehr praktisch, eine kleine Tasche auf dem Hüftgurt zu haben. In diese Tasche kannst du zum Beispiel dein Smartphone stecken.
Da das Smartphone häufig als Fotoapparat, Navigationsinstrument und als Musikplayer zum Einsatz kommt, ist es sinnvoll, es immer zur Hand zu haben. Auch ein oder zwei Energieriegel als Snacks für zwischendurch können so schnell zur Hand sein. Ist am Hüftgurt keine solche Tasche, gibt es auch kleine Taschen, die du an den Schultergurten befestigen kannst. Oft haben solche Ultraleicht-Rucksäcke kein Deckelfach wie du sie vielleicht von einem herkömmlichen Rucksack her kennst. Das erfordert sicher ein wenig Eingewöhnung, aber wirklich vermisst habe ich es persönlich nicht. Wichtig ist es für die etwas schwereren Lasten einen Hüftgurt zu haben, den du auch entsprechend fest schließen kannst. Wenn du eher schlank bist, kannst du da möglicherweise bei einigen Modellen schon Probleme bekommen.

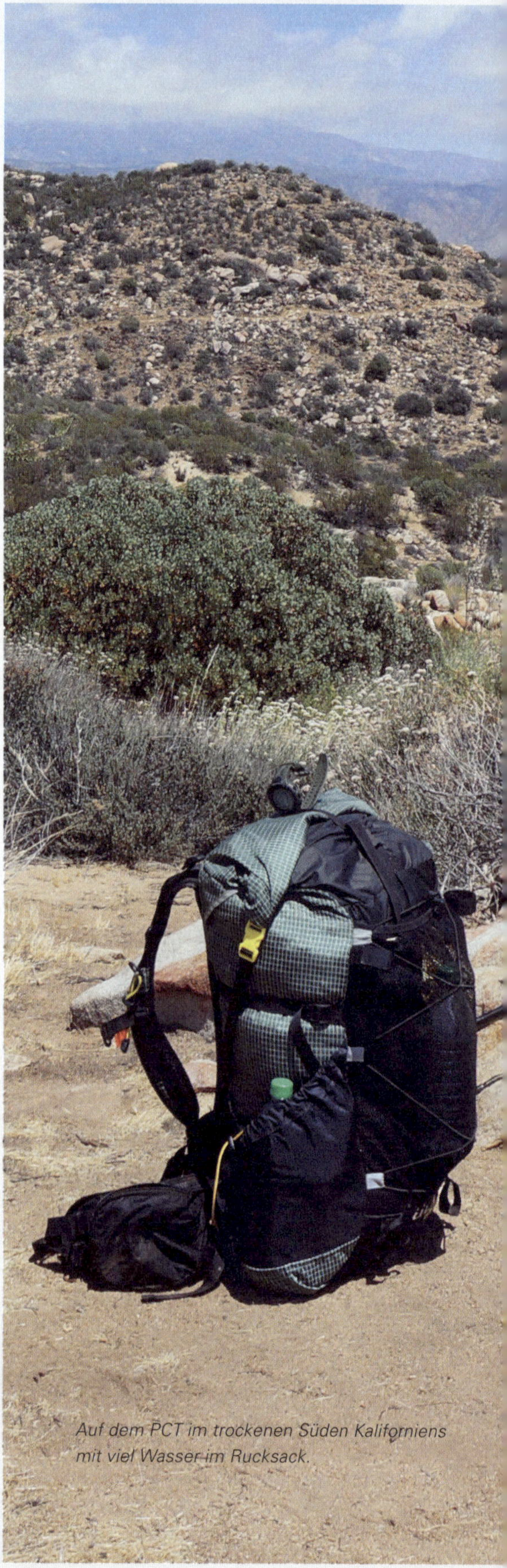

Auf dem PCT im trockenen Süden Kaliforniens mit viel Wasser im Rucksack.

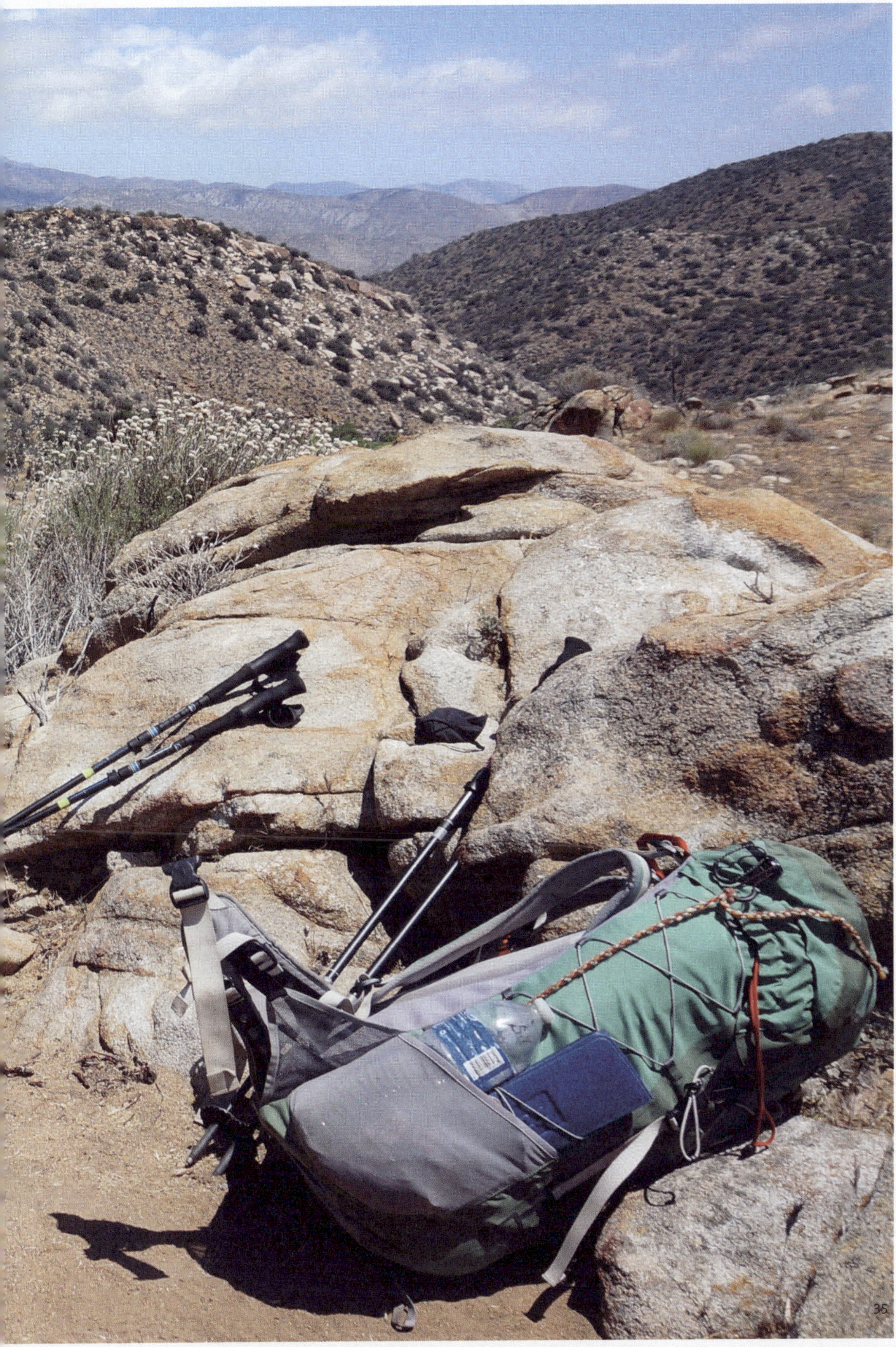

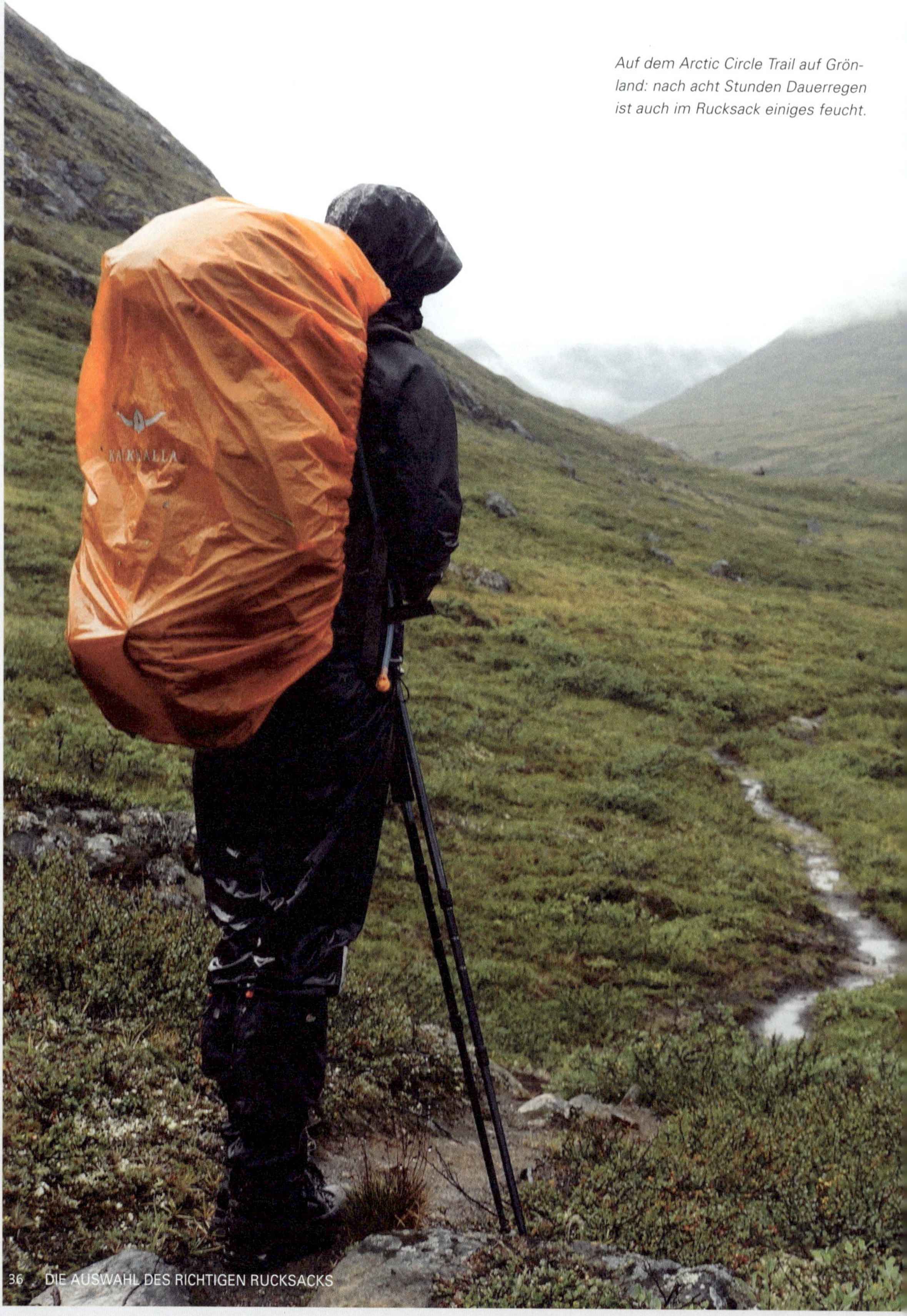

Auf dem Arctic Circle Trail auf Grönland: nach acht Stunden Dauerregen ist auch im Rucksack einiges feucht.

Sinnvoll ist es auf jeden Fall, den Rucksack vor dem Kauf zu probieren, damit der Rucksack auch wirklich zu deinem Körperbau passt.

Wie oben bereits beschrieben, bestehen Leichtgewichtsrucksäcke meistens aus einem einzigen Fach ohne Unterteilungen und auch zusätzliche Außentaschen wirst du vergeblich suchen, so dass das »richtige« Packen an Bedeutung gewinnt. Wie bei einem konventionellen Rucksack werden auch bei den Ultraleichtrucksäcken die schweren Dinge dicht an den Rücken und etwa auf Höhe der Schulterblätter gepackt. Zuunterst kommen der Schlafsack und die leichte Bekleidung. Darüber können bspw. die Körperpflegeartikel gepackt werden. Das Essen, mit Sicherheit der schwerste Teil, wird dicht an den Rücken und weiter nach oben gepackt. Bei kühlerer Witterung kann man seine wärmende Bekleidung, griffbereit für die Pause, nach oben packen. Je nach den zu erwartenden klimatischen Verhältnissen vor Ort ist es angebracht deine Ausrüstung vor Regen zu schützen. Ein traditioneller Rucksack-Regenschutz wiegt aber auch schon leicht mehr als 100 g. Ganz zu schweigen von den beliebten wasserdichten PVC-Säcken mit Rollverschluss. Da ein Rucksack-Regenschutz natürlich den Teil des Rucksacks mit dem Tragesystem nicht abdeckt, kann dort bei längerem oder kräftigerem Regen das Wasser trotzdem seinen Weg in den Rucksack finden.

Die bessere Methode ist es, seinen Rucksack gut mit einer stabilen Mülltüte auszukleiden und somit den gesamten Inhalt trocken zu halten.

In Gebieten mit hoher Regenwahrscheinlichkeit und Touren, bei denen öfter Flüsse zu durchwaten sind, ist es sinnvoll deine Kleidung und deinen Schlafsack – also die Sachen, die dich bei widrigen Wetterbedingungen warmhalten – zusätzlich in einem wasserdichten Sack zu verstauen.

Da der Sack auf jeden Fall im Rucksack transportiert wird, muss er keinen großen mechanischen Belastungen standhalten. Es kann also ruhig einer dieser ultraleichten Silnylon-Packsäcke mit dem bewährten Rollverschluss verwendet werden, die bei 4 Liter ca. 20 g wiegen.

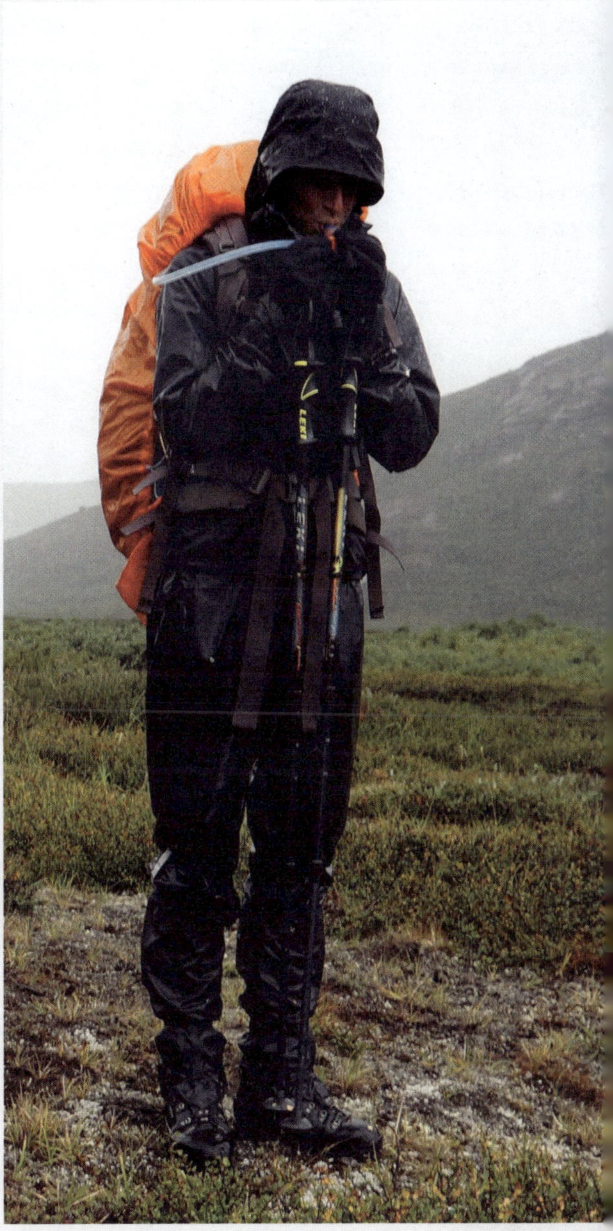

3. The Big Three: das Schlafsystem

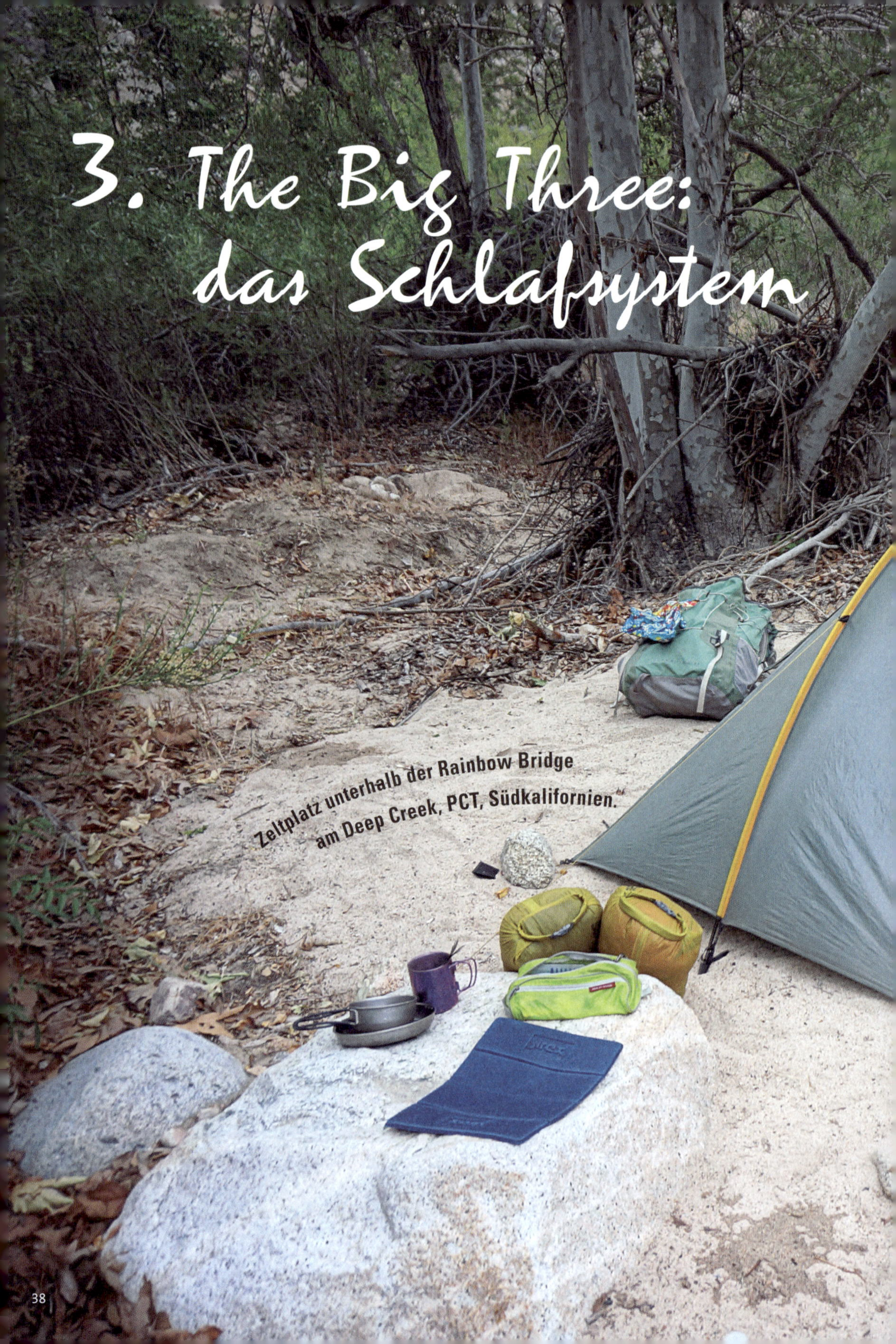

Zeltplatz unterhalb der Rainbow Bridge am Deep Creek, PCT, Südkalifornien.

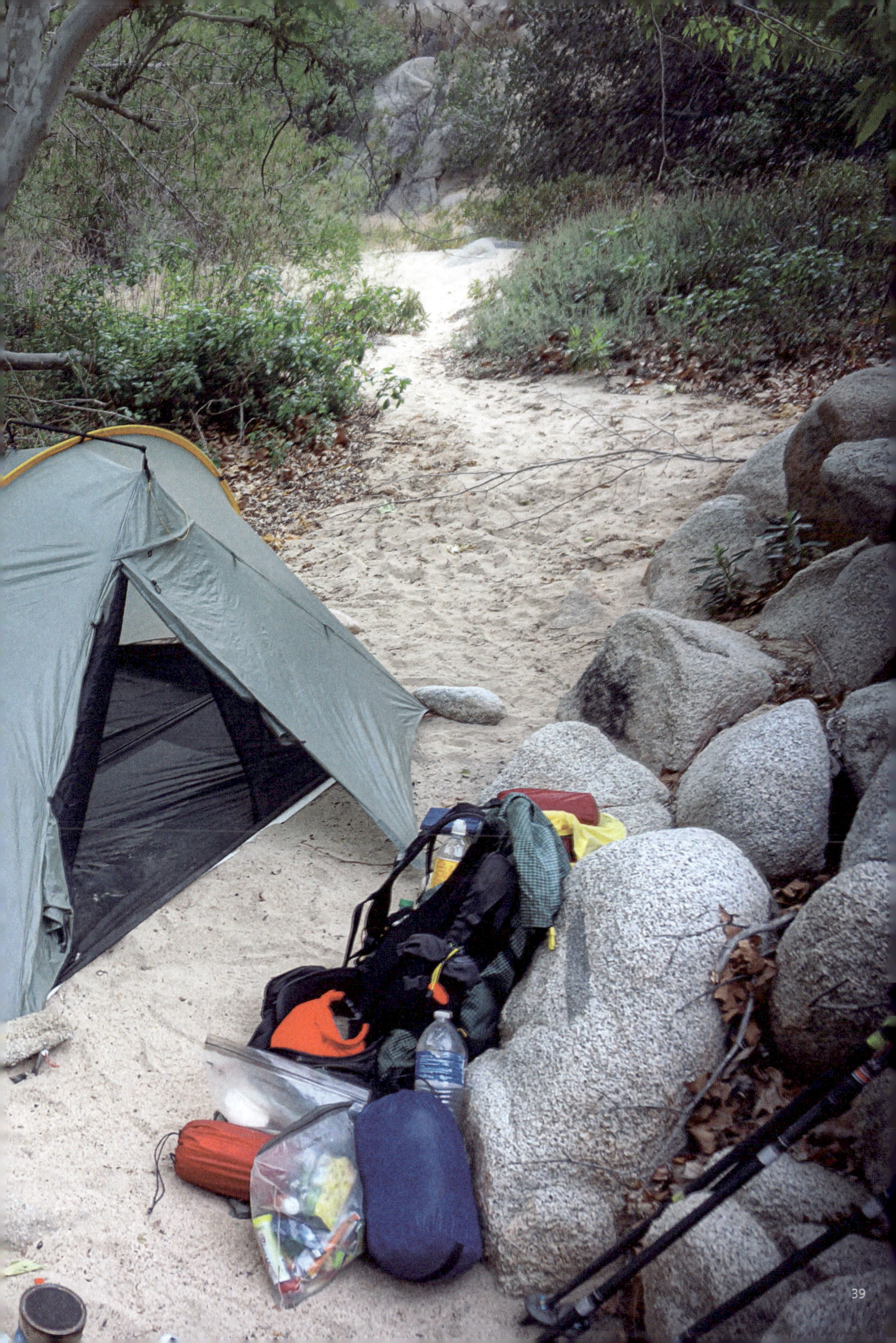

Isomatten

Zum Schlafsystem gehören eine Isoliermatte und ein Schlafsack oder ein sogenannter Quilt. Die Isomatte soll dich vor der Bodenkälte schützen. Zum einen, weil der Schlafsack zusammengedrückt wird, sobald du darauf liegst und somit von unten nicht mehr isolieren kann. Zum anderen wird viel Körperwärme abgeleitet, wenn du ohne Zwischenschicht auf dem Boden liegst.

Nebenbei soll die Isomatte natürlich auch noch für einen bequemen und erholsamen Schlafkomfort sorgen. Denn wer sich am Tage aktiv bewegt, braucht seinen Schlaf zur Regeneration. Ich selbst komme beispielsweise mit eher wenig Schlaf aus – mehr als sieben Stunden kommen bei mir im Alltag nie zusammen. Auf unserer PCT-Wanderung habe ich jedoch pro Nacht problemlos zehn Stunden geschlafen. Wie man sieht, braucht der Körper seinen Schlaf zur Regeneration. Darum hatten wir uns auch für die deutlich bequemere Variante der Thermoluftmatratze entschieden.

Welche Arten von Isomatten gibt es? Es gibt Schaumstoffmatten, selbstaufblasende Isomatten und Thermoluftmatratzen. Natürlich haben viele auch noch das altbekannte luftgefüllte Gästebett und die alte Gummiluftmatratze aus Opas Zeiten, aber ich hoffe nicht, dass sich jemand so etwas freiwillig in den Rucksack packt.

Wie funktioniert die Wärmedämmung bei Isoliermatten? Ganz einfach: mithilfe der Luft. Entweder die Luft in den Luftmatten oder die Millionen winziger Luftbläschen in den Schaumstoffen. Luft besitzt eine sehr geringe Wärmeleitfähigkeit, sie ist beispielsweise etwa hundertmal geringer als die Wärmeleitfähigkeit von z. B. Sandstein. Zwar gibt es noch einige Gase, die eine noch geringere Wärmeleitfähigkeit haben als Luft, aber Luft ist einfach überall verfügbar und kostet nichts. Ich kann die Luft morgens aus der Matte raus- und abends wieder reinlassen.

Schaumstoffmatten

Am robustesten und preisgünstigsten sind die einfachen Schaumstoffmatten. Sie bestehen aus geschlossenzelligem Schaumstoff. Das heißt, dass die winzigen Luftbläschen in sich geschlossen sind und dadurch nur wenig komprimiert werden können. Ein Badeschwamm hingegen ist offenzellig. Ich kann ihn ganz einfach komplett zusammendrücken. Die Isomatte hingegen soll ja das Körpergewicht tragen und vor der Bodenkälte isolieren.

Da die Matten aus viel Luft bestehen, sind sie natürlich relativ leicht. Das Gewicht für eine Matte mit den klassischen Isomatten-Maßen von 183 x 51 x 1,5 cm liegt bei knapp 400 g.
Eine solche Matte ist mit ca. 25 Euro auch vergleichsweise preiswert. Zudem ist sie sehr robust. Da sie die Luft in ihren Zellen eingeschlossen hat, kann es bei einem Loch keinen Luftverlust geben wie bei einer Luftmatratze. Ich kann mich mit der Matte bedenkenlos überall hinlegen ohne einen »Platten« zu riskieren. Auch gegenüber Funkenflug am Lagerfeuer ist sie unempfindlich. Ich kann sie sogar zuschneiden, wenn sie zu groß für mich ist.

Ein Nachteil liegt in der mangelnden Komprimierbarkeit. Ich kann sie nur zusammenrollen und damit nimmt sie deutlich mehr Raum ein als eine Thermoluftmatratze. Der weitaus größere Nachteil ist der geringe, oder besser gesagt, fast nicht vorhandene Schlafkomfort. Durch die geringe Dicke kann sie kaum Bodenunebenheiten ausgleichen.

Besonders im Gebirge, wo du deinen Platz zum Schlafen nicht immer frei wählen kannst und wo oft irgendwelche Steine aus dem Boden ragen, kann eine Nacht schon sehr unbequem werden. Hier bieten die Thermoluftmatratzen doch deutlich mehr Komfort. Allerdings auch leider für sehr viel mehr Geld.

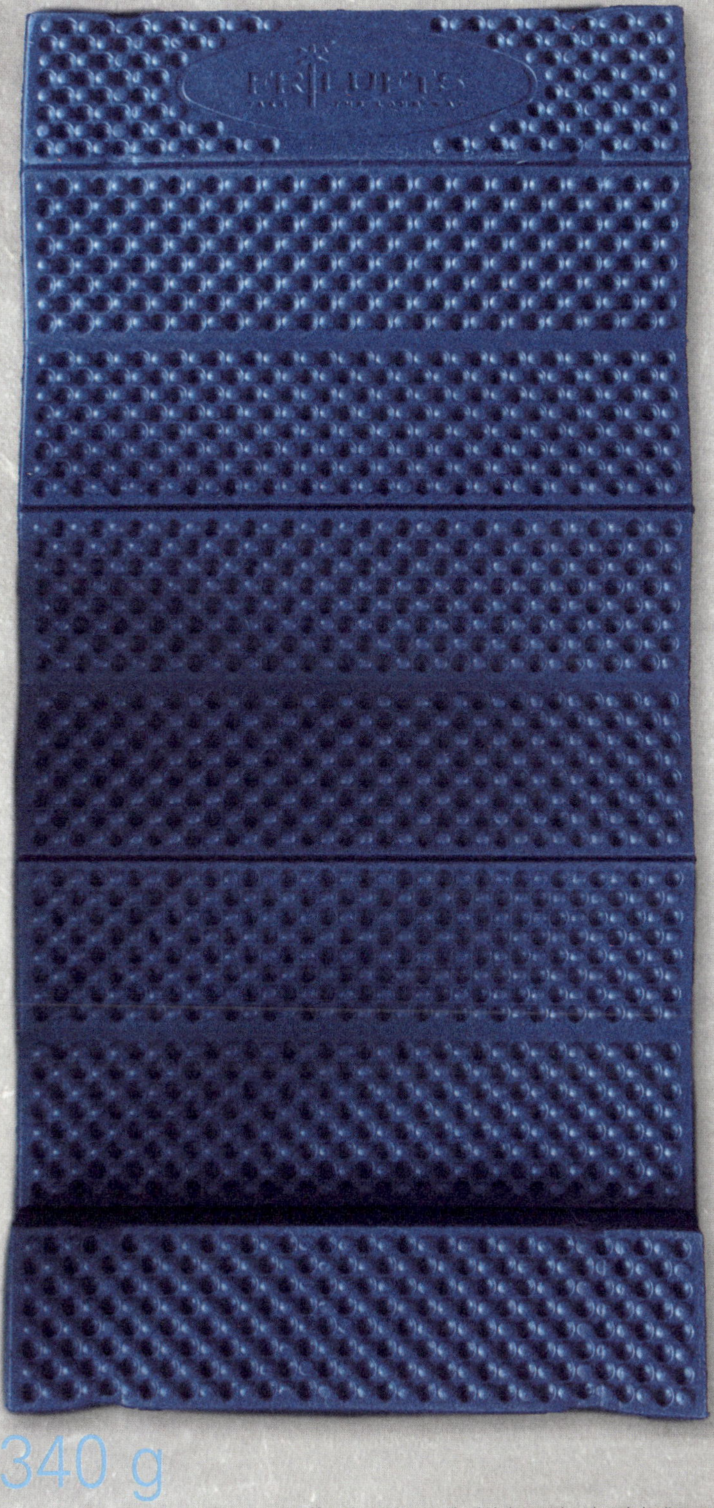

340 g

Einfache Isomatte aus Schaumstoff, mit 340 g recht leicht und sehr viel günstiger als eine Thermoluftmatratze. Das Packmaß ist vergleichsweise groß, der Liegekomfort ausreichend, solange der Untergrund eben ist.

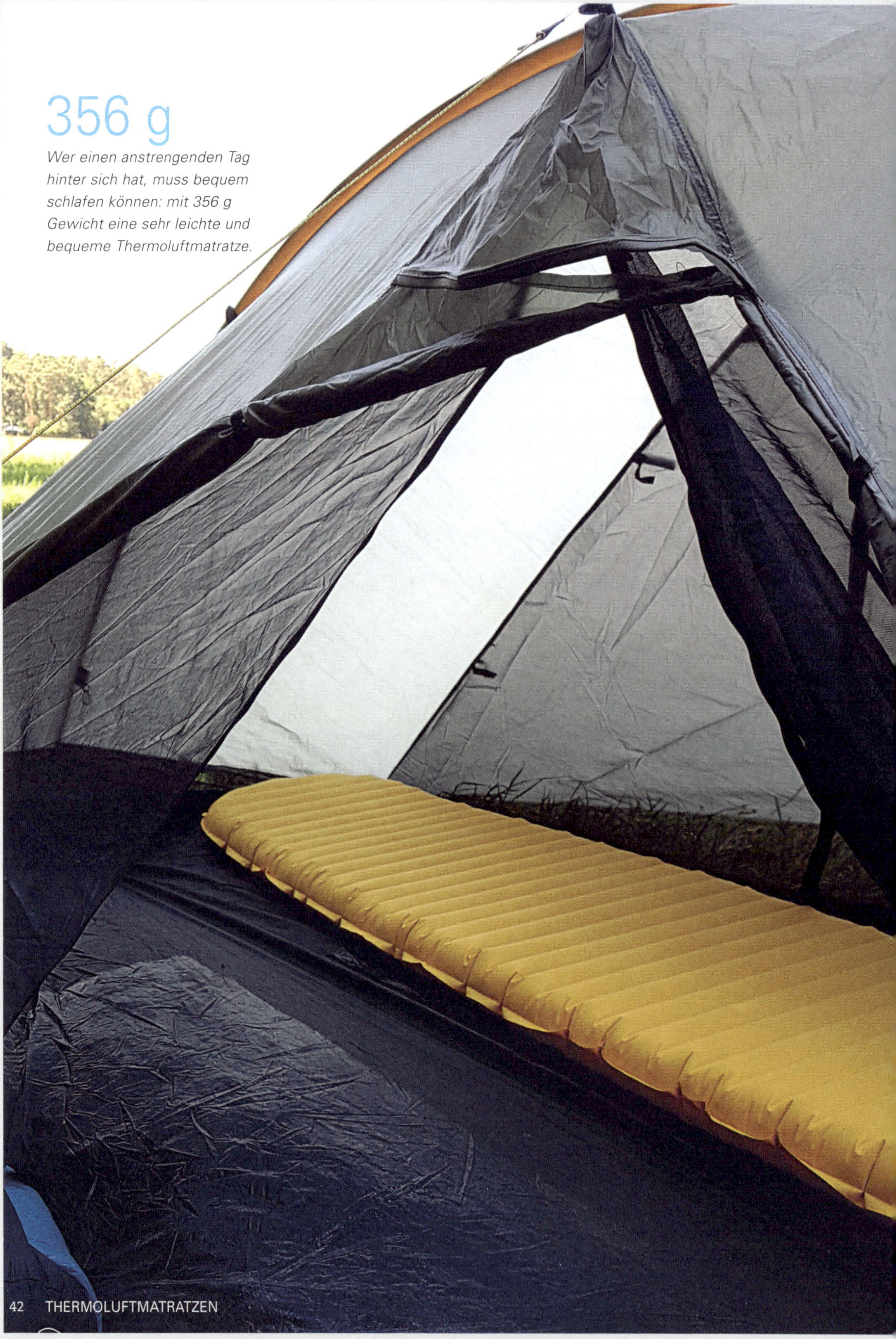

356 g

Wer einen anstrengenden Tag hinter sich hat, muss bequem schlafen können: mit 356 g Gewicht eine sehr leichte und bequeme Thermoluftmatratze.

Thermoluftmatratzen

Wer schon einmal auf einer normalen Luftmatratze geschlafen hat, kennt das. Sie schützt wenig gegen die Bodenkälte. Das kommt daher, dass die Luft innerhalb der normalen Luftmatratze frei zirkulieren kann, sich am Boden wieder abkühlt und somit den Schläfer nicht gegen die Bodenkälte isoliert. Anders ist es bei den Thermoluftmatratzen.

Im Inneren der Matte sorgt eine Vielzahl von eingebauten Kammern aus ultradünnen und leichten Kunstfasermaterialien oder auch eine Daunen- oder Kunstfaserfüllung dafür, dass sich die Luft innerhalb der Matte nicht frei bewegen kann. Zudem ist das Material dieser Matten mit einer wärmereflektierenden Beschichtung versehen.

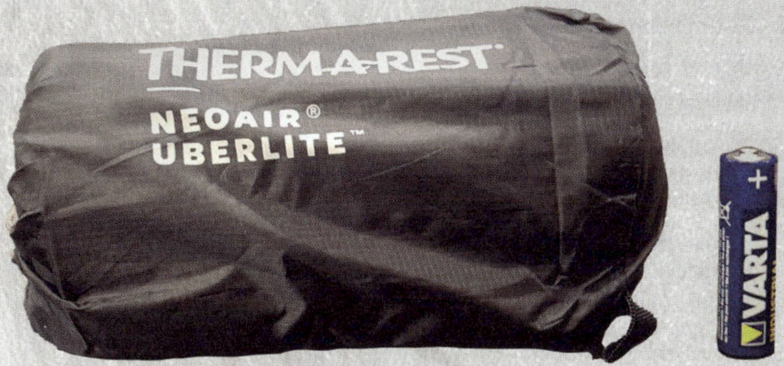

250 g

Noch leichter wird's mit der 250 g leichten Therm-a-Rest NeoAir Uberlite mit einem zudem noch geringeren Packmaß.

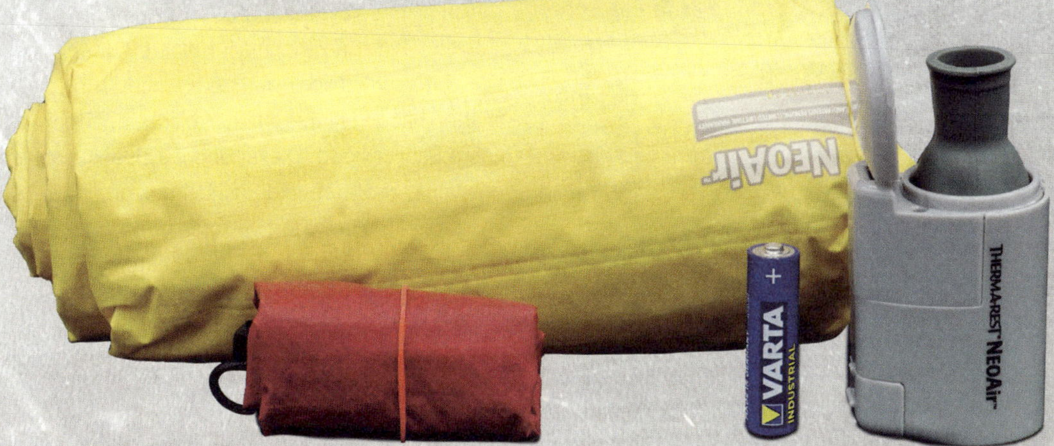

Die leichte Thermoluftmatratze mit Packsack und einer elektrischen Pumpe zum Befüllen. Die Pumpe wiegt ohne Batterien 50 g. Mit den 2 AAA-Batterien kann die Matte etwa 20-mal befüllt werden.

Dadurch isolieren sie hervorragend gegen Bodenkälte und der Schlafkomfort auf einer mehrere Zentimeter dicken Thermoluftmatratze ist im Vergleich zu den einfachen Schaumstoffmatten herausragend. Dabei kommen diese Matten auf Gewichte, die je nach Modell unter denen von geschlossenzelligen Schaumstoffmatten liegen können – das Ganze auch noch bei einem Bruchteil des Packmaßes. Der Nachteil besteht darin, dass diese Matten im Falle eines Loches gar nicht mehr isolieren. Das heißt, man muss bei der Wahl seines Schlafplatzes schon genauer hinschauen, ob nicht z. B. Dornen, Glasscherben oder ähnliche Bösewichter auf der Lauer liegen. andererseits sind die verwendeten Hightech-Materialien deutlich robuster als es den Anschein hat.

Meine Frau und ich nutzen diese Matten schon mehrere Jahre und haben in den vielen hundert Nächten, die wir auf diesen Matten geschlafen haben, noch nicht ein einziges Loch gehabt. Trotzdem solltest du für den Fall der Fälle immer Reparaturflicken dabeihaben. Bei unseren Matten waren mehrere kleine, selbstklebende Flicken im Lieferumfang enthalten.

Falls die Matte übrigens ein winziges Loch hat, was nicht zu hören ist und es in der Nähe auch keinen See gibt, in den man die Matte eintauchen kann um zu sehen, wo die Luftbläschen hochsteigen, kann man sich mit ein paar Tropfen biologisch abbaubarer Seife behelfen. Einfach die Matte mit etwas Seifenlauge bestreichen: das Loch ist dort, wo die Luftblasen erscheinen.

Ein Kritikpunkt, den man immer wieder hört, ist, dass sie laut rascheln. Das ist sicher richtig, wenn man im Outdoorgeschäft auf der Matte herumdrückt. Aber sobald man sich auf die aufgeblasene Matte legt, ist durch den erhöhten Druck in der Matte davon kaum noch etwas zu hören. Zudem raschelt der Schlafsack ja auch. Wir können das laute Rascheln der Matten in der Praxis nicht bestätigen. Im Übrigen: wer nach einem langen Wandertag nicht sofort einschläft, der ist am Tag nicht weit genug gelaufen ;-).
Was allerdings viele Wanderer erst einmal abschreckt, ist der schon sehr hohe Preis für dieses kleine Hightech-Wunder. Unter 100 Euro ist da kaum etwas zu machen. Billig sind sie nicht, das ist wahr. Aber ich finde sie im eigentlichen Sinne des Wortes preiswert. Hundert Euro sind wenig für hunderte Nächte sehr bequemen und erholsamen Schlafes in der Natur.

Selbstaufblasende Matten

Die letzte Art Isomatte, die für Wanderer interessant ist, sind die sogenannten selbstaufblasenden Matten. Vor dem Erscheinen der Thermoluftmatratzen waren sie über viele Jahre der Standard bei den Isomatten. Mittlerweile sind sie aber aufgrund ihres Gewichts etwas ins Hintertreffen geraten.

Selbstaufblasende Matte? Klingt doch super! Allerdings ist dieser Begriff natürlich genau genommen ebenso unpassend wie der Begriff »atmungsaktiv« im Bekleidungsbereich. Die Matten blasen sich natürlich nicht selbst auf. Diese Matten haben, wie die Thermoluftmatratzen, eine luftdichte Außenhülle. Der Unterschied liegt im Inneren der Matte. Diese Matten haben einen Kern aus leichtem, offenzelligem Schaumstoff. Dieser dehnt sich aus, sobald das Ventil geöffnet wird und saugt dadurch die Luft an, bis der Schaumstoff völlig entspannt ist. In der Regel muss man noch mal Nachpusten bis die gewünschte Härte erreicht ist. Der Schaumstoff sorgt dann dafür, dass die Luft innerhalb der Matte nicht zirkulieren kann und isoliert somit gegen die Bodenkälte. Der Nachteil dieser Matten ist das höhere Gewicht gegenüber den Thermoluftmatratzen, denn der Schaumstoff wiegt natürlich etwas. Ebenso ist auch das Packvolumen durch den Schaumstoffkern größer.

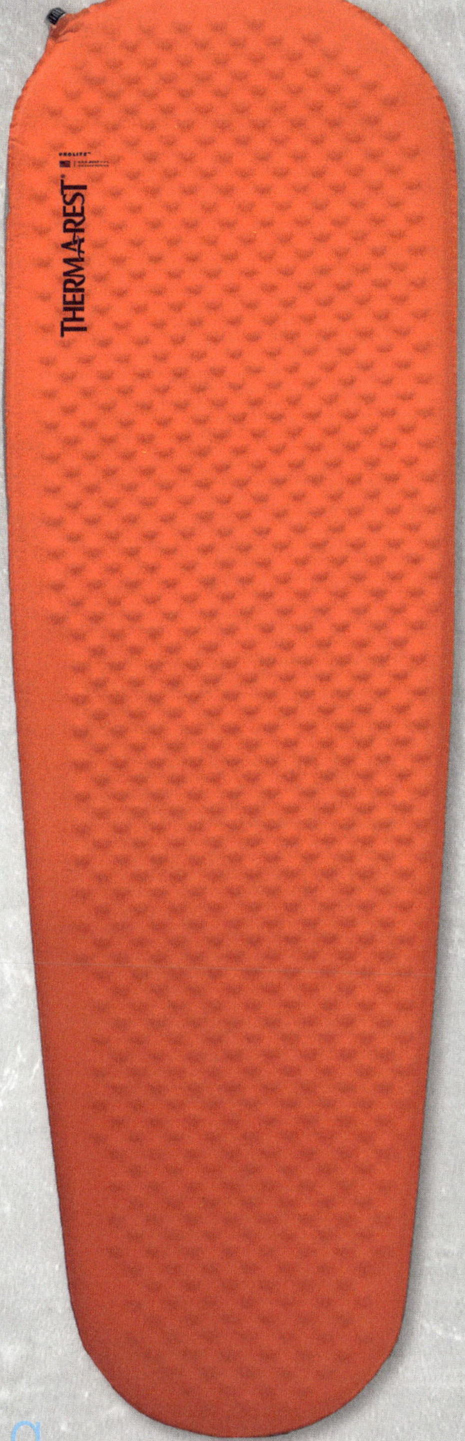

630 g

Traditionelle, selbstaufblasende Isomatte mit einem Gewicht von 630 g. Bei einer Stärke von 5 cm ist damit ein sehr guter Schlafkomfort gewährleistet.

Um diese Nachteile gegenüber den Thermoluftmatratzen auszugleichen, gehen die Hersteller der Matten verschiedene Wege. Manche verarbeiten in den Matten keinen Schaumstoff, sondern Daunen, Wolle oder Kunstfaser. Das ist ein wenig leichter als Schaumstoff. Eine andere Methode, das Gewicht und das Packmaß zu reduzieren ist, den Schaumstoff mit Kanälen zu versehen oder gitterförmig auszustanzen. So wird weniger Schaumstoff verwendet, wodurch sich Gewicht und Packvolumen verringern.

Was bei allen luftgefüllten Matten zu beachten ist, seien es »selbstaufblasende« oder Thermoluftmatratzen, ist die Tatsache, dass sie aufgeblasen werden müssen. Bei den selbstaufblasenden Matten muss auf jeden Fall ein wenig nachgeblasen werden, denn der sich entspannende Schaumstoff erzeugt natürlich keinen Druck und man würde sonst durchliegen. Die Thermoluftmatratze muss dagegen komplett mit Luft gefüllt werden. Die naheliegende Methode, die Matte einfach mit dem Mund aufzublasen, funktioniert bei den Selbstaufblasenden noch recht gut. Wer allerdings mal versucht hat, eine Thermoluftmatratze in der Standardgröße aufzublasen – das sind immerhin über 50 Liter Luftvolumen – weiß, dass das gar nicht so einfach ist.

Das größere Problem allerdings ist die Feuchtigkeit unserer Atemluft. Denn mit dem Aufblasen einer Matte gelangen beträchtliche Mengen an Feuchtigkeit in die Matte, die zu Wasser kondensieren können. Das kann zu einigen Problemen führen: Zum einen kann bei Temperaturen unter dem Gefrierpunkt das Wasser in der Matte gefrieren und die Matte beschädigen. Zum anderen könnte durch die Feuchtigkeit auch das Füllmaterial Schaden nehmen und schimmeln. Besonders relevant ist dies bei Matten mit Daunenfüllung.

Für die daunengefüllten Matten und die Thermoluftmatratzen ist es deshalb notwendig, die Matten mit irgendeiner Art Pumpe zu befüllen. Bei einigen Modellen ist diese Funktion in die Matte eingebaut. Daneben gibt es elektrische Pumpen, die batteriebetrieben sind. Das ist sehr komfortabel, aber natürlich auch schwerer und für längere Touren müssen eventuell Ersatzbatterien mitgenommen werden.

Die einfachste und preiswerteste Methode, derartige Isomatten aufzublasen, sind Pumpsäcke. Es gibt sie von den Herstellern der Matten passend für die jeweilige Form der Ventile. Ein Pumpsack ist nichts weiter als ein wasser- und luftdichter Rollverschlussbeutel mit einem passenden Ventil. Einfach den Beutel an das Ventil stecken, mit Luft füllen, die Öffnung schließen und die Luft in die Matte drücken. Das verhindert Kondenswasser in der Matte, sorgt für weniger Schwindel im Kopf und geht superschnell.

Ich verwende den Pumpsack, um meinen Rucksack damit auszukleiden. Mein Pumpsack ist entsprechend groß und da er natürlich wasserdicht ist, bietet er einen hervorragenden Regenschutz.

Ein weiterer wichtiger Punkt ist die Isolationsfähigkeit der Matte. Bei Isomatten wird dafür der Wärmedurchgangswiderstandswert R verwendet. Einfach gesagt, je höher der Wert, desto besser die Isolation. In der Regel geht ein höherer R-Wert entweder mit einem höheren Gewicht oder mit besserer und damit auch teurerer Technologie einher.

Deshalb solltest du dir überlegen, bis zu welchen Temperaturen du draußen schlafen möchtest. Wenn du keine Wintertour mit Temperaturen von minus 20 Grad Celsius planst, kommst du mit einer leichteren Matte mit einem geringeren R-Wert gut aus und kannst dadurch Geld und Gewicht sparen. Es ist sinnvoll, die Isomatte passend zum Temperaturbereich des Schlafsackes zu kaufen. Falls doch eine Wintertour ansteht, kannst du deine ultraleichte Thermoluftmatratze mit einer zweiten Matte, z. B. einer leichten Schaumstoffmatte kombinieren und erreichst damit eine höhere Isolation, ohne eine neue Thermoluftmatratze zu kaufen.

Gute und leichte Isomatten bieten Therm-a-Rest, Sea to Summit, Exped, Nemo und Klymit an. Hier ist es eine Frage des gewünschten Komforts und des Preises, ob du dich für eine geschlossenzellige Schaumstoffmatte, eine selbstaufblasende Isomatte oder eine Thermoluftmatratze entscheidest. Für mich wäre die Sache schnell klar. Ich würde mich dank der exzellenten Erfahrungen bei unserer PCT- Tour immer wieder für eine Thermoluftmatratze entscheiden.

Auf dem PCT in der Nähe von Big Bear Lake in den San Bernardino Mountains, Kalifornien.

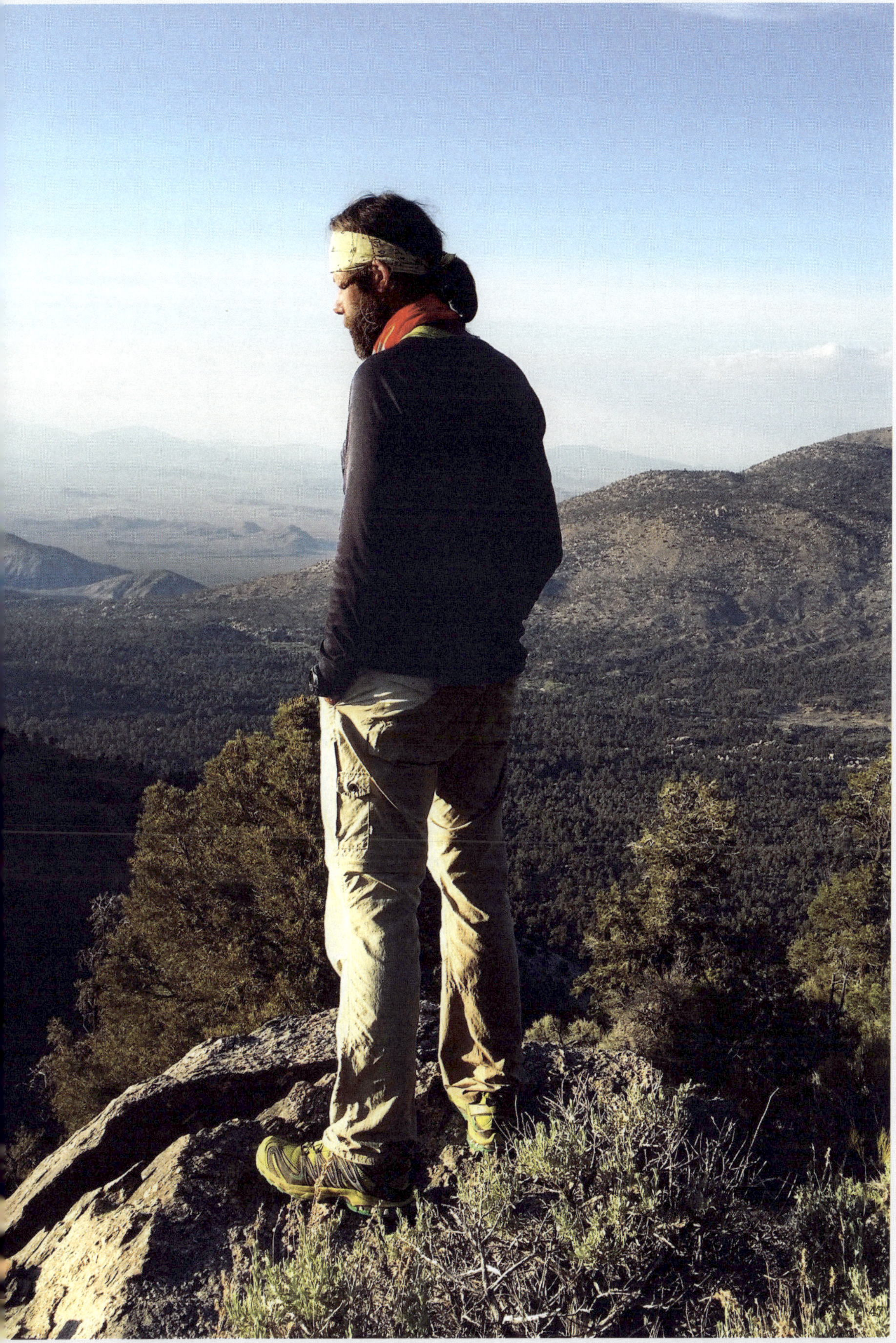

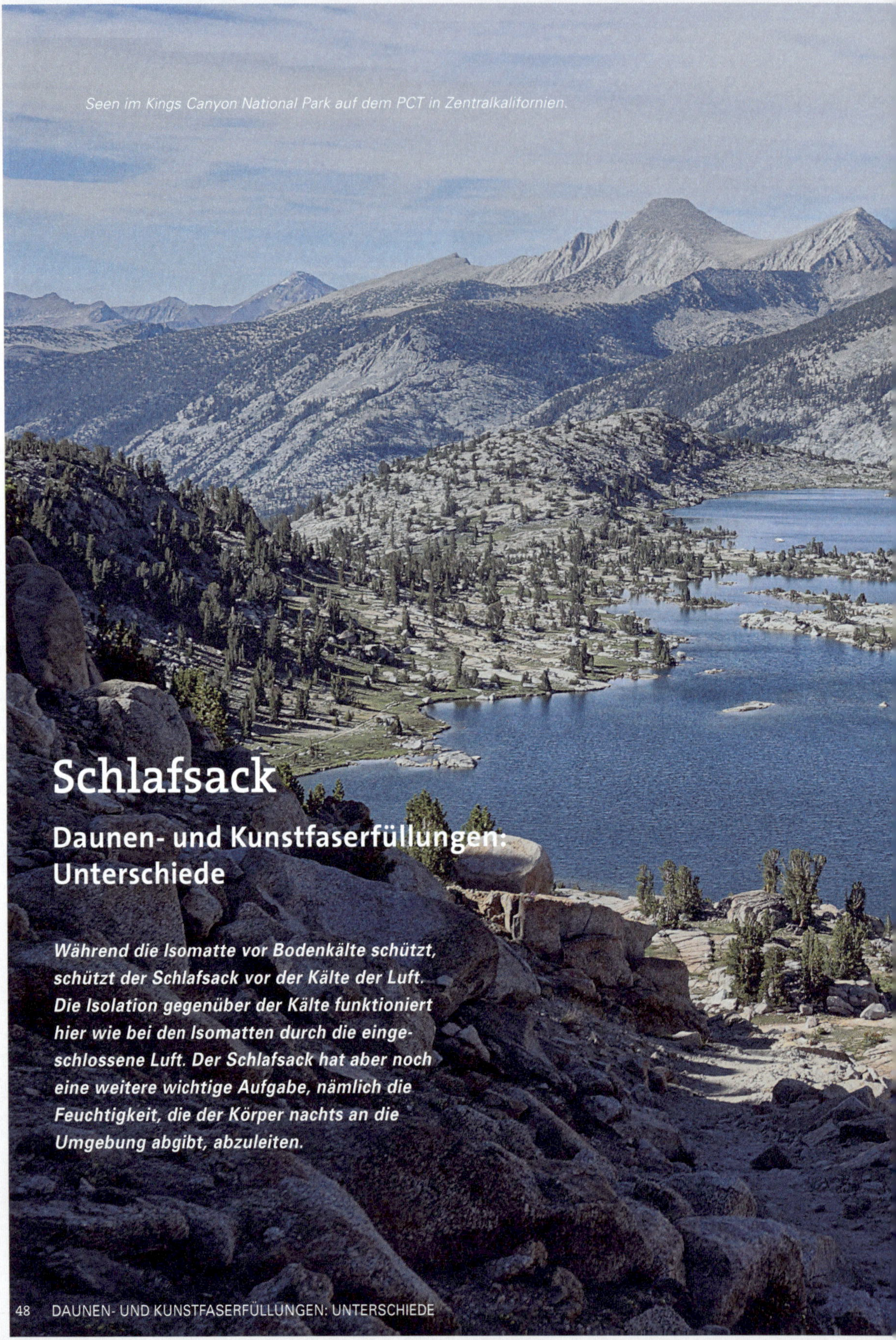

Seen im Kings Canyon National Park auf dem PCT in Zentralkalifornien.

Schlafsack

Daunen- und Kunstfaserfüllungen: Unterschiede

Während die Isomatte vor Bodenkälte schützt, schützt der Schlafsack vor der Kälte der Luft. Die Isolation gegenüber der Kälte funktioniert hier wie bei den Isomatten durch die eingeschlossene Luft. Der Schlafsack hat aber noch eine weitere wichtige Aufgabe, nämlich die Feuchtigkeit, die der Körper nachts an die Umgebung abgibt, abzuleiten.

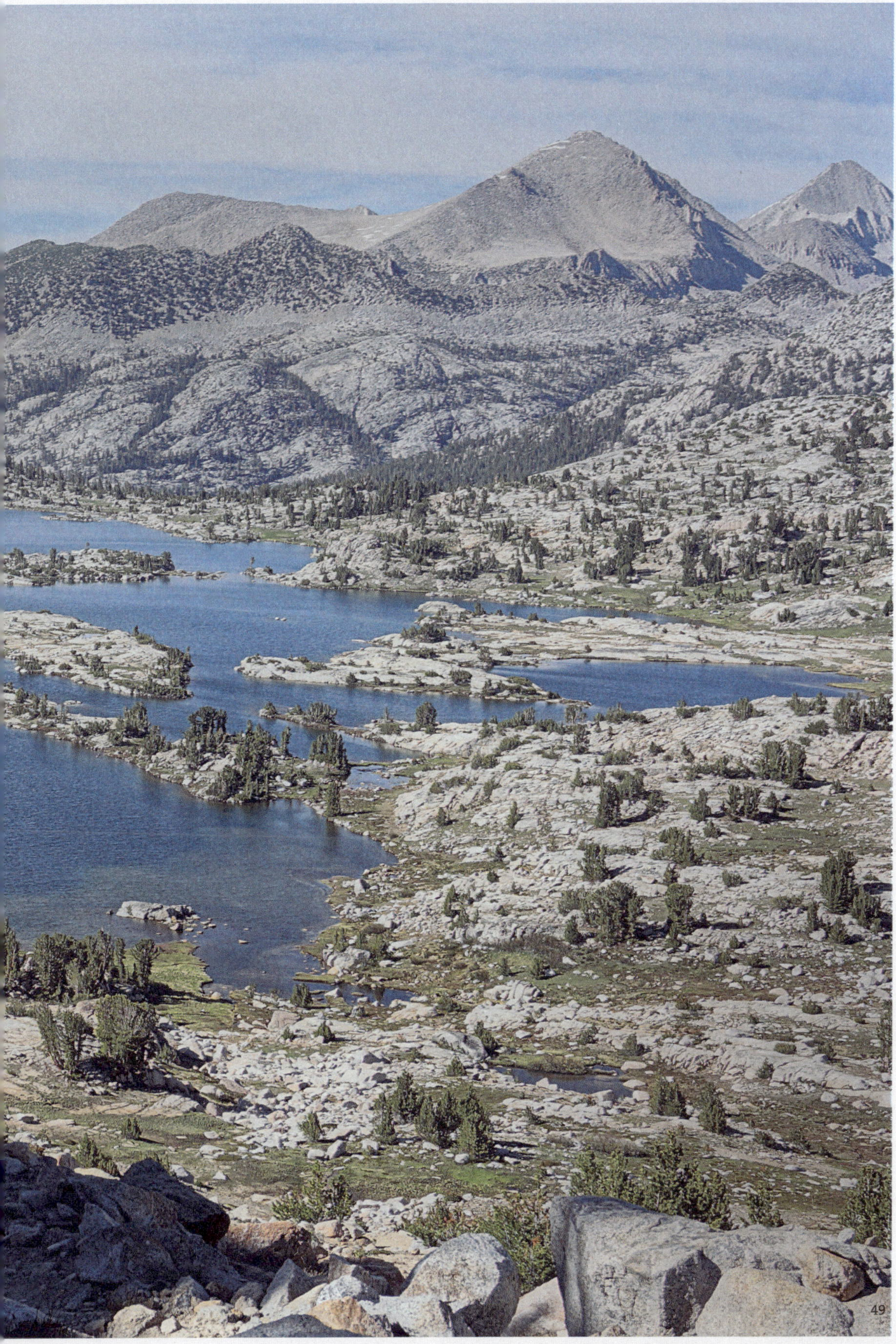

Der Mensch gibt nachts im Schnitt ca. einen halben Liter Schweiß ab. Damit diese Menge abgeleitet werden kann und so ein gesundes Schlafklima sichergestellt wird, muss der Schlafsack dich nicht nur warmhalten, sondern auch noch zusätzlich einen halben Liter Schweiß gut verteilen und nach außen befördern. Hierzu ist ein leichtes, luftiges und möglichst stabiles Füllmaterial notwendig: entweder Daune oder Kunstfaser.

Bei Daune handelt es sich um ein reines Naturprodukt. Daunen sind die Unterfedern von Vögeln, die unter den von außen sichtbaren Deckfedern sitzen. Die Daune besitzt keinen harten Federkiel wie die Oberfeder und ist im Gegensatz zur Oberfeder auch dreidimensional. Durch den weichen, kurzen Kiel ist sie extrem leicht und komprimierbar. Sie ist sehr elastisch und kehrt nach dem Zusammendrücken schnell wieder in ihre Ausgangsform zurück. Durch ihre dreidimensionale, strahlenförmige Struktur kann sie viel mehr Luft einschließen als die Deckfedern. Je nach Vogelart hat die Daune unterschiedliche Qualitäten. Für die Hersteller von Daunenbekleidung und Schlafsäcken kommt nur Daune von Enten und Gänsen in Frage. Es wäre wohl auch zu aufwendig, Spatzendaune zu verarbeiten. Doch es gibt auch bei Gänse- und Entendaune enorme Unterschiede. So besitzt beispielsweise die Daune von Tieren aus kalten Regionen eine deutlich höhere Bauschkraft als von Tieren aus wärmeren Gebieten. Das ist nachvollziehbar, denn auch die Tiere nutzen die Daune ja zur Isolierung gegen Kälte.
Die beste und natürlich auch teuerste Daune kommt von Eiderenten. Die Eiderdaune wird nicht gerupft, sondern aus den Gelegen der Ente gesammelt, wo sie die Brut der Eiderenten vor der Kälte schützen soll. Das Sammeln ist sehr aufwändig und daher ist sie entsprechend teuer.

> ***Für die Beurteilung der Daunenqualität ist die Bauschkraft ausschlaggebend. Sie bezeichnet die Fähigkeit der Daune, sich auf ein bestimmtes Volumen auszudehnen.***

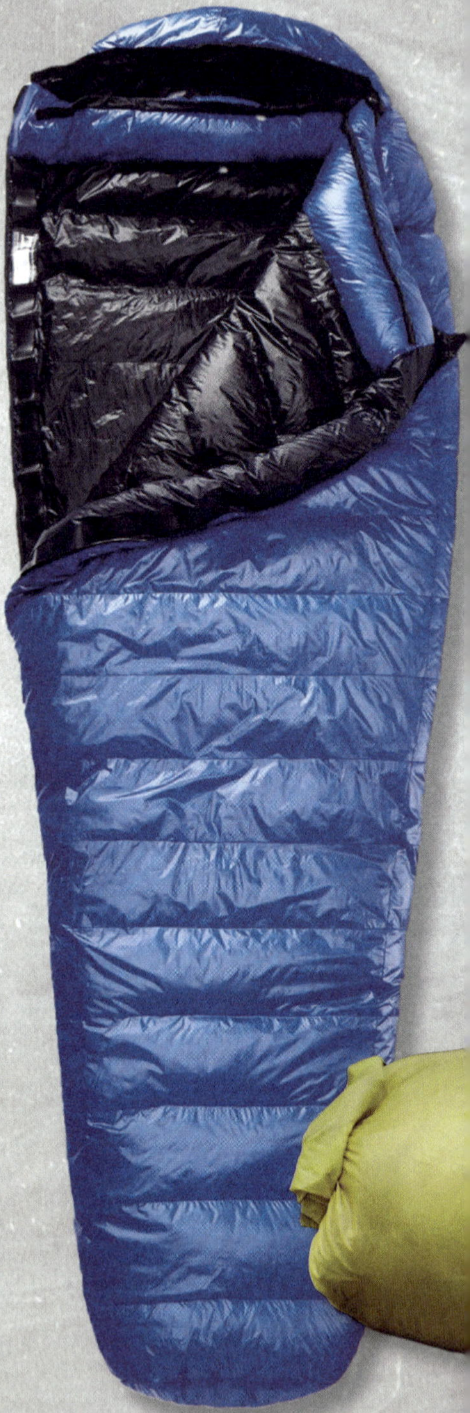

820 g

Universeller Schlafsack mit einem Komfortbereich bis knapp unter null, 820 g und kleinem Packmaß.

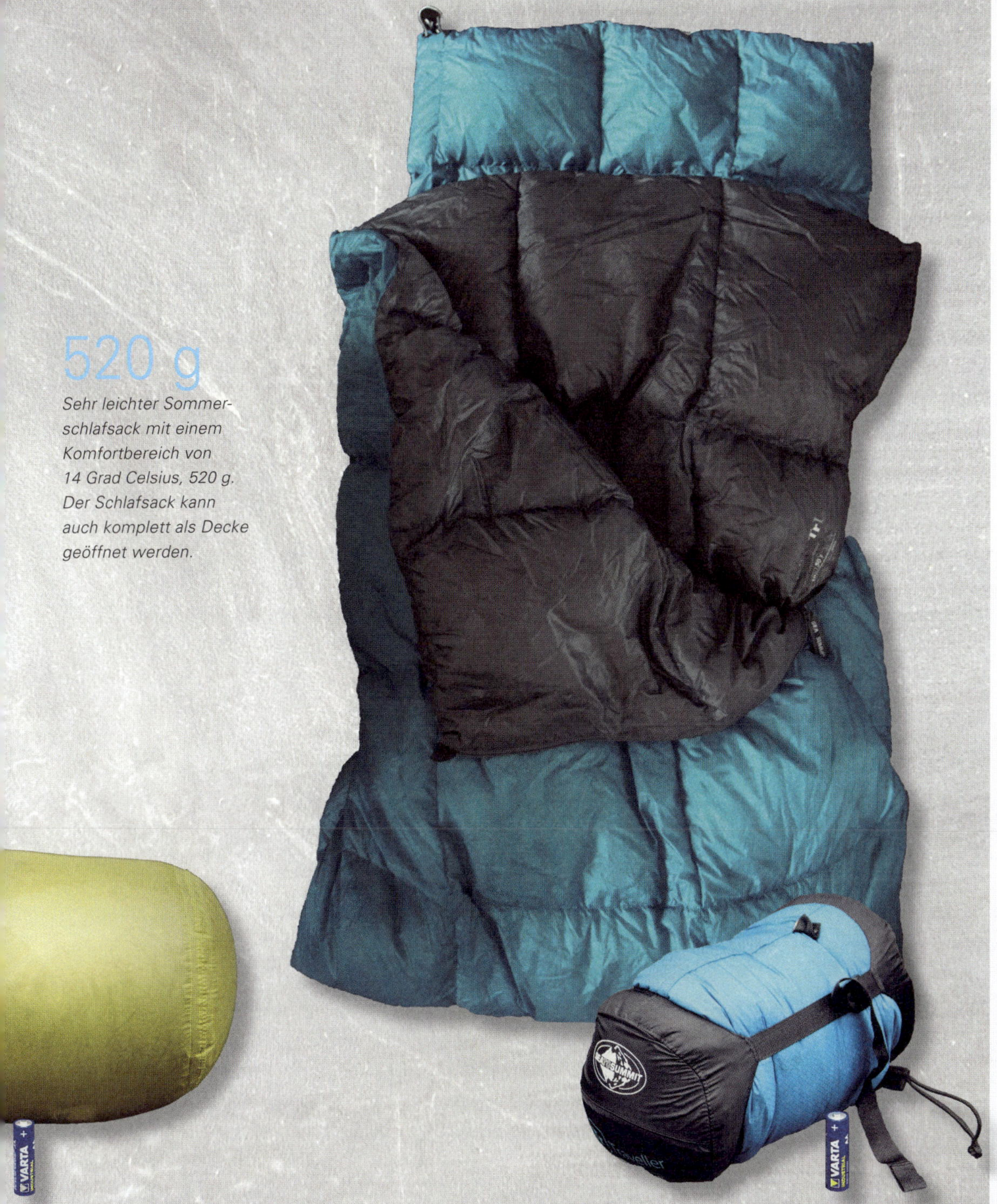

520 g

Sehr leichter Sommerschlafsack mit einem Komfortbereich von 14 Grad Celsius, 520 g. Der Schlafsack kann auch komplett als Decke geöffnet werden.

Hier ist der Schlafsack in einem wasserdichten Sack verpackt – im Größenvergleich mit einer AA Batterie.

Das Packmaß dieses Schlafsackes ist mit 3,3 Litern wirklich sehr klein. Allerdings eignet er sich nicht fürs Gebirge.

Angegeben wird die Bauschkraft oder »Fillpower« in cuin (cubicinch) pro Unze. Bei der Messung wird wie folgt vorgegangen: eine Unze (ca. 28 g) Daune wird in einen Messzylinder gegeben und 24 Stunden lang mit einem Gewicht von 94,25 g zusammengepresst. Anschließend wird gemessen, auf welches Volumen (cubicinch) sich die Daune wieder ausdehnt, woraus sich dann die Bauschkraft ergibt. Je größer die Bauschkraft, desto leichter wird der Schlafsack. Top-Hersteller verarbeiten Daunen von 850 cuin und höher. Neben den Daunen muss auch ein gewisser Anteil an Federn in der Füllmischung sein, um die Daunen zu stützen. Dieses Mischungsverhältnis wird zum Beispiel als 90/10 deklariert, also 90% Daune und 10% kleine Federn.

Allen Versprechen der Hersteller zum Trotz ist es bis jetzt noch nicht gelungen, ein Produkt wie die Daune mit den gleichen Eigenschaften künstlich herzustellen. In Bezug auf das Gewicht und die Isolationsleistung gelingt das zwar schon recht gut, doch bei der Haltbarkeit mangelt es noch. Kunstfasern sind einfach nicht so stabil und verlieren im Vergleich zur Daune schneller an Bauschkraft. Auch im Gewichtsvergleich liegt die Daune immer noch vorn. Daher gibt es zur Daune noch keine wirkliche Konkurrenz. Der einzige Nachteil der Daune ist, dass sie nicht nass werden darf. Denn dann klumpt sie zusammen und kann somit nicht mehr optimal isolieren. Eine gute Daune kann 10 bis 12 Prozent an Feuchtigkeit aufnehmen, bevor sie anfängt zu verklumpen. Man muss also dafür sorgen, dass ein Daunenschlafsack nicht von außen nass wird und der Schlafsack nach der Benutzung gut auslüften kann. Zum Schutz vor Nässe von außen empfiehlt es sich, den Schlafsack in einem wasserdichten Packsack zu verstauen, sobald man sich in sehr feuchten klimatischen Verhältnissen bewegt. Ich habe auch schon einige mehrtägige Seekajaktouren unternommen, ohne dass es mit einem Daunenschlafsack zu Problemen mit der Feuchtigkeit kam.

Wenn du sehr groß bist, kann es dir passieren, dass du beim Schlafen mit dem Fußende gegen die oft vom Kondenswasser feuchte Außenwand des Zeltes drückst. Dadurch kann die Füllung am Fußende schon deutlich feuchter werden. Dem kann mit einer weitgehend wasserdichten Außenhülle begegnet werden. Diese macht einen Schlafsack aber wieder ein wenig schwerer und natürlich auch teurer.

> ***Eine wasserdichte und atmungsaktive Außenhülle ist eine gute Idee beim Übernachten ohne Zelt, also unter einem Tarp oder bei einer Wintertour.***

Bei einer Wintertour mit Temperaturen weit unter dem Gefrierpunkt kann es darüber hinaus passieren, dass deine ausgeatmete Luft in unmittelbarer Umgebung des Kopfbereiches kondensiert, sich auf deinem Schlafsack niederschlägt und ihn durchfeuchtet. Beim Winterzelten kommt es auch vor, dass der Schweiß innerhalb der dicken Daunenfüllung kondensiert und oft auch beim Lüften nicht abtrocknet, so dass sich die Feuchtigkeit nach mehreren Tagen unangenehm bemerkbar machen wird. Dem kannst du mit einem Vapour Barrier Liner (VBL) entgegenwirken. Das ist ein spezieller wasserdichter Sack, mit dem du deinen Schlafsack auskleidest und darin schläfst. Du liegst sozusagen im eigenen Saft. Das ist aber nicht so unangenehm wie es sich vielleicht anhört. Mit langer Funktionsunterwäsche bekleidet, verteilt sich dieser Wasserdampf recht gut und kann nach dem Aufstehen relativ schnell abtrocknen.

Bei starken Minustemperaturen gefriert der Schweiß im VBL nach dem Aufstehen und kann dann einfach ausgeschüttelt werden. Das ist aber nur bei Wintertouren mit zweistelligen Minusgraden ein Problem. Die grundlegenden Prinzipien des Ultraleichttrekking können auch bei einer Wintertour angewendet werden, doch muss bei so extremen Bedingungen die Sicherheit immer mitbedacht werden.

Aber der Nachteil der begrenzten Feuchtigkeitsaufnahmefähigkeit bei Daune ist wiederum gleichzeitig ein Vorteil gegenüber der Kunstfaser. Durch die Fähigkeit der Daune, bis zu einem gewissen Grad Feuchtigkeit zu speichern, herrscht in einem Daunenschlafsack ein deutlich angenehmeres Schlafklima. Da Kunstfaserschlafsäcke die Feuchtigkeit schnell nach außen transportieren, schwitzt der Körper im Schnitt mehr als in einem Daunenschlafsack.

Die Wahl des richtigen Schlafsacks

Bei der Wahl des Schlafsackes musst du versuchen, die zu erwartenden Temperaturbereiche auf deiner Tour abzuschätzen und bedenken, dass bei einer anstrengenden Tour mit möglicherweise zu wenig Essen dein Körper weniger Wärme produziert. Zudem ist die eigene Isolationsfähigkeit des Körpers entscheidend. Dünne Menschen mit wenig Unterhautfettgewebe frieren schneller als die »Robben« mit viel Unterhautfettgewebe.

Ein guter Temperaturbereich für einen Allroundschlafsack ist ein Komfortbereich von um null Grad Celsius – je nachdem, ob man mehr oder weniger schnell friert, plus/minus 5 Grad Celsius. Bei Touren im Hochgebirge sind auch im Sommer Temperaturen bis in den unteren einstelligen Bereich keine Seltenheit. Ist es doch wärmer, kann man den Schlafsack einfach als Decke nutzen. Ist es hingegen zu kalt, kann man sich zusätzlich seine warme Kleidung als Schlafanzug anziehen.

Zu bedenken ist auch die Tatsache, dass es in einem Zelt schon deutlich wärmer ist, als wenn du unter einem Tarp oder unter freiem Himmel schläfst. Es gibt viele Schlafsackhersteller, die eine breite Palette an Schlafsäcken für alle Temperaturbereiche und in allen Gewichtsbereichen anbieten. Wichtig ist, in deinem Wunschmodell Probe zu liegen. Es gibt schon sehr große Unterschiede bei der Größe der Schlafsäcke. Nicht nur die Länge ist entscheidend, sondern auch die Breite. Wenn du dich beim Schlafen viel bewegst, mit angezogenen oder gespreizten Beinen schläfst, brauchst du möglicherweise einen etwas geräumigeren Schlafsack. Wichtig ist es, dass die Daunenfüllung sich frei entfalten kann. Wird sie durch ein ausgestelltes Knie zusammengedrückt, bilden sich Kältebrücken.

Klug ist es, eine dunkle Farbe auf der Innenseite zu wählen. Damit sieht der Schlafsack einfach nicht nur weniger schnell dreckig aus, sondern dunkle Farben speichern die Sonnenwärme auch besser. Dadurch kannst du, Sonnenschein vorausgesetzt, zum Trocknen und Auslüften den Schlafsack einfach auf links drehen, und selbst bei Temperaturen von minus 20 Grad Celsius wird die Daunenfüllung so deutlich schneller trocknen.

Ein guter Daunenschlafsack ist schon in der Herstellung sehr aufwändig und entsprechend teuer. Für einen ultraleichten Schlafsack im Temperaturbereich »knapp unter null« muss man schon um die 400 Euro hinblättern. Das ist eine Menge Geld, aber ein guter Schlafsack kann – gut gepflegt – jahrelang trotz intensiver Nutzung hervorragende Dienste leisten. Wenige Dinge sind schlimmer, als auf einer Tour nachts im Schlafsack zu frieren und zähneklappernd das Morgengrauen zu ersehnen, damit man endlich weiterlaufen kann, um wieder warm zu werden.

Für manche Wandergebiete oder natürlich auch für Veganer, die auf die Nutzung aller tierischen Produkte verzichten, bietet es sich an, Schlafsäcke mit Kunstfaserfüllung zu nutzen. Bei langen Wandertouren in Gegenden mit extrem hoher Luftfeuchtigkeit kann die Verwendung eines Kunstfaserschlafsacks durchaus sehr sinnvoll sein.

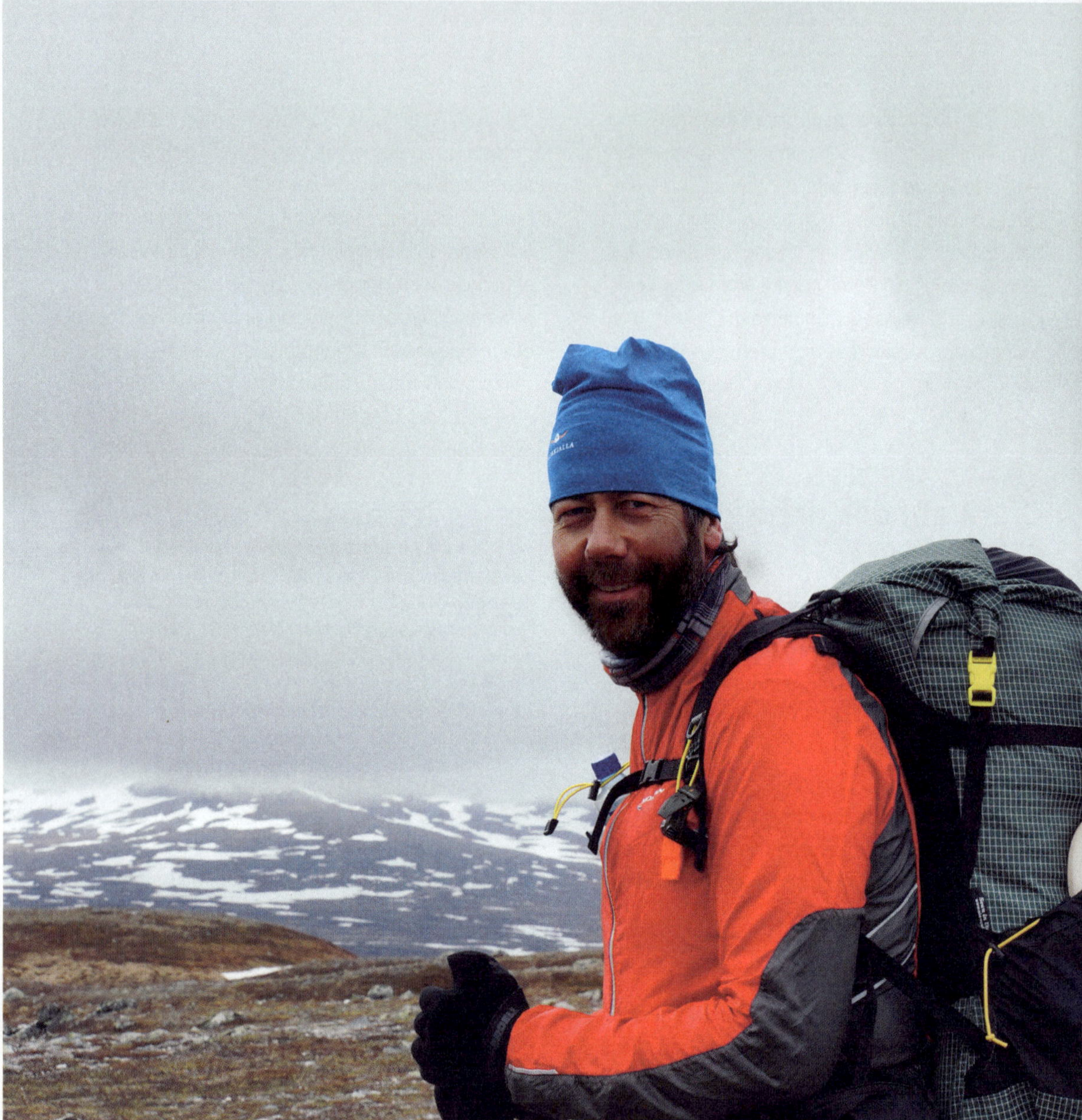

Bei der Wahl deines Schlafsacks solltest du immer die klimatischen Verhältnisse miteinbeziehen. Trekkingtour auf dem südlichen Kungsleden, einem Fernwanderweg in Lappland. Hier kann es auch im August mal Frost geben.

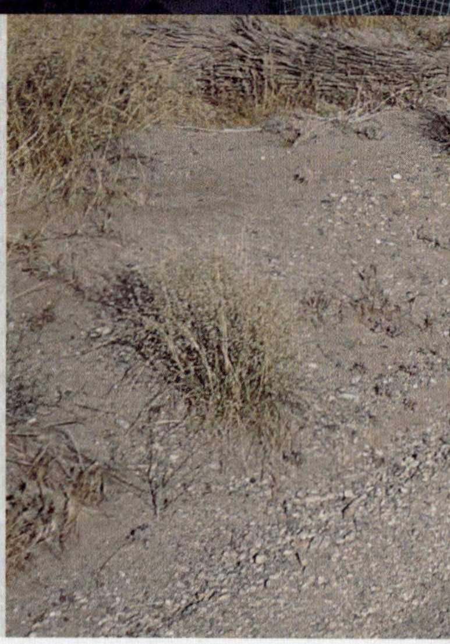

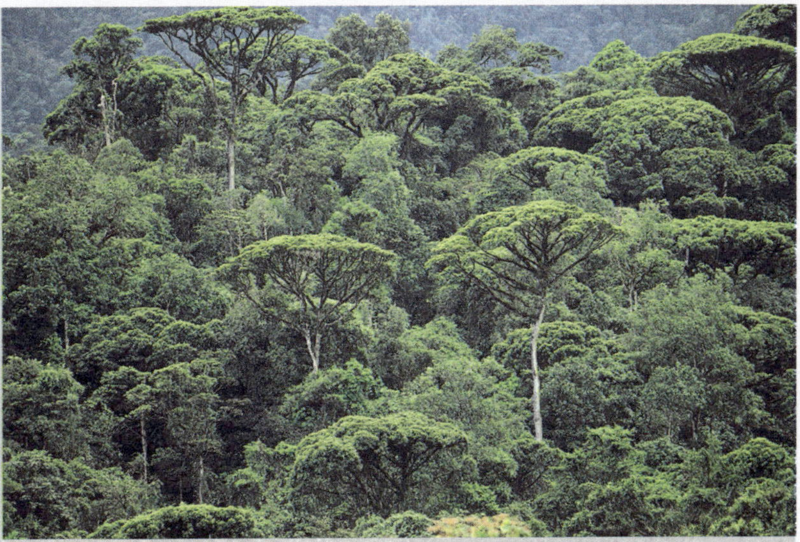

Während im tropischen Regenwald fast durchgehend ein feucht-warmes Wetter herrscht, ...

... ist das Klima in der Mojave Desert auf dem PCT in Südkalifornien sehr trocken, tagsüber heiß und nachts eher kühl.

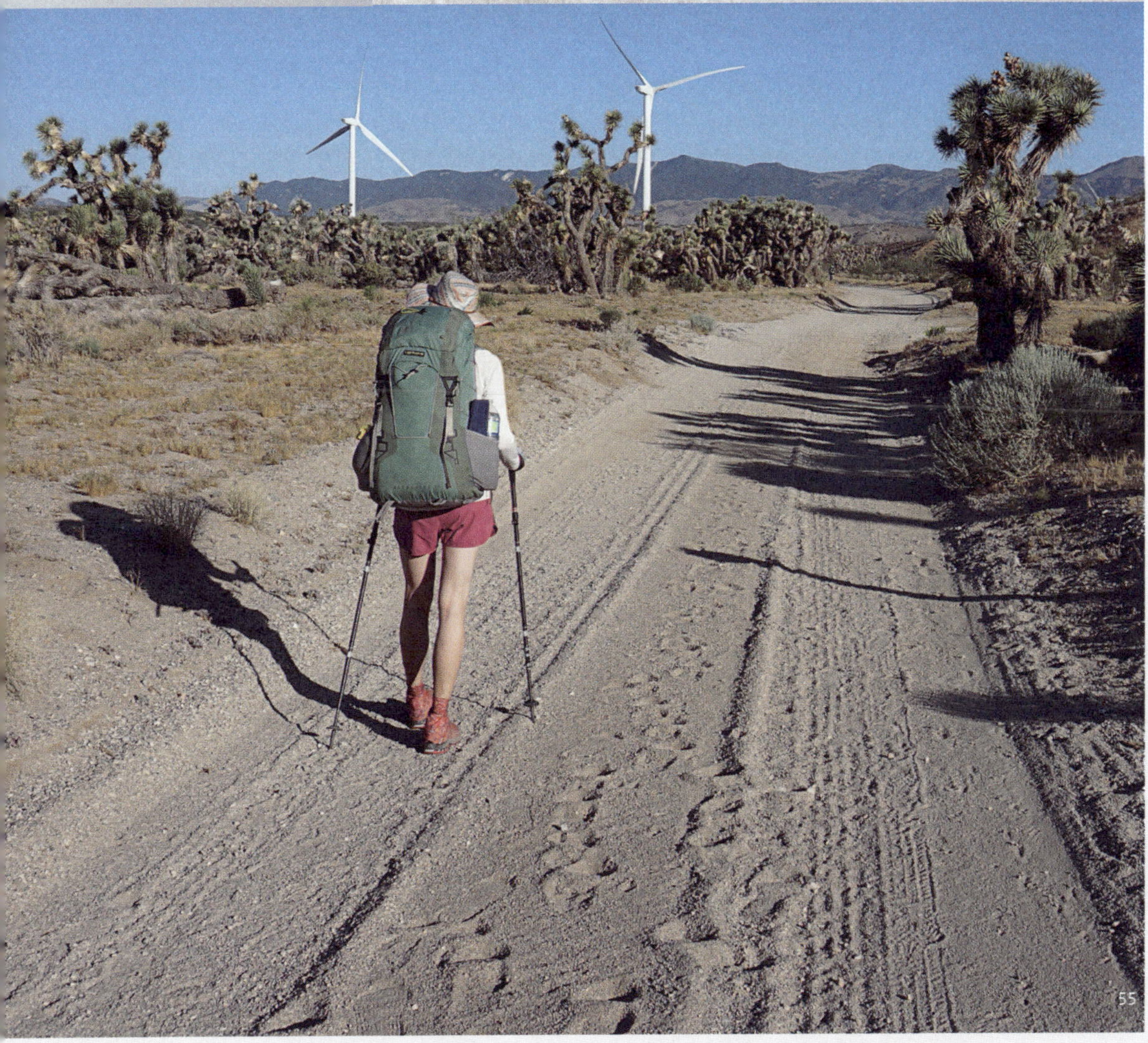

Das können zum Beispiel Touren im Regenwald sein oder Touren, bei denen man unter einem Tarp übernachtet und die klimatischen Bedingungen eher regnerisch sind. Ultraleichte Kunstfaserschlafsäcke sind immer noch ein gutes Stück schwerer als vergleichbare Daunenschlafsäcke. Doch der Gewichtsunterschied hat sich in den letzten Jahren mit der Entwicklung neuer Kunstfasern weiter verringert. Wenn man allerdings bei den Herstellern nach leichten Schlafsäcken sucht, fangen Daunenschlafsäcke im Bereich 0–5 Grad Celsius bei teilweise deutlich unter 500 g und bei Kunstfaser bei 800 g an. Auch im Bereich des Packmaßes liegt die Daune klar vorn. Ein vergleichbares Kunstfasermodell hat etwa das doppelte Packmaß.

Aber werden diese neuen Kunstfasern genauso lange ihre Isolationsfähigkeit behalten wie ein Daunenschlafsack? Da die leichtesten Vertreter dieser Füllfasern noch relativ neu sind, ist darüber keine genaue Aussage möglich. Bisher wurde die Lebensdauer eines Daunenschlafsackes durch einen Kunstfaserschlafsack noch nicht erreicht. Auf der anderen Seite haben Kunstfaserschlafsäcke neben der Unempfindlichkeit gegenüber Feuchtigkeit noch einen Vorteil, den man nicht von der Hand weisen kann. Sie kosten deutlich weniger, in der Regel weniger als die Hälfte eines guten Daunenschlafsacks. Ob sie tatsächlich auch, im wahrsten Sinne des Wortes, preiswerter sind, kann ja jeder für sich entscheiden.

Gute Hersteller von sehr leichten Schlafsäcken sind unter anderem Western Mountaineering, Yeti, Lightwave, Rab, Sea to Summit und Montane. Daneben gibt es natürlich viele andere Hersteller, die ebenfalls gute und leichte Schlafsäcke fertigen.

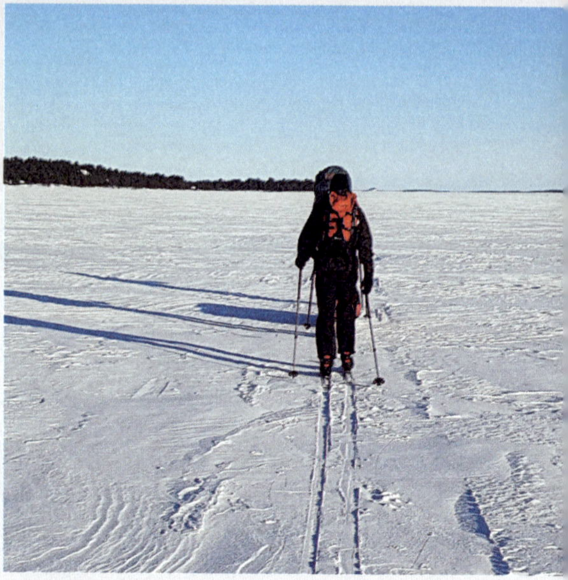

6-tägige Ski- und Schneeschuhwanderung auf dem zugefrorenen Inarisee, Finnland.

Quilt

Eine Alternative zu einem Schlafsack ist ein Quilt. Ein Quilt ist sozusagen ein halber Schlafsack oder eine Decke mit einem Fußsack. Die Idee basiert darauf, dass du ja auf einer Isomatte liegst, die für die Isolierung von unten sorgt, und dass die Schlafsackfüllung ohnehin nicht isoliert, wenn du drauf liegst und sie zusammenpresst. Somit wird das Unterteil einfach eingespart, was weniger Material bedeutet, so dass ein Quilt leichter ist und weniger kostet.

Es gibt Hersteller von Isomatten, die einen Quilt mit der Isomatte verbinden. Dadurch kann der Quilt nicht verrutschen und man ist immer zugedeckt. Für diejenigen, die meist auf dem Rücken schlafen, ist das auf jeden Fall eine interessante Option. Der Gewichtsunterschied ist allerdings im Laufe der Entwicklung von immer leichteren Schlafsäcken deutlich geringer geworden als noch vor Jahren. Ein Quilt kann sinnvoll sein bei einer Tour in sehr warme Gebiete, bei denen keine Temperaturen im einstelligen Bereich erwartet werden.

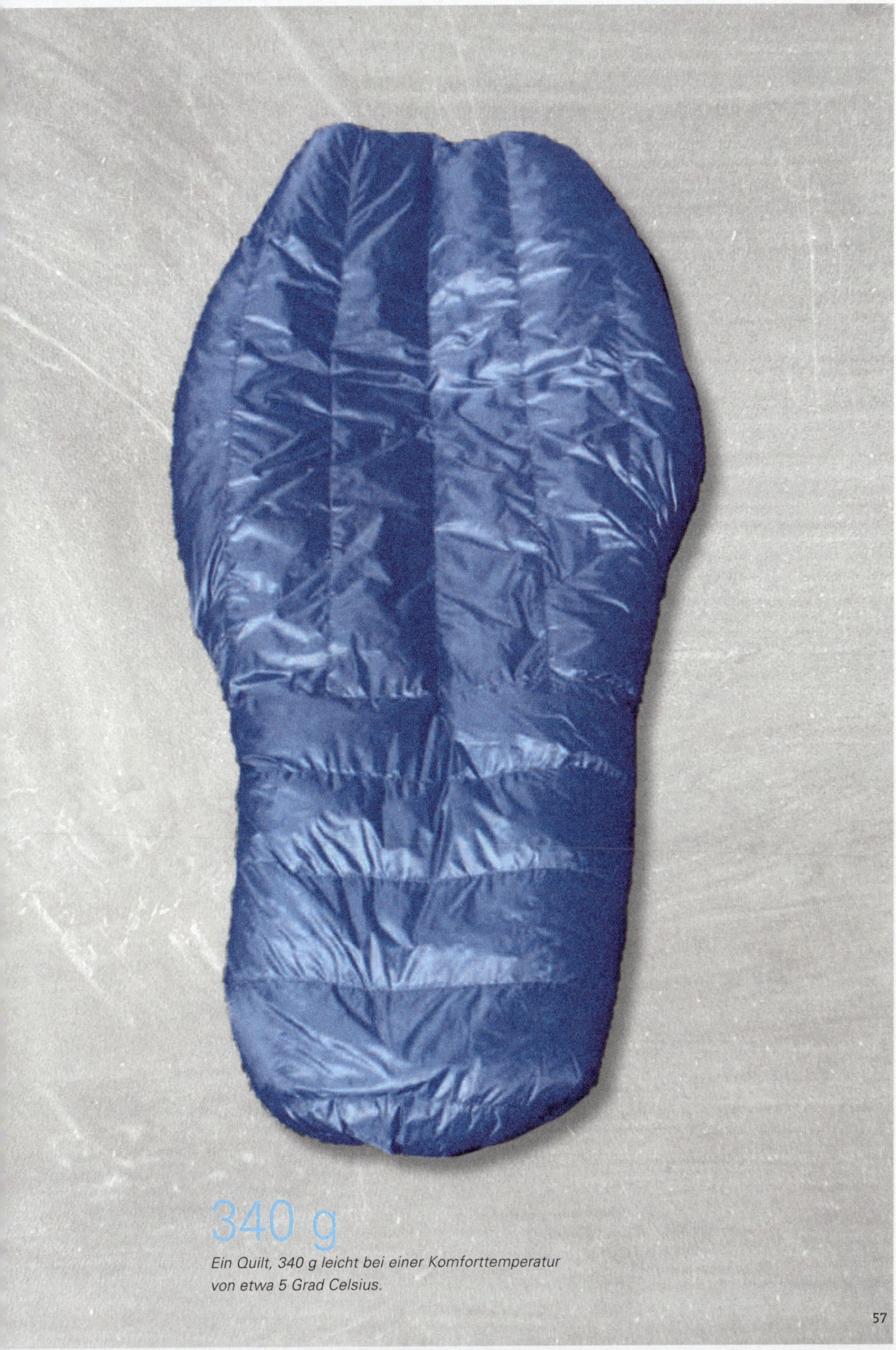

340 g

Ein Quilt, 340 g leicht bei einer Komforttemperatur von etwa 5 Grad Celsius.

4. The Big Three: Zelt

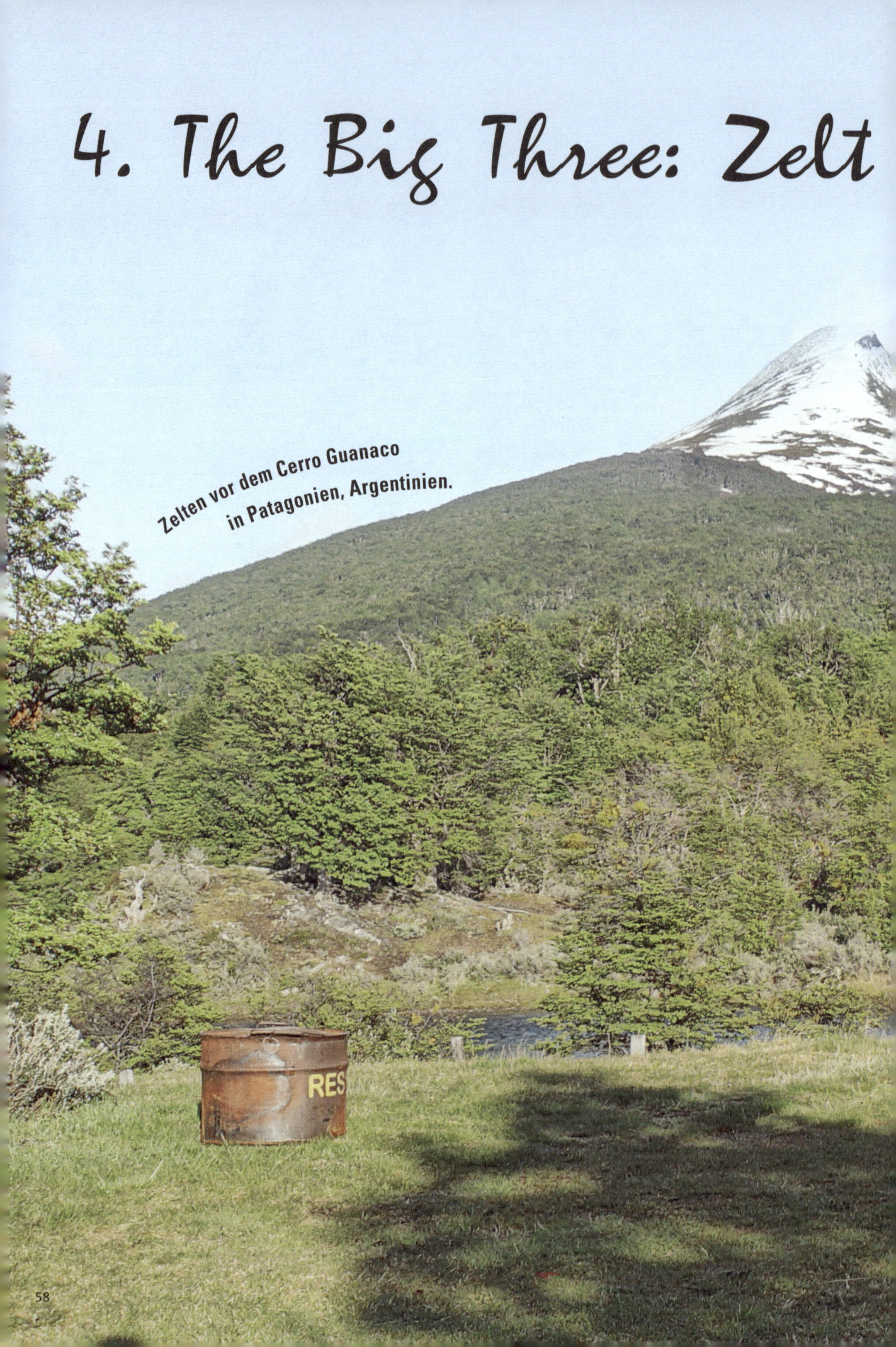

Zelten vor dem Cerro Guanaco in Patagonien, Argentinien.

oder Tarp

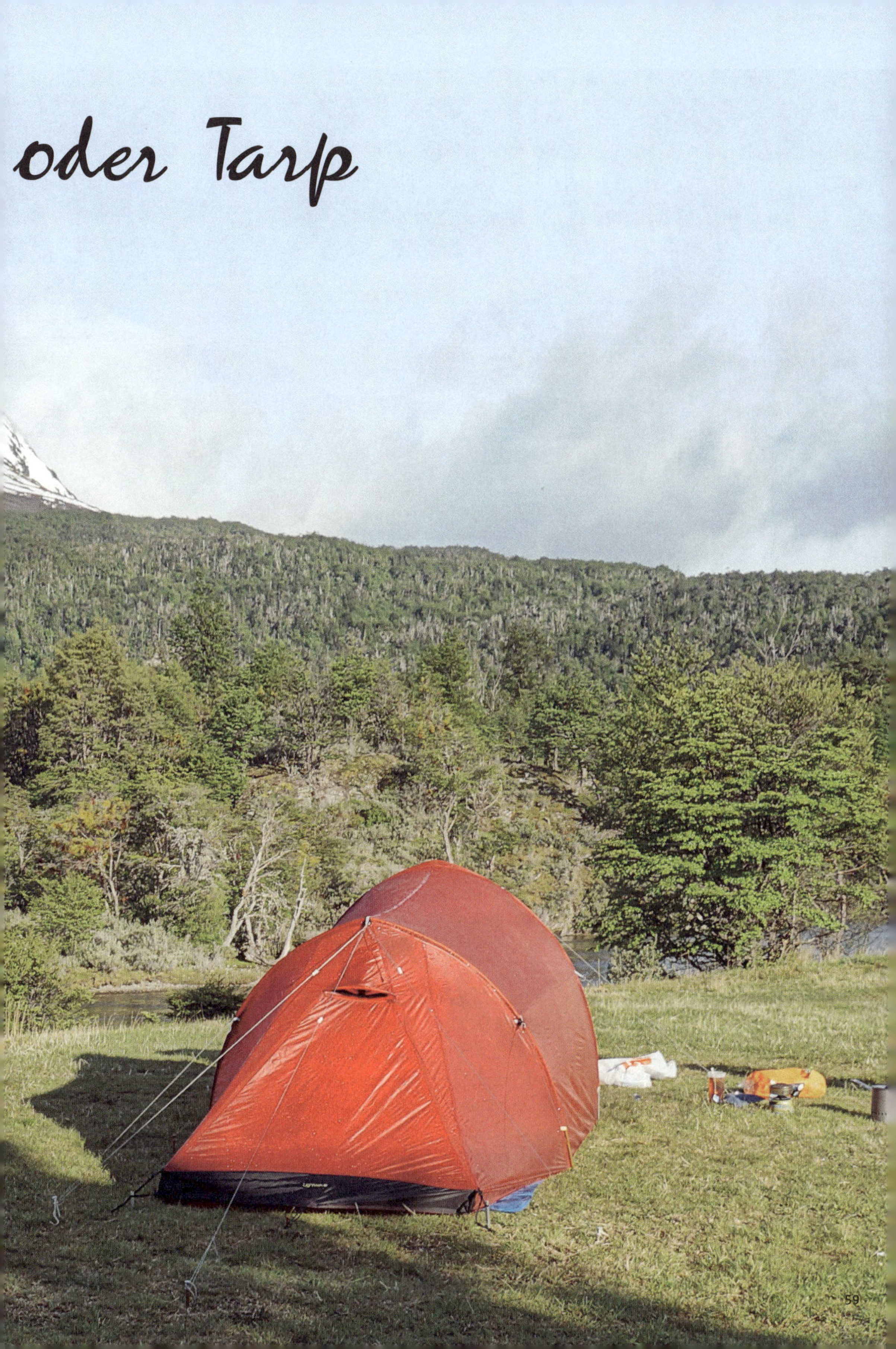

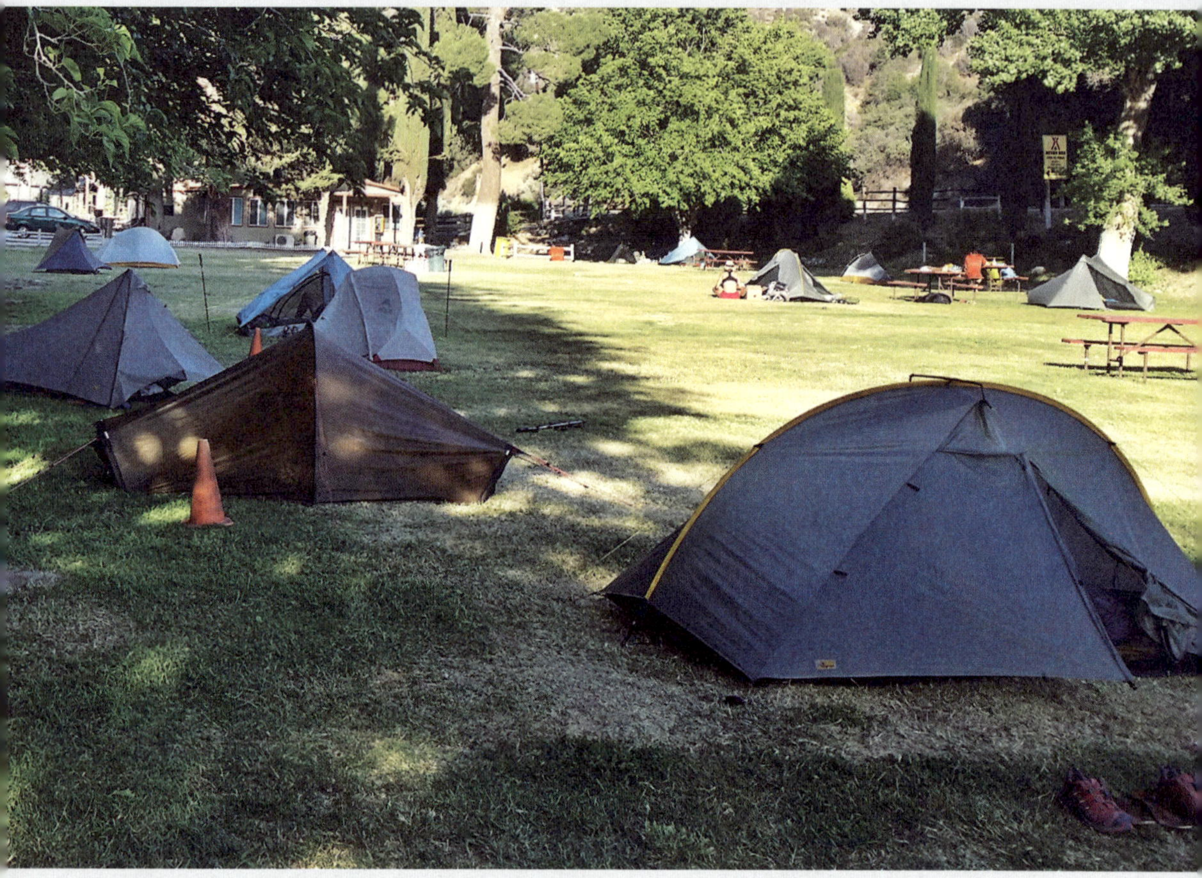

Zeltlager in Acton auf dem PCT in Südkalifornien.

Nun, es geht natürlich auch ganz ohne Zelt bzw. Tarp, so wird das Naturerlebnis noch intensiver, freie Sicht auf den Sternenhimmel inklusive. Außerdem wird so das Gewicht für Zelt oder Tarp komplett eingespart. Also, gleich ein Kapitel weiterblättern – oder?

Nicht immer kannst du dich darauf verlassen, dass es keinerlei Niederschlag geben wird. Auch gibt es einige Vertreter der Tierwelt, die du eventuell nicht so intensiv und unmittelbar erleben möchtest. Damit meine ich nicht Wölfe oder Bären, sondern eher kleine Plagegeister wie Mücken, Ameisen oder anderes kleines Getier, welches einem eine Nacht unter freiem Himmel verleiden kann.

In erster Linie soll die Stoffbehausung vor dem Wetter schützen und einen erholsamen Schlaf ermöglichen. Nicht zu unterschätzen ist sicher auch der psychologische Aspekt eines Zeltes. Für die meisten modernen Menschen ist eine Nacht in freier Natur ungewohnt. In der ersten Nacht schlafen daher fast alle unruhiger. Dieses Gefühl kennt sicher jeder, der öfter draußen übernachtet. Die gewohnte feste Behausung fehlt. Kein Licht von Straßenlaternen, ungewohnte Geräusche in der Nacht – gab es nicht neulich im Fernsehen die Doku »Die Rückkehr des Wolfes«? Der Stoff, aus dem Horrorfilme gemacht sind. Da ist ein Zelt, in dem wir schlafen können, gefühlt sicherer als unter freiem Himmel zu nächtigen.

Tarp

Bei dem Dach über dem Kopf kann es sich um ein Zelt oder um eine Plane (Tarp) handeln, die mithilfe von Trekkingstöcken oder Ästen und Leinen aufgespannt wird. Ein Tarp ist ohne Frage leichter, weil es ja nur aus einer Plane besteht und es keinen Boden oder Seitenwände gibt. Der Nachteil ist, dass es dadurch keinen Schutz vor Mücken bietet und z. B. bei windigem Wetter der Regen unter ein Tarp getrieben werden kann. Das Zelt dagegen bietet da einen besseren Schutz. Ebenso hat man unter einem Tarp natürlich auch keine Privatsphäre, wenn man sich auf einem Zeltplatz oder sonst in unmittelbarer Nähe anderer Menschen aufhält. Es hängt vieles davon ab, wo gewandert wird und welche klimatischen Bedingungen dort zu erwarten sind. Durch den Rundumschutz eines Zeltes ist es darin auch ein paar Grad wärmer, da ja weniger Wind in das Zelt gelangt als vergleichsweise unter ein Tarp. Ein Tarp ist also eher in wärmeren, trockenen Gebieten vorteilhaft, wo auch die Gefahr einer Mückenplage geringer ist. Gut einsetzbar ist es auch auf Wochenendtouren, wenn die Vorhersage des Wetterberichts meistens zuverlässiger ist. Wenn du bei regnerischem Wetter mit einem Tarp unterwegs bist, bist du gut beraten, deinen Schlafsack mit einem Biwaksack zu schützen. Das kann aber schon wieder den Gewichtsvorteil gegenüber einem Zelt zunichtemachen. Tarps bestehen im Grunde nur aus einer Plane mit diversen Punkten, an denen die Abspannleinen befestigt werden, mit deren Hilfe das Tarp straff fixiert wird. Die Form von Tarps kann variieren. Einfache und preiswerte Tarps sind rechteckige Planen, die man schon im Baumarkt für knapp 7 Euro in der Größe 2 m x 3 m kaufen kann. Aus so einer einfachen PU-Plane kann man schon einen einfachen Unterstand bauen. Allerdings ist sie mit ca. 600 g auch eher schwer.

Typischer Wegweiser auf dem Arctic Circle Trail in Grönland.

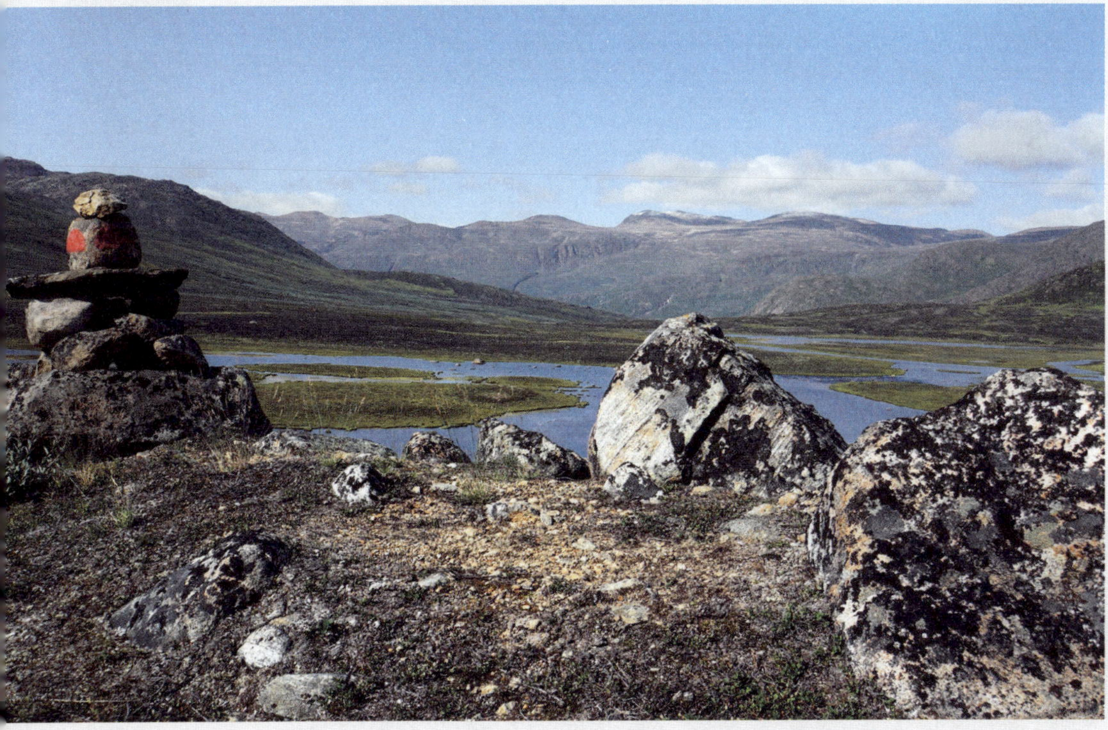

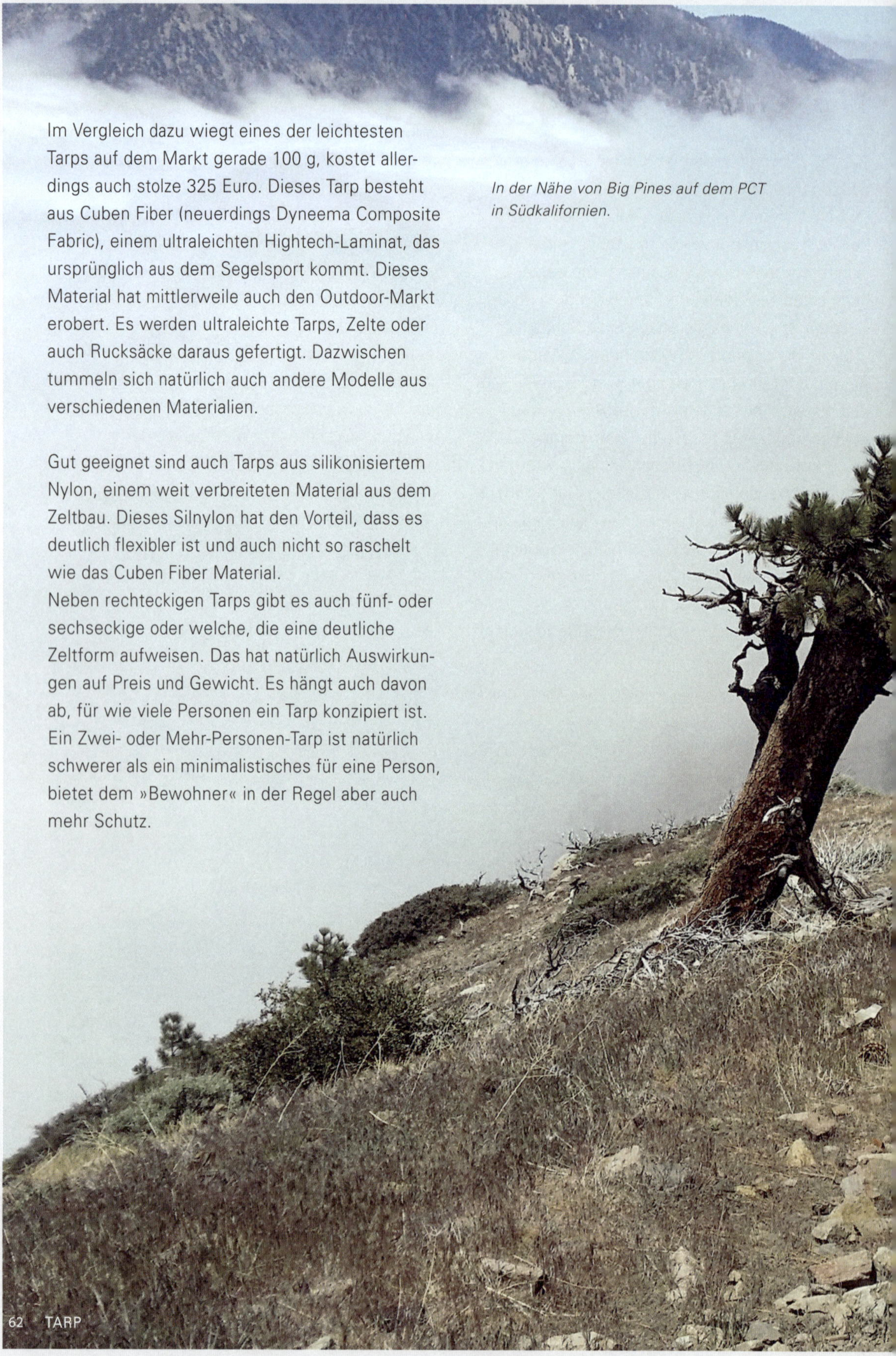

In der Nähe von Big Pines auf dem PCT in Südkalifornien.

Im Vergleich dazu wiegt eines der leichtesten Tarps auf dem Markt gerade 100 g, kostet allerdings auch stolze 325 Euro. Dieses Tarp besteht aus Cuben Fiber (neuerdings Dyneema Composite Fabric), einem ultraleichten Hightech-Laminat, das ursprünglich aus dem Segelsport kommt. Dieses Material hat mittlerweile auch den Outdoor-Markt erobert. Es werden ultraleichte Tarps, Zelte oder auch Rucksäcke daraus gefertigt. Dazwischen tummeln sich natürlich auch andere Modelle aus verschiedenen Materialien.

Gut geeignet sind auch Tarps aus silikonisiertem Nylon, einem weit verbreiteten Material aus dem Zeltbau. Dieses Silnylon hat den Vorteil, dass es deutlich flexibler ist und auch nicht so raschelt wie das Cuben Fiber Material.
Neben rechteckigen Tarps gibt es auch fünf- oder sechseckige oder welche, die eine deutliche Zeltform aufweisen. Das hat natürlich Auswirkungen auf Preis und Gewicht. Es hängt auch davon ab, für wie viele Personen ein Tarp konzipiert ist. Ein Zwei- oder Mehr-Personen-Tarp ist natürlich schwerer als ein minimalistisches für eine Person, bietet dem »Bewohner« in der Regel aber auch mehr Schutz.

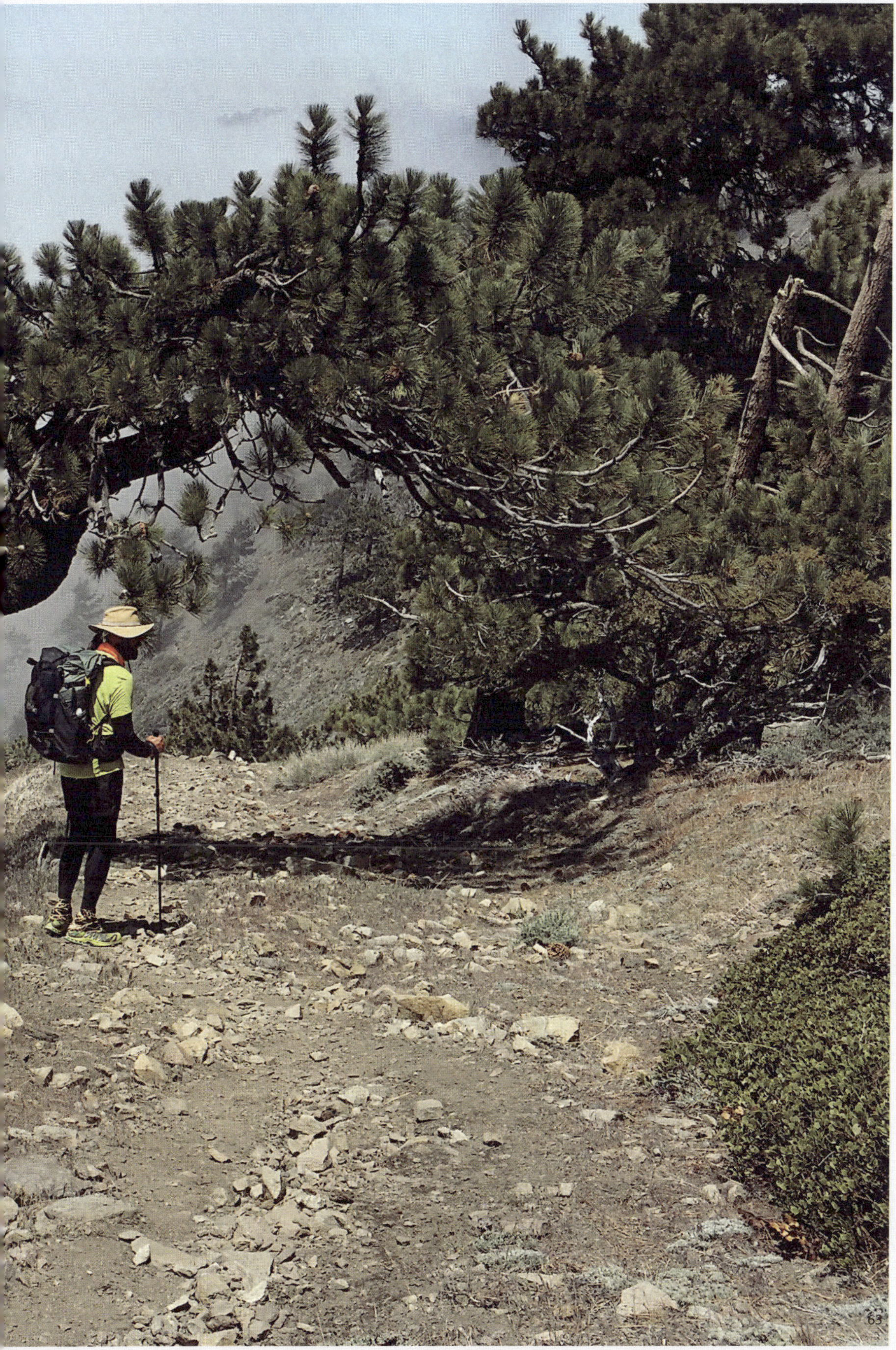

Der Aufbau eines Tarps ist nicht ganz so einfach wie der eines Zeltes. Da du unter einem Tarp deutlich mehr den Elementen ausgesetzt bist als im Zelt, solltest du nach einem Platz Ausschau halten, der gut windgeschützt ist. So verhinderst du, dass der Wind den Regen unter das Tarp wehen kann und dein Schlafsack nass wird.

Bei kaltem Wetter ist es zudem keine gute Idee, dein Tarp in einer Senke aufzuschlagen. Zwar wirst du in einer Senke recht gut vor dem Wind geschützt sein, aber abgesehen davon, dass du ein Problem bekommen kannst, wenn es anfangen sollte stärker zu regnen, ist es in einer Senke immer kälter als weiter oben, denn kalte Luft sinkt bekanntlich nach unten. Außerdem wird sich in einer Senke auch eher die Feuchtigkeit sammeln. Da ein Tarp im Gegensatz zu den meisten Zelten nicht von allein steht, musst du es sorgfältig mit Seilen/Leinen abspannen. Das Tarp kann mithilfe von Zeltheringen abgespannt werden, oder es wird an Bäumen, Felsen etc. verspannt. In der Regel besitzt ein Tarp kein eigenes Gestänge. Entweder nutzt du eine Tarpstange (die wiegt natürlich wieder zusätzlich und erfüllt keine weitere Funktion) oder du nutzt deine Trekkingstöcke, sofern du welche benutzt, beziehungsweise einen langen Stock oder Ast. Wichtig für den optimalen Schutz vor dem Wetter ist es, das Tarp dicht am Boden aufzuspannen. So bietet es Wind und Regen weniger Angriffsfläche. Es sollte zudem möglichst straff abgespannt werden, um bei Wind störende Flattergeräusche zu vermeiden.

Bei sehr feuchtem Wetter kommt es an der Unterseite oft zur Bildung von Kondenswasser. Also aufpassen, wenn du morgens aufstehst, damit du mit deinem Kopf keinen Regenschauer auslöst. Trotz aller Nachteile ist das Tarp ein einfacher und preiswerter Weg, um sich ein Dach über dem Kopf zu errichten. Auf jeden Fall eine deutlich leichtere Variante als ein Zelt.

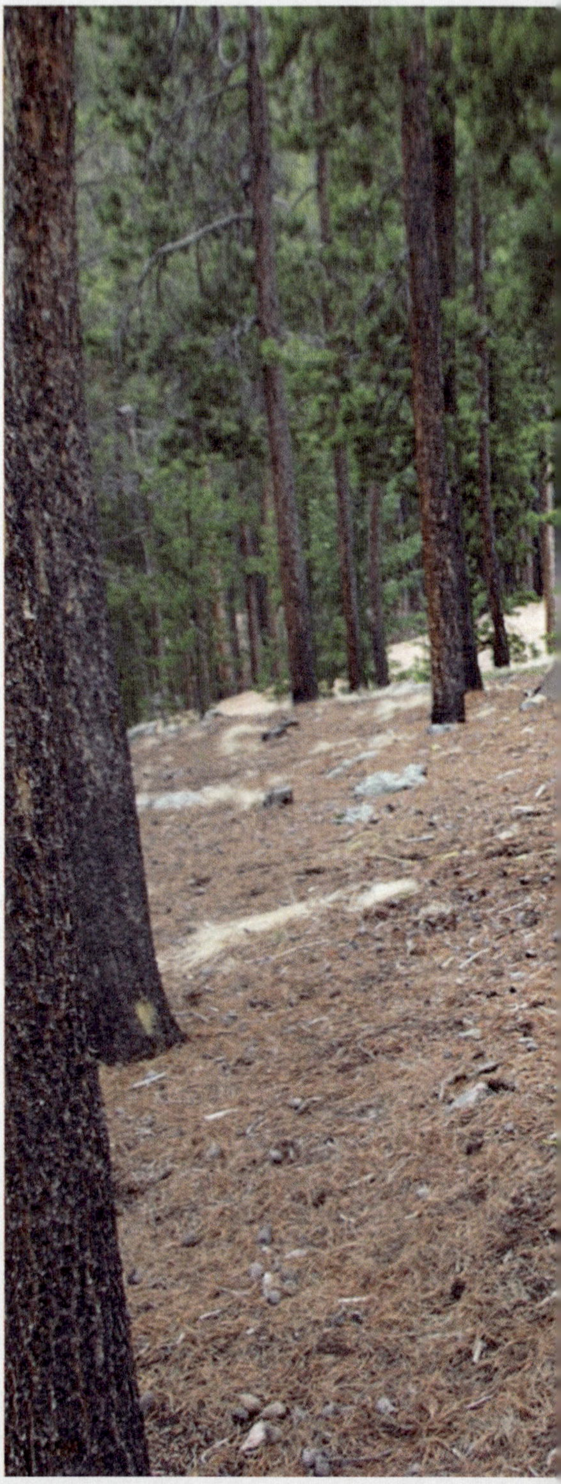

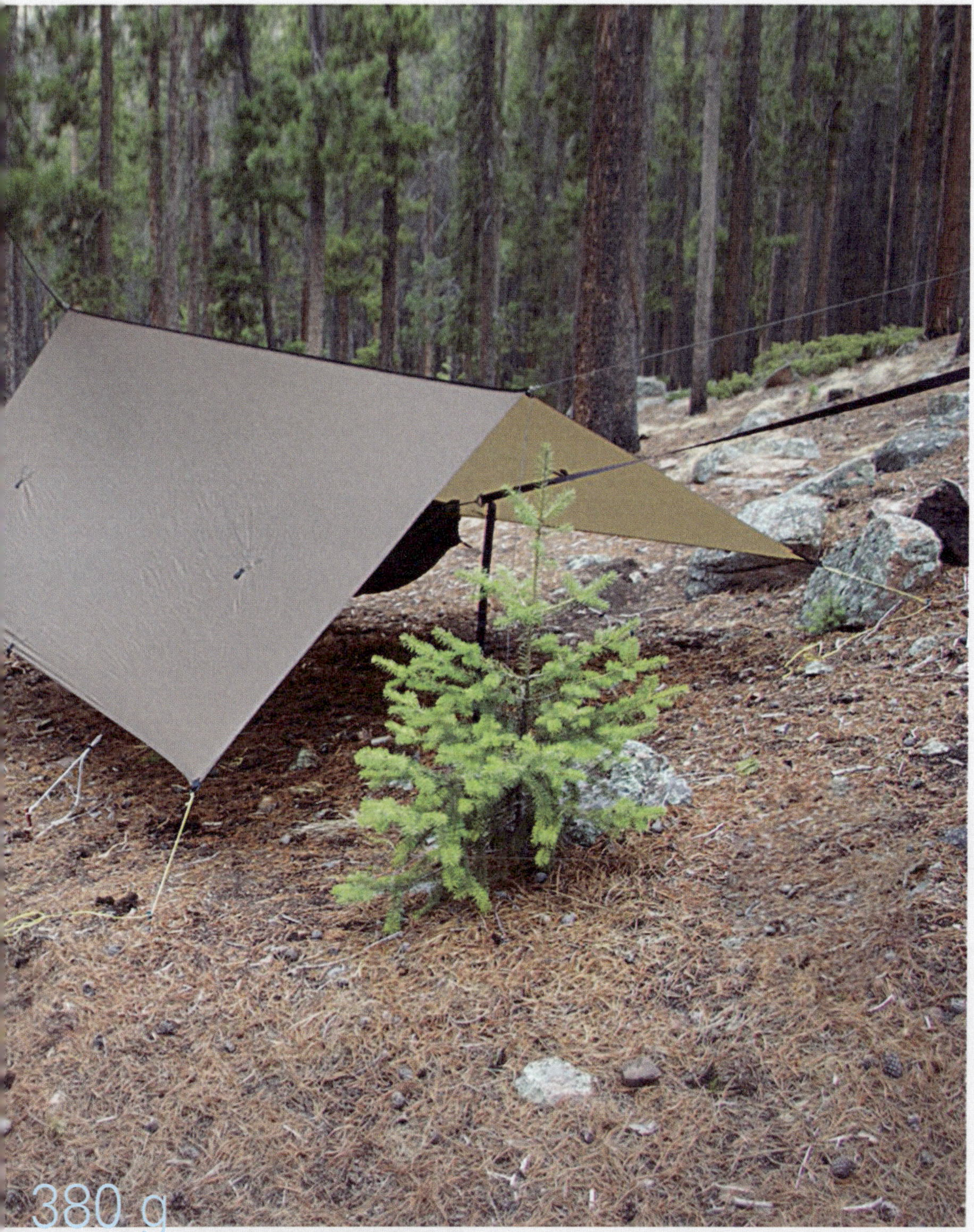

380 g

Mit nur 380 g noch leichter ist dieses 2,4 x 3 m große Tarp, das ausreichenden Schutz vor Regen bietet – allerdings keinen Schutz vor Mücken oder ähnlichem Getier. Wichtig ist bei einem Tarp das sorgfältige Aufstellen.

Das Zelt

Das traditionelle Zelt besteht in der Regel aus einem Innenzelt aus mückendichtem Stoff und einem wasserdichten Außenzelt darüber. Oft gibt es noch eine Apsis, ein Vorzelt, wo die Ausrüstung Platz finden kann.

Zelte haben jede Menge Abspannpunkte, so dass die meisten auch heftigerem Wind standhalten. Für einen Ultraleichten sind diese robusten Zelte einfach zu viel des Guten, denn sie wiegen als 2 Personen-Version schnell um die 3–4 kg.

Leichtere Zelte werden erreicht durch die Verwendung von ultraleichten Materialien, eine geringere Grundfläche und weniger Ausstattung, wie der Verzicht auf extra Belüftung, weitere Eingänge, eine Apsis und weniger (oder keine) Gestängebögen. Diese Zelte sind daher weniger stabil als ein oben beschriebenes sturmtaugliches Zelt. Das ist für 98 Prozent aller Nächte aber völlig in Ordnung, zumindest wenn du keine Wintertour planst.

In den Nächten, in denen mit einem Sturm oder Starkregen gerechnet werden muss, sollte der Lagerplatz mit mehr Sorgfalt ausgewählt werden. Das heißt, er sollte bestmöglichen Schutz vor Wind und Regen bieten. Zur Sicherheit sollten möglichst alle Abspannpunkte des Zeltes genutzt werden.
Jeder Hering muss vollständig und gegen die Zugrichtung angestellt im Boden verankert werden. Bei sandigen oder lockeren Böden, wenn die Gefahr besteht, dass der Sturm die Heringe aus dem Boden reißt, kannst du zusätzlich möglichst große und schwere Steine auf die Heringe legen.

Die Zeltleinen müssen maximal gestrafft werden, damit der Wind weniger Angriffsfläche hat, um die Heringe locker zu rütteln.

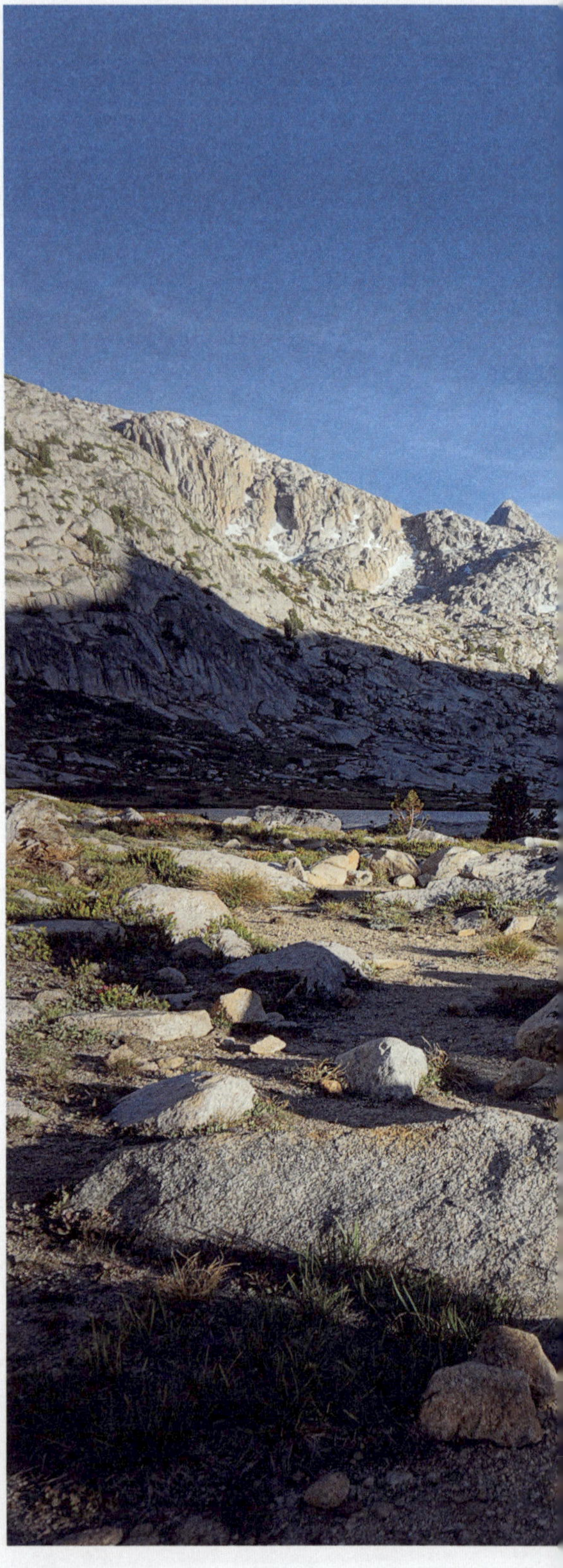

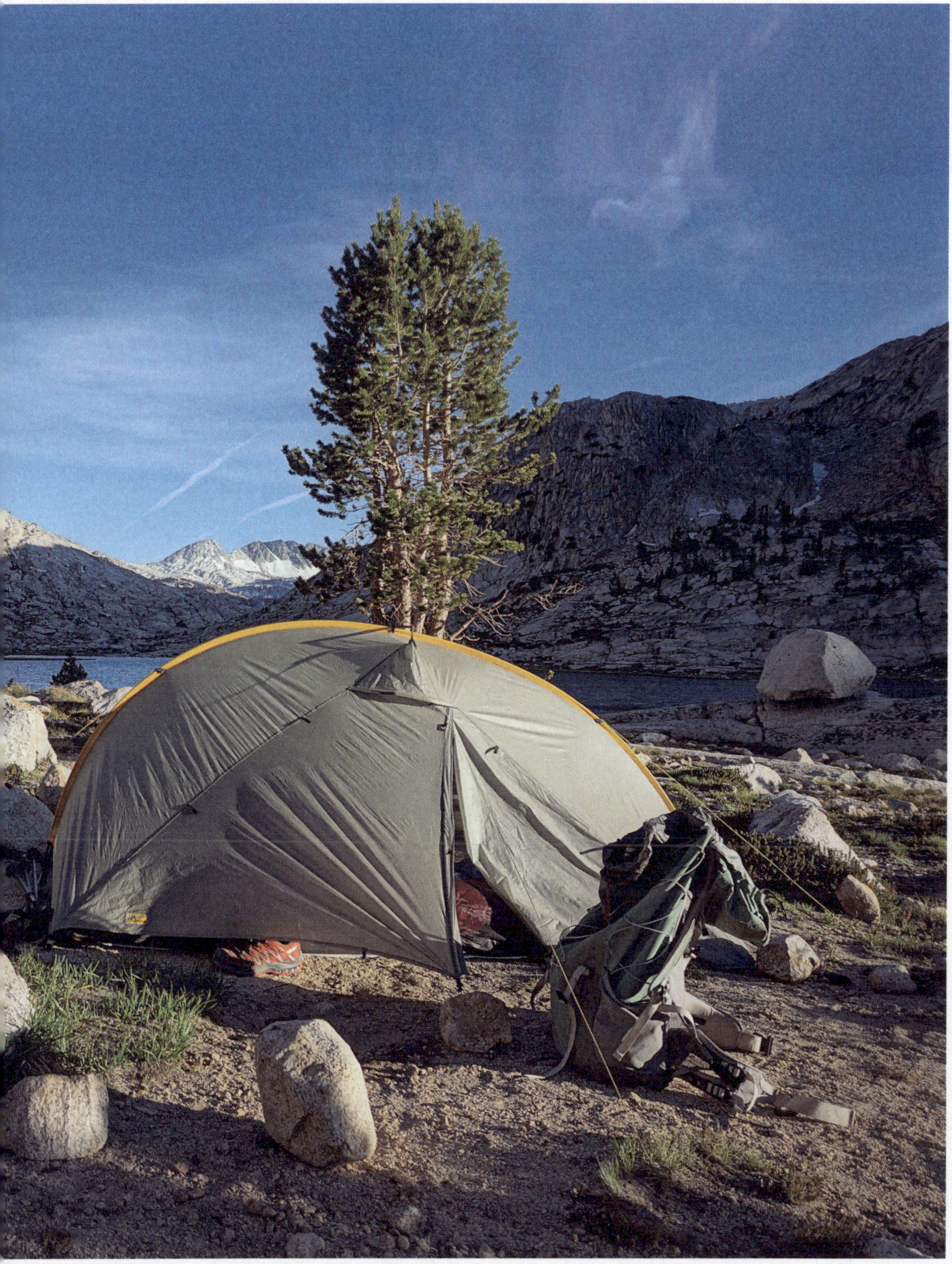

Zelten auf dem John Muir Trail, PCT, Zentralkalifornien.

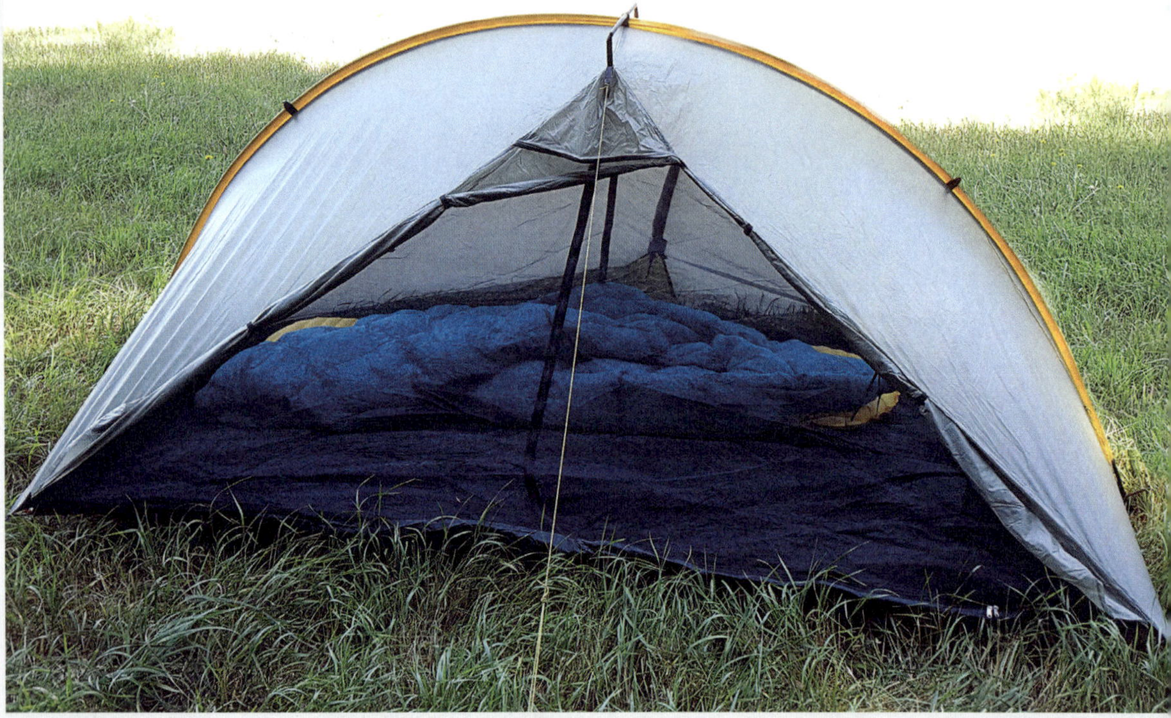

Tarptent Double Rainbow mit Isomatte und Schlafsack sowie viel Platz für deine gesamte Ausrüstung – egal ob zu zweit oder allein.

Geht deine Tour in eine Region, die für starke Stürme bekannt ist, wie zum Beispiel Island, Patagonien oder in Küstengebiete, kannst du dein Zelt gegebenenfalls mit weiteren Abspannpunkten nachrüsten.

Die Zeltleinen sollten verlängert werden, denn je flacher die Leine gespannt wird, desto besser hält sie stand. Oft sind die mitgelieferten Heringe nicht so gut und sollten gegen längere und möglicherweise verschiedene Varianten, wie Sandheringe und stabile Zeltnägel für harte Böden, ausgetauscht werden. Ich selbst habe mit meiner Frau bei einer Trekkingtour in Patagonien ein 2 kg leichtes Zwei-Personen-Zelt für einen Herstellertest dabeigehabt und einige heftige Stürme ohne Schaden überstanden. Es gibt viele Leichtgewichtszelte in der traditionellen Bauweise mit Innenzelt und Außenzelt. Das Innenzelt schützt vor dem Kondenswasser, das sich bei kälterem und feuchtem Wetter unweigerlich an der Innenseite des Außenzeltes bildet. Das Innenzelt hält dieses Kondenswasser davon ab, die Ausrüstung (z. B. Schlafsack) zu durchnässen, weil es außen am Innenzelt abrinnen kann.

Die Zelte mit traditionellen Konstruktionsweisen bieten den meisten Komfort, sind aber natürlich auch schwerer und vom Packmaß her größer. Das Gewicht ultraleichter Doppelwandzelte fängt etwa bei 700 g für Ein-Personen-Zelte und bei 850 g für Zwei-Personen-Zelte an.

Willst du richtig Gewicht einsparen, solltest du dir einwandige Zelte anschauen.

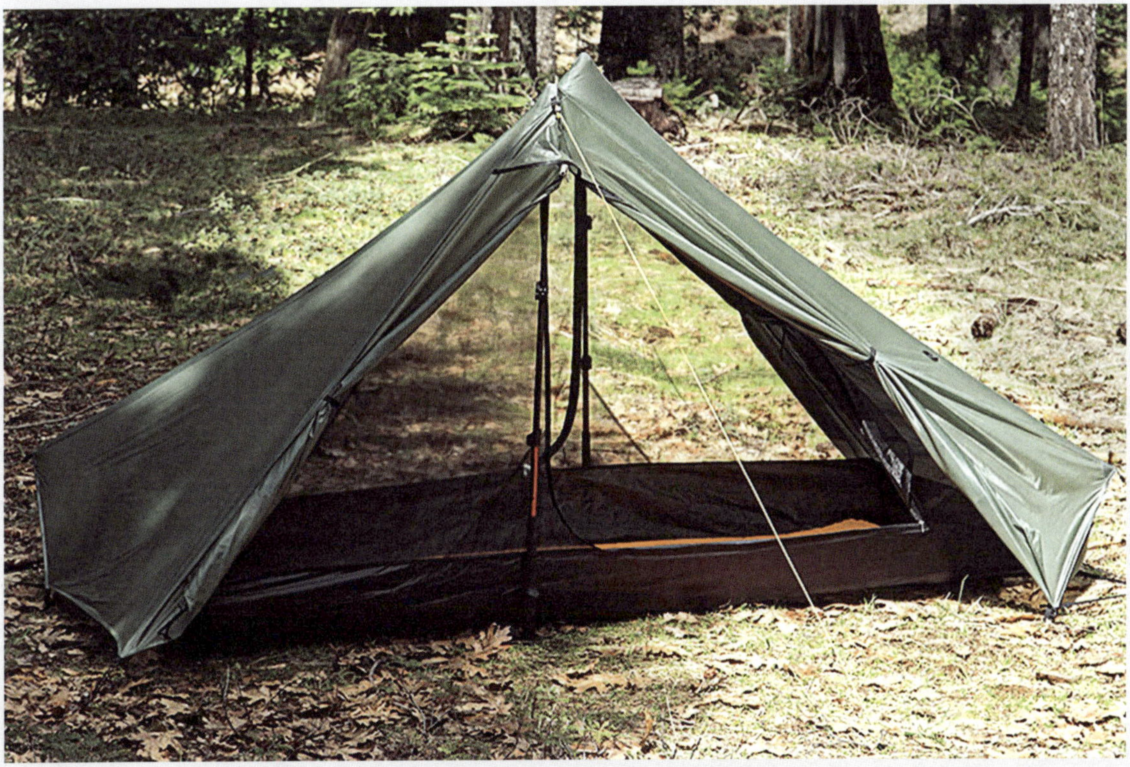

Bist du allein unterwegs, reicht ein knapp 700 g schweres Zelt. Deine Trekkingstöcke finden als Zeltgestänge eine zweite Verwendung.

Wie der Name es schon verrät, bestehen diese Zelte nur aus dem Außenzelt. Dies sorgt für deutlich weniger Gewicht und Packmaß und schützt trotzdem den Bewohner vor Wind und Regen. Im Gegensatz zu Tarps besitzen diese Zelte einen wasserdichten Boden und Seitenwände. Dadurch bieten sie einen guten Wind- und Regenschutz und schützen zusätzlich vor den kleinen Plagegeistern. Auch bei einwandigen Zelten kommt es natürlich zu Kondenswasserbildung. Wichtig ist es hier für eine gute Belüftung zu sorgen. Dies geschieht durch große Lüftungsöffnungen, die mit Moskitogaze verschlossen sind.

Ich habe immer mein kleines Microfaserhandtuch griffbereit, um damit im Fall von Kondenswasser vorsichtig die Innenseiten des Zeltes trocken zu wischen, bevor es auf mich herabregnen kann. Aus Gewichtsgründen haben die meisten dieser Zelte nur einen Gestängebogen oder kommen ganz ohne eigenes Gestänge aus und werden mithilfe von Trekkingstöcken aufgestellt. Diese Zelte müssen natürlich auch sehr sorgfältig aufgestellt werden. Zelte dieser Bauart wiegen als Ein-Personen-Zelt ab knapp 500 g und als Zwei-Personen-Zelt ab knapp 800 g.

Hersteller solcher einwandigen Zelte sind vor allem kleine Firmen aus den USA wie Tarptent, Six Moon Design, Nemo und Big Agnes. Für mich persönlich ist so ein Zelt die erste Wahl für Touren in Gebieten, in denen teils auch mit schlechterem Wetter gerechnet werden muss, aber auf die Stabilität eines sturmsicheren doppelwandigen Zeltes verzichtet werden kann.

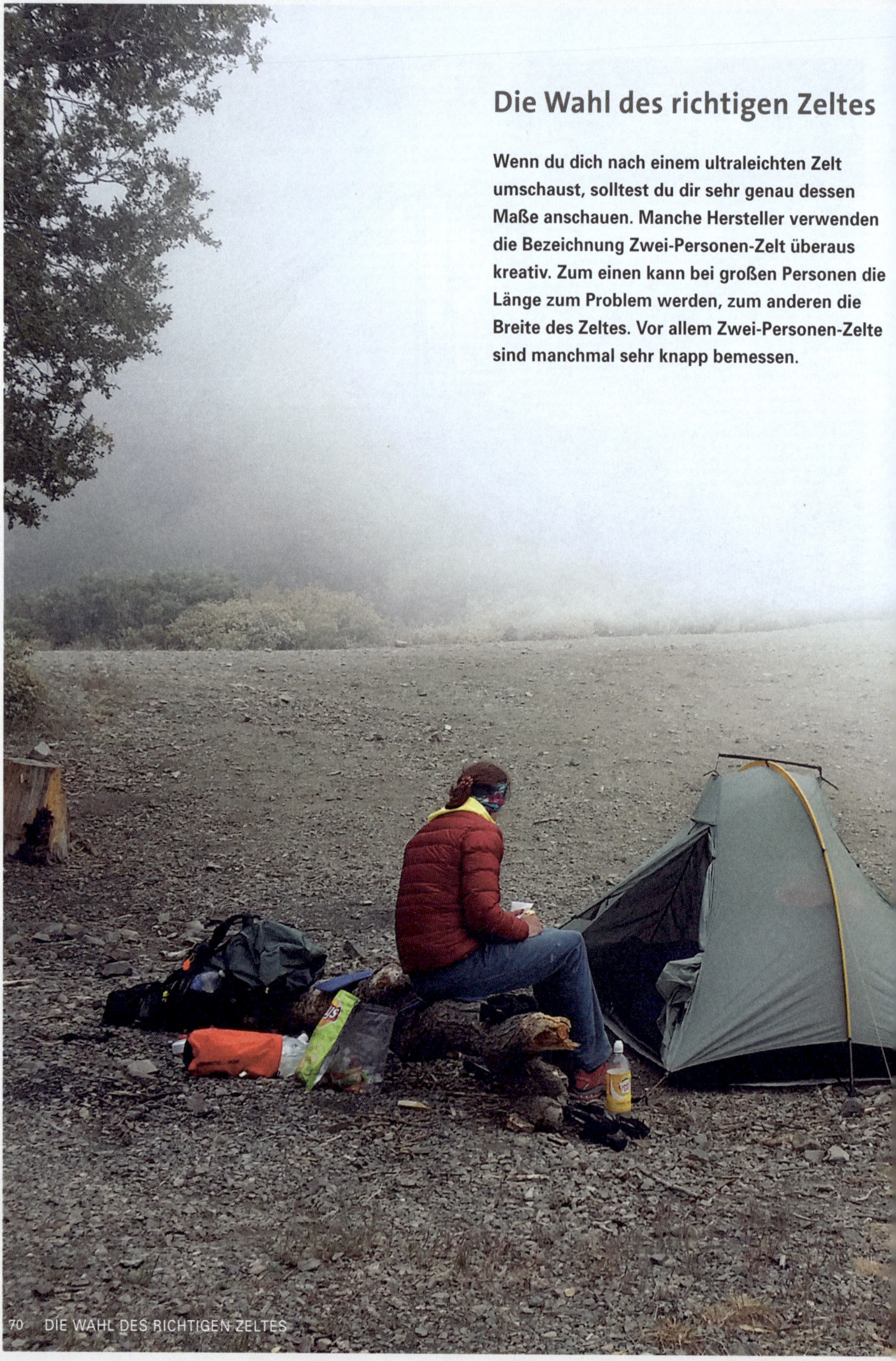

Die Wahl des richtigen Zeltes

Wenn du dich nach einem ultraleichten Zelt umschaust, solltest du dir sehr genau dessen Maße anschauen. Manche Hersteller verwenden die Bezeichnung Zwei-Personen-Zelt überaus kreativ. Zum einen kann bei großen Personen die Länge zum Problem werden, zum anderen die Breite des Zeltes. Vor allem Zwei-Personen-Zelte sind manchmal sehr knapp bemessen.

Du solltest die Breite deiner Isomatten anschauen und prüfen, ob diese komplett nebeneinander passen. Bei der Länge musst du auch beachten, dass das angegebene Maß am Boden gemessen wird. Entscheidend ist aber auch die Zeltlänge in ca. 20 cm Höhe, also dort, wo man tatsächlich liegt.
Bei Zelten mit flacher Dachneigung sind da schnell von 220 cm Länge nur noch 190 cm übrig. Da ich 189 cm groß bin, kenne ich mich mit diesem Problem bestens aus. Idealerweise solltest du in deinem neuen Zelt probeliegen um sicherzugehen, dass es auch groß genug ist. Überlegen solltest du auch, dass nicht nur eine oder zwei Personen Platz finden müssen, sondern auch dein Rucksack und deine Schuhe vor dem Wetter geschützt werden müssen. Bestenfalls unter einer Apsis oder, wenn das nicht möglich ist, im Zelt selbst.

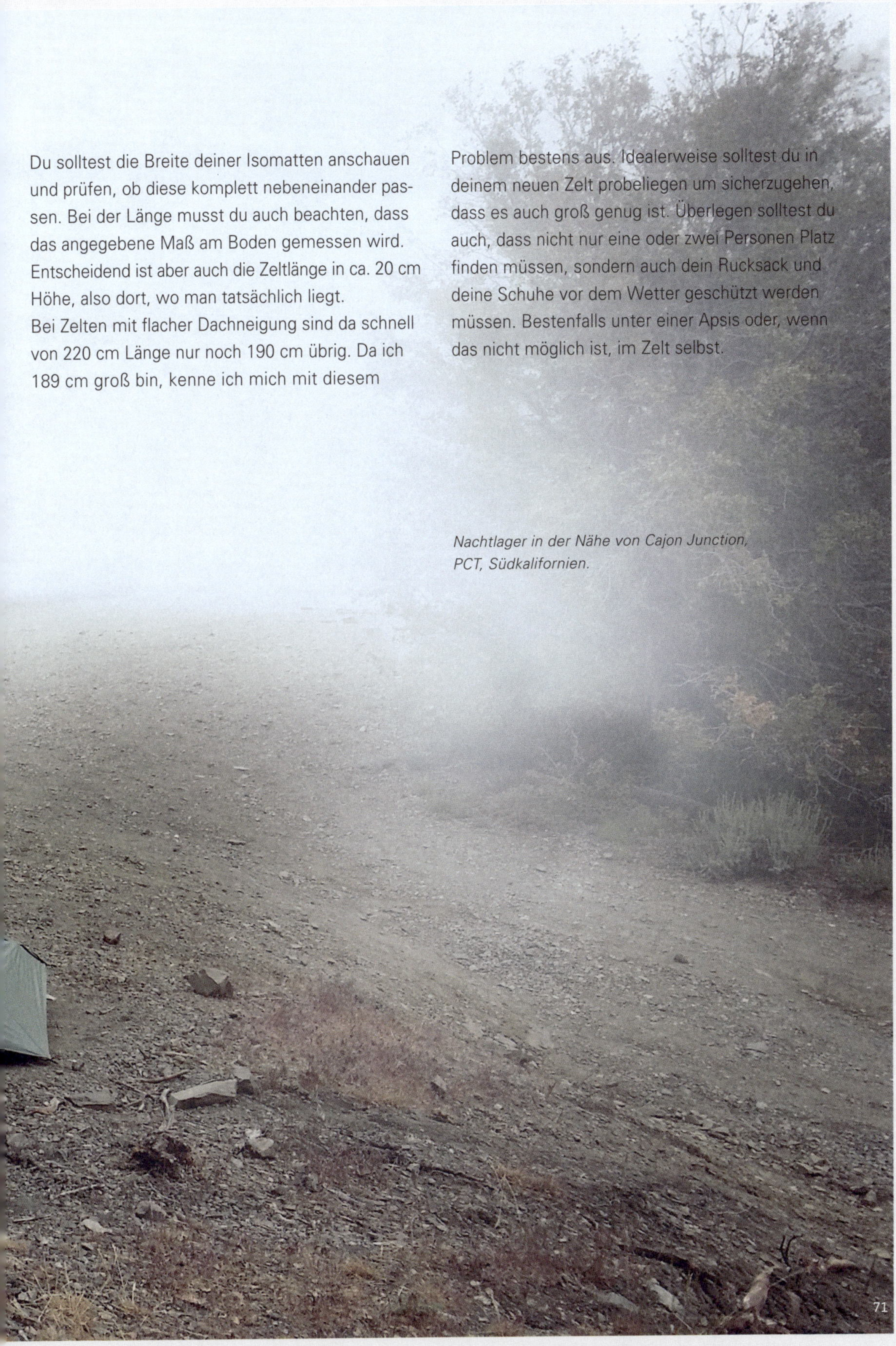

Nachtlager in der Nähe von Cajon Junction, PCT, Südkalifornien.

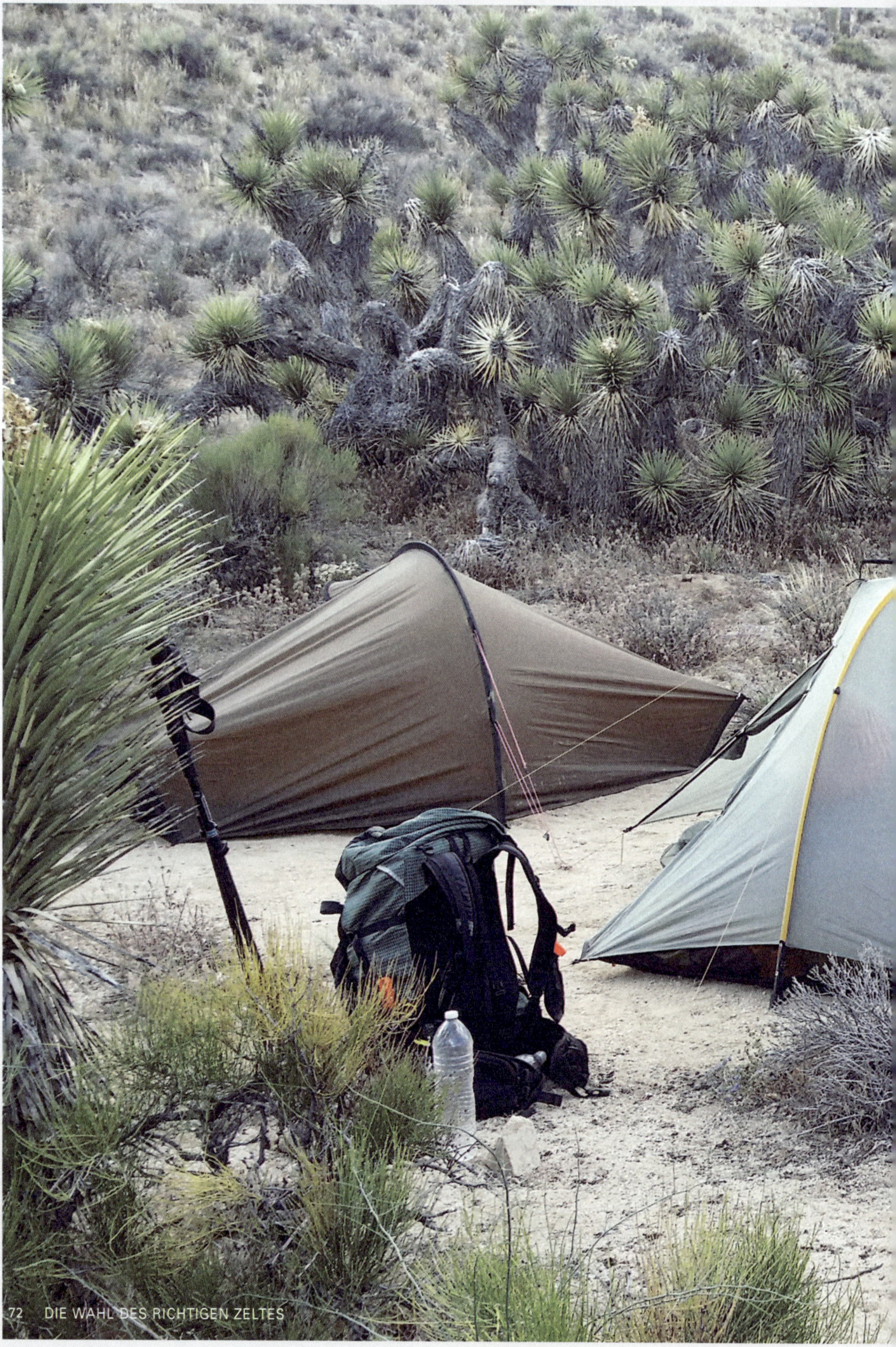

Bei den Gewichtsangaben der Hersteller ist zu beachten, dass sehr gerne verschiedene Gewichte angegeben werden. Oft wird nur das Gewicht des reinen Zeltes ohne Heringe, Abspannleinen und Packsack genannt.

Außerdem empfiehlt sich die Verwendung einer Zeltunterlage, die den doch sehr empfindlichen Boden vor vorzeitigem Verschleiß schützen. Dieses Gewicht muss natürlich auch miteingerechnet werden. Zurück zu den Big Three und den 3 kg. Soll dieses Ziel erreicht werden, sollte das Zelt für eine Person nicht über 1 kg wiegen und für zwei Personen nicht deutlich über 1,5 kg. Bist du nicht allein, sondern zu zweit, kann man das Gewicht des Zeltes auf 2 Personen aufteilen. Gute Leichtgewichtszelte gibt es von vielen etablierten Zeltherstellern wie Big Agnes, MSR, Mountain Hardware, Terra Nova, Lightwave, VauDe und vielen anderen.

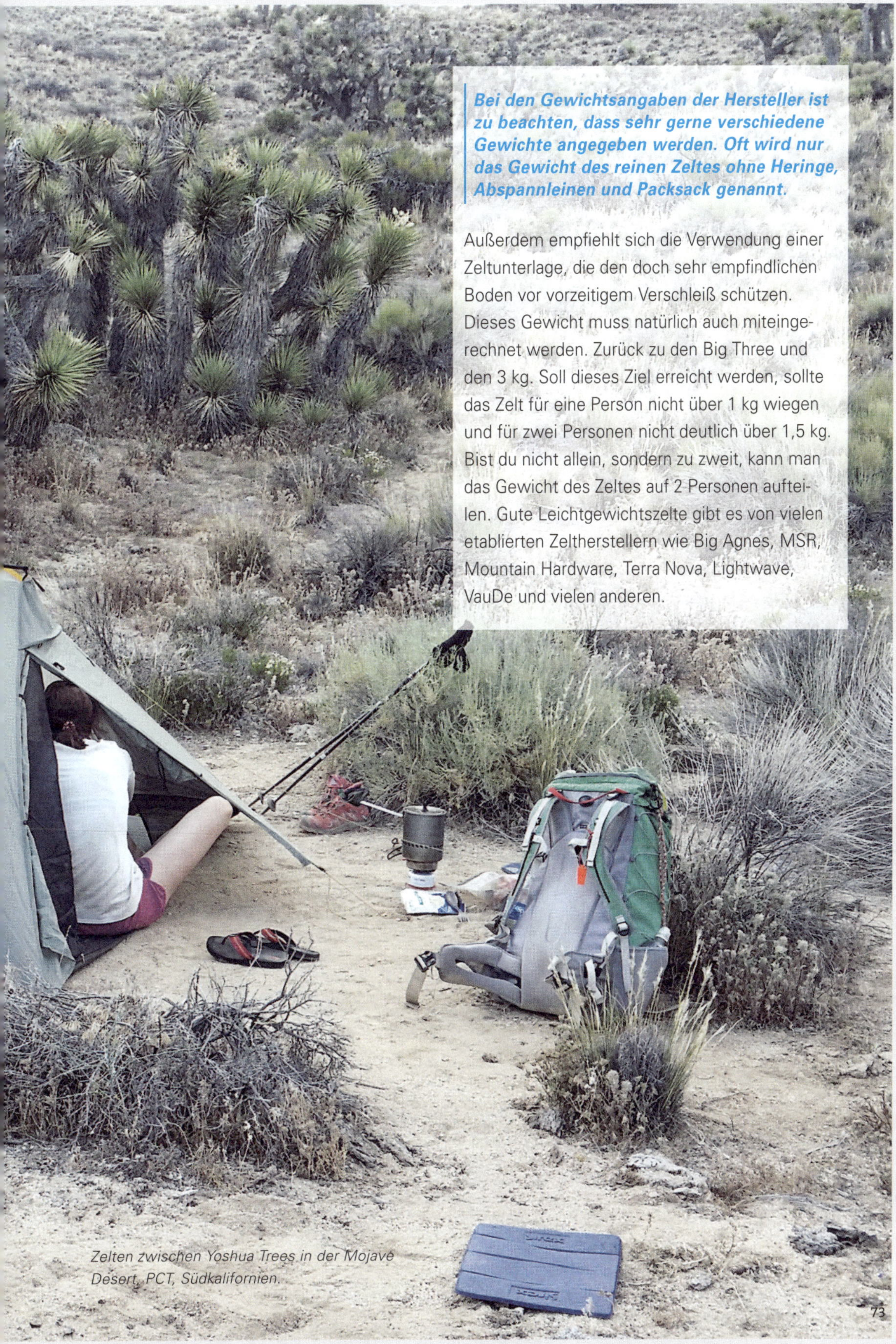

Zelten zwischen Yoshua Trees in der Mojave Desert, PCT, Südkalifornien.

5. Outdoorküche

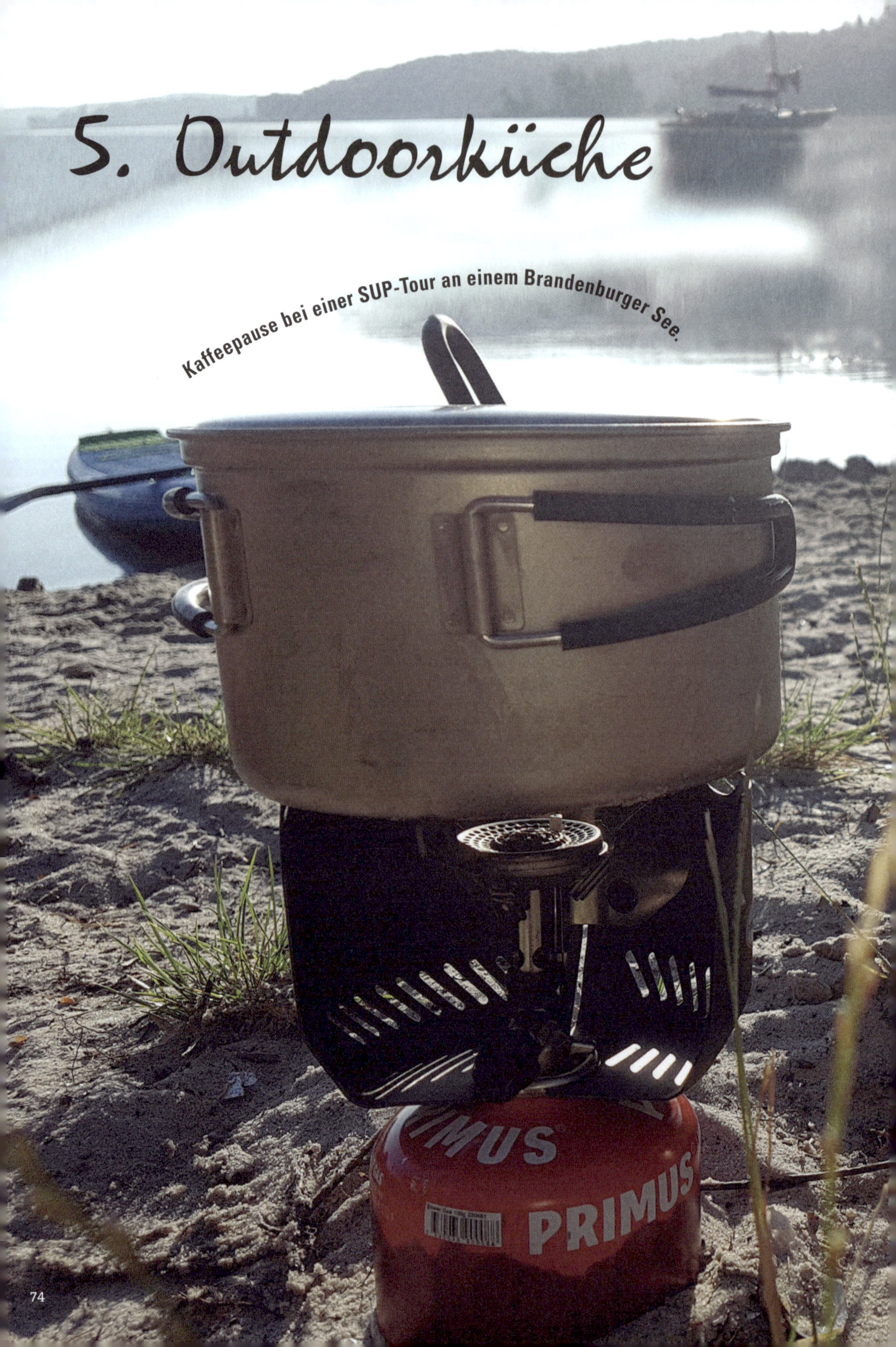

Kaffeepause bei einer SUP-Tour an einem Brandenburger See.

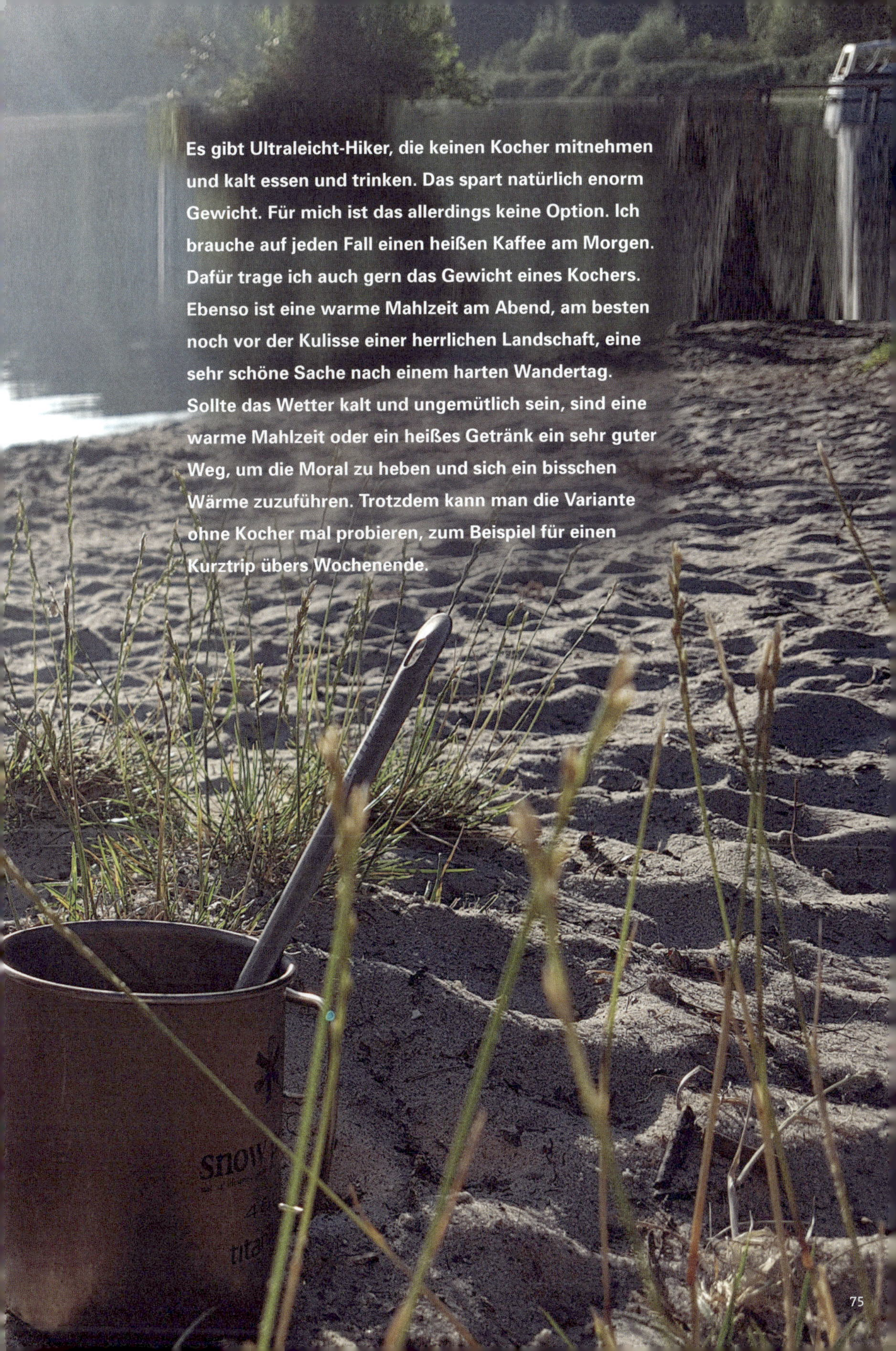

Es gibt Ultraleicht-Hiker, die keinen Kocher mitnehmen und kalt essen und trinken. Das spart natürlich enorm Gewicht. Für mich ist das allerdings keine Option. Ich brauche auf jeden Fall einen heißen Kaffee am Morgen. Dafür trage ich auch gern das Gewicht eines Kochers. Ebenso ist eine warme Mahlzeit am Abend, am besten noch vor der Kulisse einer herrlichen Landschaft, eine sehr schöne Sache nach einem harten Wandertag. Sollte das Wetter kalt und ungemütlich sein, sind eine warme Mahlzeit oder ein heißes Getränk ein sehr guter Weg, um die Moral zu heben und sich ein bisschen Wärme zuzuführen. Trotzdem kann man die Variante ohne Kocher mal probieren, zum Beispiel für einen Kurztrip übers Wochenende.

Brennstoffe

Ist die Entscheidung für einen Kocher gefallen, stellt sich als nächstes die Frage: welche Art von Brennstoff willst du verwenden? Es gibt mehrere Arten von Brennstoffen, mit denen die verschiedenen Campingkocher betrieben werden können. Alle haben ihre Vor- und Nachteile. Da wären Gas, Benzin oder Petroleum, Spiritus und Holz.

> ***Bei der Auswahl des Kochers musst du vor allem die Verfügbarkeit von Brennstoffen beachten.***

Feste Brennstoffe wie z. B. Holz gibt es doch überall, denkt man. Das ist natürlich falsch. Bei Touren oberhalb der Baumgrenze ist Holz nur sehr schwer zu finden. Es gibt auch einige Länder, wie zum Beispiel Island oder Grönland, wo Holz extrem rar oder schlicht nicht zu finden ist. Da nicht alle Arten von Brennstoffen im Flugzeug mitgenommen werden dürfen, müssen diese vor Ort gekauft werden. Bei Gaskartuschen gibt es zum Beispiel verschiedene Standards und es ist deshalb wichtig, sich im Vorfeld zu erkundigen, ob und wo die passende Kartusche für den Kocher zu bekommen ist.

In eher »exotischen« Regionen, wo es nur wenige Wanderer gibt, kann das schon unmöglich sein. Spiritus ist ebenfalls nicht überall so einfach zu bekommen. Auf jeden Fall solltest du den lokal gebräuchlichen Namen in Erfahrung bringen und die Orte, wo diese Brennstoffe verkauft werden. Bleibt noch Benzin. Benzin gibt's ja nun wirklich überall. Stimmt so leider auch nicht immer. Zumindest muss ich gegebenenfalls meinen gesamten Vorrat für die Tour im Ankunftsort besorgen.
Tatsächlich gibt es auch heute noch Gebiete fast ohne Autoverkehr – wie zum Beispiel in Grönland. Dort kann man die Tankstellen, die es im Land gibt, fast an einer Hand abzählen. Da ist also im Vorfeld gute Recherche nötig. Aber das ist im Zeitalter

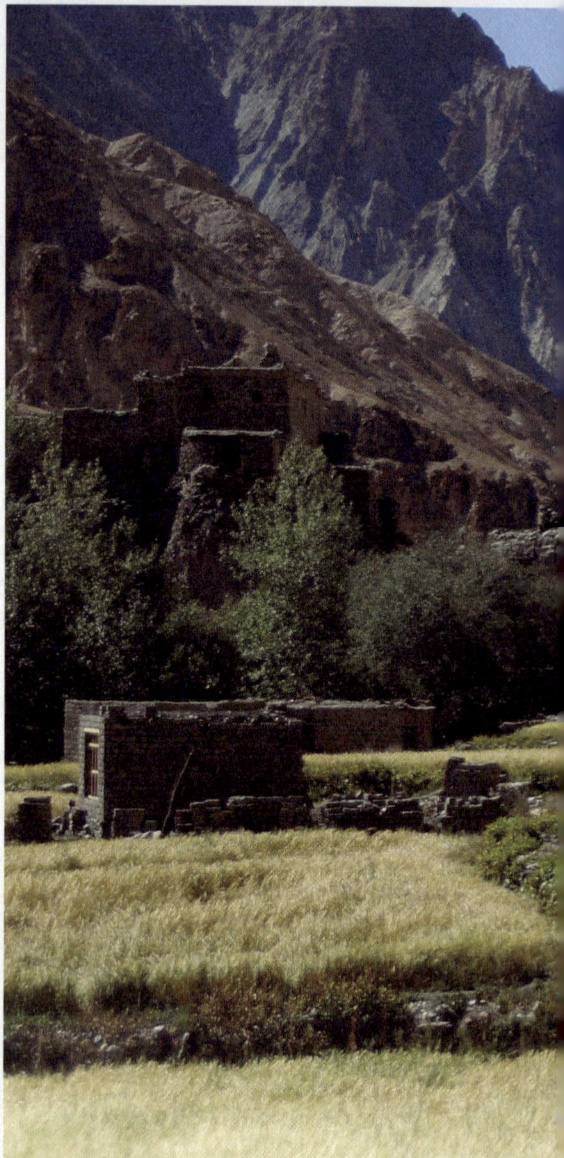

des Internet ja kein großes Problem mehr. Neben dem Gewicht des Kochers selbst ist es auch wichtig, das Gewicht des Brennstoffs miteinzurechnen, den man auf der Tour brauchen wird.
Denn der Brennwert der einzelnen Brennstoffe ist sehr unterschiedlich:

Gaskartuschen	ca. 50 MJ/kg (je nach Gasmischung)
Reinbenzin	42,7–44,2 MJ/kg
Petroleum	41,0 MJ/kg
Esbit-Tabletten	31,3 MJ/kg
Spiritus	27,0 MJ/Kg
Trockenes Holz	19,0 MJ/kg

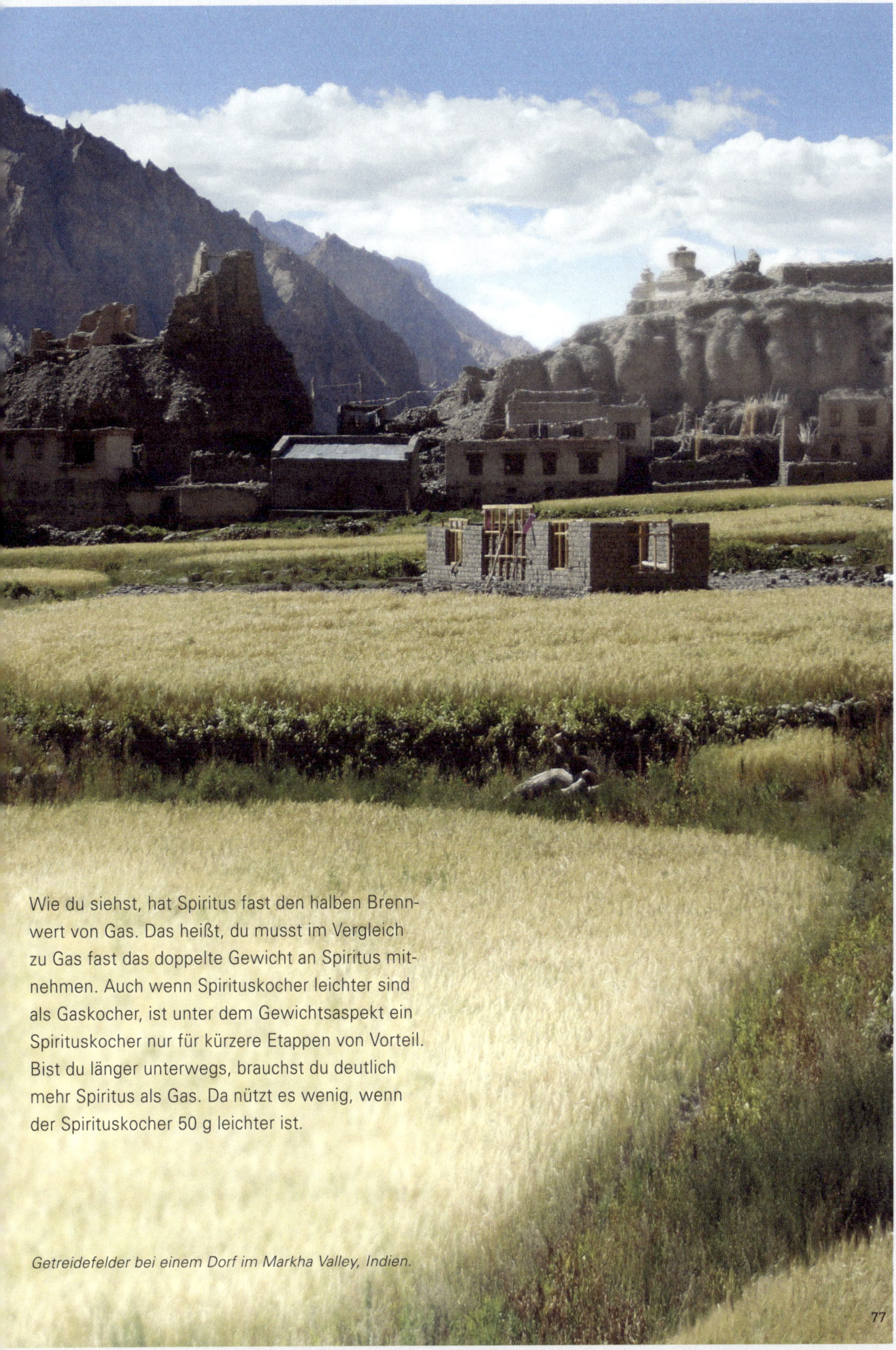

Wie du siehst, hat Spiritus fast den halben Brennwert von Gas. Das heißt, du musst im Vergleich zu Gas fast das doppelte Gewicht an Spiritus mitnehmen. Auch wenn Spirituskocher leichter sind als Gaskocher, ist unter dem Gewichtsaspekt ein Spirituskocher nur für kürzere Etappen von Vorteil. Bist du länger unterwegs, brauchst du deutlich mehr Spiritus als Gas. Da nützt es wenig, wenn der Spirituskocher 50 g leichter ist.

Getreidefelder bei einem Dorf im Markha Valley, Indien.

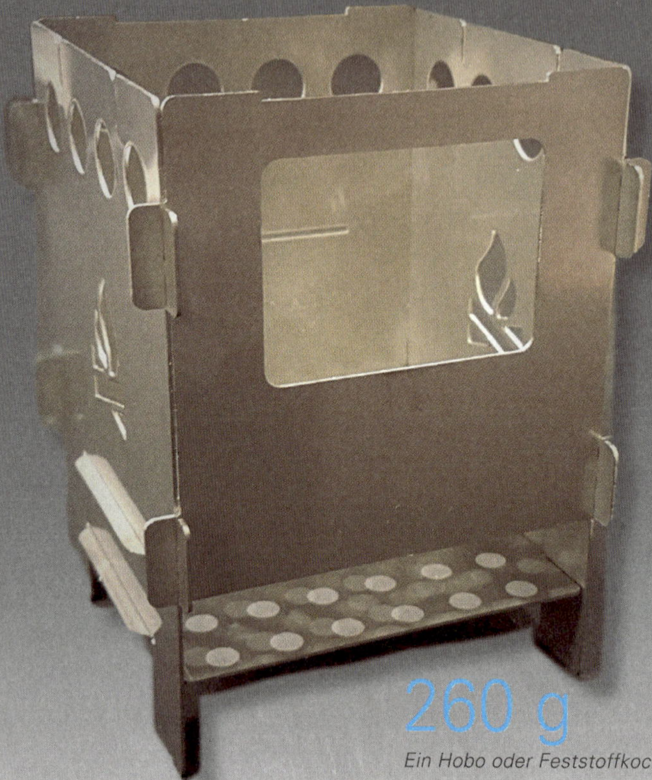

Rechts: So ein Anblick auf dem PCT in Südkalifornien ist der Grund, warum beim Umgang mit offenem Feuer größte Vorsicht geboten ist, oder noch besser auf offenes Feuer in der freien Natur ganz verzichtet werden sollte.

260 g

Ein Hobo oder Feststoffkocher aus Stahl. Der Kocher ist mit 260 g verhältnismäßig schwer. Allerdings kannst du dafür Holz als Brennstoff nutzen, das du vor dem Kochen sammelst und nicht transportieren musst.

Kocher

Feststoff- oder Hobo Kocher

Der Feststoffkocher, oder auch Hobo Kocher, ist ein Kocher, in dem Holz verheizt wird.

Ein Feststoffkocher ist einem offenen Lagerfeuer zum Kochen vorzuziehen, da zum einen deutlich weniger Brennstoff verbraucht wird und außerdem die Verbrennung in der Regel effektiver abläuft als bei einem Lagerfeuer.

Außerdem kannst du auf einen Feststoffkocher deinen Kochtopf stabil drauf stellen. So ein Feststoffkocher hat den Vorteil, dass du keinen Brennstoff mitschleppen musst, sondern dich einfach aus der Natur bedienst.

Das klingt sehr verlockend, ist aber in der Anwendung auch der problematischste Weg zu einer warmen Mahlzeit.
Holzfeuer rußen sehr stark und man muss den verwendeten Topf hinterher gut reinigen. Ein Holzfeuer zu entzünden ist nicht so einfach. Einfach ein Feuerzeug ans Holz halten funktioniert nicht. Ich brauche kleine Ästchen, Rinde oder Ähnliches, und ich brauche natürlich auch trockenes Holz in geeigneter Größe. Das alles zu suchen, um damit ein Feuer zu entfachen, ist in der Regel sehr zeitaufwändig. Mit einem Gaskocher habe ich meine Mahlzeit schon zubereitet, bevor der Feststoffkocher-Nutzer überhaupt

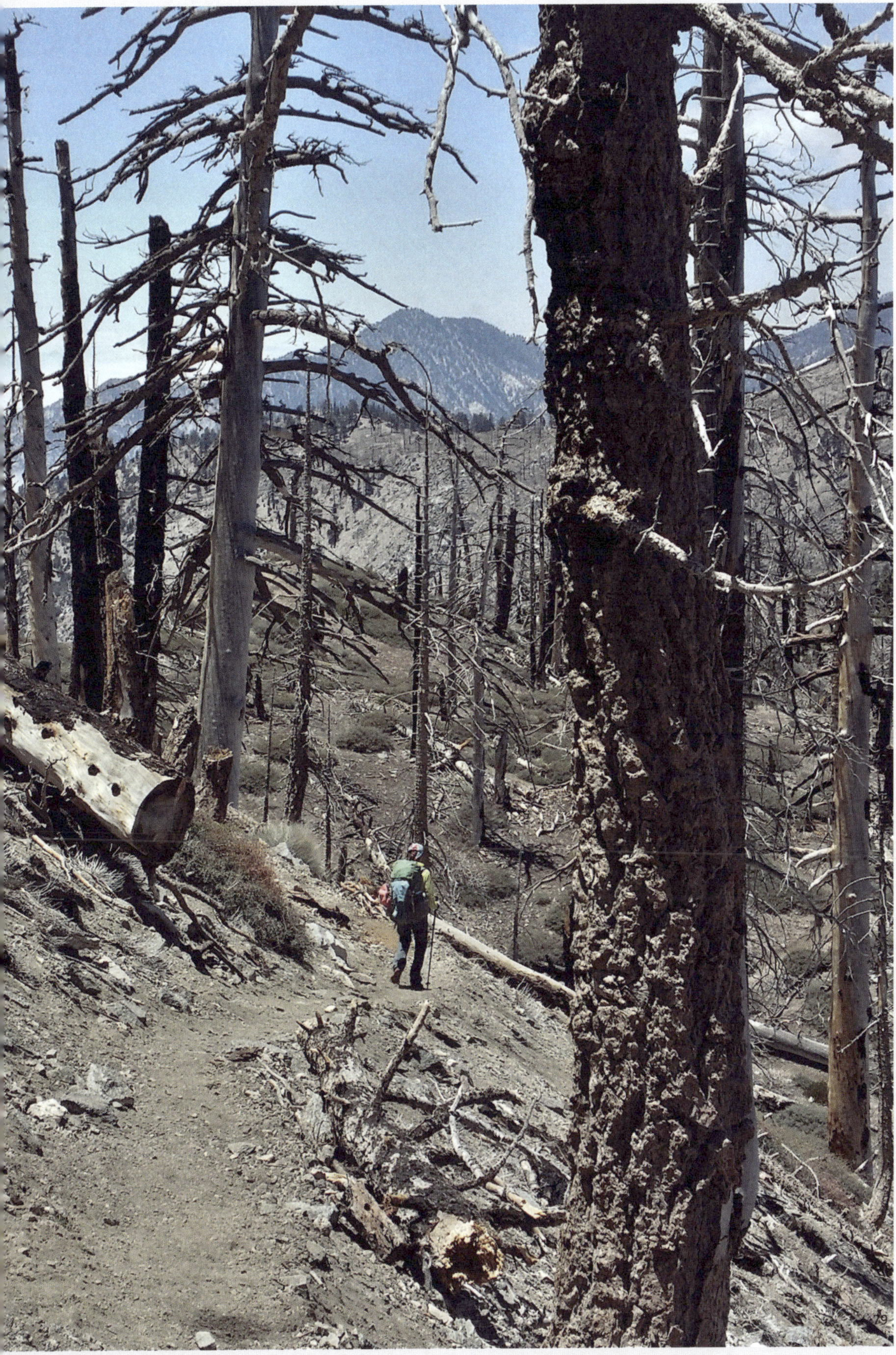

eine Kochflamme entfacht hat. Sollte es mal regnen oder sehr windig sein, gibt's dann wohl kalte Küche. Aber was ist besser als gerade bei regnerischem, windigem Wetter eine warme Mahlzeit im Bauch zu haben? Das größte Problem ist allerdings die mit offenen Feuern verbundene Brandgefahr. Aus diesem Grund sind in sehr vielen Fällen offene Feuer untersagt. Ich habe zweimal erlebt, wie ein Wanderer mit einem Feststoffkocher einen Brand entfacht hat, der nur mit vereinten Kräften gelöscht werden konnte, bevor Schlimmeres passiert ist. Offenes Feuer, ob Feststoffkocher oder Lagerfeuer, übt eine unheimliche Faszination aus, aber immer wieder kommt es dabei zu Waldbränden, die mitunter sogar Menschenleben kosten. In sehr vielen Ländern ist es grundsätzlich oder temporär verboten, ein offenes Feuer zu entfachen.

Die Definition von offenem Feuer ist dabei durchaus diskussionswürdig. Im von heftigsten Waldbränden geplagten Südkalifornien ist jegliche Art von offenem Feuer im Sommer so gut wie immer verboten. Ausnahmen sind Kocher mit »positive shut-off valve«. Das ist ein Ventil, das beim Betätigen die Flamme sofort und vollständig löscht.

Ein Spirituskocher ist damit schon mal verboten. Im Übrigen ist es die gesetzliche Pflicht (und auch die moralische) eines Wanderers, sich vorab über Waldbrandgefahr und Feuerverbote oder sonstige Regularien zu informieren. Dass ich in einem fremden Land unterwegs bin und eventuell die Sprache nicht spreche, ist keine akzeptable Ausrede. Bitte habt beim Umgang mit offenem Feuer in der freien Natur den allergrößten Respekt. Solltest du schon einmal in Kalifornien durch ein altes Waldbrandgebiet gewandert sein und hast, soweit das Auge reicht, verbrannte Erde gesehen, wirst du das verstehen. Willst du trotz allem nicht auf einen Feststoffkocher verzichten, bekommst du interessante Feststoffkocher bei Vargo, Evernew, Solostove oder Bushcraft Essentials.

Spirituskocher

Ein Spirituskocher besteht im Grunde aus einem Behälter, in den Spiritus gegossen und dann angezündet wird. Dadurch, dass es keine großartige Technik wie Dichtungen, Düsen oder Ventile gibt, kann ein Spirituskocher eigentlich nicht kaputt gehen. Es sei denn, ich fahre mit einem Auto darüber. Außerdem sind diese sehr preiswert. Im Internet gibt es viele Anleitungen, wie man sich so einen Spiritusbrenner selbst basteln kann. Die heißen dann cat stove oder tuna stove, je nachdem, ob sie aus einer alten Katzenfutterdose oder aus einer Thunfischdose gefertigt wurden. Das ist schon eine sehr leichte, nahezu kostenlose und lustige Weise, sich seinen Ultraleicht-Kocher selbst herzustellen. Der Nachteil ist jedoch der deutlich geringere Brennwert von Spiritus. Deshalb nutze ich meinen Spirituskocher nur auf Wochenendtouren bei gutem Wetter. Denn bei kühlen Temperaturen lässt die Kochleistung nochmals spürbar nach.

Aus Gründen der Effizienz solltest du bei jedem Kocher einen Windschutz verwenden, das spart deutlich Brennstoff ein. Beim Spirituskocher ist dies allerdings zwingend notwendig. Sonst wirst du bei etwas windigem Wetter ewig auf dein kochendes Wasser warten. Der schwedische Trangia Kocher, der seit 1951 nahezu unverändert produziert wird und in Outdoorkreisen einen gewissen Kultstatus hat, besitzt einen hervorragenden Windschutz, der zentraler Bestandteil dieses Kochers ist. Der Nachteil ist bloß, dass er damit vergleichsweise schwer ist. Einen sehr leichten und nahezu kostenlosen Windschutz kann man sich sehr leicht selbst basteln. Einfach mehrere Lagen Alufolien übereinanderlegen, glattstreichen und an den Rändern falzen – fertig ist der Windschutz. Mit der gleichen Methode kannst du dir übrigens auch einen Topfdeckel basteln und so das Gewicht deines Kochtopfes senken. So ein Windschutz hält zwar nicht jahrelang, aber das muss er ja auch nicht.

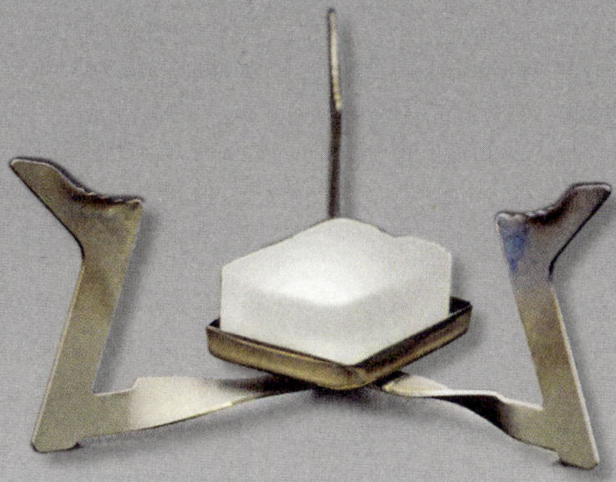

14 g

Wahrscheinlich der kleinste und leichteste Kocher, den du kaufen kannst: 14 g, für Esbit Tabletten. Allerdings eher zum gelegentlichen Erhitzen als zum Kochen geeignet.

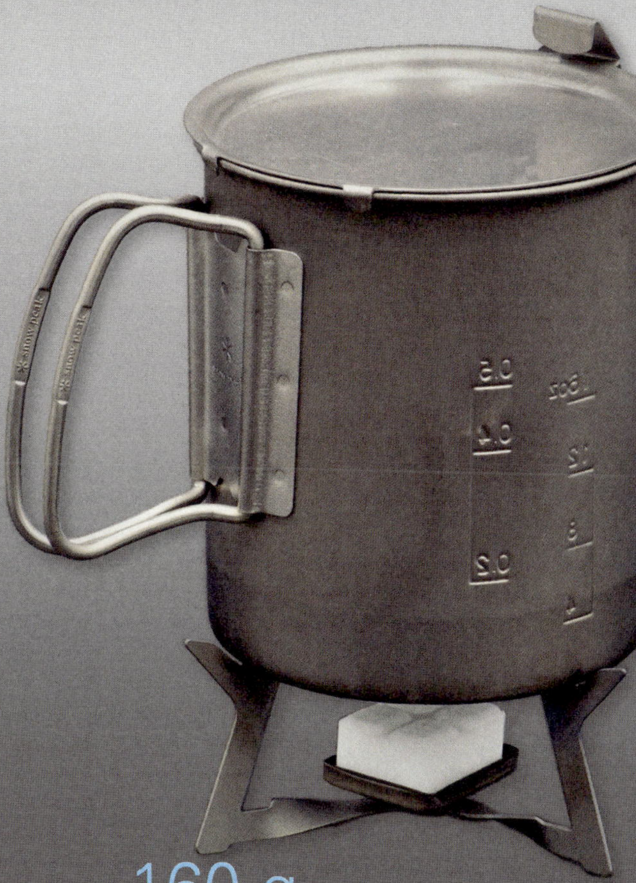

160 g

Der Mikrokocher, hier mit einem Titantopf, 700 ml Volumen und 160 g. Der Topf ist bestens geeignet für eine Person und kann auch gleich als Tasse dienen.

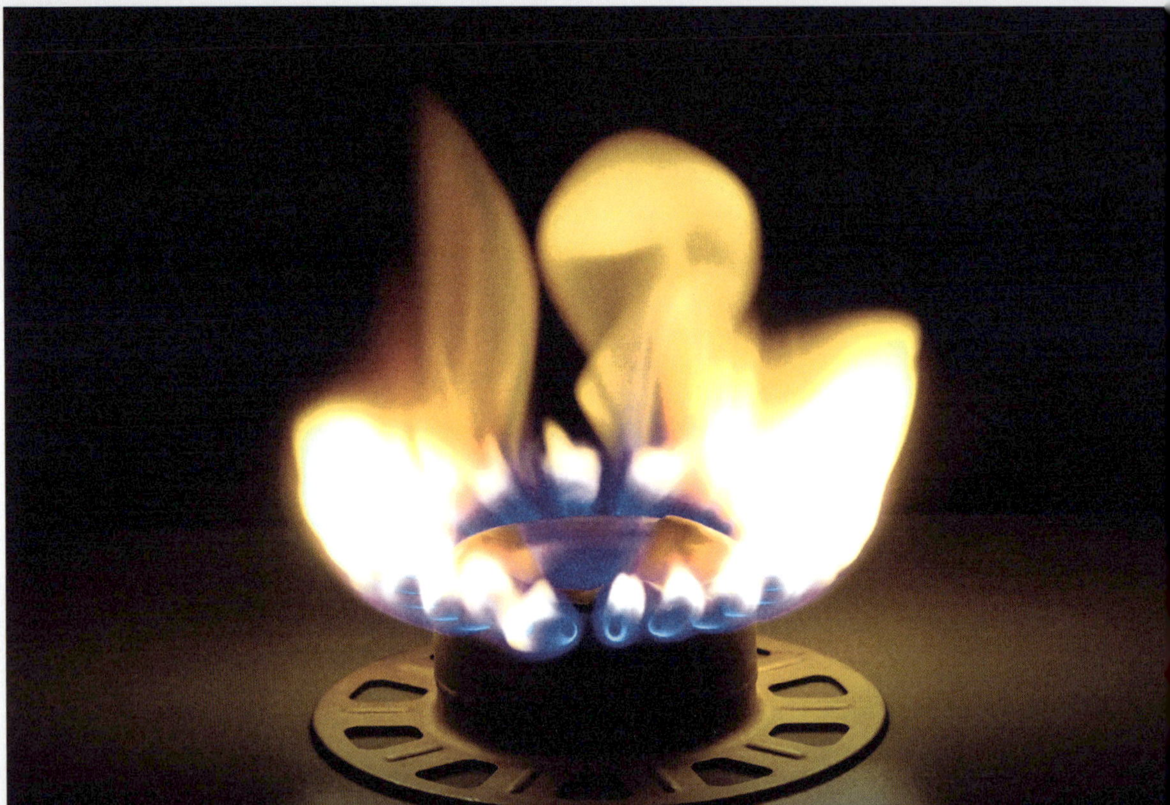

34 g

Kocher aus Titanium, der mit Brennspiritus funktioniert, 34 g. Sehr viel effektiver als ein Esbit-Kocher.

Der große Vorteil eines Brennspirituskochers liegt in seiner Einfachheit: Du füllst einfach so viel Brennspiritus ab wie du z. B. für 2 Tage brauchst und los geht's.

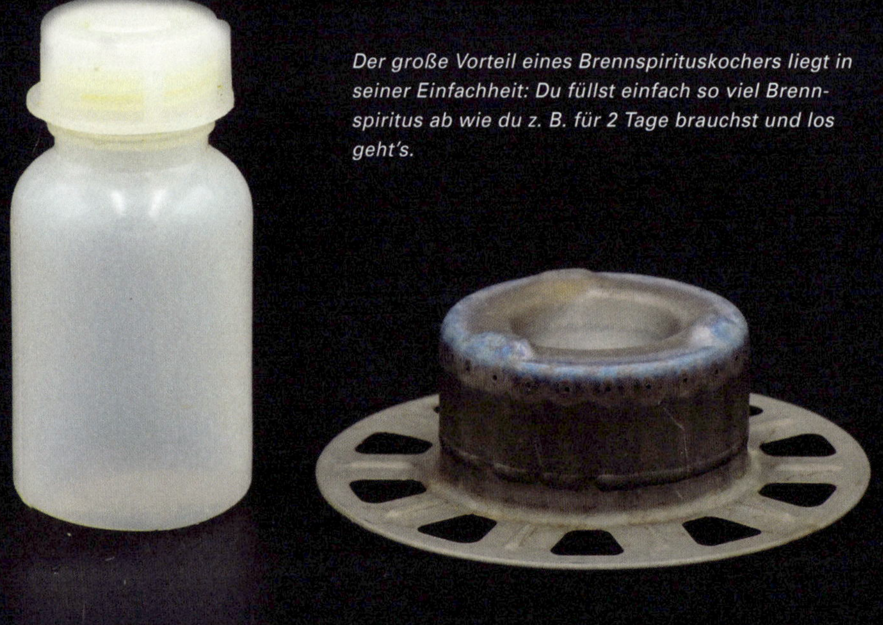

Im Hinblick auf die Brandgefahr ist so ein Kocher allerdings auch nicht zu unterschätzen. Du darfst nicht zu viel Spiritus einfüllen, denn wenn dieser heiß wird, dehnt sich der Spiritus aus und der brennende Spiritus kann auf dem Boden ein Feuer entzünden. Außerdem ist eine Spiritusflamme bei Tageslicht sehr schwer zu sehen und man kann sich Verbrennungen zuziehen, wenn man nicht aufpasst.

Eine Sonderform des Spirituskochers ist der Esbit-Kocher. Esbit steht für Erich Schumms Brennstoff in Tablettenform. Esbit Tabletten haben einen höheren Brennwert als Spiritus, sind aber vergleichsweise teuer und aufgrund der Tablettenform und der winzigen Kochgestelle eher zum Erhitzen als zum Kochen geeignet. Wer nur eine Tasse heißes, nicht unbedingt kochendes Wasser für seinen Instantkaffee braucht, kann damit auch bei kurzen Touren gut klarkommen. Esbit selbst bietet einige Modelle für seine Tabletten an, von denen die leichteste Variante gerade mal 14 g wiegt.
Leichte Spirituskocher gibt es von Vargo, Evernew, Trail Designs, Trangia, Esbit oder du fragst deine Katze nach einer alten Katzenfutterdose.

Multifuelkocher

Die vielseitigsten Kocher sind die Multifuelkocher, die in erster Linie Benzin, Petroleum und manchmal auch Gas verbrennen. Mit so einem Kocher solltest du fast nirgendwo ein großes Problem haben, an einen der Brennstoffe heranzukommen. Solch ein Multitalent hat aber auch seinen Preis. Zum einen den finanziellen – die Preise reichen von 100 Euro bis weit über 200 Euro. Zum anderen sind diese Kocher sehr schwer und recht voluminös. Außerdem sind sie im Vergleich zu allen anderen Kochern die technisch aufwändigsten. Das heißt, so ein Multifuelkocher hat eine Menge einzelner Bauteile wie Dichtungen, Schrauben, Ventile, Schläuche und andere Sachen, die nach längerer Nutzungsdauer kaputt gehen können. Auch die Bedienung ist nicht ganz einfach. Beim Betrieb mit Flüssigbrennstoffen muss der Kocher vorgeheizt werden. Das solltest du unter keinen Umständen in deinem Zelt oder in der Apsis tun, da es beim Vorheizen öfters zu großen Flammen kommt. Auch rußen diese Kocher je nach verwendetem Brennstoff mehr oder weniger stark und müssen häufig gereinigt werden.

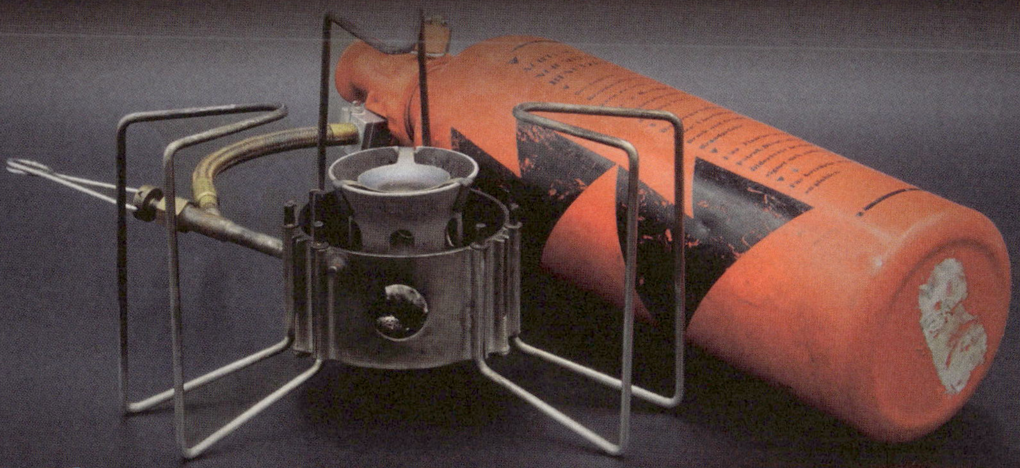

650 g

Dieser Multifuel-Kocher wiegt mit Brennstoffflasche 650 g. Er ist für unsere Zwecke unglaublich schwer, hat aber dennoch die Vorteile, Benzin oder Petroleum zu verbrennen und auch bei extremen Minusgraden gut zu funktionieren.

Gereinigtes Benzin ist hierbei die beste Option, da es deutlich sauberer ist als Autobenzin mit seinen ganzen Zusätzen. Normales Tankstellenbenzin enthält krebserregendes Benzol und außerdem neigt es dazu die Düsen zu verstopfen.

Petroleum ist ebenfalls ein guter Brennstoff und verbrennt recht sauber. Beim Vorheizen rußt es allerdings etwas mehr. Aufpassen sollte man, dass man kein Petroleum verschüttet oder die Brennstoffflasche im Rucksack undicht ist. Petroleum stinkt fürchterlich und da es eher ölig ist, verfliegt es nicht so schnell wie Benzin. Diesel ist nur im äußersten Notfall eine Möglichkeit, da es zum einen schwer anzuzünden ist und zum anderen fürchterlich rußt. Nichtsdestotrotz hat so ein Kocher auch seine Berechtigung. Benzinkocher sind sehr leistungsstark und zwar unter allen Wetterbedingungen. Einem Benzinkocher ist es egal, ob es plus oder minus 30 Grad Celsius ist, er funktioniert fast immer gleich gut. Wenn einem Gaskocher die Puste ausgeht, weil das Gas in der Kartusche so kalt ist, dass es nicht mehr gasförmig wird, faucht der Benzinkocher lustig vor sich hin. Auch in Regionen, wo es keinen etablierten Trekkingtourismus gibt und somit Gaskartuschen gar nicht oder nur sehr schwer zu bekommen sind, ist ein Multifuelkocher eine gute, wenn auch schwere Option.

Gaskocher

Mein Favorit ist auf jeden Fall der Gaskocher. Leicht, leistungsstark, unkompliziert in der Anwendung und robust. Gas hat ja auch den höchsten Brennwert, was bei längeren Touren von Vorteil ist. Bei sehr kühlen Temperaturen, so ab plus 5 Grad Celsius, wird es allerdings deutlich schwieriger werden mit deinem Gaskocher zu kochen. Das in der Kartusche flüssige Gas wird dann einfach nur noch schwer gasförmig. Das gilt auch, wenn die Kartusche nur noch etwa 10 Prozent Gas hat. Dann kann der Druck so weit sinken, dass im Prinzip kein Kochen mehr möglich ist.

Eine Möglichkeit, auch noch bei tieferen Temperaturen mit Gas zu kochen, sind spezielle Gasmischungen, die einen höheren Anteil an Isobutan haben.

Eine andere Möglichkeit bei tieferen Temperaturen zu kochen ist die Verwendung eines Gaskochers mit Schlauch. Bei einem solchen Kocher kannst du, sobald er ein wenig vorgeheizt ist, die Kartusche mit dem Ventil nach unten drehen und somit mit Flüssiggas kochen. Das heißt, das Gas muss nicht mehr in der Kartusche gasförmig werden, sondern es verdampft in dem Augenblick, in dem das flüssige Gas mit dem heißen Brenner in Berührung kommt. Mit solch einem Kocher ist es auch möglich, eine Gaskartusche restlos zu entleeren, was mit einem Aufschraubkocher nur bei warmem Wetter funktioniert. Bei den meisten Touren in gemäßigten Klimazonen ist die Verwendung eines Aufschraubkochers aber kein Problem. Diese Modelle sind nämlich die leichtesten und kleinsten Gaskocher und deshalb für das Ultraleicht-Hiking eine sehr gute Wahl. Ich besitze mehrere verschiedene Kochermodelle: Spiritus-, Multifuel- und Gaskocher.

Mein persönlicher Favorit, wenn ich nicht allein unterwegs bin, ist der Reactor von der Firma MSR. Das ist ein völlig neuartiger Kocher, der das Gas mit einem Porenbrenner verbrennt. Das Gas wird hierbei über eine sehr große Fläche verbrannt und in Kombination mit dem dazugehörigen Topf ist es bei weitem der schnellste und effizienteste Kocher, den es gibt.

Der Kocher selbst ist zwar mit 513 g nicht gerade ein Leichtgewicht, aber es wird kein zusätzlicher Windschutz benötigt und der Topf ist mit eingerechnet. Durch den drastisch reduzierten Gasverbrauch bei gleichzeitig deutlich kürzerer Kochzeit, spart dieser Kocher auf langen Touren nicht nur Gewicht, sondern ich muss mich auch nicht so oft um eine Gaskartusche kümmern.

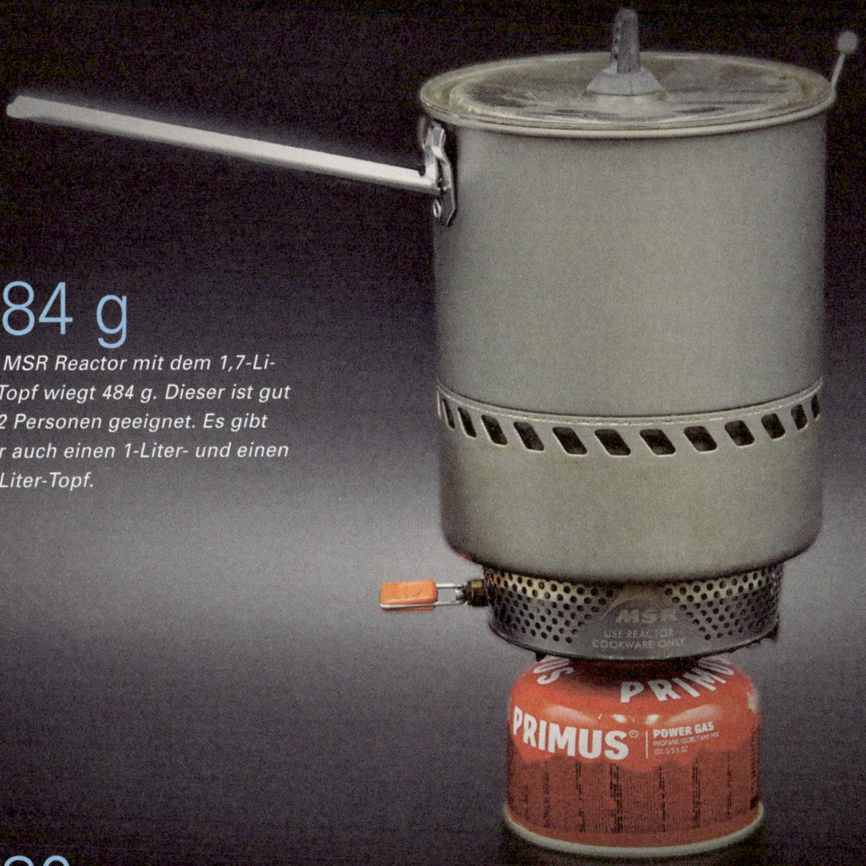

484 g

Der MSR Reactor mit dem 1,7-Liter-Topf wiegt 484 g. Dieser ist gut für 2 Personen geeignet. Es gibt aber auch einen 1-Liter- und einen 2,5-Liter-Topf.

280 g

Gaskocher mit Schlauchverbindung, 280 g. Mit diesem Kocher kann man auch bei Minusgraden effizient kochen und zwar mit Flüssiggas.

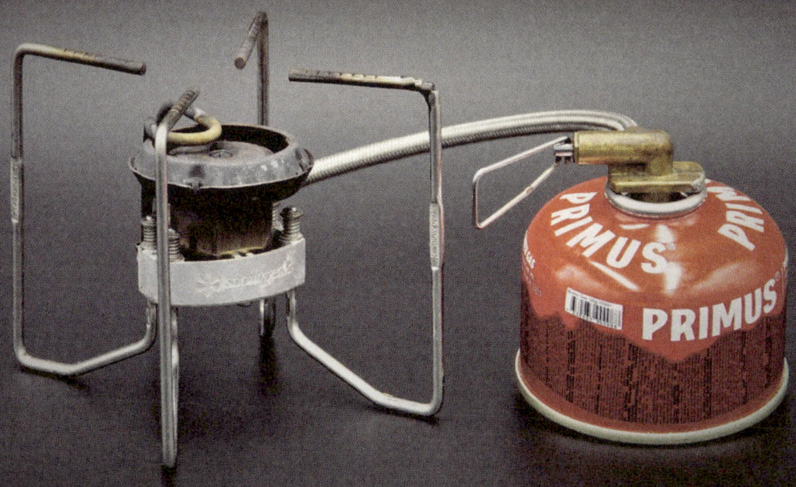

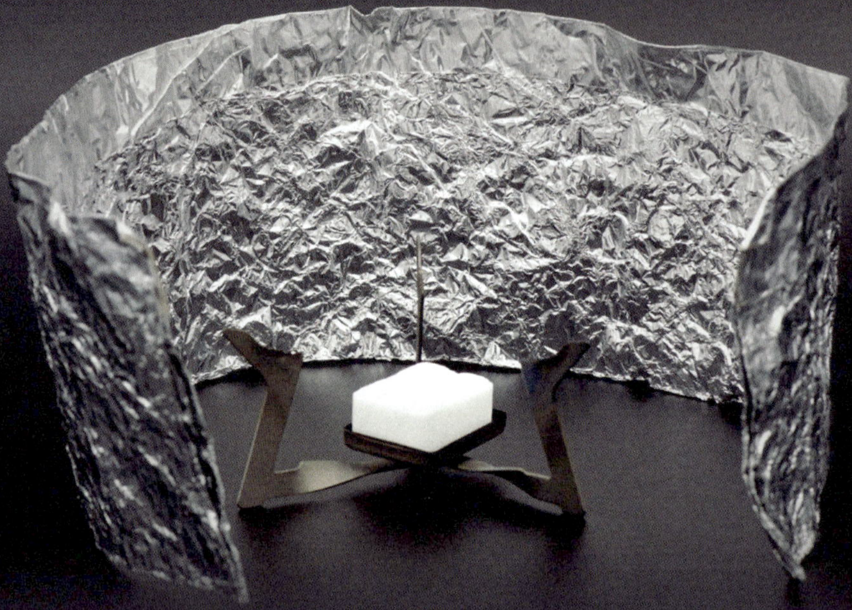

Ein aus haushaltsüblicher Alufolie selbst gebastelter Windschutz. So ein Windschutz kann an die Höhe des Kochers angepasst werden und ist erstaunlich stabil.

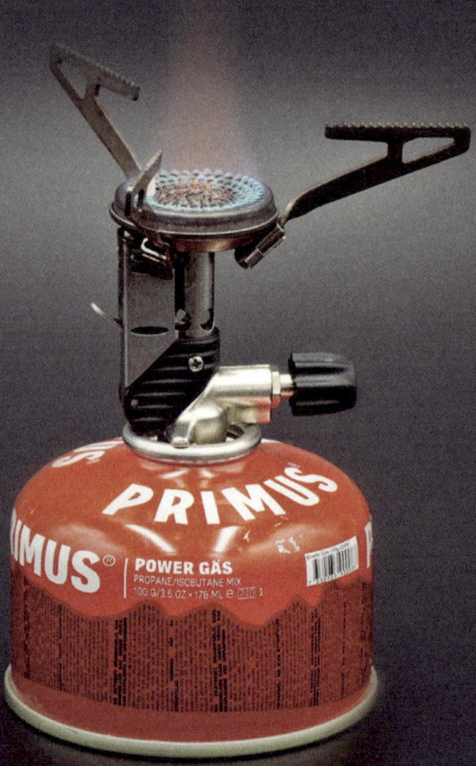

80 g

Gaskocher zum Aufschrauben auf eine Gaskartusche, 80 g ohne Kartusche. Der wohl meist gebräuchlichste Typ Kocher, leicht, effizient und einfach zu bedienen.

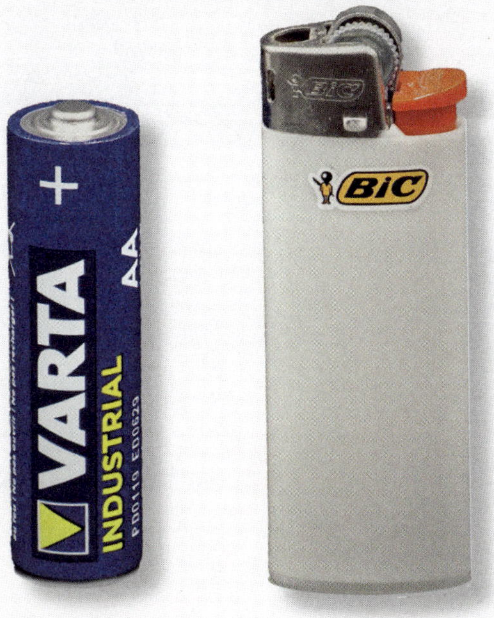

9 g

Ein wirklich kleines Einwegfeuerzeug mit gerade mal 9 g, um deinen Kocher anzuzünden, es ist kaum größer als eine AA-Batterie.

Bei unserer Wanderung auf dem PCT haben wir zusammen mit dem Reactor und einer 220-Gramm-Kartusche mehr als 12 Tage gekocht. Insgesamt haben wir jeden Tag ca. sechs Tassen Kaffee, zweimal Haferbrei, ein warmes Mittagessen und zwei warme Abendessen gekocht. Das habe ich noch mit keinem anderen Kocher geschafft. Allerdings hat der Kocher auch einen Nachteil – man kann ihn nur sehr schwer regulieren. Er ist eigentlich nur als extrem schneller Wasserkocher konzipiert. Wer aber seine Menüs darauf einstellt, bekommt einen außerordentlich effizienten Kocher. Das Gewicht des Kochers ist nur ein Faktor, das Gewicht des Brennstoffes der andere.

Die Verwendung eines Windschutzes spart einiges an Brennstoff.

Es geht nicht nur darum, die Flamme vorm Ausgehen zu schützen, sondern die Wärme wird bereits durch geringen Wind vom Topf weggeblasen. Auch durch die Wärmeabstrahlung geht viel Energie verloren. Mithilfe eines Windschutzes, zum Beispiel aus Aluminiumfolie, wird die Wärme zum Topf reflektiert und dadurch sparst du Brennstoff.

Der Windschutz sollte den Zwischenraum zwischen der Kartusche und dem Topfboden abdecken. Daher wird für größere Kartuschen ein höherer Windschutz als für kleinere Kartuschen benötigt. Wenn man einen Schlauchkocher nutzt, kann der Windschutz flacher und somit leichter ausfallen. Preiswerter und unter Umständen passgenauer ist ein selbstgefertigter Windschutz aus Alufolie. Entweder man faltet mehrere Lagen normaler Alufolie zusammen oder man kauft sich einen Windschutz für Benzinkocher, die aus 0,2 mm dicker Alufolie bestehen und schneidet sich dann gegebenenfalls die passende Größe zu.

Zum Anzünden des Kochers empfiehlt sich ein kleines Einwegfeuerzeug. Es gibt sie in einer Minivariante für ein paar Gramm und sie sind deutlich zuverlässiger als Streichhölzer oder Piezozünder.

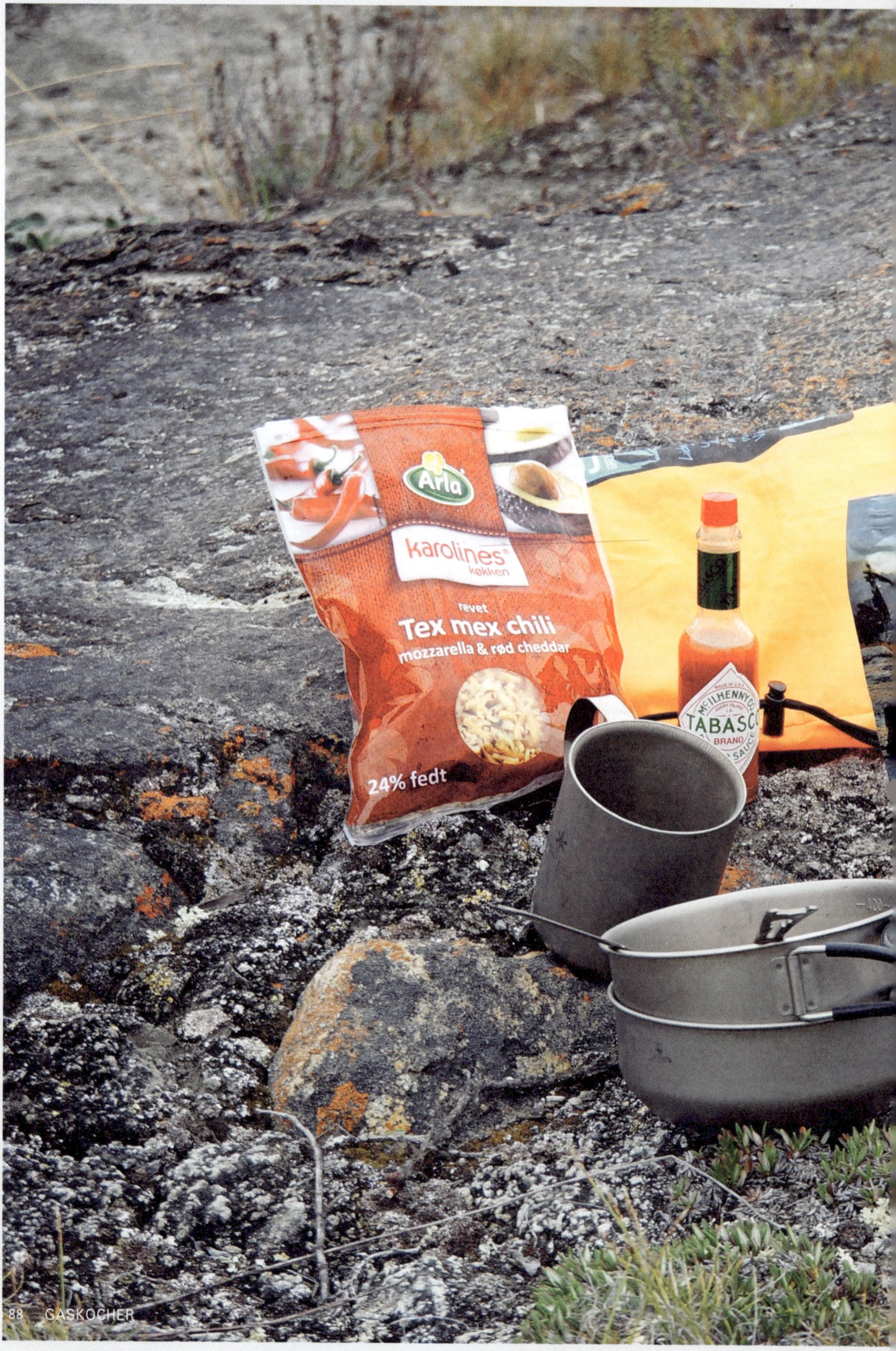
Arla
karolines
køkken
revet
Tex mex chili
mozzarella & rød cheddar
24% fedt
TABASCO
BRAND

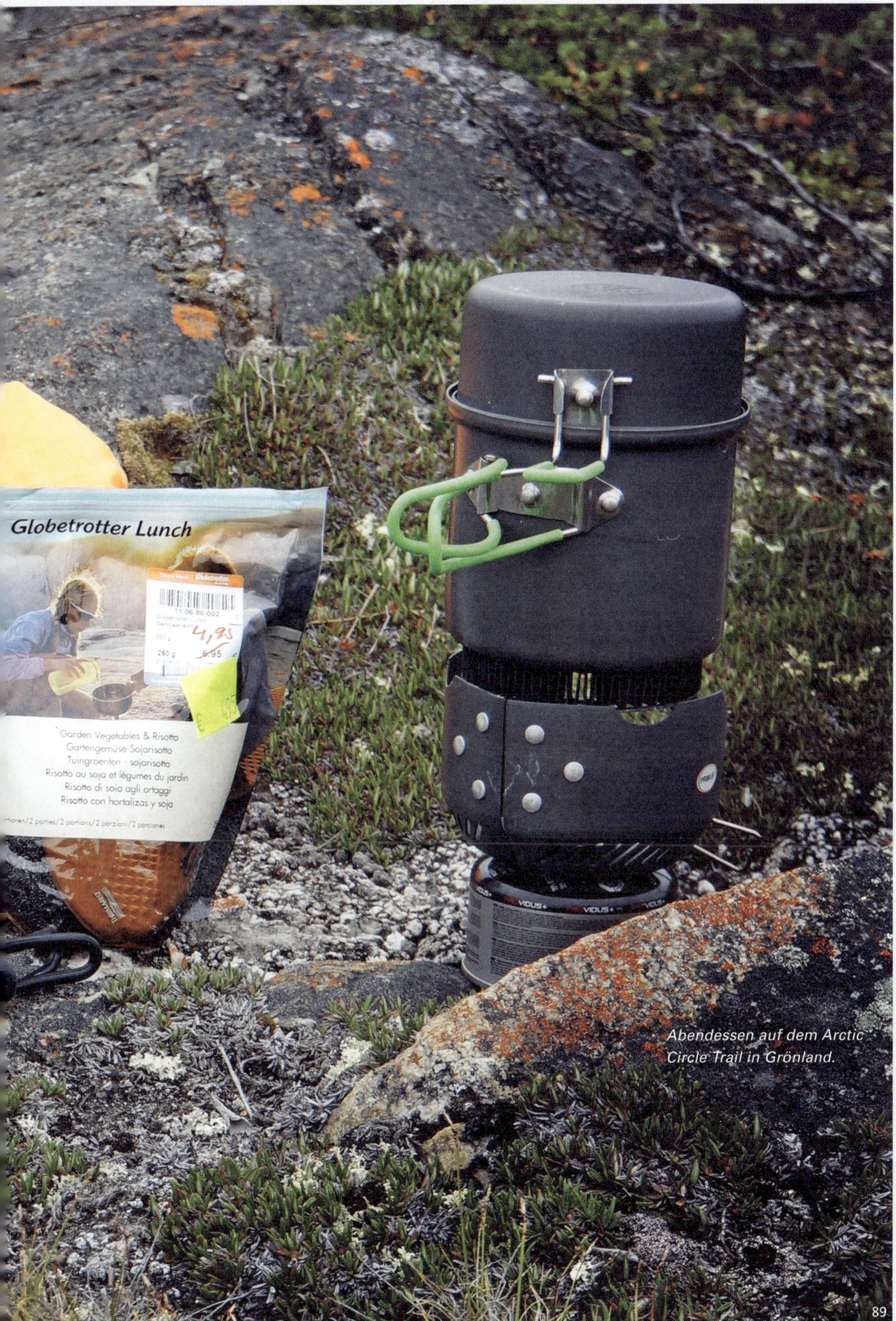

Abendessen auf dem Arctic Circle Trail in Grönland.

Kochtopf

Zur Speisezubereitung fehlt dir dann nur noch ein Topf. Dafür stehen dir im Prinzip drei Materialien zur Verfügung: Aluminium, Titanium und Edelstahl.

Titanium ist das leichteste Material, aber auch ein sehr schlechter Wärmeleiter. Zum Wasserkochen ist ein Topf aus Titanium hervorragend geeignet. Wenn man allerdings wirklich Essen darin kocht, muss man gut aufpassen, denn bei der Verwendung eines leistungsstarken Kochers (Gas/Benzin) kommt es durch die schlechte Wärmeleitung schnell zum Anbrennen in dem Bereich des Topfes, wo die heiße Flamme auftrifft. Bei einem vergleichsweise leistungsschwachen Spirituskocher tritt dieses Problem nicht so stark auf.

Ein Stahltopf wiegt schnell mehr als das Doppelte und ist ein ähnlich schlechter Wärmeleiter wie Titanium. Deshalb ist ein Edelstahltopf meines Erachtens auch eher uninteressant.

Ich habe die besten Kocherfahrungen mit einem Topf aus hartanodisiertem Aluminium gemacht. Alu ist ein sehr guter Wärmeleiter und verhindert somit ganz gut das Anbrennen des Essens. Alu weist außerdem ein geringes spezifisches Gewicht auf. Aluminium soll nach neueren wissenschaftlichen Untersuchungen nicht gerade gesundheitsförderlich sein. Deshalb sollte man keine sehr salzigen und sehr sauren Speisen darin zubereiten. Welche Gerichte das konkret sind, lässt die Wissenschaft offen. Aber ich koche weder auf einer Tour Zitronenmarmelade noch Nudeln in Salzwasser und lege auch keinen Salzhering ein.

Ein Topf aus hartanodisiertem anstatt aus reinem Aluminium ist stabiler und lässt sich aufgrund seiner glatteren Oberfläche besser reinigen.

Welche Größe der Topf haben muss, hängt von der Anzahl der Personen ab, die bekocht werden müssen und von dem zu kochenden Gericht. Wer allein unterwegs ist und sich von gefriergetrockneter Trekkingnahrung ernährt, kann sehr gut mit einem 600-ml-Titantopf arbeiten. Dieser ist Kochtopf und Tasse in einem, die Trekkingnahrung wird direkt aus der Tüte verzehrt, was gleich noch den Abwasch und einen Teller spart.

Willst du allerdings normale Pasta in einem 600-ml-Topf zubereiteten, musst du schon sehr hungrig sein, um das Resultat auch essen zu können. Um zwei Personen zu bekochen, benötige ich natürlich einen größeren Topf. Viele Töpfe werden als Kombination von Topf mit Deckel angeboten, den man auch als Bratpfanne verwenden kann.

Allerdings funktioniert das mit dem Braten in diesen dünnen Pfannen nicht wirklich befriedigend, und die Pfanne ist ein ziemlich schwerer Topfdeckel. Einen Deckel zu verwenden ist allerdings sinnvoll oder sogar, je nach Temperatur, unerlässlich. Aber man kann sich einen Deckel aus Alufolie selbst herstellen, der nur einen Bruchteil wiegt. Nicht vergessen sollte man eine Griffzange, um den Topf auch vom Kocher heben zu können. Alternativ eignet sich auch ein Bandana aus Baumwolle, mit dem man den Topf greifen kann.

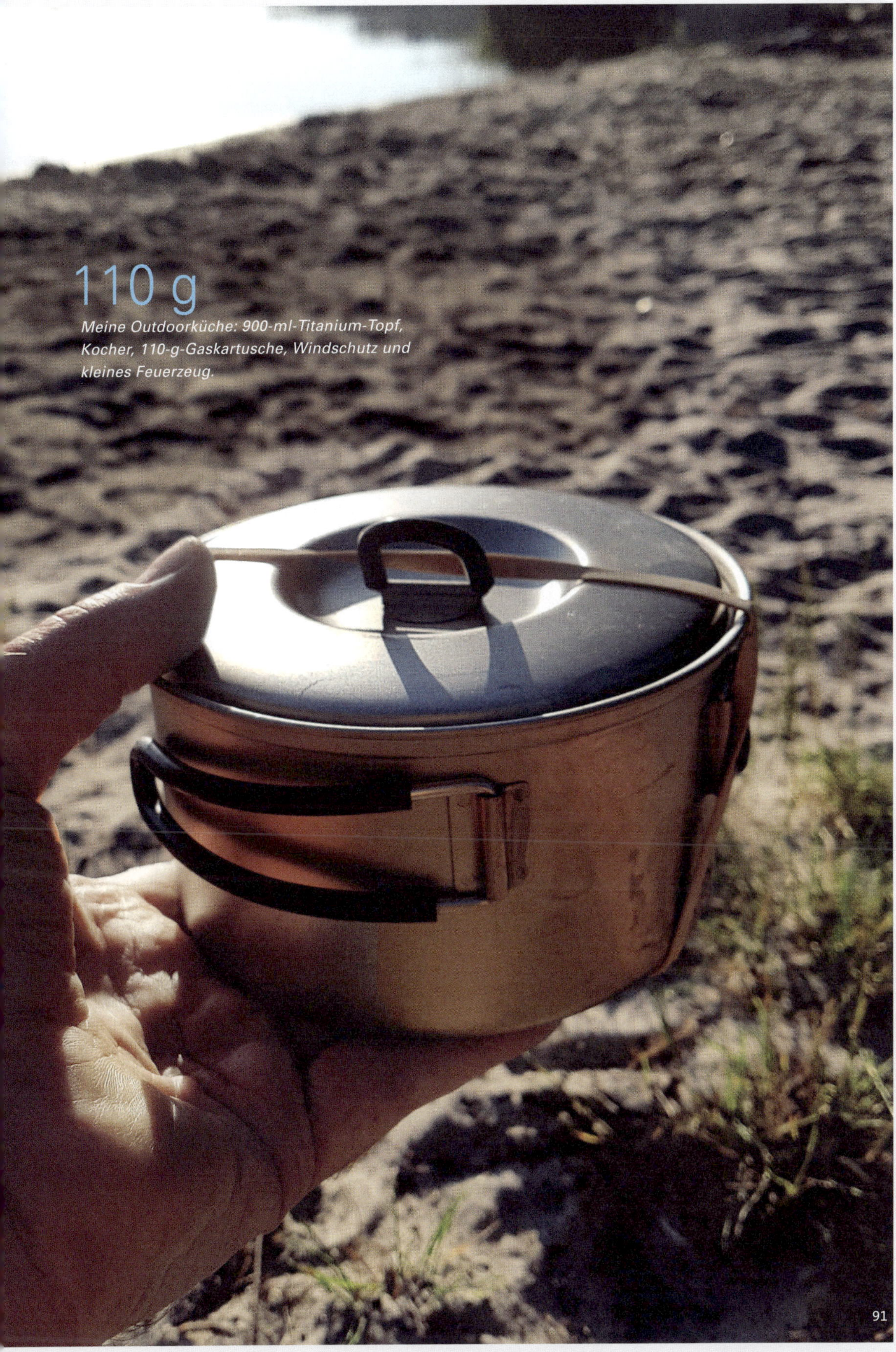

110 g

Meine Outdoorküche: 900-ml-Titanium-Topf, Kocher, 110-g-Gaskartusche, Windschutz und kleines Feuerzeug.

184 g

Praktischer Kochtopf aus Titanium: 900 ml und 184 g.

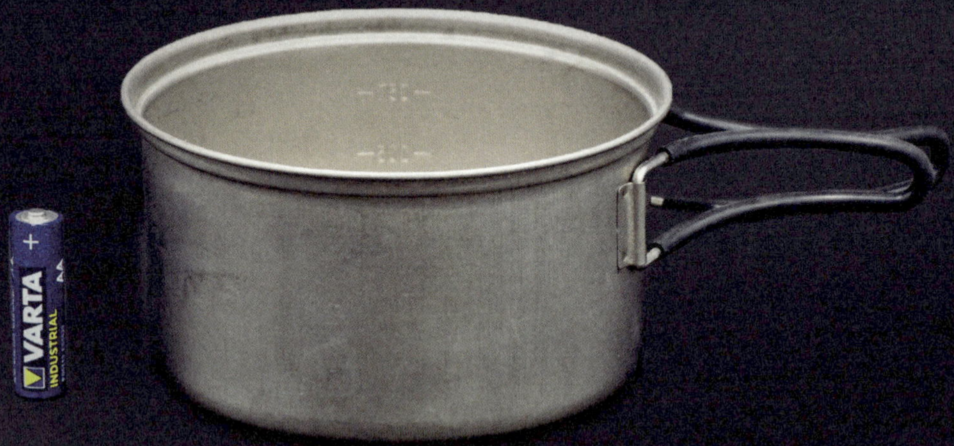

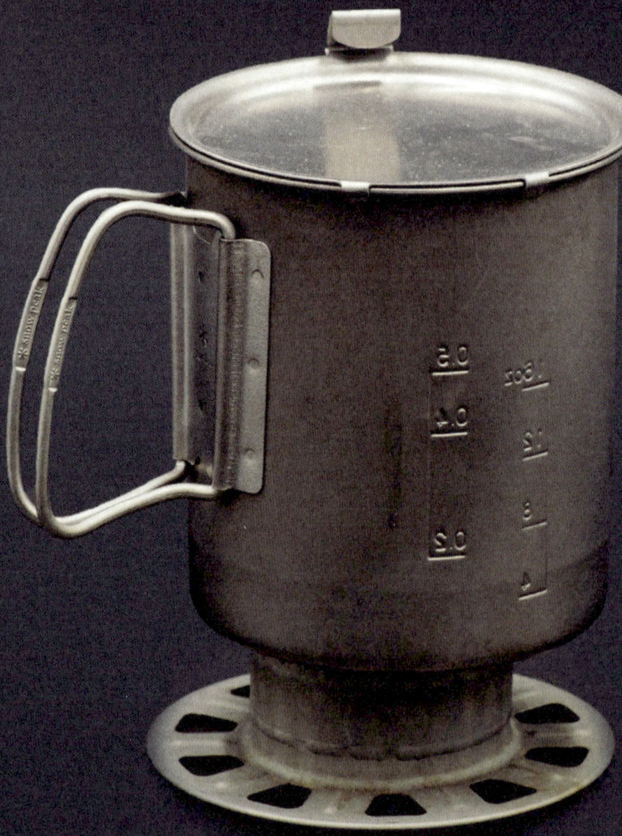

160 g

Eine Kochtopf-Variante in der eher hohen Tassenform: 160 g.

299 g

Ein Kochtopf mit Wärmetauscher hilft einiges an Brennstoff und somit Gewicht zu sparen: 1,7 l und 299 g.

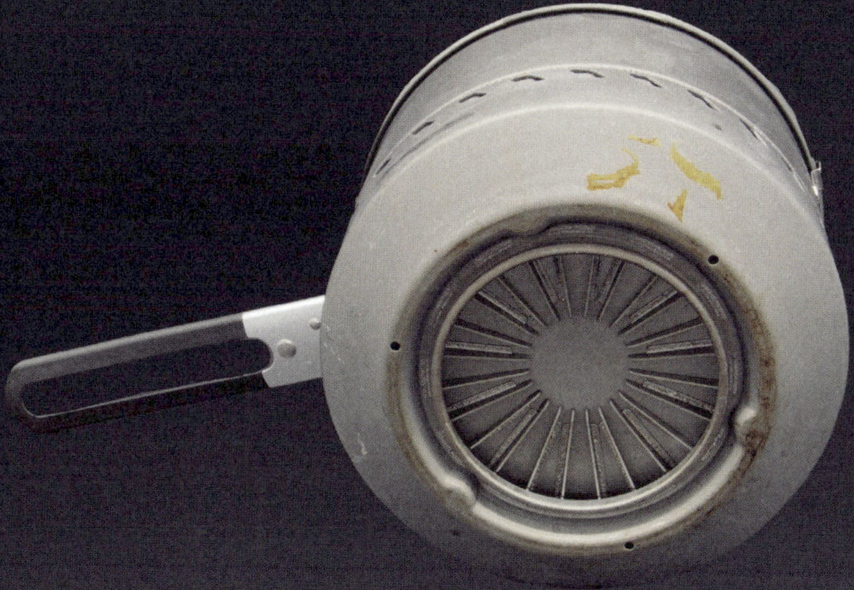

74 g

Schale aus Titanium, aus der man auch gut essen kann: 600 ml, 74 g.

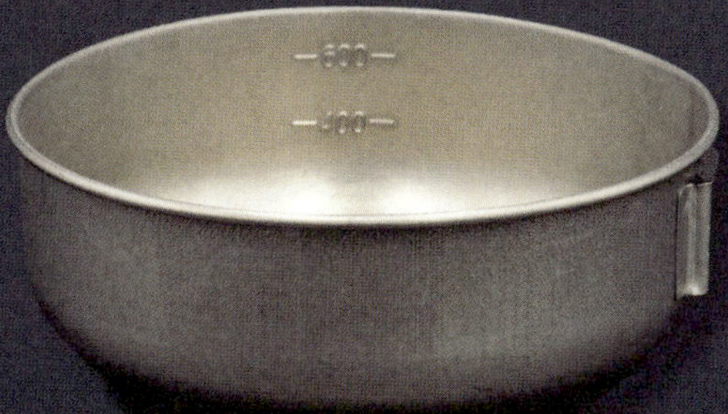

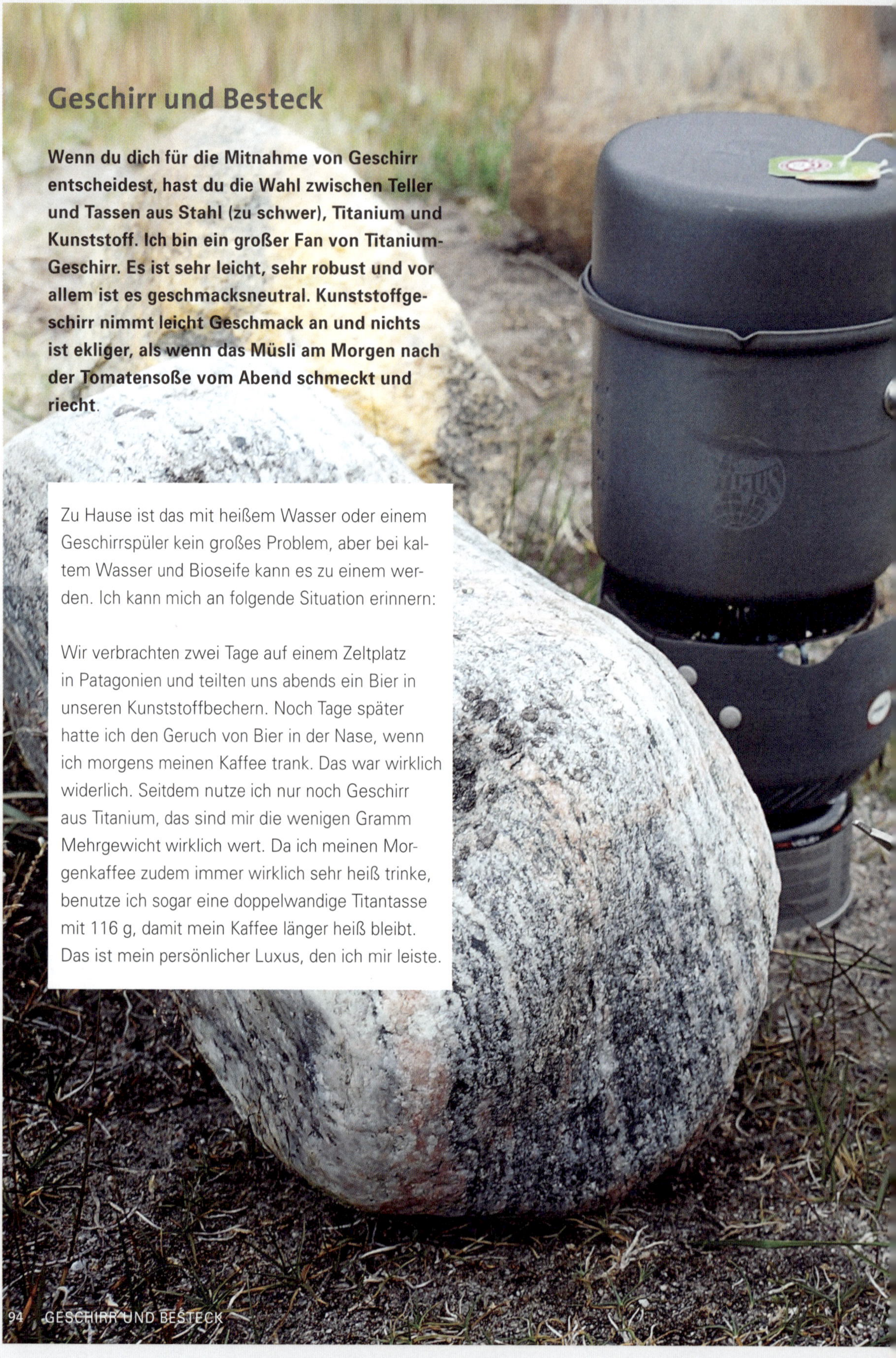

Geschirr und Besteck

Wenn du dich für die Mitnahme von Geschirr entscheidest, hast du die Wahl zwischen Teller und Tassen aus Stahl (zu schwer), Titanium und Kunststoff. Ich bin ein großer Fan von Titanium-Geschirr. Es ist sehr leicht, sehr robust und vor allem ist es geschmacksneutral. Kunststoffgeschirr nimmt leicht Geschmack an und nichts ist ekliger, als wenn das Müsli am Morgen nach der Tomatensoße vom Abend schmeckt und riecht.

Zu Hause ist das mit heißem Wasser oder einem Geschirrspüler kein großes Problem, aber bei kaltem Wasser und Bioseife kann es zu einem werden. Ich kann mich an folgende Situation erinnern:

Wir verbrachten zwei Tage auf einem Zeltplatz in Patagonien und teilten uns abends ein Bier in unseren Kunststoffbechern. Noch Tage später hatte ich den Geruch von Bier in der Nase, wenn ich morgens meinen Kaffee trank. Das war wirklich widerlich. Seitdem nutze ich nur noch Geschirr aus Titanium, das sind mir die wenigen Gramm Mehrgewicht wirklich wert. Da ich meinen Morgenkaffee zudem immer wirklich sehr heiß trinke, benutze ich sogar eine doppelwandige Titantasse mit 116 g, damit mein Kaffee länger heiß bleibt. Das ist mein persönlicher Luxus, den ich mir leiste.

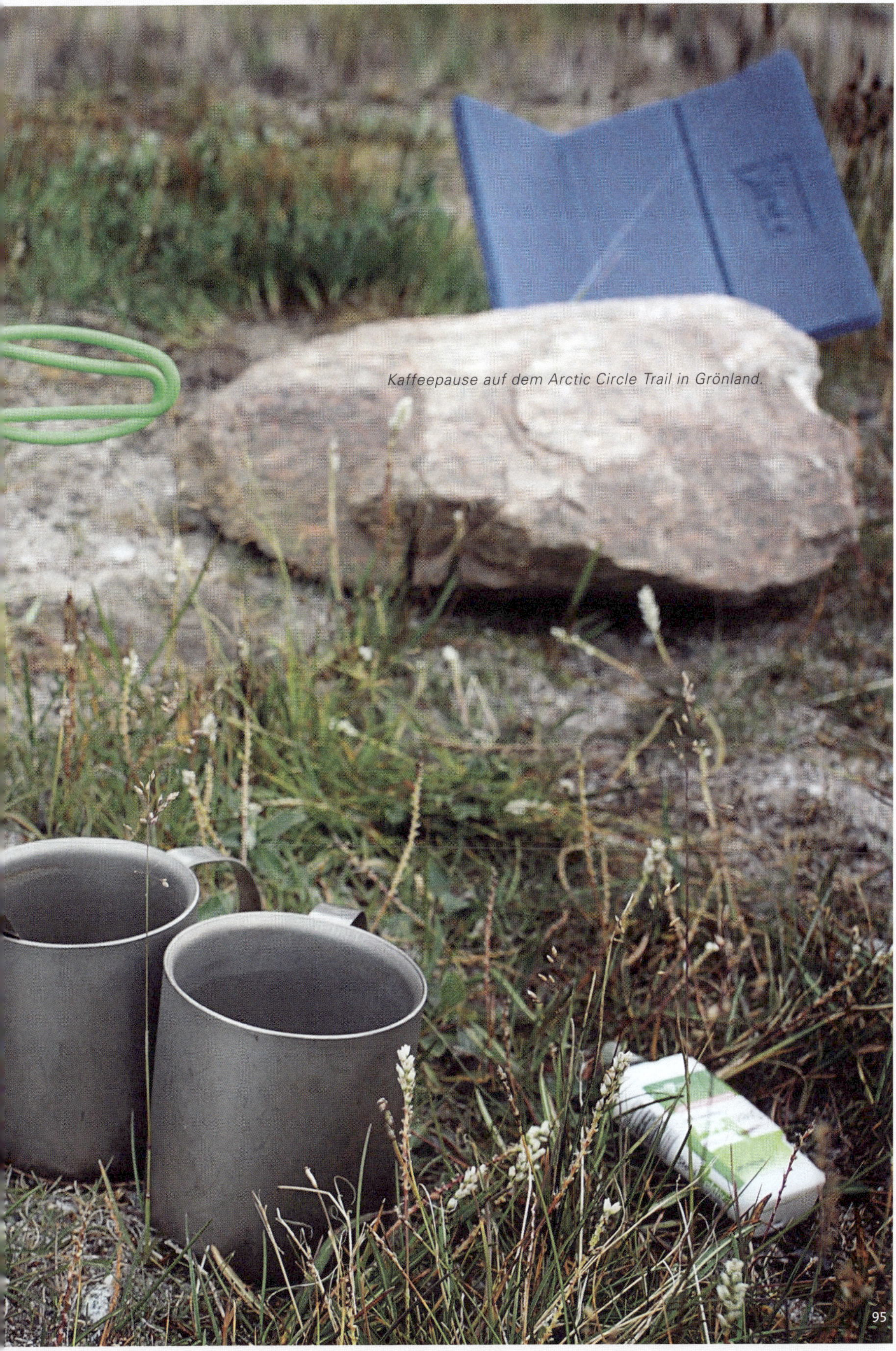

Kaffeepause auf dem Arctic Circle Trail in Grönland.

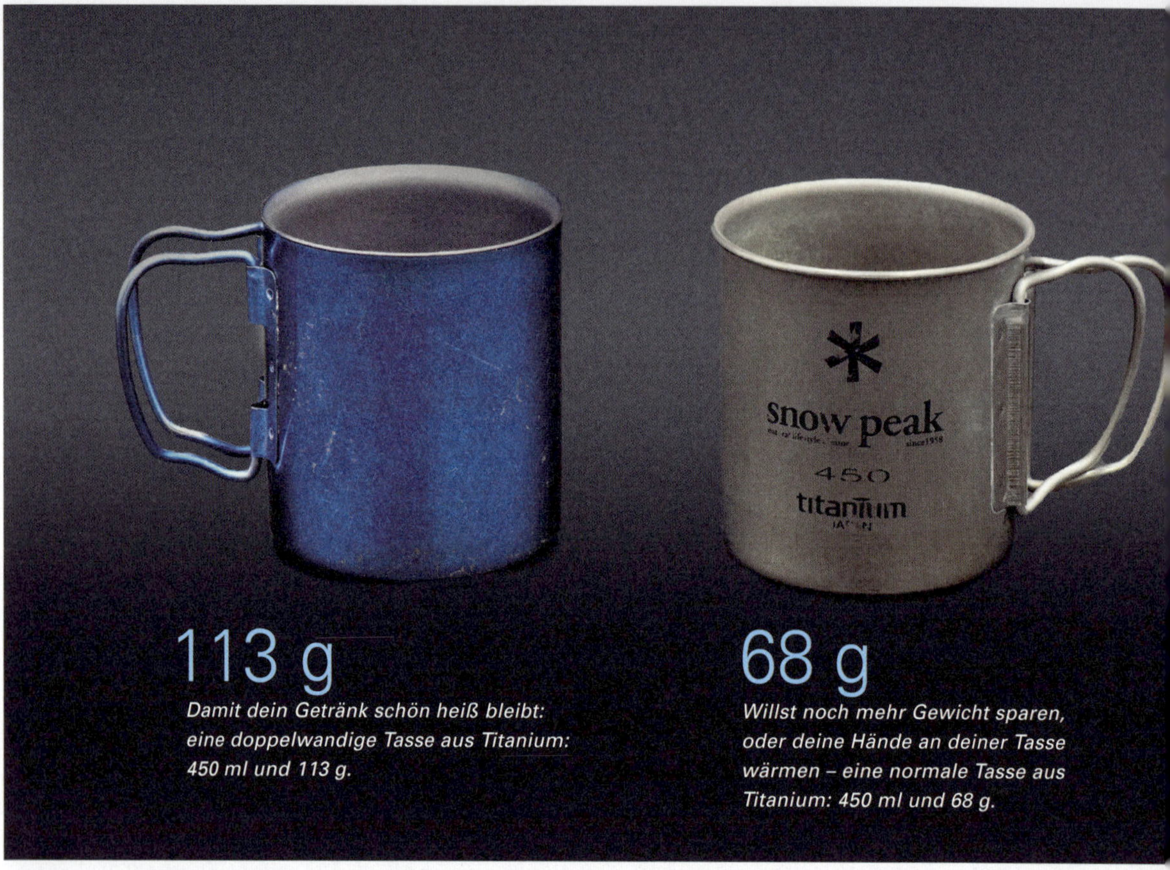

113 g

Damit dein Getränk schön heiß bleibt: eine doppelwandige Tasse aus Titanium: 450 ml und 113 g.

68 g

Willst noch mehr Gewicht sparen, oder deine Hände an deiner Tasse wärmen – eine normale Tasse aus Titanium: 450 ml und 68 g.

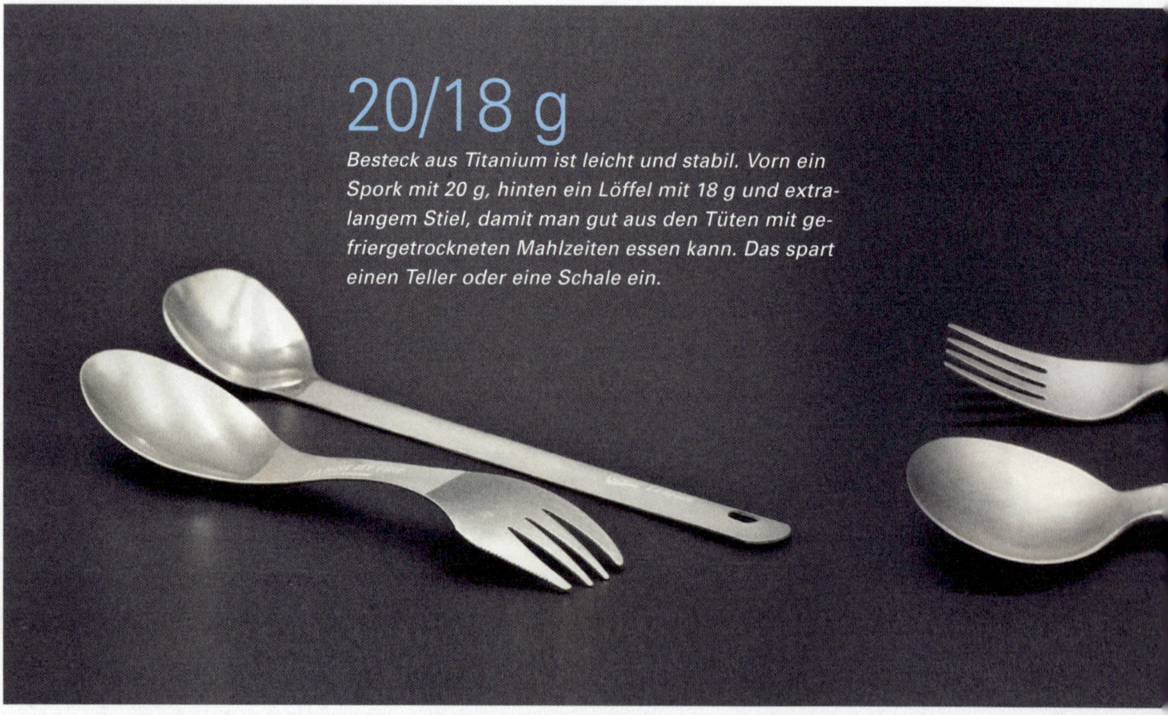

20/18 g

Besteck aus Titanium ist leicht und stabil. Vorn ein Spork mit 20 g, hinten ein Löffel mit 18 g und extralangem Stiel, damit man gut aus den Tüten mit gefriergetrockneten Mahlzeiten essen kann. Das spart einen Teller oder eine Schale ein.

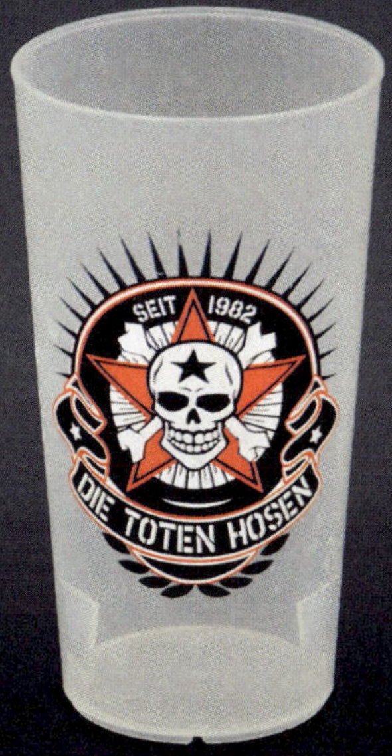

41 g

Die deutlich kostengünstigere Variante eines Trinkgefäßes: Kunststoffbecher von einem Konzert. Kostet 1 Euro und erinnert dich noch an einen großartigen Abend: 400 ml und 41 g – leider nicht geschmacksneutral.

15/15 g

Wenn du lieber mit Gabel und Löffel isst, gibt´s auch diese aus Titanium, zusammen 30 g.

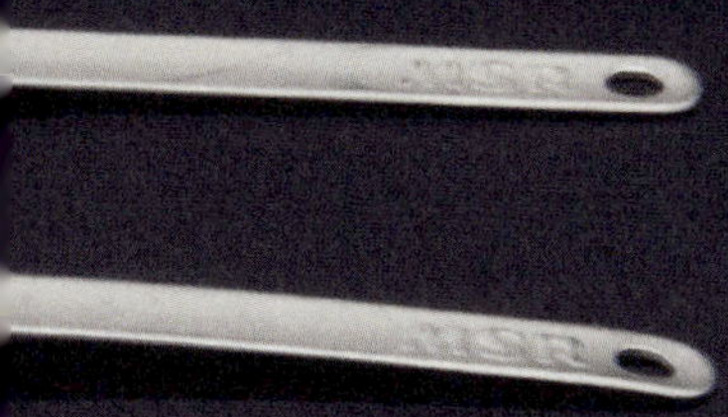

Kunststoff ist im Vergleich zu Titanium auf jeden Fall die preiswertere Variante, fällt für mich aus oben genannten Gründen jedoch raus. Dennoch sind Kunststoffbecher eine fast kostenlose und sehr leichte Alternative. In ihnen werden bei Veranstaltungen oder Konzerten Getränke ausgeschenkt. Sie sind leicht, stabil und kosten in der Regel einen Euro Pfand. Einen alternativen Thermobecher bekommst Du unter Umständen mit einer Portion Glühwein auf vielen Weihnachtsmärkten. Diese Becher aus Styropor isolieren hervorragend. Allerdings sind sie recht empfindlich und mittlerweile gibt´s diese aus Umweltschutzgründen nur noch selten.

Kochst du nur für dich selbst, benötigst du keinen Teller oder keine Schale für das Essen. Du kannst es gleich aus dem Topf oder aus der Tüte verspeisen. Bist du zu zweit, möchtest du vielleicht lieber einen eigenen Teller benutzen. Die Materialfrage ist hier die gleiche wie bei der Tasse.

Auch beim Besteck kannst Du noch ein paar Gramm sparen. In der Regel wird die Ernährung eines Ultraleicht-Hikers nicht aus mehrgängigen Menüs bestehen, sondern oft eine breiartige Konsistenz haben. Dafür reicht ein Löffel absolut aus. Das klassische Messer- und Gabel-Besteck brauchst du hier überhaupt nicht. Relativ weit verbreitet sind Sporks, auf Deutsch »Göffel«. Das ist ein Esswerkzeug mit entweder einem Löffel mit Gabelzinken an der Spitze oder mit einem Löffel auf der einen und einer Gabel auf der anderen Seite.

Klingt ganz nett, aber ich persönlich habe absolut keine Verwendung für eine Gabel. Ich verwende einen Löffel aus Titan (18 g), mit extralangem Stiel. Damit komme ich auch noch in die letzte Ecke der Tüte meiner Fertignahrung, ohne meine ganze Hand in die Tüte zwängen zu müssen. Eine Verwendung von Einwegbesteck finde ich nicht wirklich sinnvoll, es hat in der Regel eine zu geringe Stabilität, um sinnvoll wiederverwendet zu werden.

6. Bekleidung

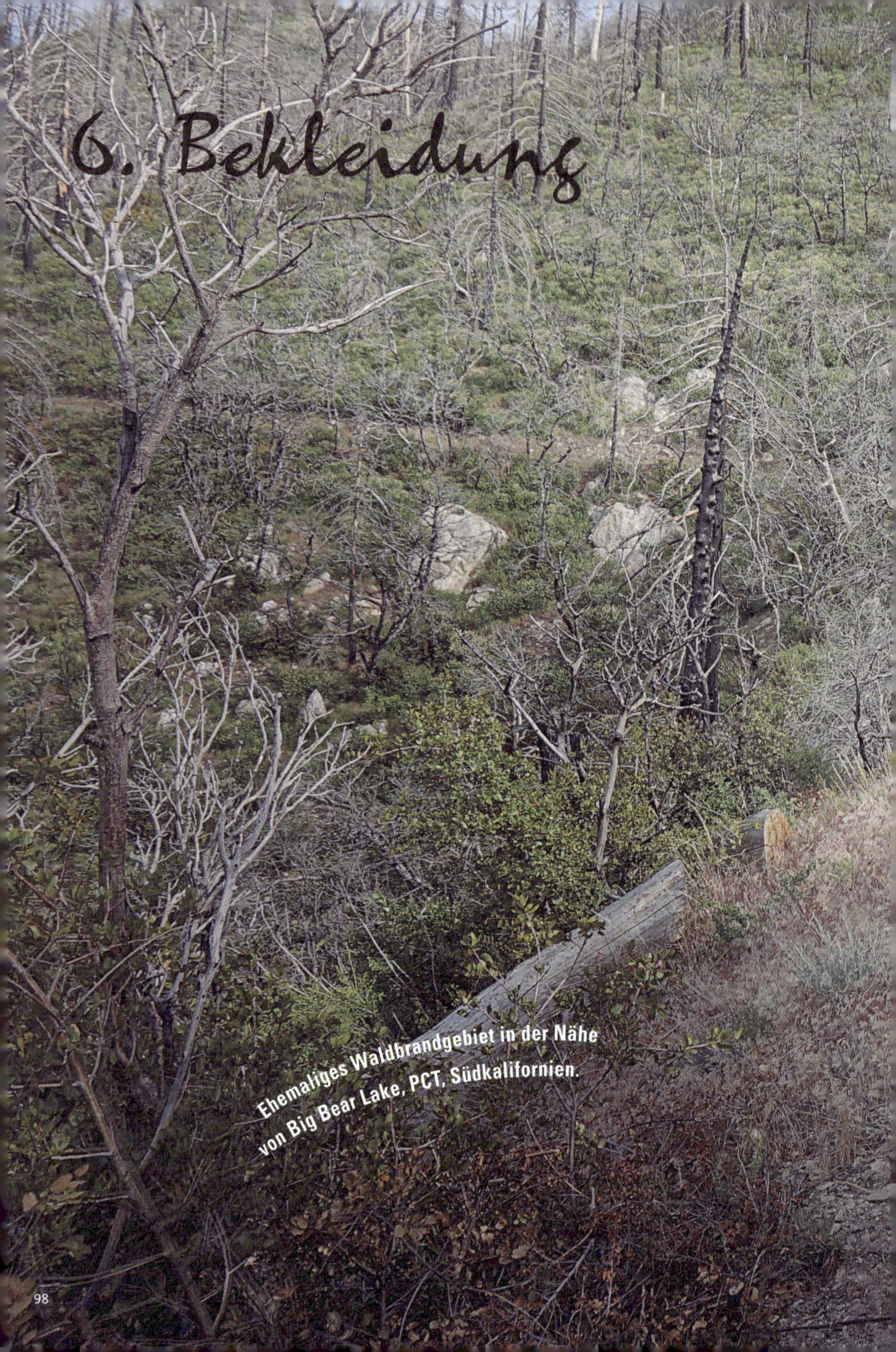

Ehemaliges Waldbrandgebiet in der Nähe von Big Bear Lake, PCT, Südkalifornien.

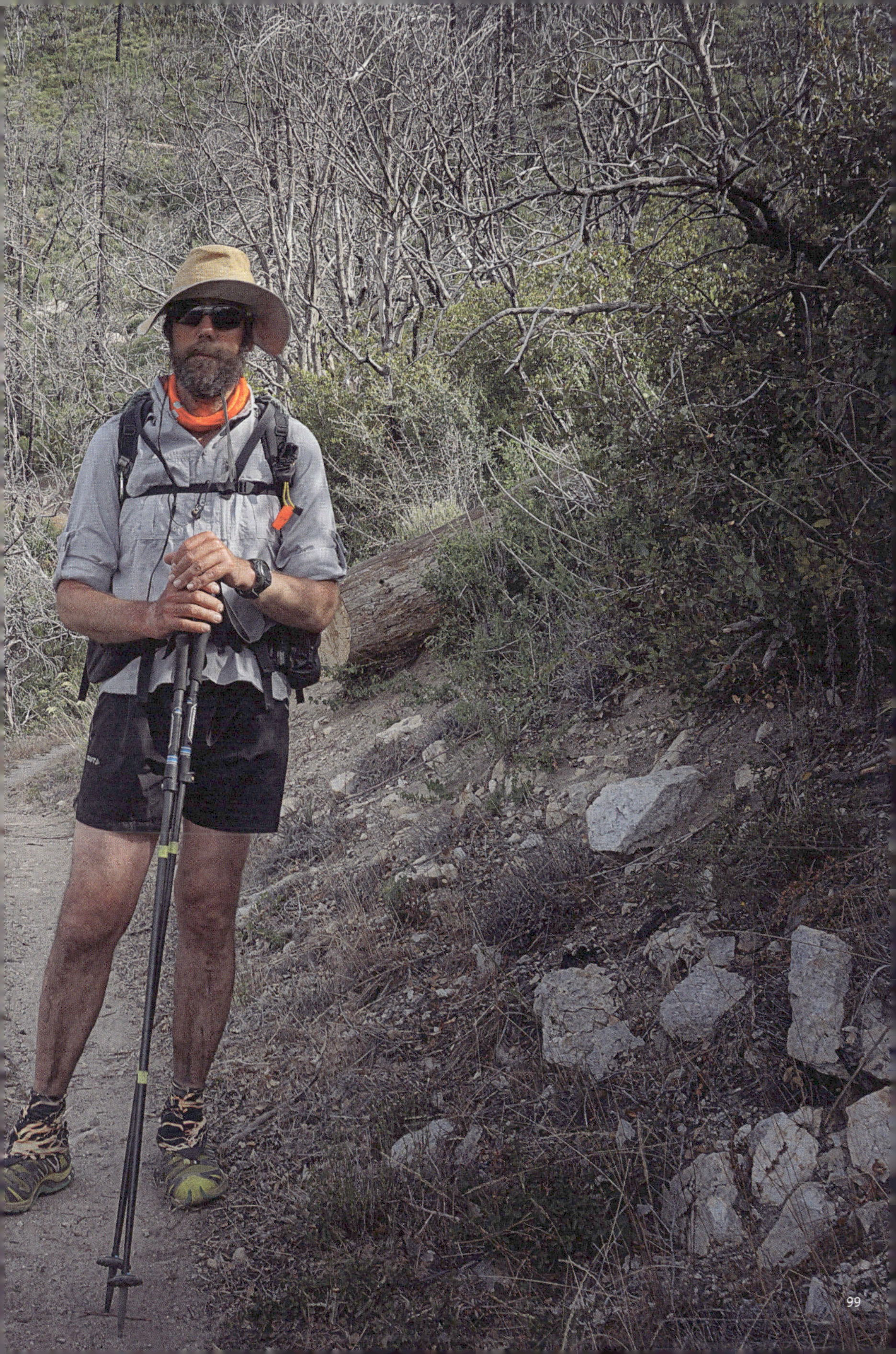

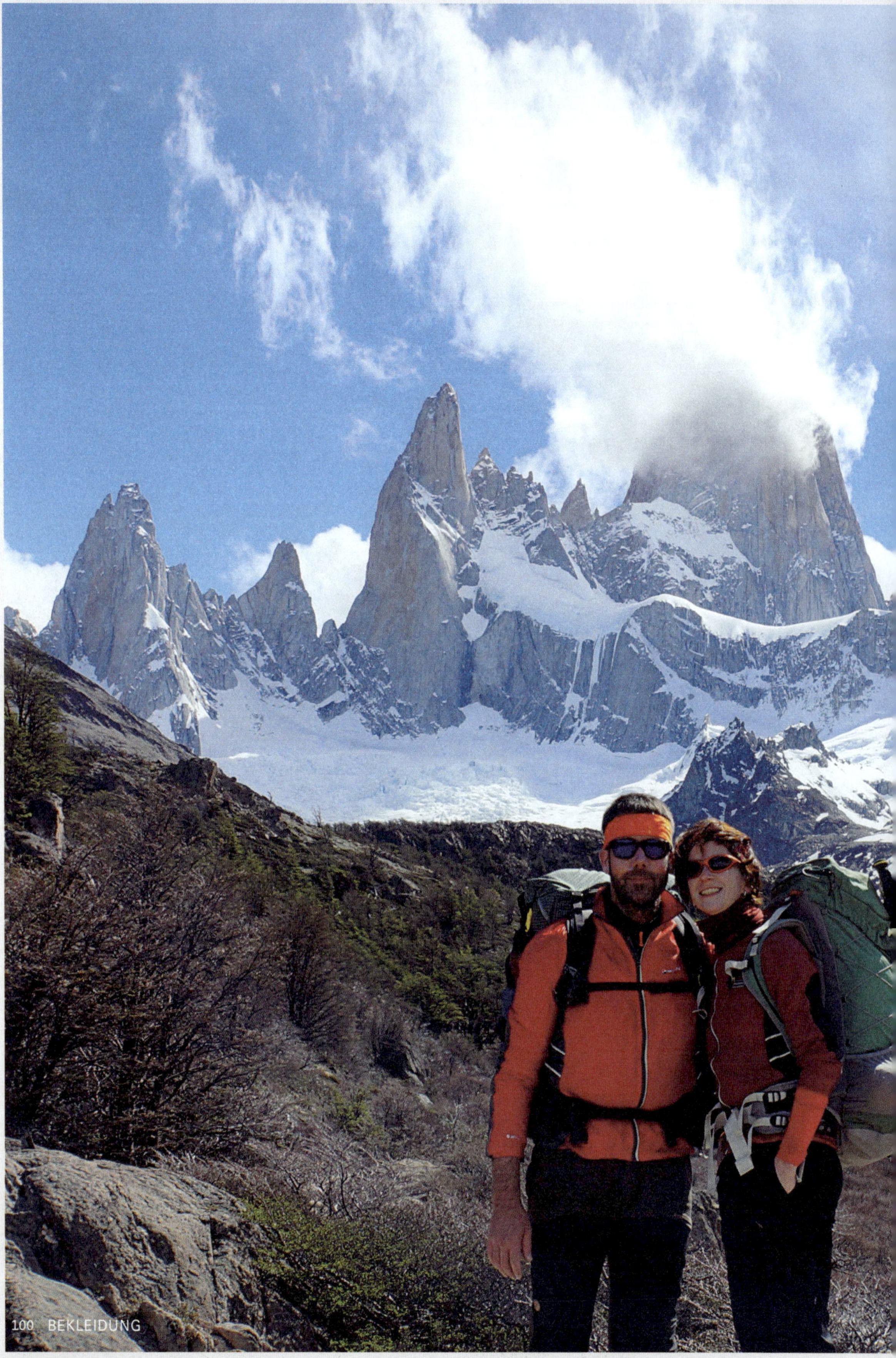

Die Wahl der richtigen Bekleidung ist ein sehr komplexes Thema, weil sie natürlich zum einen davon abhängt, unter welchen klimatischen Bedingungen du unterwegs bist – im Sommer am Mittelmeer oder im Herbst in Nordschweden – und zum anderen von der Dauer der Tour: bei einer Wochenendtour ist der Wetterbericht noch recht zuverlässig und man kann Regensachen und warme Kleidung unter Umständen zu Hause lassen. Mehrwöchige oder mehrmonatige Touren, z. B. auf einem der großen amerikanischen Weitwanderwege, die durch verschiedene Klimazonen führen, ergeben schon einen größeren Bekleidungsbedarf.

Klima und Tourdauer stellen somit an die Bekleidung sehr unterschiedliche Anforderungen.

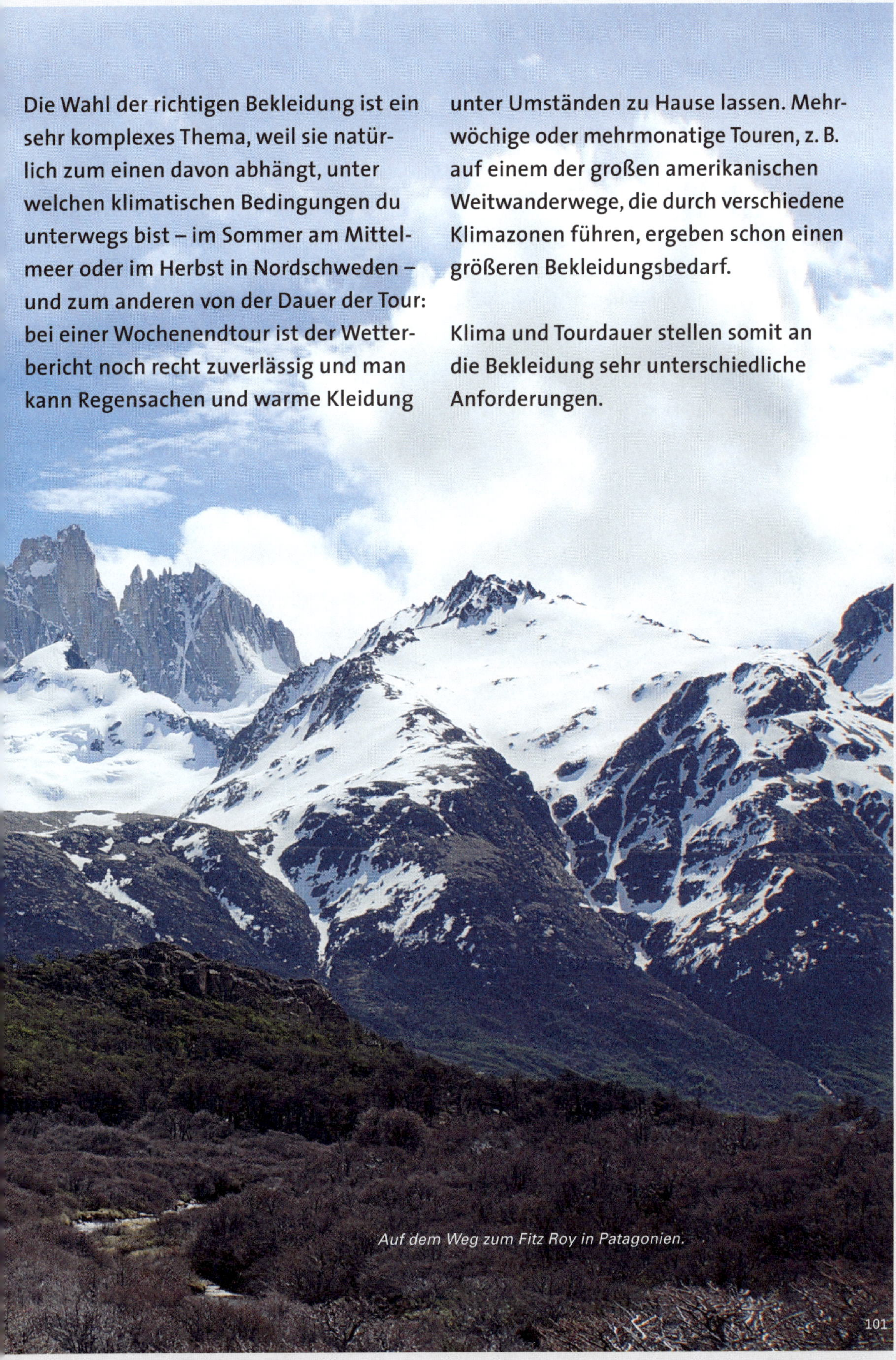

Auf dem Weg zum Fitz Roy in Patagonien.

Bekleidung unterwegs: Grundlagen

Die grundsätzliche Aufgabe der Bekleidung ist es, unseren Körper richtig temperiert zu halten. Das beinhaltet sowohl Schutz vor Auskühlung als auch Schutz vor Überhitzung. Der Schutz vor Überhitzung ist eher unproblematisch – lockere, luftige Kleidung und auf jeden Fall ein Sonnenhut – und schon reicht der Schutz vor der Sonne meist aus. In unseren Breiten ist allerdings der Schutz vor Unterkühlung, der Hypothermie, die weitaus wichtigere Aufgabe der Bekleidung.

Dies umfasst den Schutz sowohl vor Kälte als auch Nässe. Die normale Körperkerntemperatur des Menschen liegt bei etwa 37 Grad Celsius. Dein Körper versucht, diese mit allen Mitteln aufrecht zu halten. Denn nur wenige Grad Celsius Abweichung von dieser Temperatur kann für deinen Körper desaströse Folgen haben. Schon bei einer Temperatur von etwa 35 Grad Celsius beginnt die Unterkühlung mit Symptomen wie dem Zittern. Das hat wohl schon jeder einmal erlebt. Spätestens hier musst du regulierend eingreifen, indem der Körper besser isoliert wird und Wärme von außen, zum Beispiel durch ein heißes Getränk, zugeführt wird.

Denn schon bei noch zwei Grad Celsius weniger wird es ernst – unter anderem mit der Verringerung der Blutversorgung zu den Extremitäten. Das größte Problem ist allerdings ein anderes Symptom der Unterkühlung: die Beeinträchtigung des Urteilsvermögens. Das kann fatal sein, denn eine falsche Entscheidung zu treffen, kann in einer solchen Situation sehr ernste Konsequenzen haben. Also ist es wirklich wichtig, es gar nicht erst so weit kommen zu lassen.

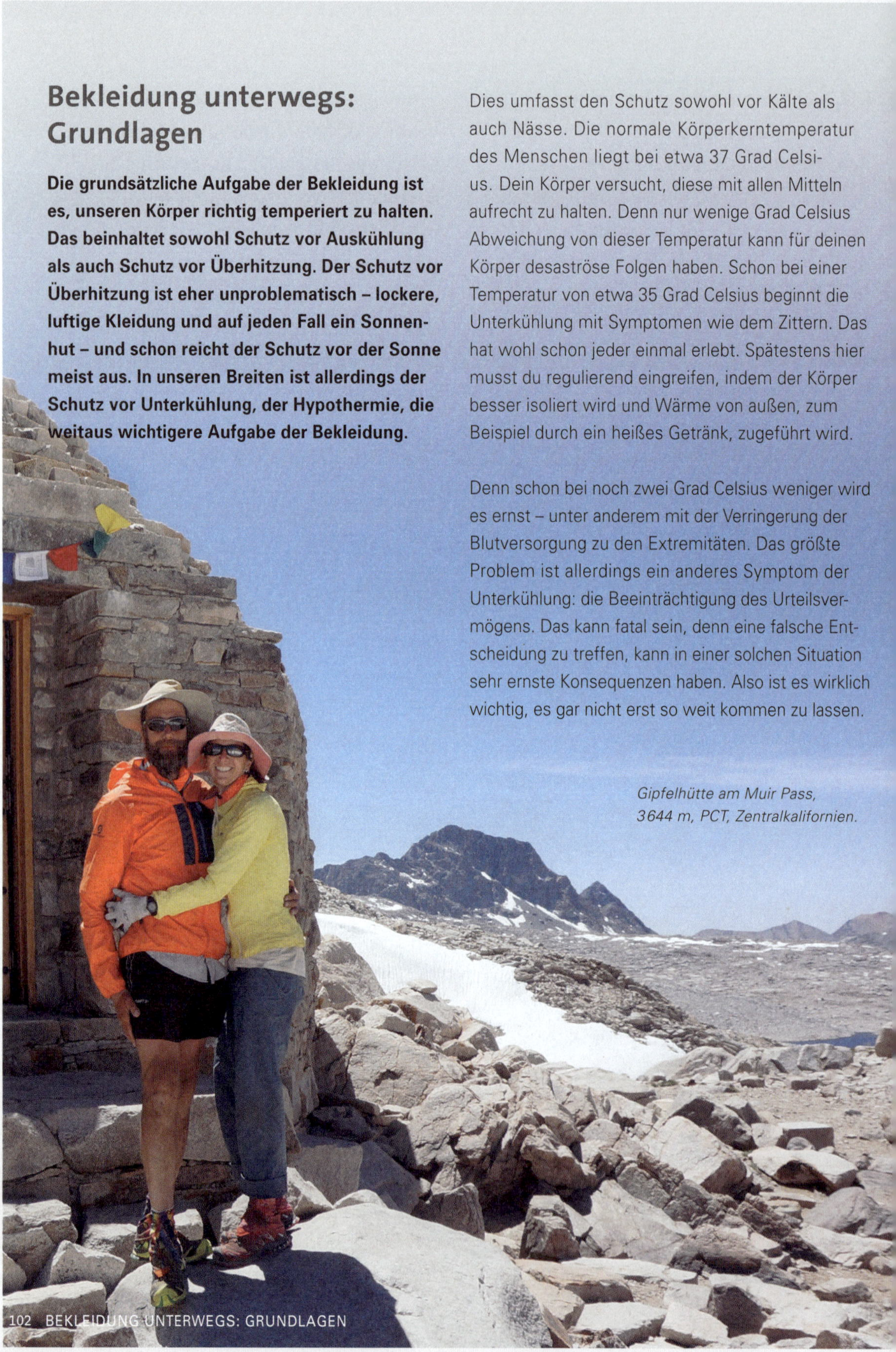

Gipfelhütte am Muir Pass, 3644 m, PCT, Zentralkalifornien.

Der schlimmste Feind des Outdoorers ist Feuchtigkeit, die in Form von Schweiß oder Regen die Kleidung durchnässt.

Wasser hat eine ca. 23-mal höhere Wärmeleitfähigkeit im Vergleich zur Luft. Das heißt, nasse Kleidung kühlt den Körper sehr schnell aus. Deswegen muss bei kühleren Temperaturen das vorrangigste Ziel sein, die Kleidung und damit die Haut trocken zu halten. Das ist natürlich für Ultraleicht-Hiker noch schwieriger, da die Menge an Wechselkleidung stark eingeschränkt ist (schließlich wird nur das Nötigste eingepackt).

Im Outdoor-Bereich gibt es den Begriff des Zwiebelprinzips oder auf »neudeutsch«: Layering. Statt einer einzigen sehr warmen Jacke werden verschiedene dünnere Schichten übereinander getragen (wie bei einer Zwiebel) und man regelt damit die Körpertemperatur. So trägst du beispielsweise beim Loslaufen noch eine Windjacke über deinem Shirt und ziehst diese aus, um die wärmende Kleidung nicht nass zu schwitzen, sobald dir warm geworden ist.

Ebenso kannst du, wenn es in den Bergen kälter wird, über ein kurzes Shirt ergänzend oder alternierend ein Langarmshirt, ein leichtes Fleece, eine leichte Daunenjacke und schließlich noch eine Regenjacke anziehen. Somit bist du für wechselnde Temperaturen bis zu leichten Minusgraden gut gerüstet und musst keine schwere, nur eingeschränkt verwendbare Kleidung mitnehmen. Bei kühlerem Wetter ist es sinnvoll, eine wärmere Jacke griffbereit zu haben, um sie bei einer Pause überzuziehen.

Um die Funktion der Bekleidung zu verstehen, ist es hilfreich, diese in verschiedene Kategorien oder besser »Schichten« zu unterteilen. Die erste Schicht bildet die Unterwäsche, sie hat die Aufgabe, die Haut trocken und somit warm zu halten. Die zweite Schicht dient der Isolation und die dritte Schicht dem Wetterschutz, also dem Schutz vor Wind und Feuchtigkeit.

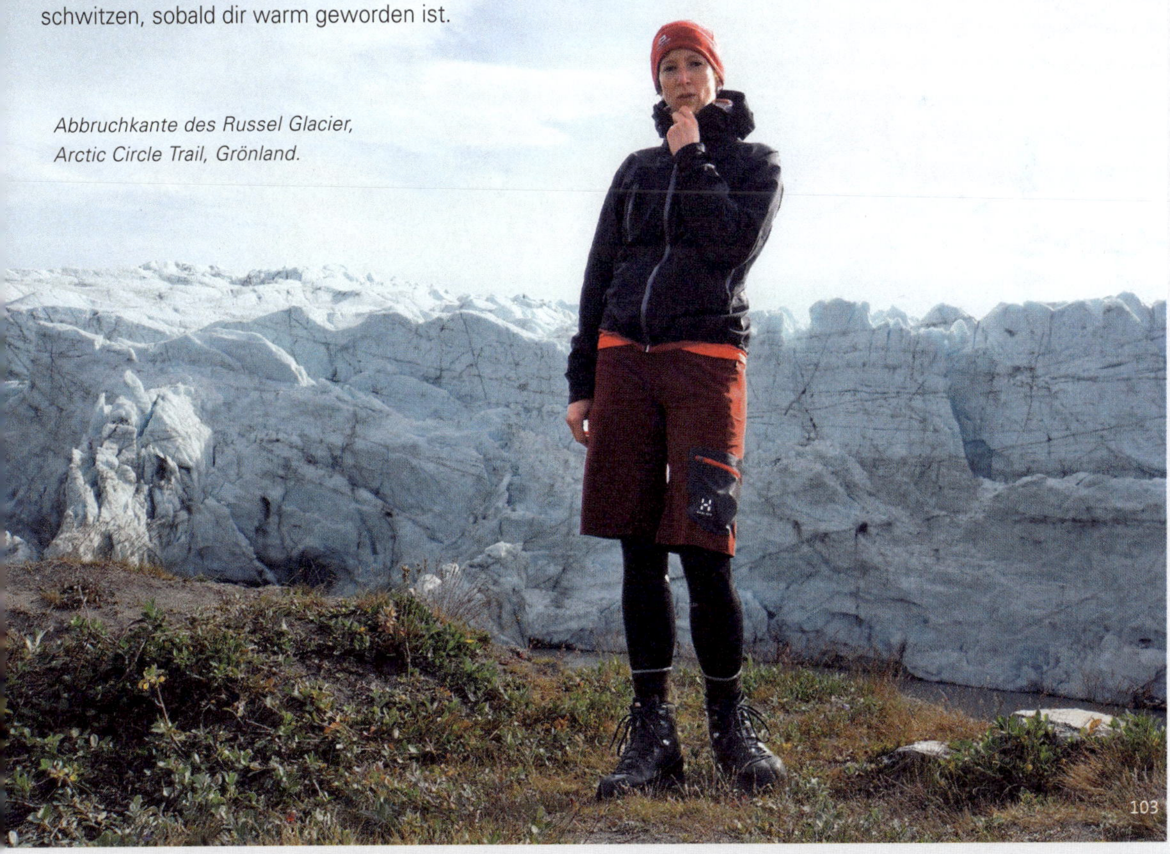

Abbruchkante des Russel Glacier, Arctic Circle Trail, Grönland.

Erste Schicht: Unterwäsche und Socken

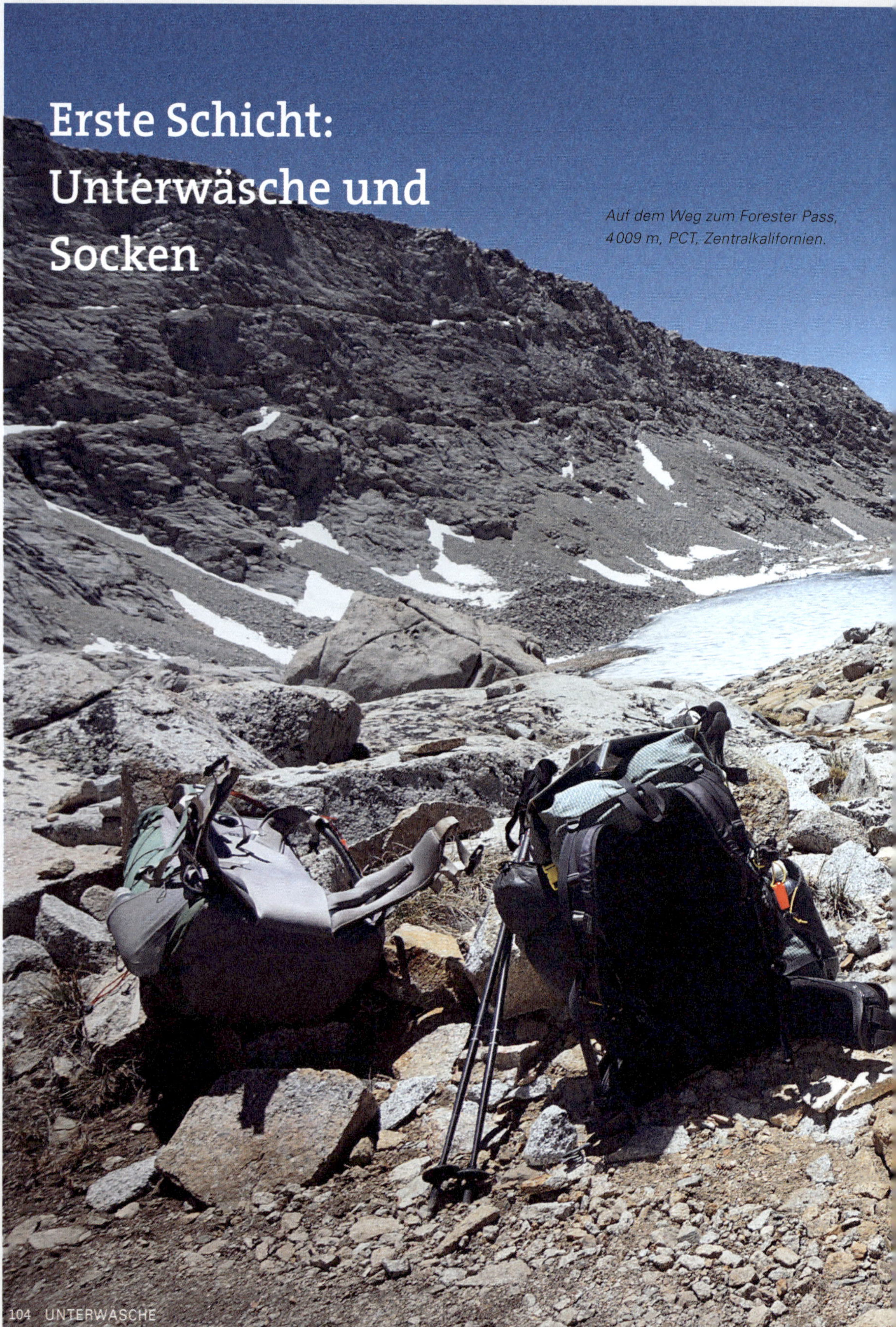

Auf dem Weg zum Forester Pass, 4009 m, PCT, Zentralkalifornien.

Unterwäsche

Baumwolle eignet sich für den Outdoorbereich nicht, da Baumwollfasern die Feuchtigkeit aufsaugen und speichern. Deshalb brauchen sie vergleichsweise lange zum Trocknen.

Außerdem ist Baumwolle im Vergleich zu alternativen Materialien schwerer. Ideal sind Kunstfasern oder Merinowolle für die erste und zweite Schicht. Beide speichern die Feuchtigkeit nicht innerhalb der Faser und trocknen dadurch deutlich schneller.

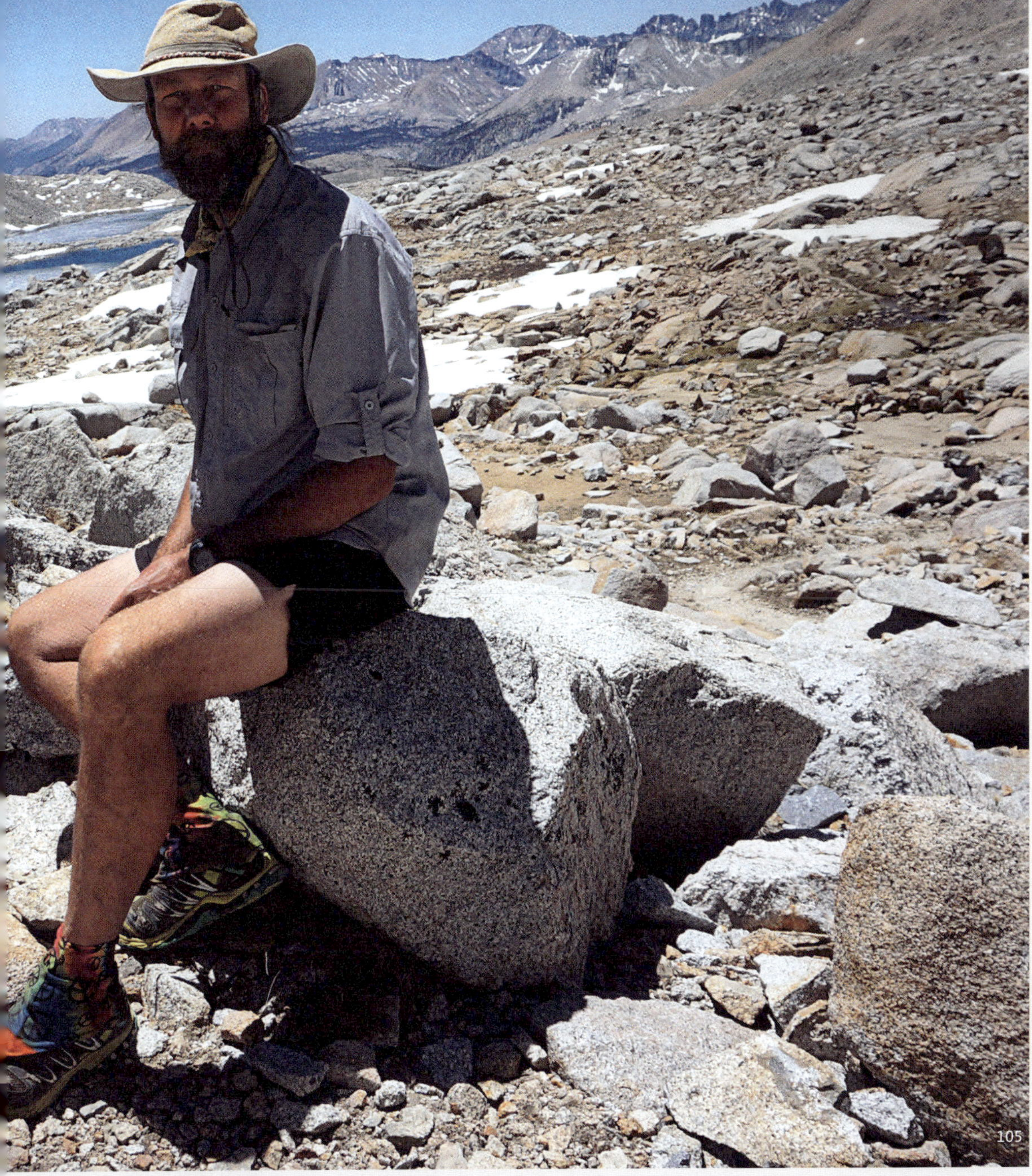

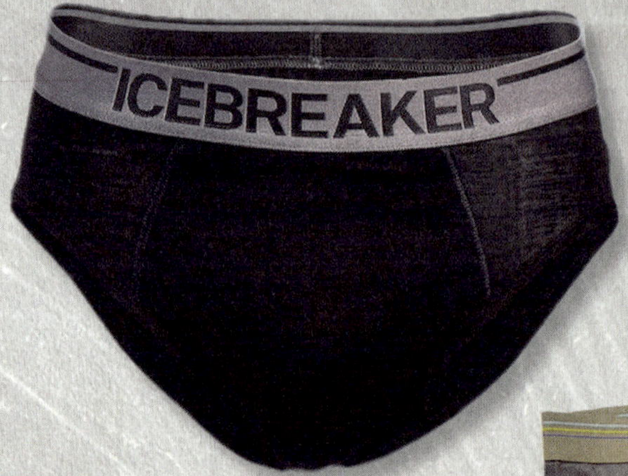

40 g

Unterhose aus Merinowolle, 40 g. Neben hervorragendem Tragekomfort ist Merinowolle auch sehr geruchsneutral.

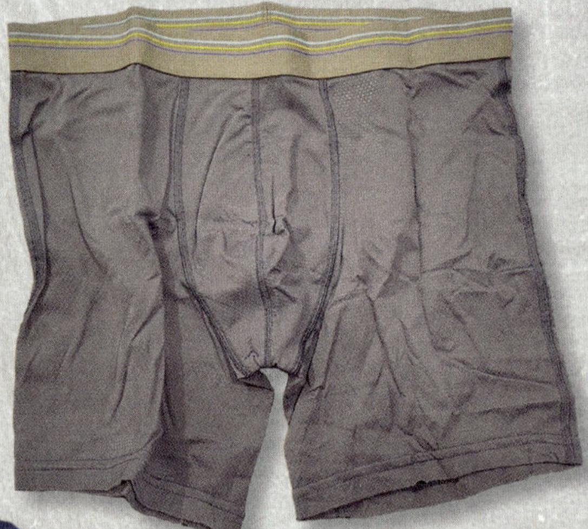

80 g

Wenn du eine Boxershorts bevorzugst: in diesem Fall besteht diese nicht aus Merinowolle, sondern aus sehr weicher Lyocell-Kunstfaser mit geruchshemmender Ausrüstung, 80 g.

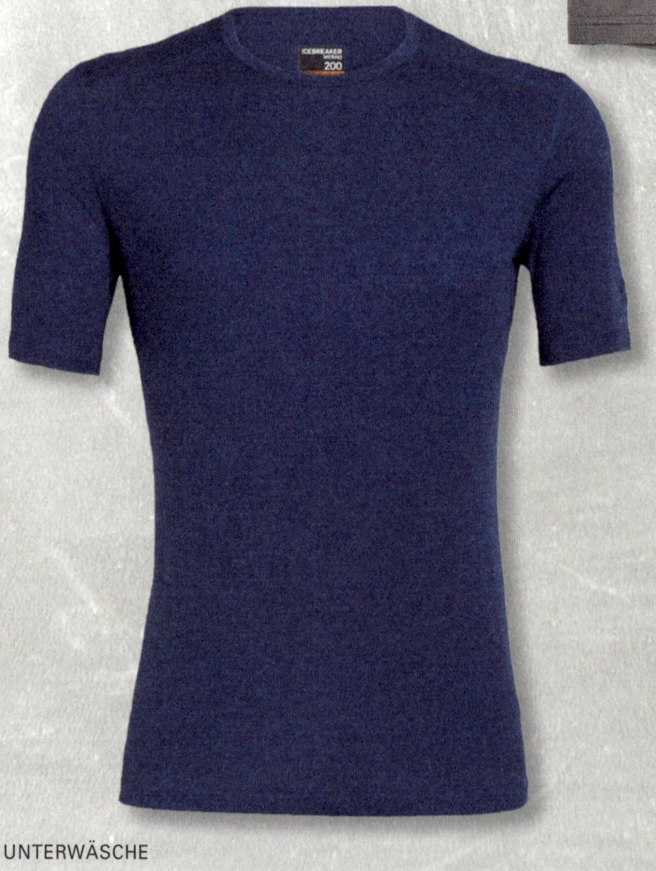

186 g

T-Shirt in XL aus Merinowolle als Unterhemd oder als T-Shirt bei warmem Wetter. Aufgrund der Geruchsneutralität von Merinowolle kann das Shirt mehrere Tage getragen werden.

Das wiederum bedeutet, dass du nicht so schnell frierst. Die »Wunderfaser« Merinowolle hat gegenüber den gängigen unbehandelten Kunstfasern den Vorteil, dass sich die Bakterien, die für den Schweißgeruch verantwortlich sind, deutlich langsamer vermehren können. Dadurch riecht selbst ein tagelang getragenes Kleidungsstück deutlich weniger streng als Kunstfaserkleidung. Das ist insbesondere dann, wenn man wenige Kleidungsstücke im Gepäck hat, ein sehr großer Vorteil. Auch Merino/Kunstfaser-Mischgewebe sind sehr gut zu verwenden und durch den Kunstfaseranteil etwas formstabiler. Die Unterwäsche wird natürlich als erste Schicht auf der Haut getragen und wenn es sehr warm ist, kannst du das Unterhemd auch einfach als T-Shirt tragen. Die meisten Unterhemden sehen heutzutage auch nicht mehr nach Unterwäsche aus.

Je enger das Kleidungsstück anliegt, desto besser, denn umso schneller trocknet das Material durch die Körperwärme und umso wärmer bleibt die Haut. Sollte bei sehr hohen Temperaturen der Körper eher eine Abkühlung benötigen, ist weiter geschnittene Kleidung besser.

Da die meisten Hersteller von Outdoor-Bekleidung die Vorteile von Merinowolle erkannt haben, sind Kleidungsangebot und dadurch auch der Bedarf an Merinowolle natürlich stark gestiegen. Das wiederum hat auch Nachteile für die Lieferanten der Wolle, die Schafe. »Schwarze Schafe« unter den Merinowolle-Produzenten betreiben Massentierhaltung und manche zudem das sogenannte »Mulesing« – das »medizinisch« begründete Entfernen der Haut rund um den Schwanz ohne Betäubung und für die Tiere sehr schmerzhaft. Wer verantwortungsbewusst ist, kauft daher Merinokleidung ohne Mulesing aus zertifizierter Quelle. Kleidung aus Merinowolle wird in verschiedenen Stärken angeboten. Die Bezeichnung 150, 250 oder 380 bezeichnet das Gewicht in Gramm pro Quadratmeter. Je höher dieses Gewicht, desto dicker und auch wärmer ist das Material. Dadurch kannst du je nach zu erwartenden Temperaturen die perfekte Wärmeleistung einpacken. Die leichteste Stärke ist zum Beispiel sehr gut für warme/heiße Temperaturen geeignet. Es gibt auch Kleidung aus Schurwolle, die aber bei den allermeisten Menschen auf der Haut kratzt und außerdem auch dicker und schwerer ist. Deshalb spielt Schurwolle heute kaum noch eine Rolle.

Preisgünstiger sind Kleidungsstücke aus Kunstfasern. Meist wird hier Polyester verwendet, das weniger Wasser aufnimmt als etwa Nylon (Polyamid). Dadurch ist es natürlich hervorragend als Funktionsunterwäsche geeignet. Um dem Nachteil der Geruchsbildung entgegenzuwirken, werden die Polyesterfasern oft mit einer antimikrobiellen Ausrüstung versehen. Das kann durch bakterizide Substanzen geschehen, die aber in der Regel irgendwann wieder ausgewaschen werden und sogar gesundheitsbedenklich oder umweltschädlich sein können. Meist wird die antimikrobielle Ausrüstung jedoch auf der Basis von Silber oder Silberionen, die fest in das Garn integriert werden, hergestellt. Das hat gegenüber einer chemischen Ausrüstung den Vorteil, dass die antimikrobiellen Eigenschaften erst nach sehr vielen Wäschen verloren gehen. Unterwäsche aus Kunstfaser ist oft auch etwas stabiler als solche aus Merinowolle. Merinowolle muss vor allem beim Waschen schonender behandelt werden.

Da die Faser der Merinowolle sehr viel feiner ist als Schurwolle, ist bei der Verwendung von Wollwaschmitteln darauf zu achten, dass diese kein Lanolin enthalten.

Lanolin sorgt dafür, dass die Wolle weicher und geschmeidiger wird. Das ist super bei Schurwolle, aber bei der feineren Merinowolle kann sich dadurch der Faden lockern und es können Löcher im Stoff entstehen, die dann oft fälschlicherweise den Motten zugeschrieben werden. Auch bei Kunstfaserwäsche gibt es verschiedene Materialstärken, was genau wie bei der Merinowolle Einfluss auf die Wärmeleistung der Kleidungsstücke hat.

Wer den Arctic Circle Trail wandern möchte, sollte unbedingt gute Regenkleidung einpacken.

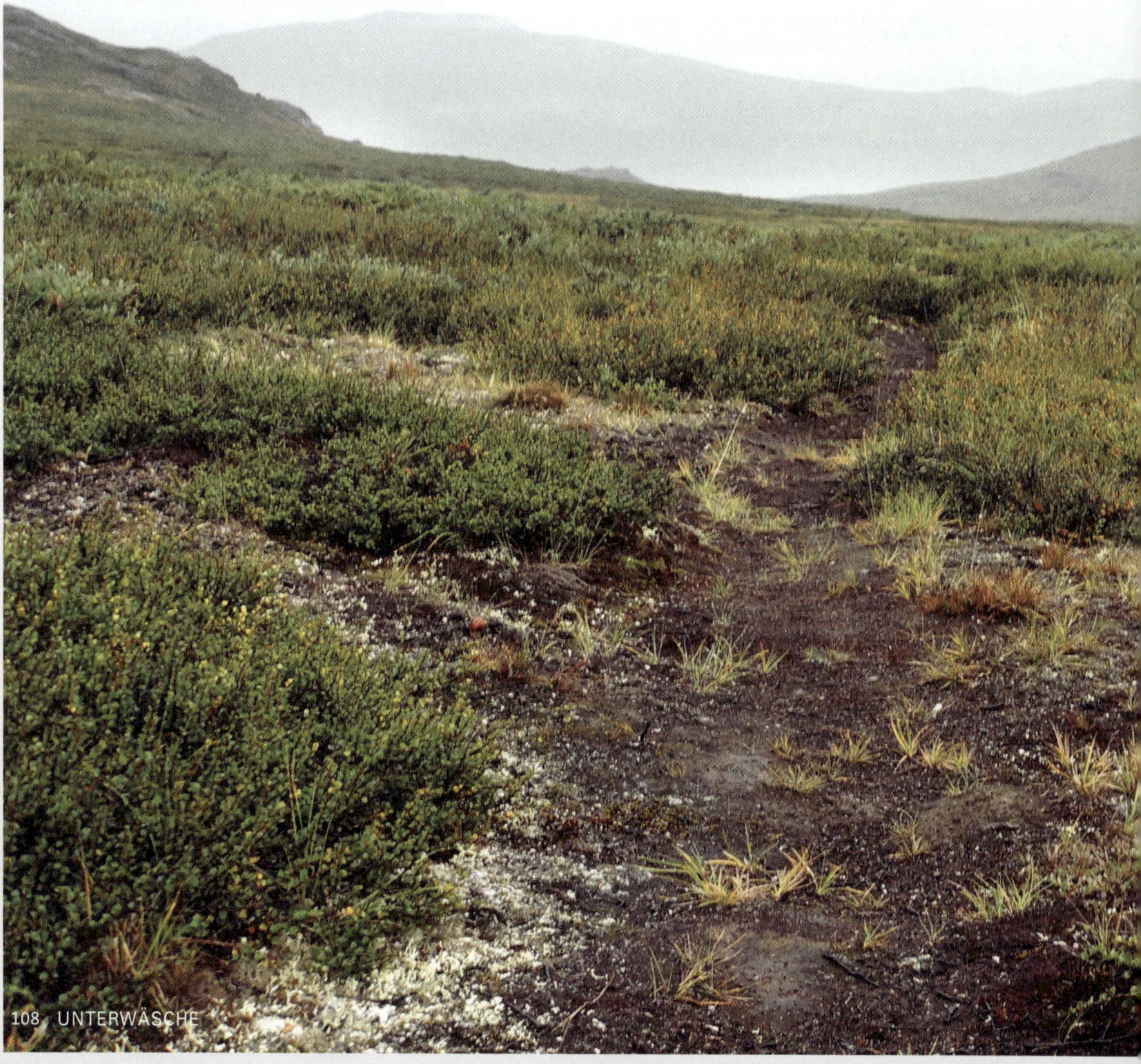

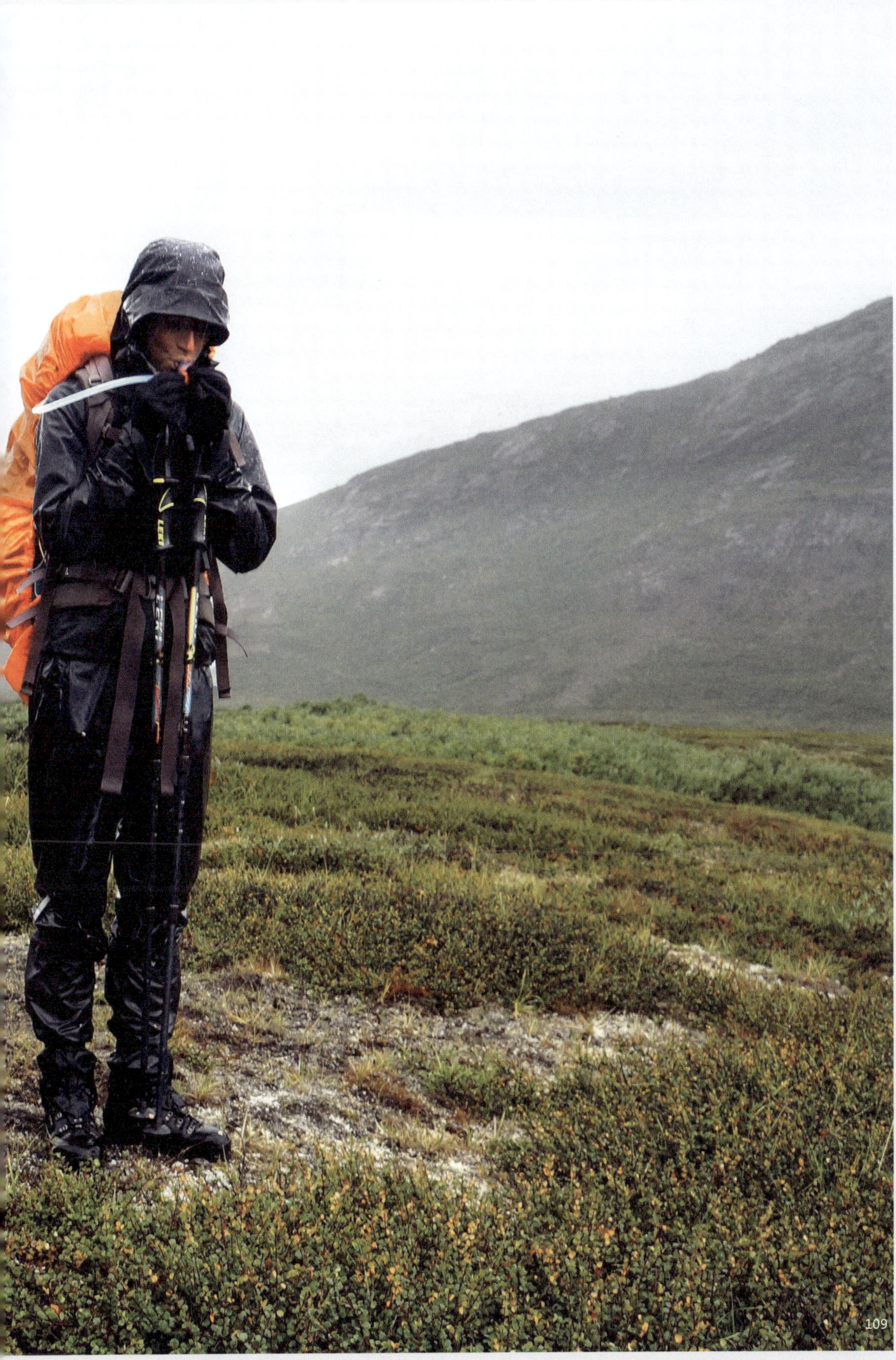

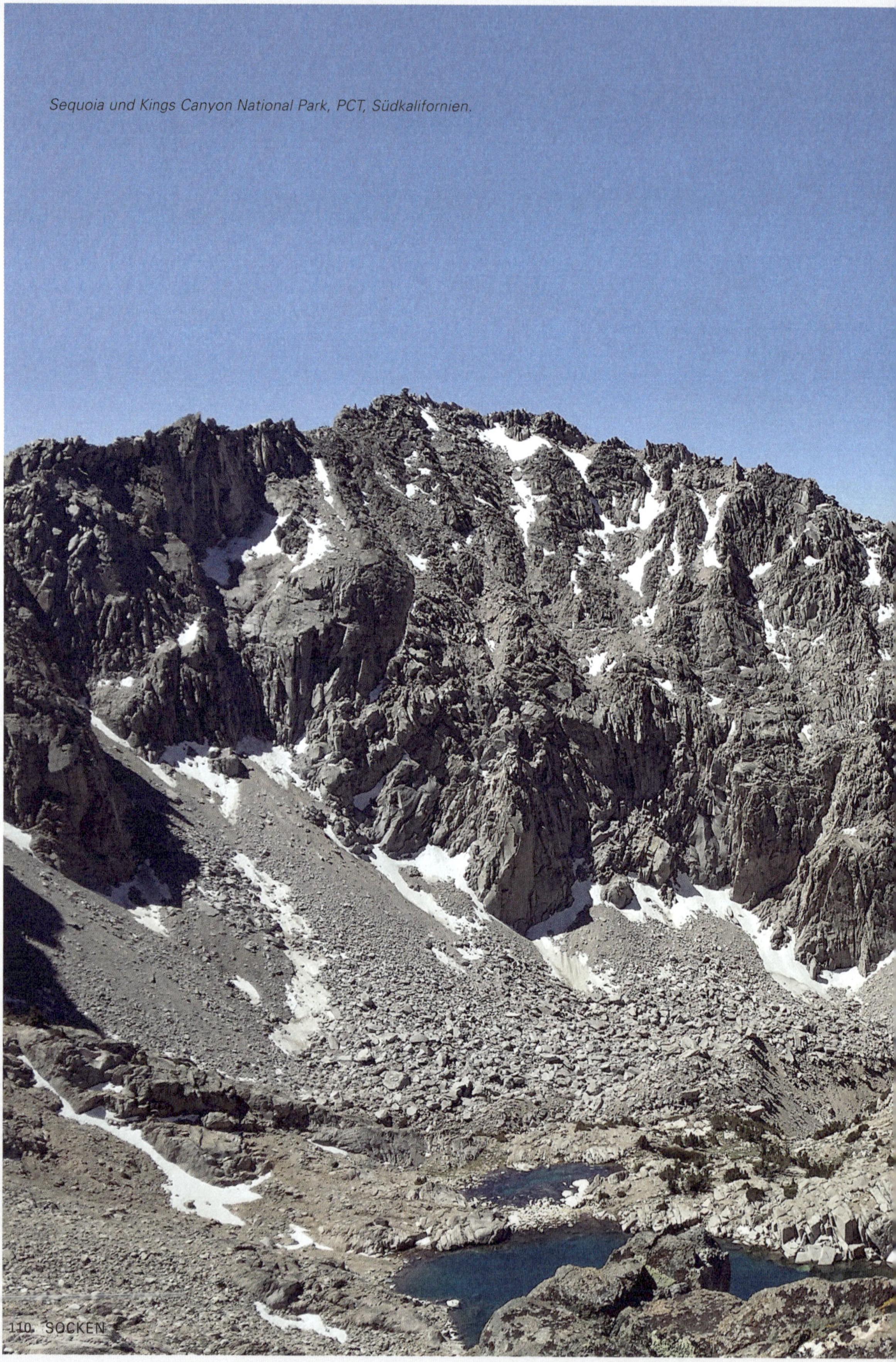

Sequoia und Kings Canyon National Park, PCT, Südkalifornien.

Socken

Socken haben neben der wärmenden Funktion noch eine weitere wichtige Aufgabe: Sie sollen den Fuß vor Reibung im Schuh schützen und somit die Entstehung von Blasen verhindern. Ob du anfällig bist für Blasen oder nicht, solltest du im besten Fall schon vor der Tour wissen. Die Stärke der Socken richtet sich zum einen wieder nach der zu erwartenden Temperatur und zum anderen nach dem Bedarf an Polsterung und hängt somit auch von der Art des Schuhwerks ab. In einem schweren Bergstiefel aus Leder benötigst du auf jeden Fall mehr Polsterung als in einem leichten flexiblen Trailrunning-Schuh. Wie bei der Unterwäsche stehen auch hier verschiedene Materialien zur Wahl: Kunstfaser, Wolle und eine Mischung aus beiden.

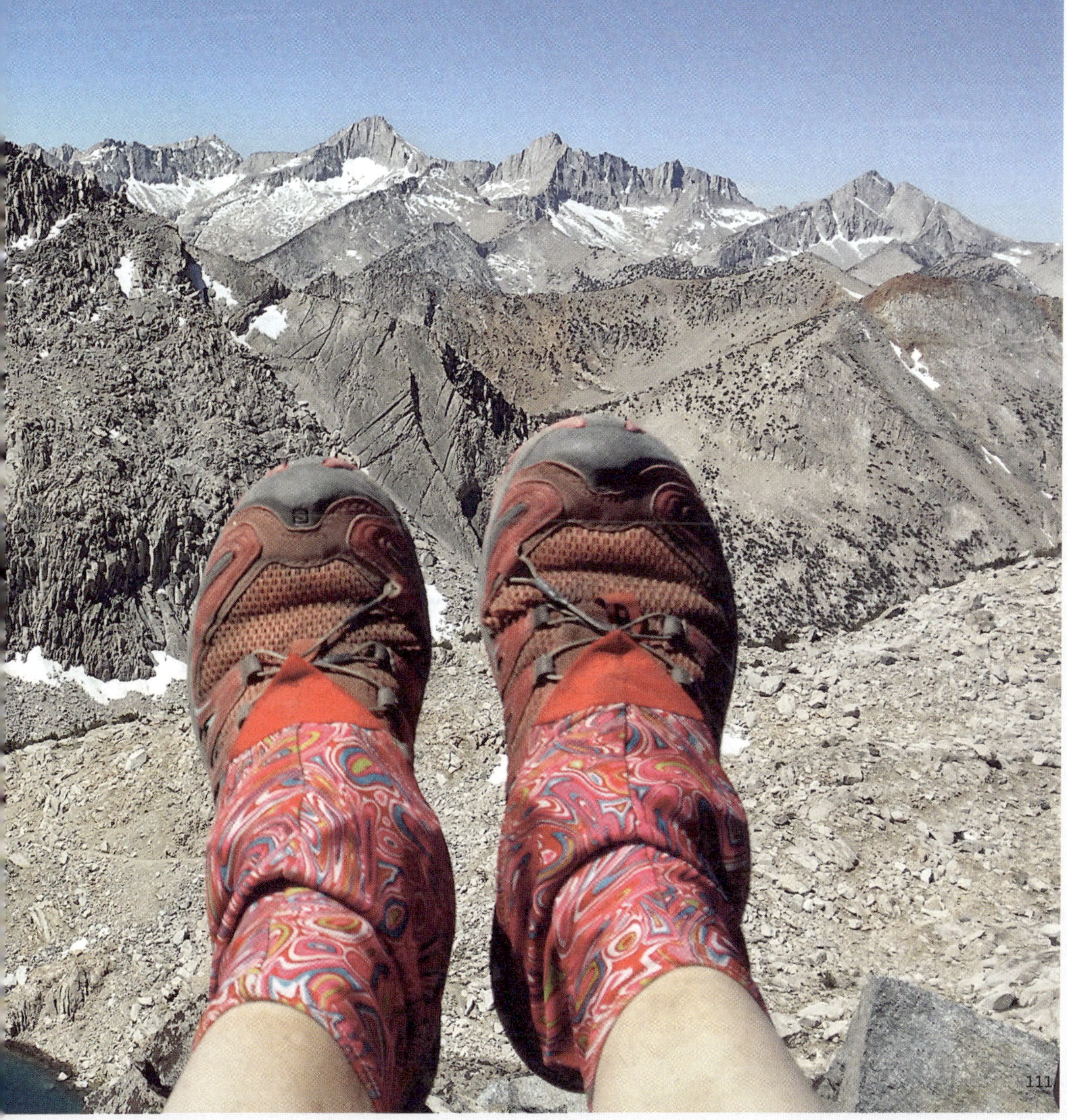

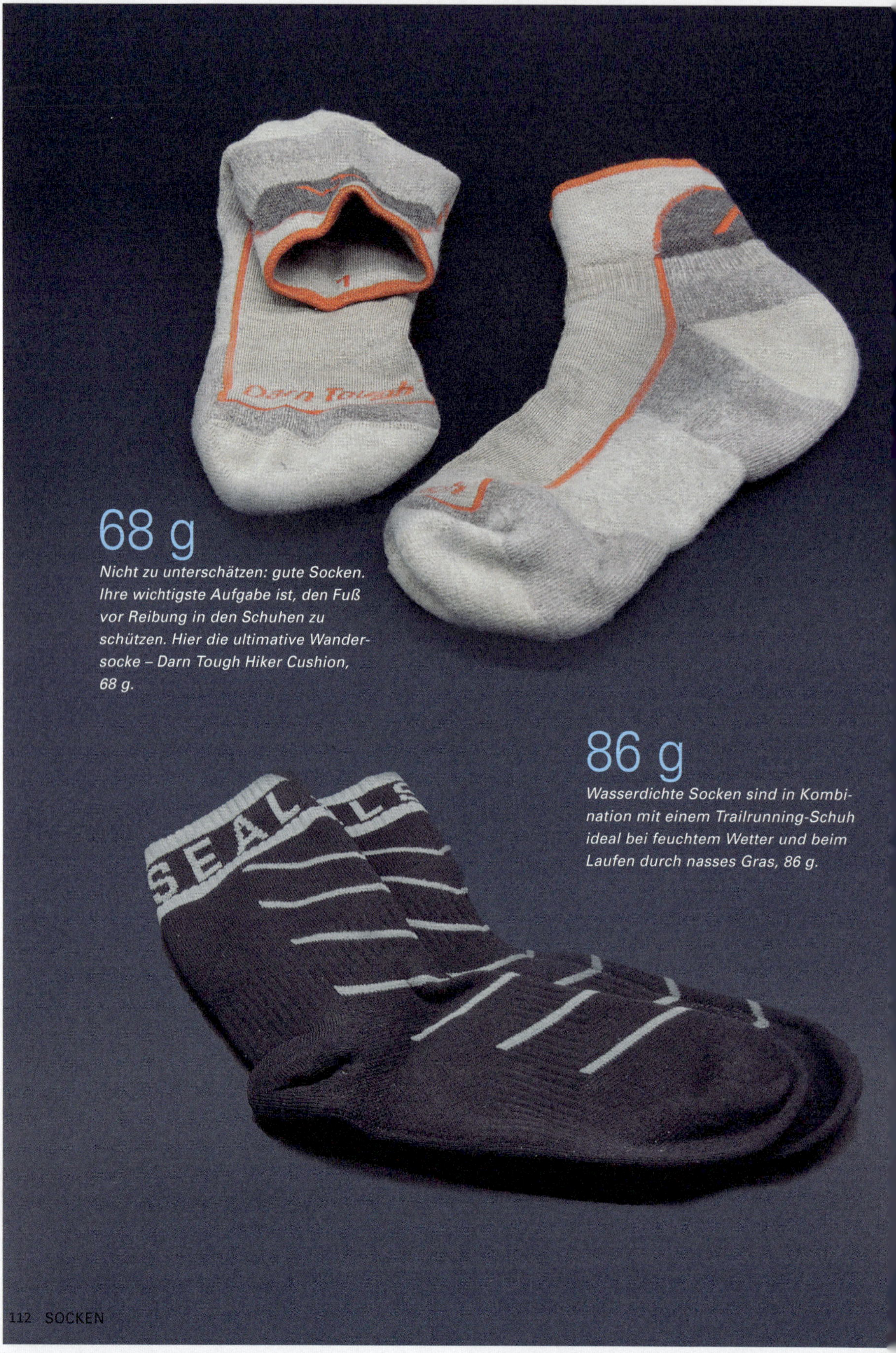

68 g

Nicht zu unterschätzen: gute Socken. Ihre wichtigste Aufgabe ist, den Fuß vor Reibung in den Schuhen zu schützen. Hier die ultimative Wandersocke – Darn Tough Hiker Cushion, 68 g.

86 g

Wasserdichte Socken sind in Kombination mit einem Trailrunning-Schuh ideal bei feuchtem Wetter und beim Laufen durch nasses Gras, 86 g.

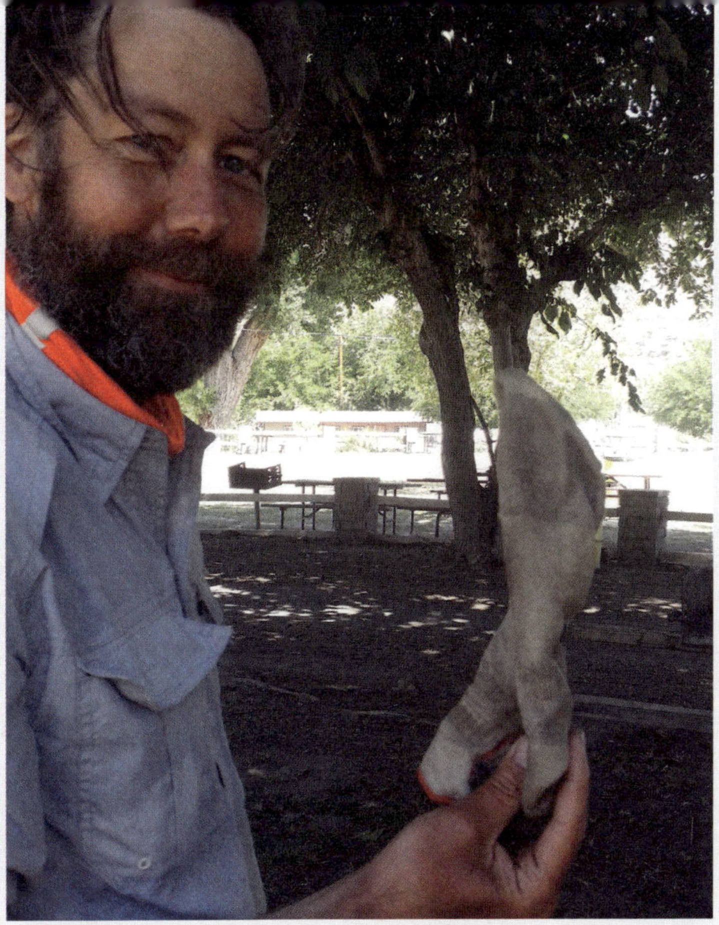

Kleidung kann tatsächlich vor Dreck stehen.

Kunstfasersocken sind in der Regel preiswerter als Wollsocken, haben aber den entscheidenden Nachteil der Geruchsbelästigung deiner eventuellen Zeltpartner. Reine Wollsocken riechen nicht so stark. Dafür sind sie weniger scheuerbeständig.

Wollsocken mit einem kleinen Kunstfaser-Anteil sind da deutlich stabiler. Da die meisten Ultraleicht-Hiker mit Trailrunnern unterwegs sind und sich in diese flachen Schuhe schnell Sand und kleine Steine schummeln, ist die Scheuerbeständigkeit schon ein wichtiges Thema. Meine Erfahrung von 1500 km auf dem Pacific Crest Trail hat gezeigt, dass die Unterschiede in der Haltbarkeit schon gewaltig sind. Ich habe ein Paar Socken eines bedeutenden deutschen Sockenherstellers getragen und diese haben nach etwa 350 km angefangen, ihren Dienst zu quittieren, was unter den Bedingungen des PCT schon nicht schlecht ist. Ein Paar vor Ort gekaufter einfache Sportsocken aus Baumwolle bekamen im Laufe des zweiten Tages schon Löcher und waren am Ende des dritten Tages buchstäblich pulverisiert.

Im Vorfeld hatten wir uns auch schon über das Thema schlau gemacht und haben erfahren, dass eigentlich alle PCT-Hiker, zumindest nachdem sie schon mehrere Socken verschlissen hatten, mit den legendären Darn-Tough-Socken laufen. Das hat seinen Grund. Ein Paar war vom Start an mit dabei und wurde immer abwechselnd getragen. Ein zweites Paar kam unterwegs als Ersatz mit dazu. Nach insgesamt mehr als 1500 km sind beide Paare immer noch völlig in Ordnung. Auch wenn sie sehr teuer sind, sind sie jeden Cent wert.

Zweite Schicht: Isolierung

Pullover und Jacken

Sollten die Temperaturen moderat sein, kommt über die erste Schicht eventuell eine Windjacke, um ein Auskühlen durch Wind zu verhindern. Durch die Bewegung wird man in der Regel ausreichend warm bleiben. Sind die Temperaturen kühler, bei Pausen oder wenn dein Tagessoll erfüllt ist, kommt die zweite Schicht – die Isolierschicht – zum Einsatz.

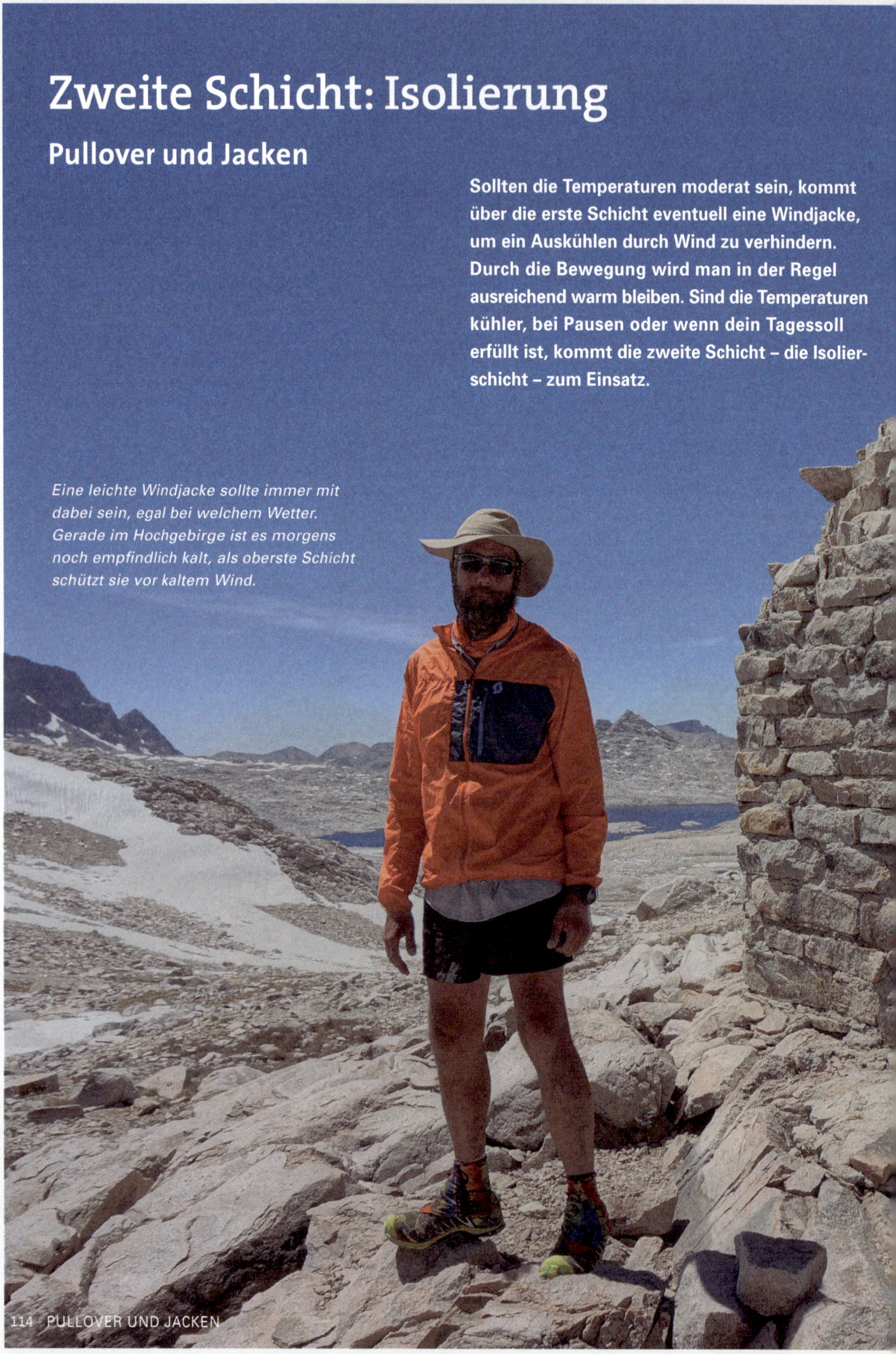

Eine leichte Windjacke sollte immer mit dabei sein, egal bei welchem Wetter. Gerade im Hochgebirge ist es morgens noch empfindlich kalt, als oberste Schicht schützt sie vor kaltem Wind.

Diese hat eine ähnliche Aufgabe wie der Schlafsack, nämlich die vom Körper erwärmte Luft am Körper zu halten. Je nach zu erwartenden Temperaturen können dies Fleece-Kleidungsstücke oder mit Daunen/Kunstfaser gefüllte Kleidungsstücke sein.

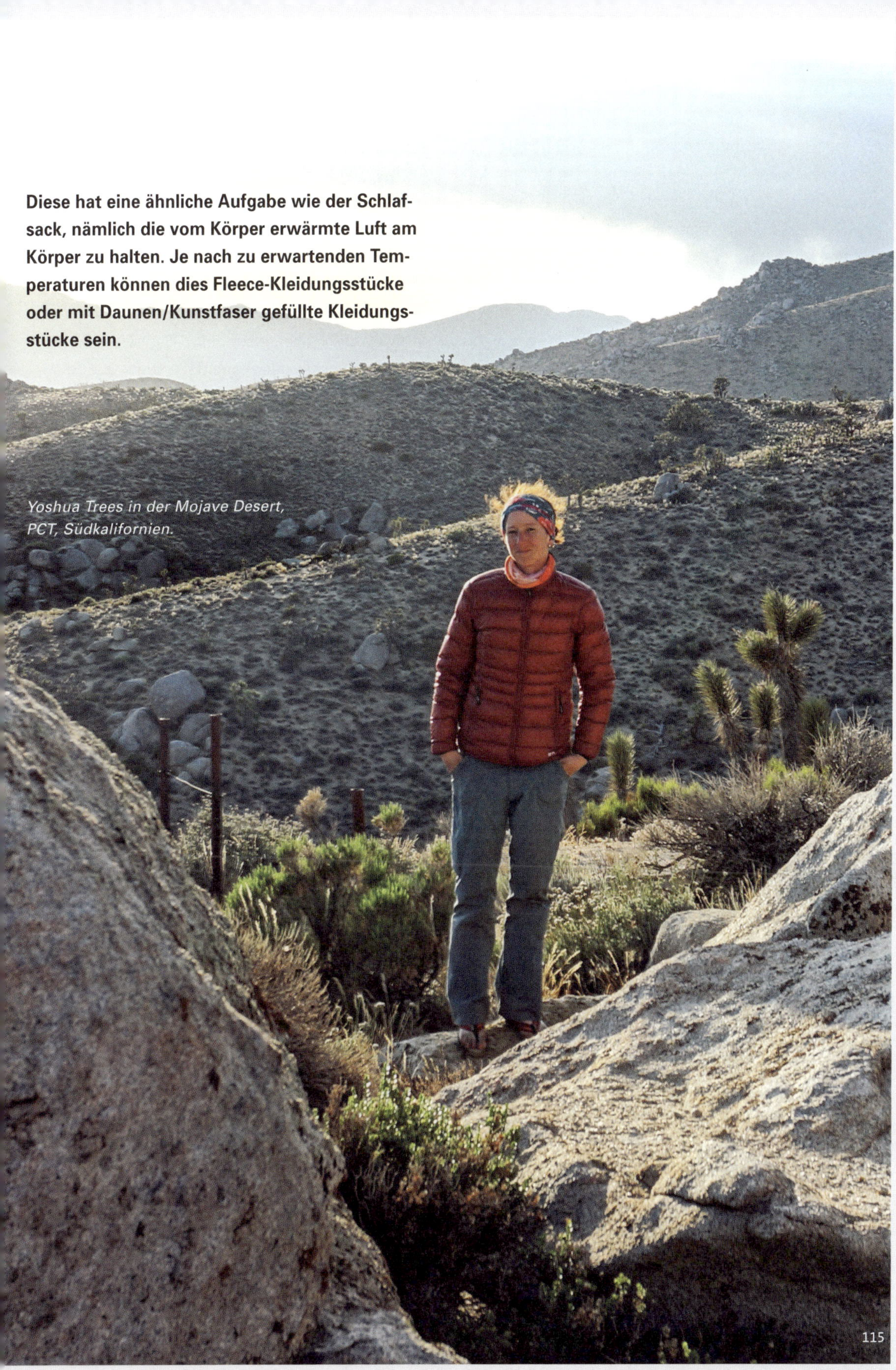

Yoshua Trees in der Mojave Desert, PCT, Südkalifornien.

Getragen wird die Isolierschicht primär dann, wenn man nicht in Bewegung ist und dadurch die Gefahr einer Auskühlung besteht. Da feuchte Kleidung nicht so gut isoliert wie trockene, solltest du vermeiden, deine Isolierschicht nass zu schwitzen. Bei wärmerem Wetter kannst du die durchgeschwitzte erste Schicht zum Trocknen aufhängen und die Isolierschicht solange als einzige Schicht tragen.

Sollte es eher kühl und feucht sein, ist es gar keine schlechte Idee, einfach die Isolierschicht über die feuchte erste Schicht zu ziehen und diese mit deiner Körperwärme zu trocknen. Das funktioniert sehr gut und du musst am nächsten Morgen nicht in die feuchte Kleidung steigen.

Sei dir dessen bewusst, dass die Kleidung selbst nicht wärmt, sondern deinen Körper gegen die Außentemperatur isoliert und dafür sorgt, dass die Wärme, die dein Körper erzeugt, dicht am Körper bleibt. Das heißt konkret, zieh dir die Isolierschicht so schnell wie möglich an, wenn es kalt wird, damit dein Körper nicht abkühlt.

Dann dauert es nämlich deutlich länger bis dir warm wird. Ich wähle meine Isolierschicht immer nach den zu erwartenden Temperaturen aus. Oft reicht in wärmeren Gebieten ein dünner Fleece-Pullover aus. Wenn es in höher gelegene, beziehungsweise kühlere Regionen geht, ist meine leichte Daunenjacke immer mit dabei. Bei der Wahl der Isolierschicht solltest du immer berücksichtigen, dass du bei einer körperlich anstrengenden Tour, oft auch noch in Verbindung mit eher wenig Nahrung, weniger Energie zur Erhaltung der Körpertemperatur zur Verfügung hast, so dass du unter Umständen schneller frierst als üblich. In hohen, südlich gelegenen Regionen ist es häufig so, dass tagsüber die Sonne vom Himmel brennt. Doch sobald sie hinter den Bergen verschwunden ist, wird es empfindlich kühl. Durch die großen Temperaturunterschiede von schnell einmal 30 Grad Celsius benötigt dein Körper mehr Zeit, um sich anzupassen und du frierst einfach schneller als bei einem Tag/Nacht-Unterschied von vielleicht nur 10 Grad Celsius.

Wenn es richtig kalt werden kann, ist die erste Wahl für die Isolierschicht eine Daunen- oder Kunstfaserjacke, gegebenenfalls sogar über der Fleece-Schicht. Für welche Art man sich entscheidet, hängt von den genauen Anforderungen ab. Die Daunenjacke hat sicher das bessere Gewicht-Wärme-Verhältnis. Daune ist deutlich haltbarer, aber auch teurer als Kunstfaser. Kunstfaser dagegen ist wesentlich unempfindlicher als Daune, wenn es um Feuchtigkeit geht. In Gegenden, in denen es häufiger regnet oder generell eine deutlich höhere Luftfeuchtigkeit herrscht, ist es besser auf Kunstfaser zurückzugreifen. In den anderen Fällen ist die leichtere und vor allem haltbarere Daune klar im Vorteil. Oft kostet eine Kunstfaserjacke auch deutlich weniger als eine vergleichbare Daunenjacke.

Anders als bei den Schlafsäcken hast du es bei Bekleidung mit mehr Feuchtigkeit zu tun, da du auf jeden Fall mehr schwitzen wirst als im Schlaf. Auch wenn du bei regnerischem und kaltem Wetter eine »atmungsaktive« Jacke über der Daunenjacke trägst, kann die Feuchtigkeit, die dein Körper abgibt, noch innerhalb der Regenjacke kondensieren und die Daunenjacke durchfeuchten. Bei Touren im Frühjahr und Herbst oder in sehr regnerischen Regionen packe ich deshalb lieber eine Kunstfaserjacke ein als eine Daunenjacke.

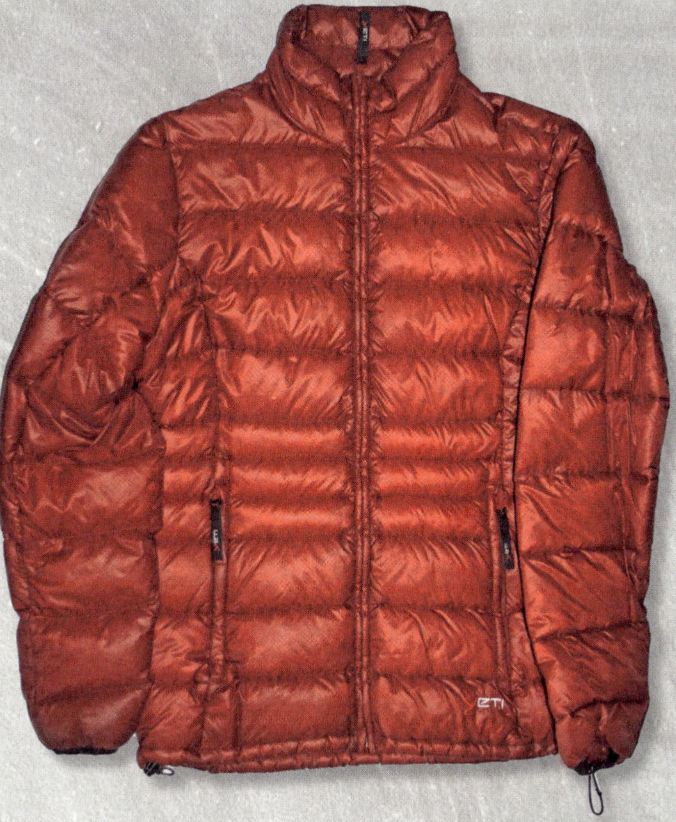

250 g

Wenn es in den Bergen abends oder morgens kalt ist, wirst du eine leichte Daunenjacke, 250 g, sehr zu schätzen wissen. Zudem zeichnet sich diese Jacke auch durch ihr winziges Packmaß aus.

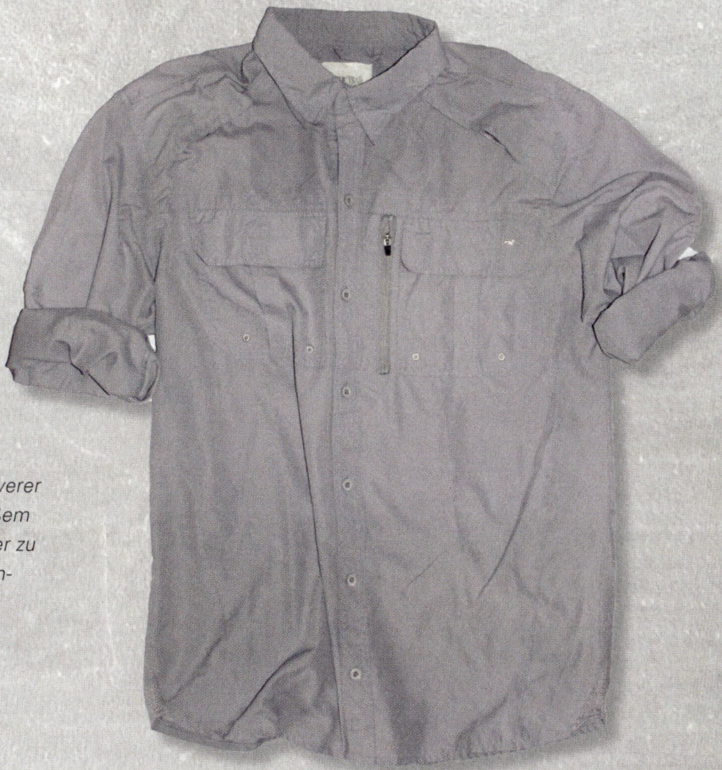

182 g

Mit 182 g in Größe XL schwerer als ein T-Shirt, aber bei heißem Wetter deutlich angenehmer zu tragen. Ein luftiges Langarmhemd mit Sonnenschutz.

Trekkinghose

Für Trekkinghosen gibt es ebenfalls einige wichtige Kriterien für die Auswahl aus dem vielfältigen Angebot. Ein Entscheidungsfaktor ist natürlich zuerst wieder das zu erwartende Wetter. Es ist weder sinnvoll bei einer Tour auf Kreta im August eine lange dicke Hose zu tragen, noch den nördlichen Kungsleden im September mit einer kurzen Running-Shorts in Angriff zu nehmen.

In Gegenden, in denen große Mückenschwärme den Wanderer in den Wahnsinn treiben können, kann es zudem sehr sinnvoll sein, eine lange, mückendichte Hose zu tragen. Das sind sehr dicht gewebte, meist schwerere Hosen, durch die Mücken nicht durchstechen können. Das Mehrgewicht kann man dann durch deutlich weniger Mückenmittel kompensieren.

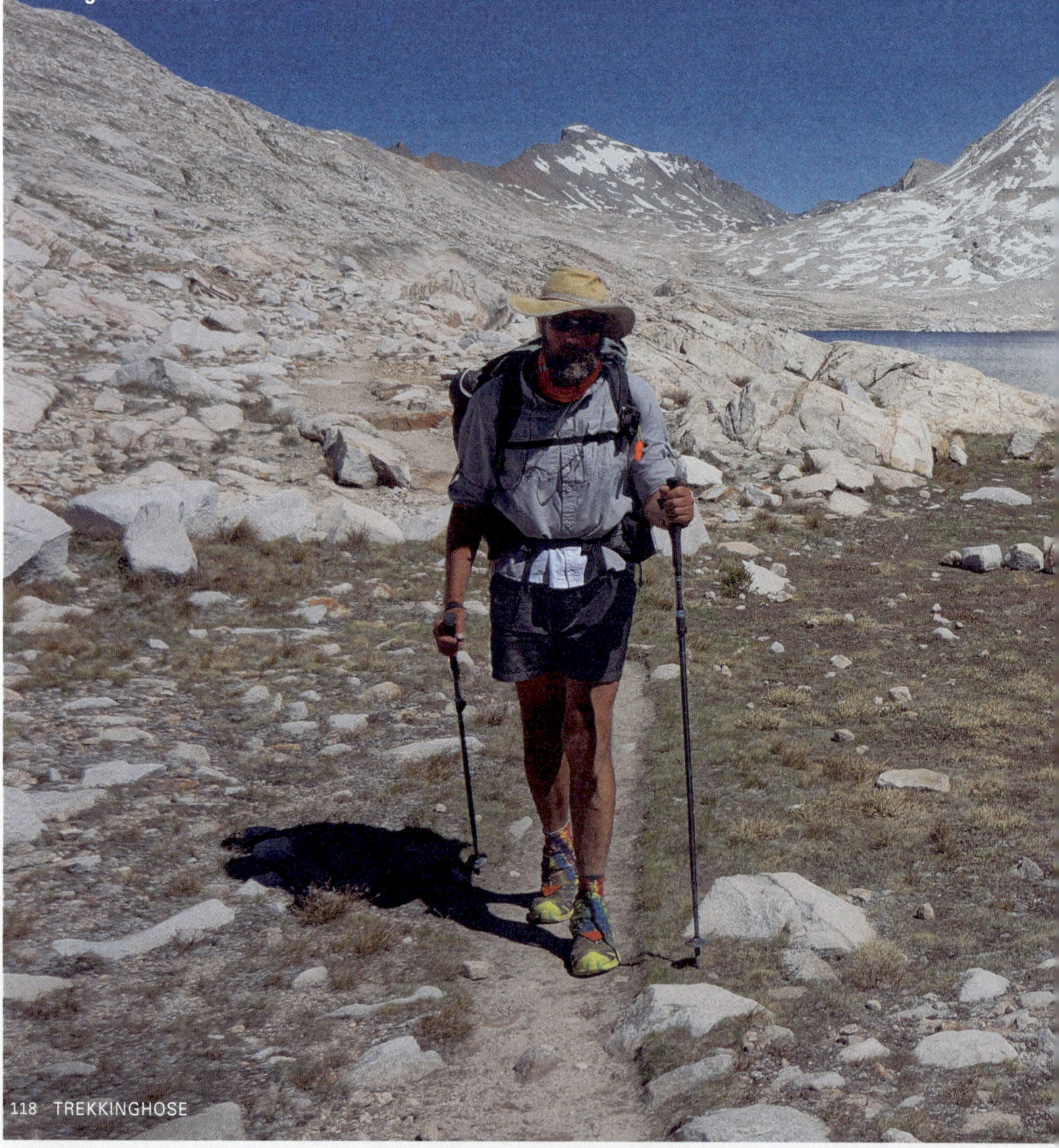

In sehr warmen Regionen ist eine leichte, kurze Running-Shorts die leichteste Hose, die sich finden lässt und bei Temperaturen oberhalb 25 Grad Celsius reicht sie auch völlig aus.

Ergänzen kann man sie durch unauffällige lange Unterhosen oder Running Tights.

Diese kannst du bei kühleren Temperaturen einfach unter die kurze Hose ziehen. In kühleren Gebieten ist eine lange, gegebenenfalls mückendichte Hose eine gute Wahl. Auch hier ist Baumwolle denkbar ungünstig, besser ist eine leichte Kunstfaserhose. Diese trocknet schneller, ist stabiler als Baumwolle und in der Regel auch leichter.

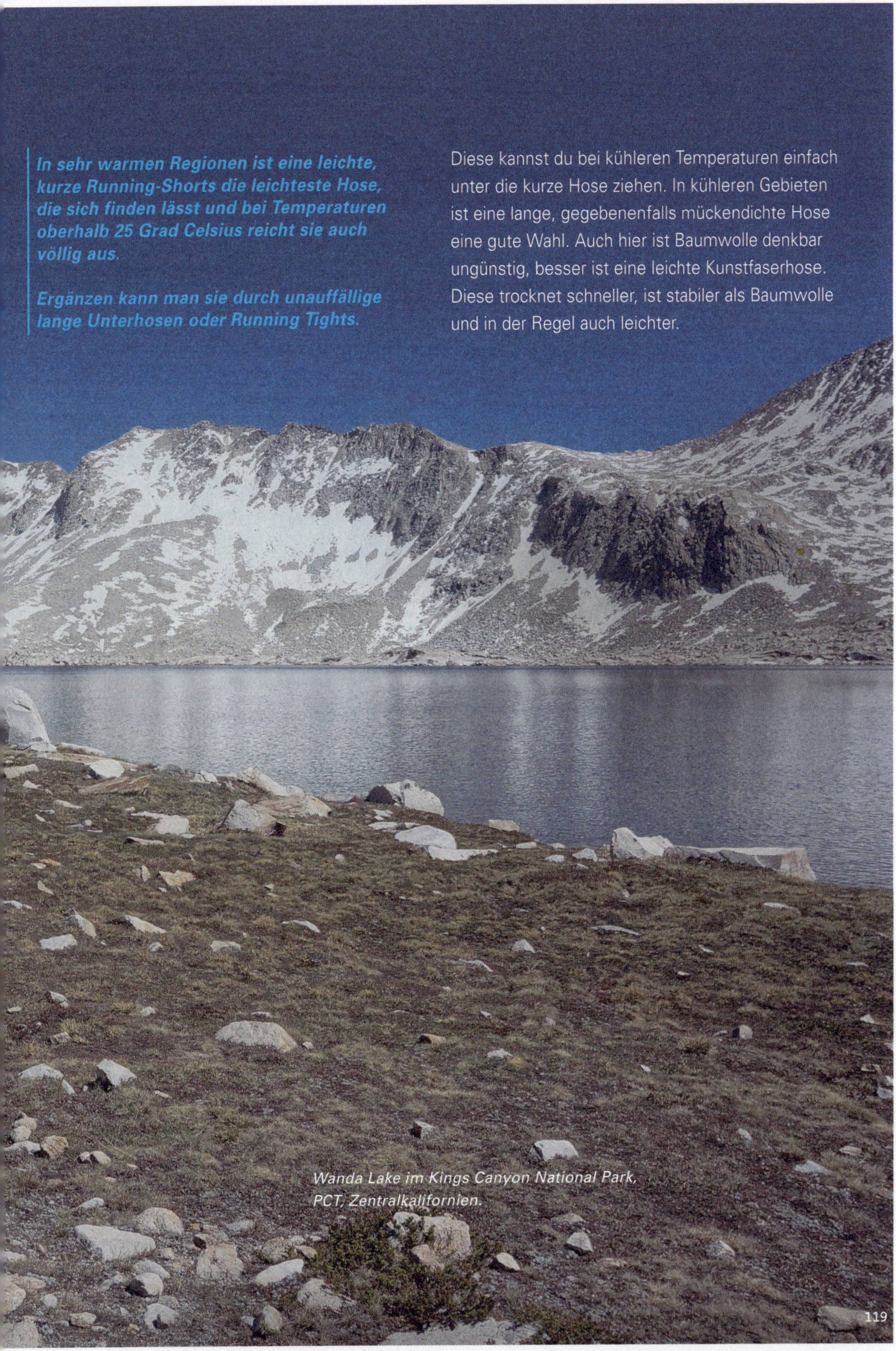

Wanda Lake im Kings Canyon National Park, PCT, Zentralkalifornien.

Für einen Ultraleicht-Hiker sind extrem stabile Baumwolle/Polyester-Mischgewebe-Hosen mit Gesäß- und Knieverstärkungen und 10 aufgenähten Taschen nicht sinnvoll. Solche, zugegebenermaßen unverwüstlichen Hosen sind nützlich bei schweren Arbeiten in der Natur, für einen Ultraleicht-Hiker sind sie aber einfach viel zu schwer. Hosen solcher Machart wiegen schnell über 700 g, während leichte Kunstfaserhosen im Bereich um 250 g wiegen. Ich persönlich kombiniere eine etwas längere Running-Shorts aus Nylon (120 g in der Größe L) mit Beinlingen aus dem Fahrradbereich mit 130 g, wenn es kühler wird. Die Running- Shorts hat einen Innenslip, was schon mal einen Slip einspart, und die Beinlinge sind gerade auch bei feuchtem Wetter hervor-

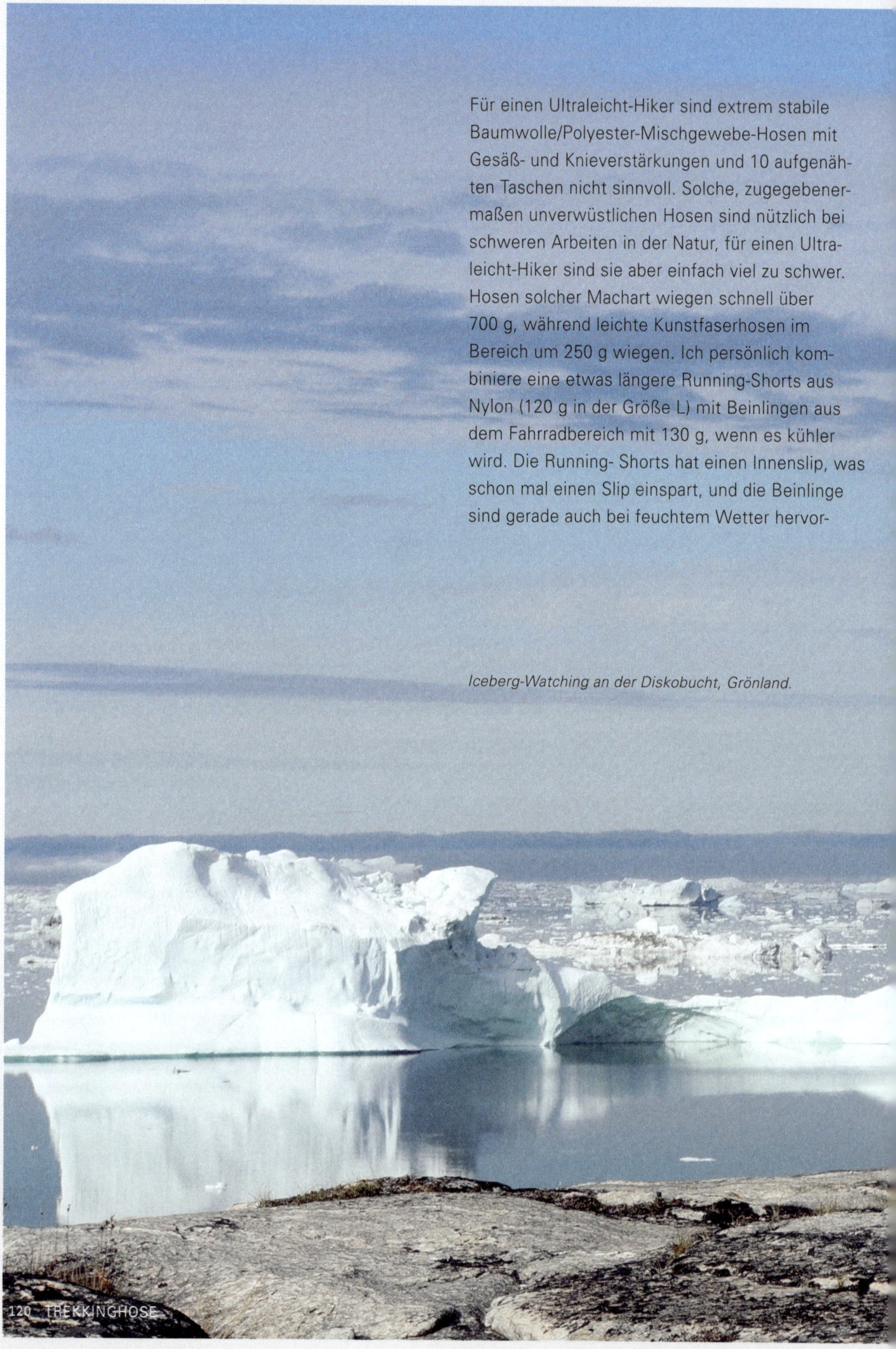

Iceberg-Watching an der Diskobucht, Grönland.

ragend. Sie wärmen auch in feuchtem Zustand und trocknen durch die Körperwärme wunderbar schnell.

Diese Kombination hat sich auch bei einer Wanderung auf dem Arctic Circle Trail in Grönland ausgezeichnet bewährt. Dieser Weg geht über weite Strecken durch kniehohes Gestrüpp. Da es sehr häufig geregnet hat, war dieses Gestrüpp eigentlich immer nass. Die hautengen Beinlinge waren zwar meist feucht, aber nie kalt und waren in weniger als einer halben Stunde auch wieder trocken. Doch auch wer in der gleichen Region Urlaub macht wie Abermillionen von Mücken und deshalb eine mückendichte Hose sucht, kann einiges einsparen, wenn er beim Kauf auf das Gewicht der Hose achtet.

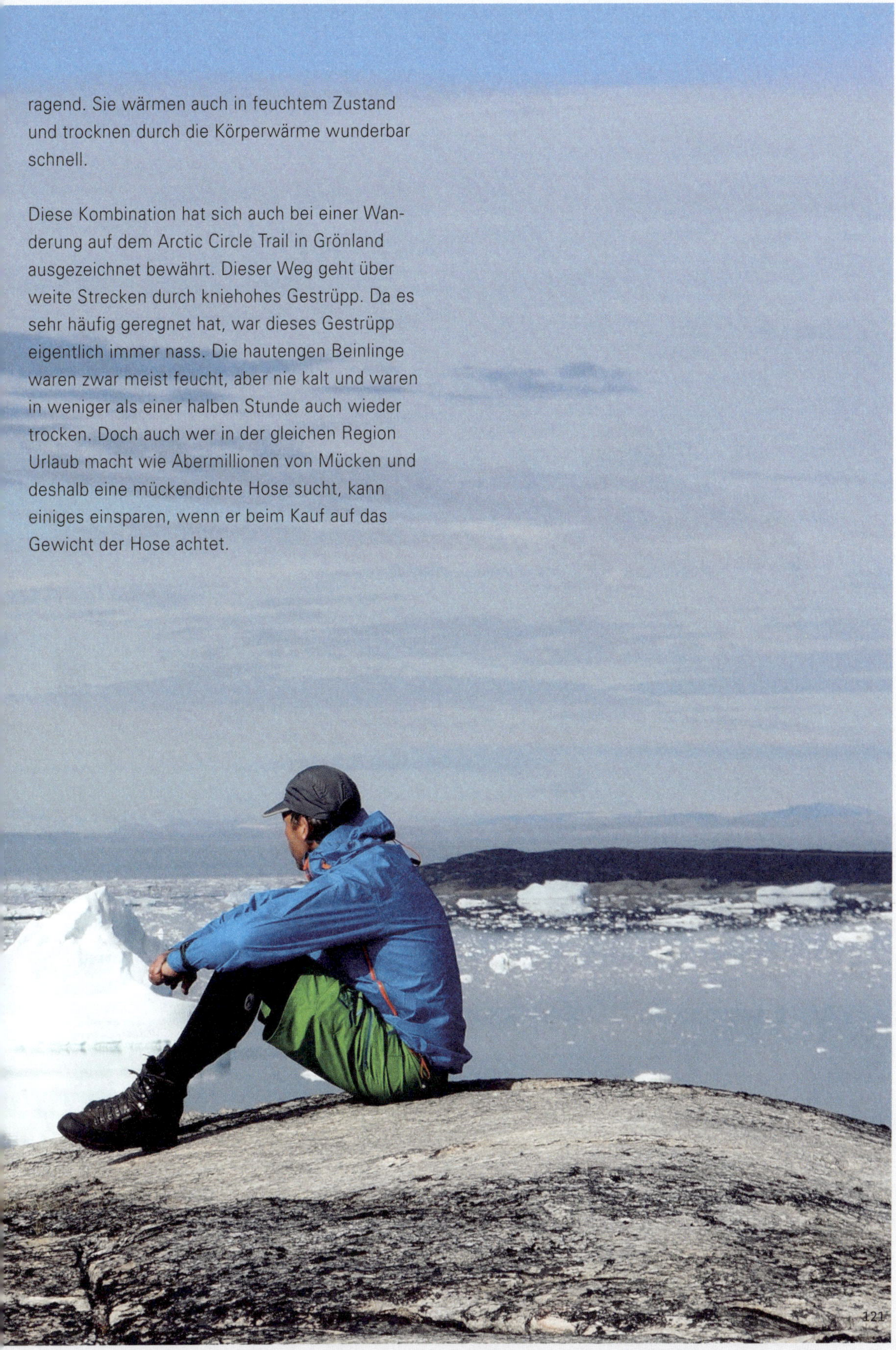

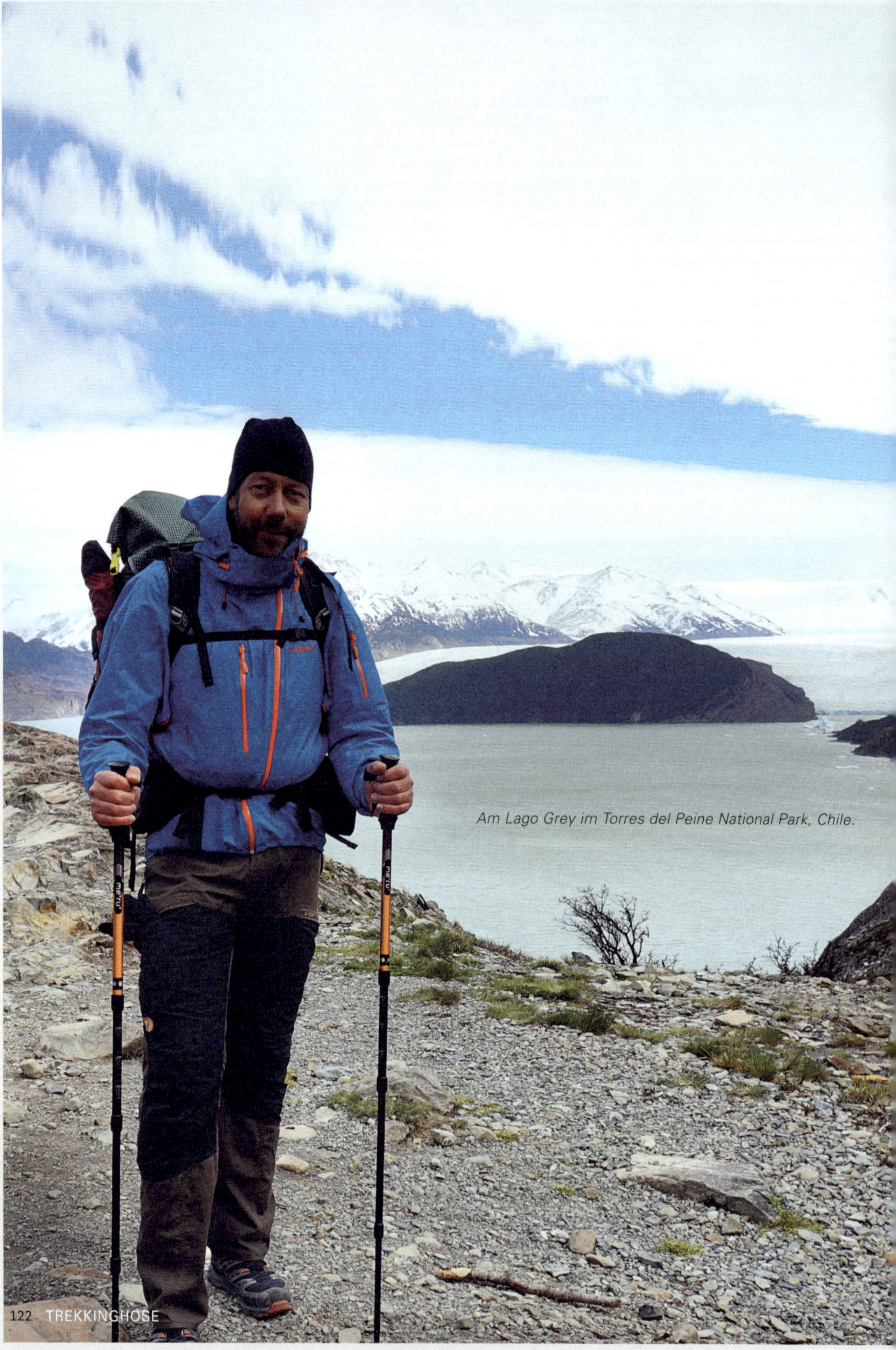

Am Lago Grey im Torres del Peine National Park, Chile.

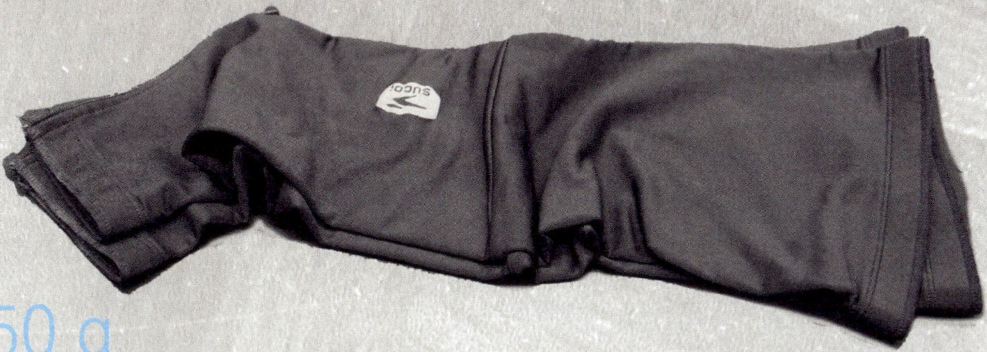

150 g

Beinlinge aus Kunstfaser stammen eigentlich aus dem Radsport. Wenn es morgens noch kühler ist, können Beinlinge in Verbindung mit einer kurzen Hose auch bei einer Wanderung in warmem Klima zum Einsatz kommen, 150 g.

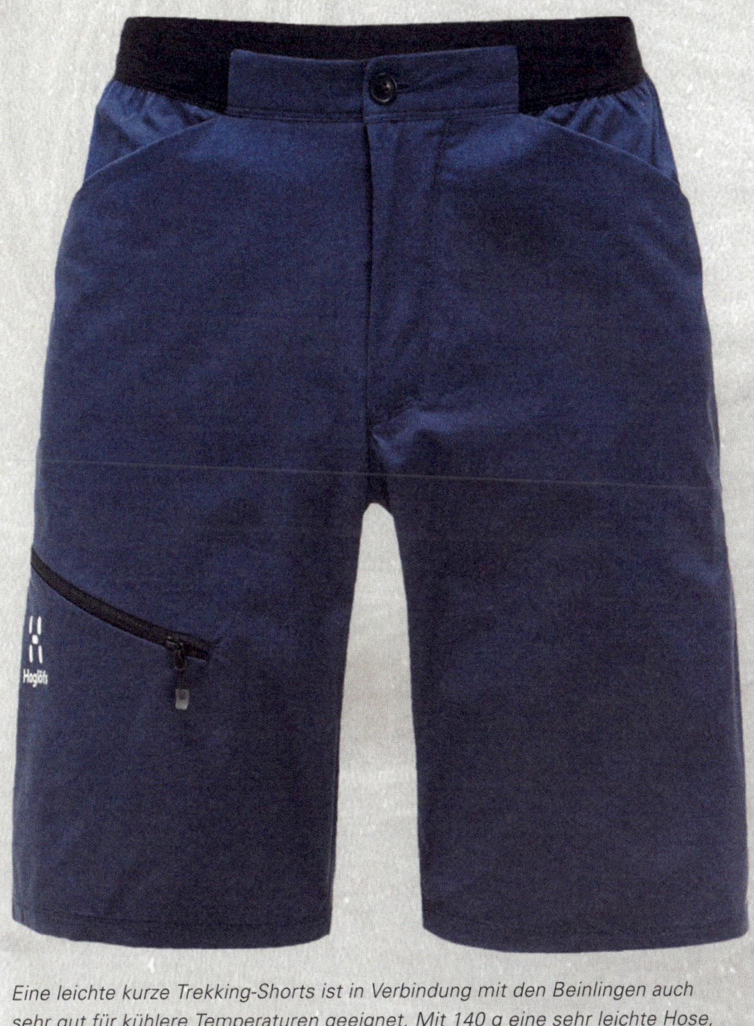

140 g

Eine leichte kurze Trekking-Shorts ist in Verbindung mit den Beinlingen auch sehr gut für kühlere Temperaturen geeignet. Mit 140 g eine sehr leichte Hose, die zudem sehr elastisch ist.

Dritte Schicht: Wetterschutz

Die dritte, äußere Schicht soll vor Wind und Regen schützen. Obwohl eine wasserdichte Jacke immer auch winddicht ist, ist es auf jeden Fall sinnvoll, regen- und winddichte Kleidung zu trennen. Die Werbung für moderne Regenbekleidung verwendet immer die Schlagworte »wasserdicht und atmungsaktiv«. Dabei sind diese Kleidungsstücke alles andere als atmungsaktiv.

»Atmungsaktiv« klingt für die meisten nach einer Klimaanlage. Bei uns im Geschäft fragen sicher 95 Prozent der Kunden nach einer Jacke, in der man nicht schwitzt. Das kann es natürlich so nicht geben. Schon weil das Schwitzen eine natürliche Reaktion deines Körpers ist, mit der deine Körpertemperatur reguliert wird. Eine Membran oder eine Beschichtung auf einem Stoff behindert immer den Luftaus-

Auf dem Cerro Guanaco Trail im Tierra del Fuego National Park in Patagonien, Argentinien.

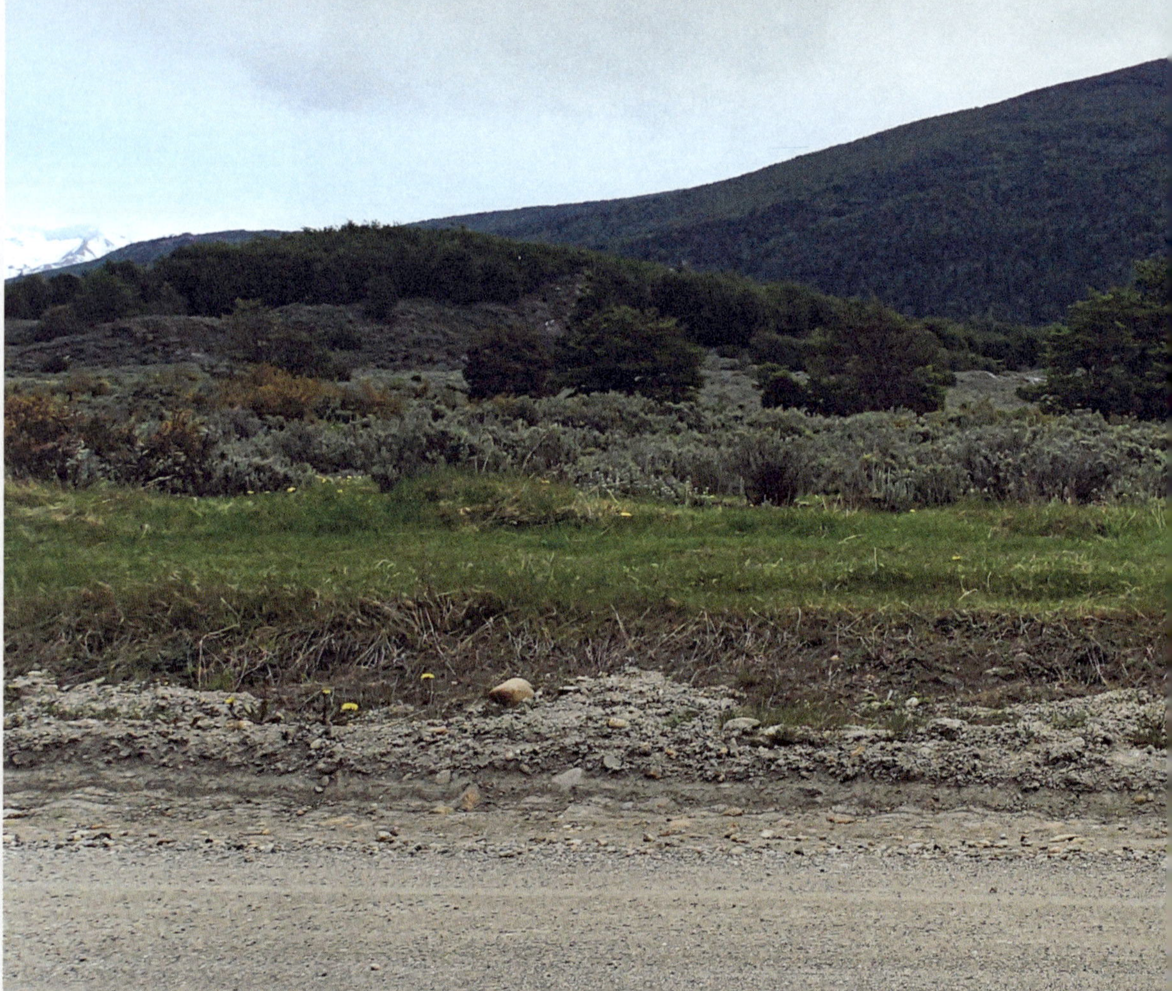

tausch zwischen innen und außen. Es gibt lediglich Beschichtungen oder Membranen, die in beide Richtungen völlig dicht sind und solche, die dampfdurchlässig (»atmungsaktiv«) sind. Diese dampfdurchlässigen Stoffe lassen in begrenztem Umfang Körperfeuchtigkeit nach außen und schützen gleichzeitig gut vor Regen. Solange du dich nicht intensiv bewegst, also nicht stark ins Schwitzen kommst, ist das auch eine super Sache. Doch sobald die körperliche Aktivität zunimmt, wirst du meist mehr Schweiß produzieren als diese Stoffe durchlassen können. Wenn es also das Ziel ist, die Haut und die ersten beiden Schichten möglichst trocken zu halten, sollte die Regenjacke nur gemäß ihrer Bestimmung eingesetzt werden: bei Regen!

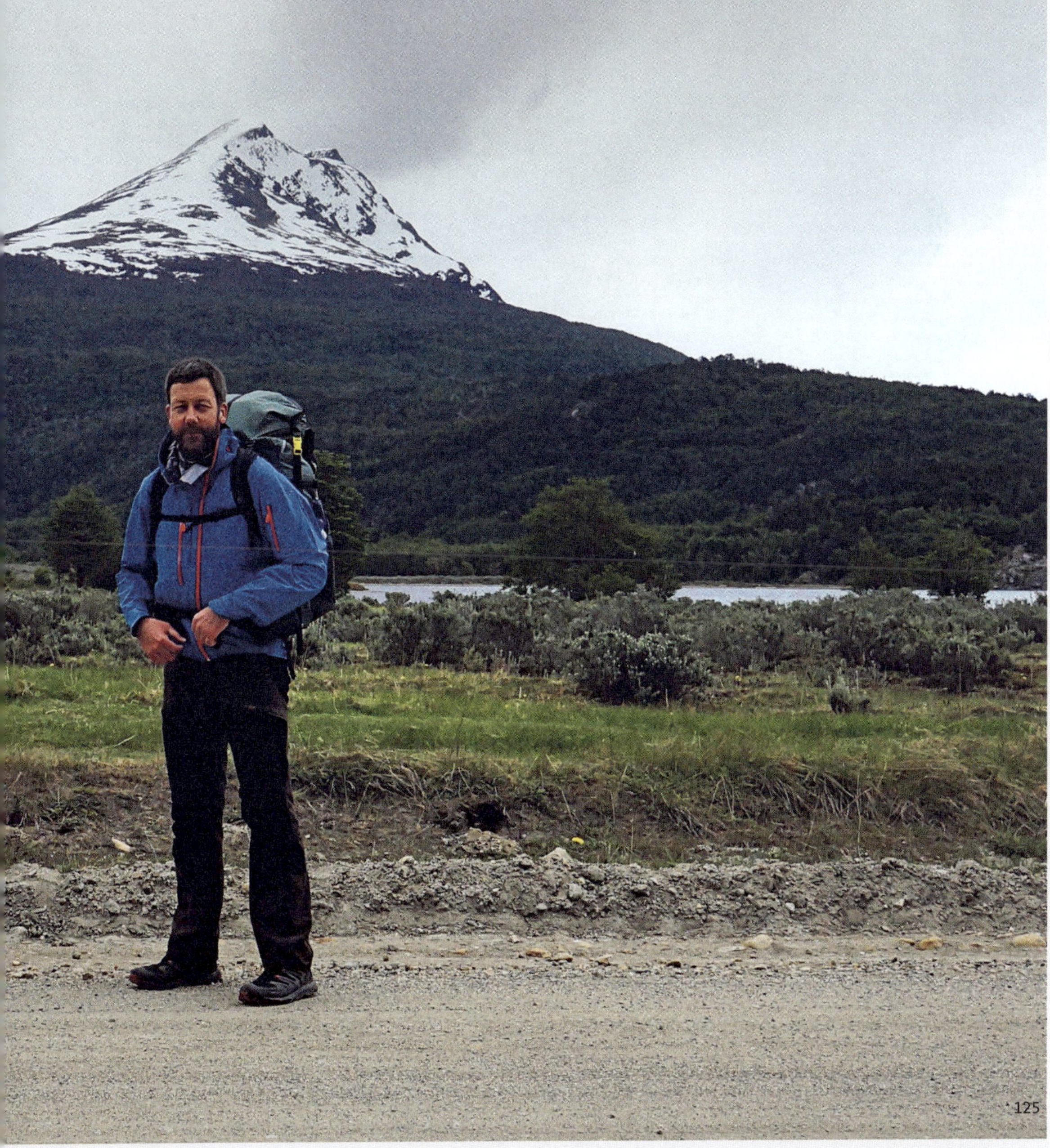

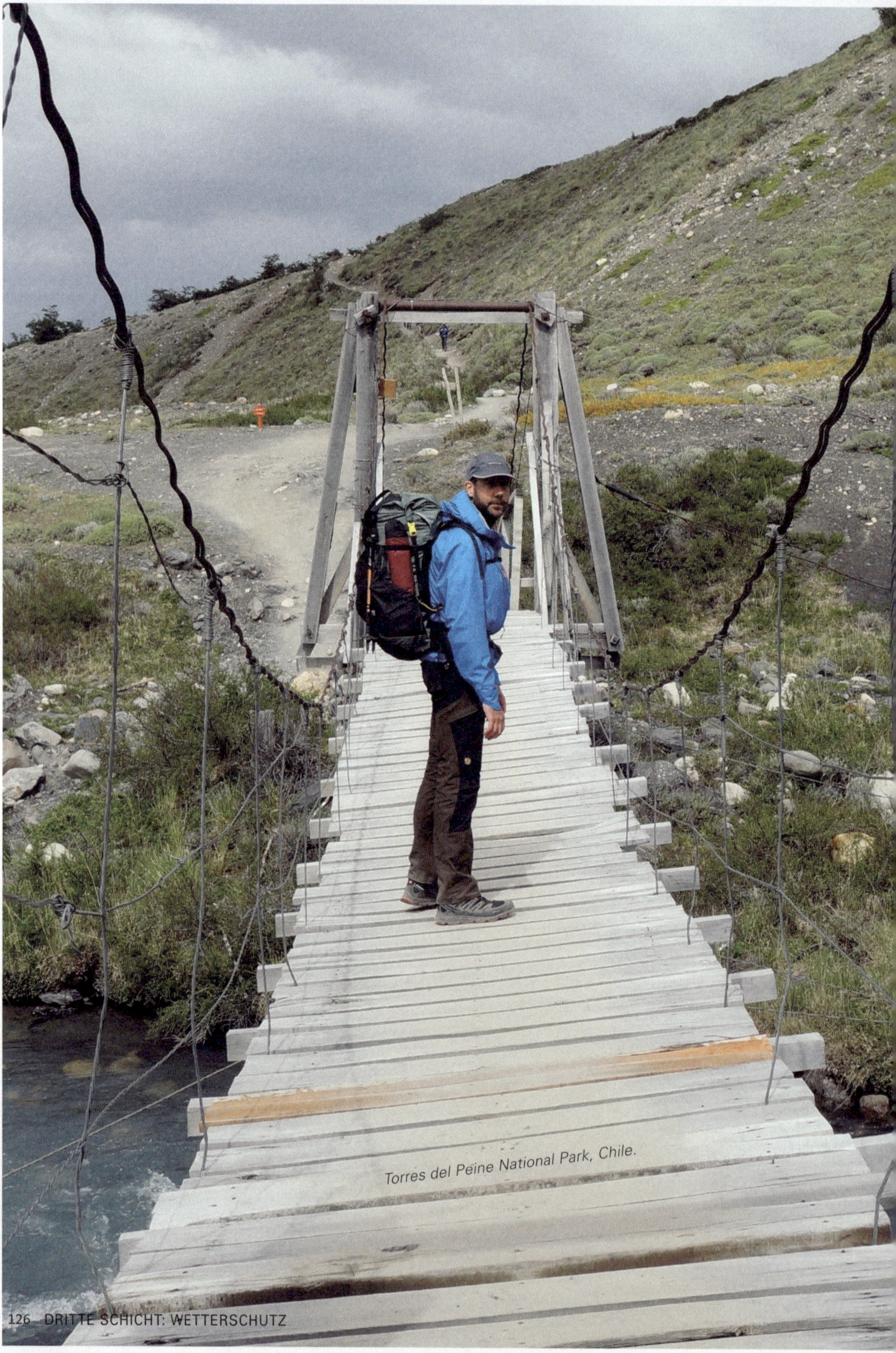

Torres del Peine National Park, Chile.

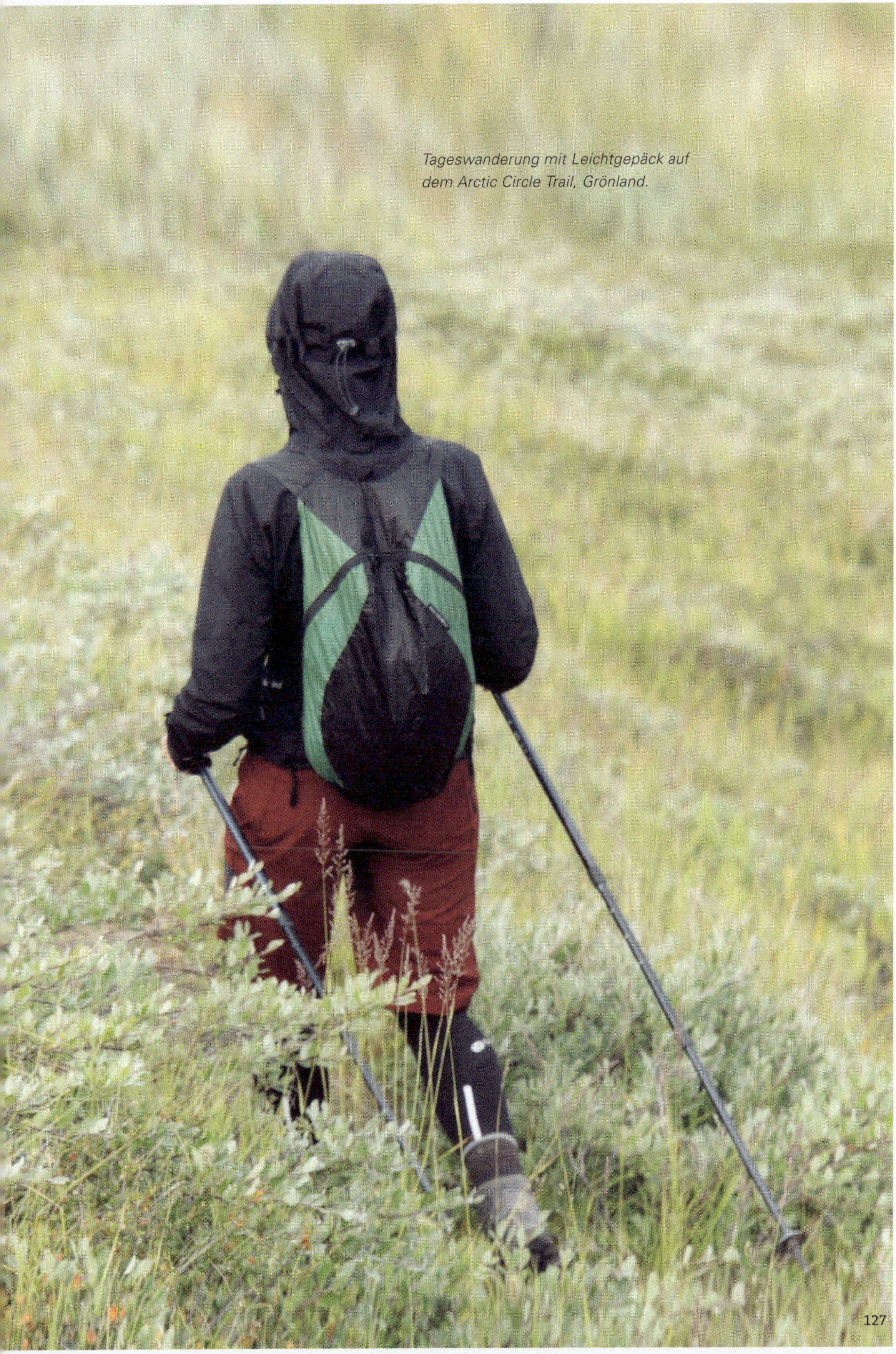

Tageswanderung mit Leichtgepäck auf dem Arctic Circle Trail, Grönland.

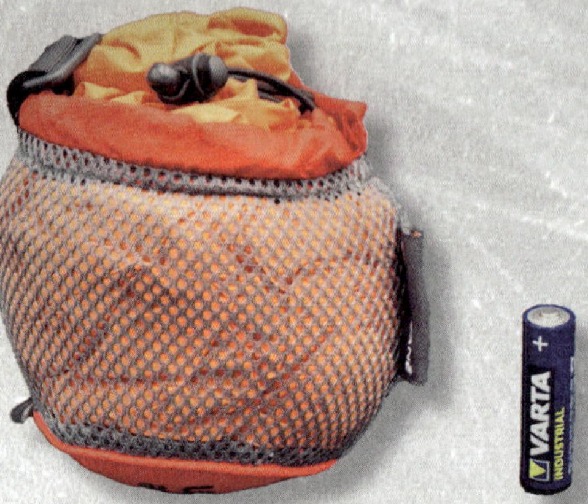

118 g

Featherlite Trail Jacket für Herren, 118 g in Größe XL. Die klein verpackbare Windjacke schützt vor Auskühlung durch den Wind und kann auch bei leichtem Nieselregen gute Dienste leisten.

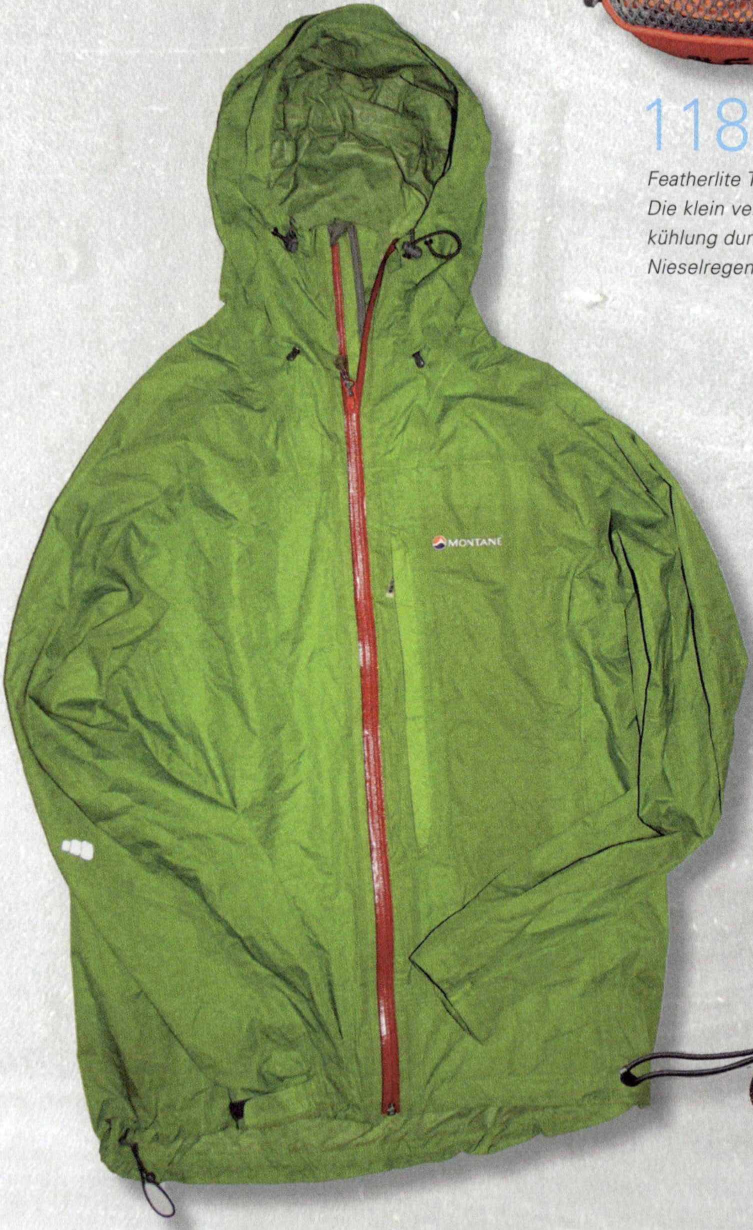

240 g

Ultraleichte Regenjacke, 240 g in Größe XL. Die Jacke ist empfindlich gegenüber einem schweren Rucksack und sollte wirklich nur bei Regen mit einem Rucksack verwendet werden.

Verpackt ist dieselbe Jacke kaum größer als eine Orange.

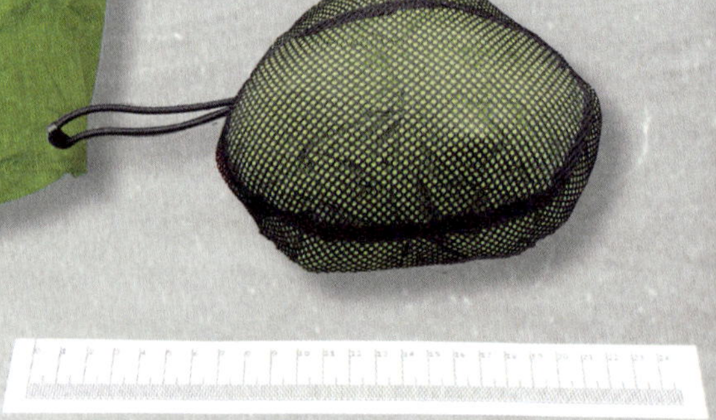

Bei hoher Bewegungsintensität spielt die tatsächliche Atmungsaktivität eine große Rolle. Die besten Werte bei der Dampfdurchlässigkeit erreichen Windjacken, die ohne Beschichtungen oder Membranen (wie z. B. Windstopper®) auskommen, denn sie bestehen lediglich aus sehr dicht gewebten Stoffen. Es gibt auch eine Reihe von winddichten Membranen oder Beschichtungen. Das sind oft die gleichen Membranen oder Beschichtungen, die auch für die Wasserdichtigkeit von Stoffen verantwortlich sind. Nur wurden hier für eine bessere Wasserdampfdurchlässigkeit die Poren der Materialien vergrößert. Diese Membranen oder Beschichtungen sind jetzt nur noch wasserabweisend, aber nicht mehr wasserdicht. Da diese winddichten Materialien immer mit anderen Stoffen laminiert werden, haben sie dadurch ein deutlich höheres Gewicht im Vergleich zu den leichten Nylonstoffen. Letztlich spielen natürlich auch hier die zu erwartenden Temperaturen eine wichtige Rolle.

Bei Touren in unseren Breiten im Frühjahr und Herbst, wo sich die Temperaturen eher um die 15 Grad Celsius bewegen, kannst du eine solche Softshelljacke eventuell als ständig zu tragende Jacke einplanen. Sollten die Temperaturen eher sommerliche Werte um die 25 Grad Celsius erreichen, empfiehlt sich eine deutlich leichtere, ungefütterte Windjacke, da die Jacke dann deutlich häufiger im Rucksack landen wird.

Zurück zu den Regenjacken für den Fall, dass es denn tatsächlich mal so richtig schüttet. Die Regenjacke muss unbedingt eine Wassersäule von 30000 mm haben, muss mehrere hundert Euro kosten und muss mindestens 5000 Scheuerzyklen mit einer Drahtbürste aushalten. Eine solche Superjacke darf dann auch mal gerne ein halbes Kilo wiegen. Echt jetzt? NEIN, natürlich nicht. In meiner langjährigen Erfahrung als Verkäufer für Outdoor-Ausrüstungen habe ich festgestellt, dass wohl kaum ein Thema so viel Unsicherheit beim Kunden weckt wie wasserdichte Kleidung. Im Bereich der Regenbekleidung für Outdoorer tummeln sich dutzende Firmen, die alle versprechen, die beste Regenjacke anzubieten. Dutzende Zeitschriften drucken dutzende Tests, um die Verwirrung komplett zu machen. Ein allseits beliebtes deutsches Testinstitut trägt mit völlig absurden Tests (Test im Regenturm mit 450 Liter pro Quadratmeter pro Stunde, der deutsche Rekord liegt bei 312 Litern, allerdings in 24 Stunden!) weiter dazu bei, die Unsicherheit zu steigern. Deshalb will ich versuchen, hier mehr Klarheit in dieses doch sehr komplexe Thema zu bringen.

Die Wasserdichtigkeit des Materials wird üblicherweise in mm Wassersäule angegeben. Dabei wird ein 10 cm² großes Stück Stoff in eine Messvorrichtung eingespannt und so lange kontrolliert Wasser zugegossen, bis die ersten drei Tropfen durch das Material dringen. Bei einer Angabe von 10000 mm steht also eine 10 m hohe Wassersäule auf dem Stoff. Nach der Euronorm ist ein Stoff bei 1300 mm wasserdicht.

Welche Wassersäule muss ein Kleidungsstück nun aushalten? Das hängt immer vom ausgeübten Druck auf das Kleidungsstück ab. Bei einem Zeltdach wirkt nur der Druck des Regens auf den Stoff. Beim Zeltboden ist der Druck schon höher, denn möglicherweise kniet jemand auf dem Zeltboden. Eine wasserdichte Hose sollte es aushalten, wenn man auf einer feuchten Fläche sitzt oder kniet, eine Jacke muss es aushalten, dass der Schultergurt eines Rucksacks auf den nassen Oberstoff drückt.

Also sind wir schon bestens geschützt, wenn unsere Regenbekleidung eine Wassersäule von etwa 10000 mm hat. Diesen Wassersäulen-Wert erreichen aber eigentlich alle Stoffe, die von den Outdoor-Bekleidungsherstellern verwendet werden.

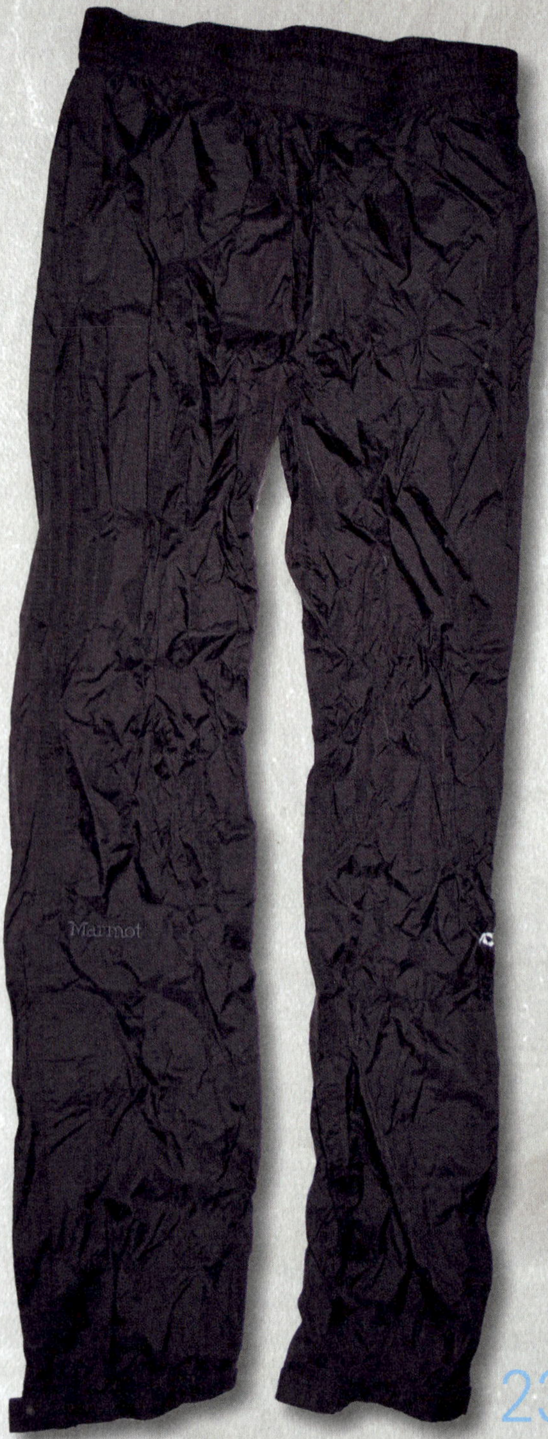

107 g

Eine kurze Regenhose? Ja, bei Temperaturen, die das Tragen einer kurzen Hose erlauben, ist diese Idee nicht verkehrt. Die Hose ist sehr leicht, 107 g in Größe L, hält aber deine Trekking-Shorts trocken. Wenn die Beine nass werden, ist das in warmem Klima nicht so schlimm.

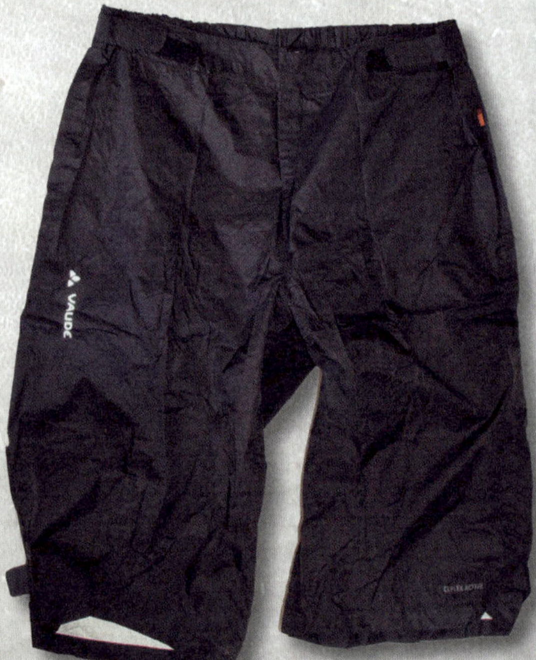

230 g

Leichte Regenhose, 230 g in Größe L, auch diese Hose ist aus recht dünnem Material gefertigt, aber auch hier gilt: nur bei Regen tragen.

Also kann man festhalten, dass die Wassersäule des Materials bei der Beurteilung der Wasserdichtigkeit eines Kleidungsstückes in der Realität kein so wichtiges Kriterium ist. Viel wichtiger ist, dass die Jacke gut verarbeitet ist. Die Nähte müssen gut mit Nahtband abgedichtet sein, vor allem der Frontreißverschluss muss dicht sein. Die Ärmelabschlüsse und die Kapuze müssen so konstruiert sein, dass möglichst wenig Wasser durch diese »Löcher« in die Jacke eindringen kann. Die Jacke muss eine gute Imprägnierung aufweisen, damit sich die Feuchtigkeit nicht von außen nach innen saugt. Und trotz aller Maßnahmen kannst du in einer Regenjacke nass werden. Wasser kann durch die Öffnungen (Ärmel, Halsausschnitt) jeder Jacke eindringen. Wird dir der Regen durch starken Wind horizontal ins Gesicht geblasen, ist auch die beste Kapuze irgendwann machtlos.

Das größte Problem ist allerdings die Feuchtigkeit, die der Nutzer selbst ins Innere der Jacke abgibt. Bei sehr hoher Bewegungsintensität kann der Mensch locker zwei Liter und mehr pro Stunde ausschwitzen. Nun ist wandern nicht so anstrengend wie zum Beispiel joggen, aber in den meisten Fällen schwitzt der Mensch auch beim Wandern deutlich mehr als auch das atmungsaktivste Material nach außen befördern kann.

Deswegen kann es sinnvoll sein, trotz Niederschlag keine komplett wasserdichte Jacke zu tragen, sondern – wenn es die Temperaturen erlauben – nur eine wasserabweisende Windjacke.

Sicher keine Option bei 10 Grad Celsius Außentemperatur, aber wenn es draußen eher warm ist und es nur leicht nieselt, ist es deutlich angenehmer für den Wanderer. Wichtig ist allerdings, die Körpertemperatur nicht absinken zu lassen und für die Pause eine wirklich dichte Jacke parat zu haben.

Wer sich mal auf dem Markt für wasserdichte und atmungsaktive Kleidung umschaut, findet hier Jacken, die teilweise mehr als 450 g wiegen und dabei auch noch mehrere hundert Euro kosten. Diese Jacken haben durchaus ihre Berechtigung für Leute, die eine superstabile Jacke haben wollen, die auch nach Jahren das stundenlange Tragen konventionell gepackter, 25 kg schwerer Rucksäcke nicht übelnimmt. Mit Leichtgewicht haben diese Jacken aber nichts zu tun. Im Leichtgewichtsbereich sollte die Jacke deutlich weniger wiegen und eine gelegentliche Belastung mit rund 15 kg Rucksackgewicht vertragen. Solche Jacken liegen unter 200 g Gewicht und sind verpackt nicht größer als ein Apfel. Preislich liegen solche Jacken auch »nur« um die 200 Euro. Firmen, die sich auf solche Leichtgewichte spezialisiert haben, sind u.a. Montane, OMM, RAB, Outdoor Research, Norröna. Solche Leichtgewichte sind natürlich aus sehr dünnem Material gefertigt und entsprechend empfindlich. Sie sind keine Allroundjacken, die es klaglos verkraften jeden Tag getragen zu werden.

Eine wasserdichte Leichtgewichtsjacke ist für mich eine Jacke, die ich bei stärkerem Regen trage und die ich sofort wieder ausziehe, wenn der Regen aufhört. Daher habe ich sie meist im Rucksack und trage sie nicht permanent.

Accessoires

Was dir jetzt noch fehlt, sind Accessoires wie Mütze, Handschuhe und Schal. Wenn du in gebirgigen Regionen eine Trekkingtour unternimmst, muss man eigentlich immer mit kühleren Temperaturen rechnen. Deshalb ist auch im Sommer eine dünne Mütze aus Wolle oder Kunstfaser angeraten.

> ***Ein universeller Schlauchschal kann als Mütze, Schal oder sogar als Sturmhaube genutzt werden.***

Bei sehr warmen Temperaturen eignet er sich auch als Schweißband oder wenn man ihn von Zeit zu Zeit mit Wasser befeuchtet und als Schal trägt, kann er durch die Verdunstungskälte sogar ein wenig kühlen und schützt zeitgleich den Nacken vor Sonnenbrand. Bei Touren in sehr heißen Regionen, wie z. B. auf dem südlichen PCT, ist ein Sonnenhut ein sehr nützliches Kleidungsstück. Ein breitkrempiger Strohhut sorgt für einen guten Sonnenschutz für Nase und Ohren und hält den Kopf ein paar Grad kühler.

Ein paar leichte, dünne Wollhandschuhe, die eigentlich als Unterziehhandschuhe angeboten werden, leisten auch bei kühlen Temperaturen gute Dienste. Je nach klimatischen Bedingungen kannst du über die Unterziehhandschuhe ein paar dünne, wasserdichte Überhandschuhe streifen, um dich warm zu halten. Diese kleinen, oft vernachlässigten Dinge wie Mütze, Handschuh und Schal sind für den Ultraleicht-Hiker durchaus wichtig. Da aus Gewichtsgründen nicht so viele Kleidungsstücke mitgenommen werden, ist die Auswahl an zusätzlichen Schichten begrenzt. Auch wird der Ultraleicht-Hiker tendenziell das Essen knapp kalkulieren und deshalb wahrscheinlich eher frieren als ein gewöhnlicher Wanderer. Da sind die paar Gramm für diese Artikel eine gute Investition, um in Grenzbereichen noch besser warm zu bleiben.

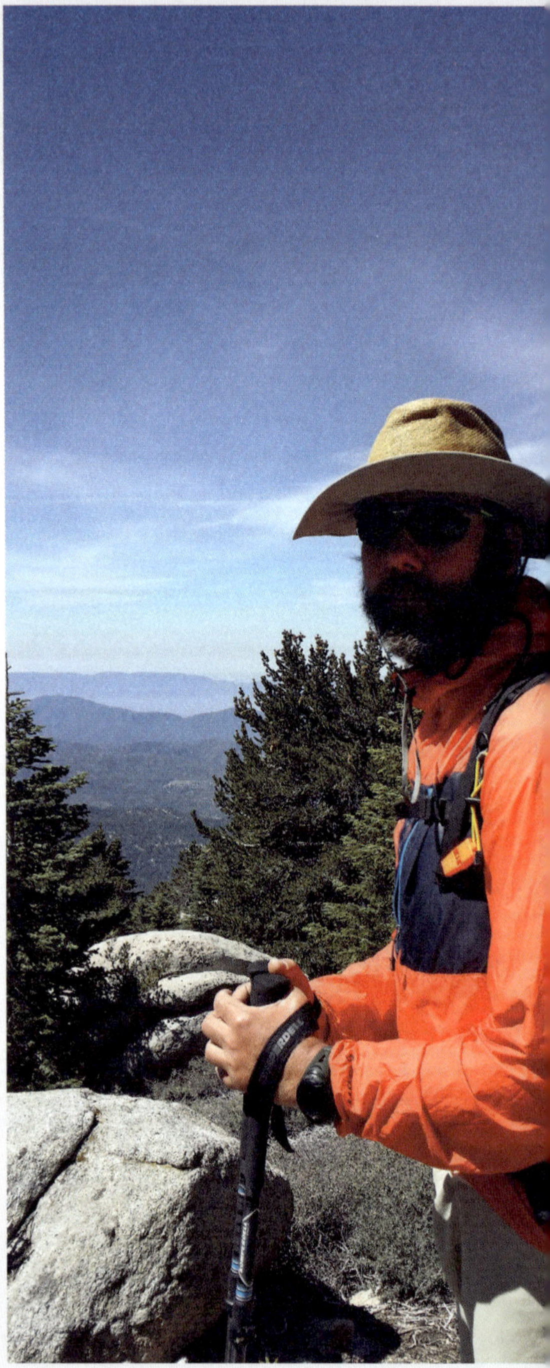

In den San Jacinto Mountains, PCT, Südkalifornien.

Du musst auch wissen, dass sehr viel Wärme über den Kopf verloren geht. Daher ist es sinnvoll, nicht nur den Körperkern, sondern eben auch den Kopf zu schützen.

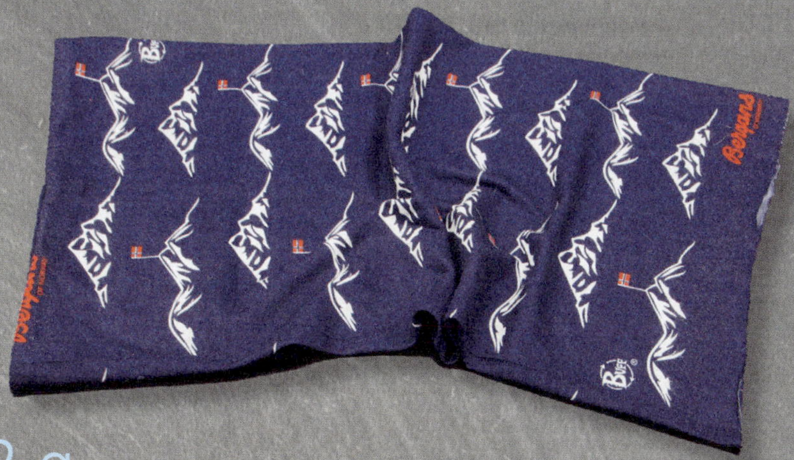

42 g

Ein Schlauchschal gehört auf jeden Fall in den Rucksack. Er kann als Halswärmer, als Mütze oder als Gesichtsmaske verwendet werden, 42 g.

39 g

Auch eine Mütze ist bei Touren in den Bergen immer mit dabei. Sie wiegt nicht viel, 39 g, hält aber den Kopf warm, über den viel Wärme verloren gehen kann.

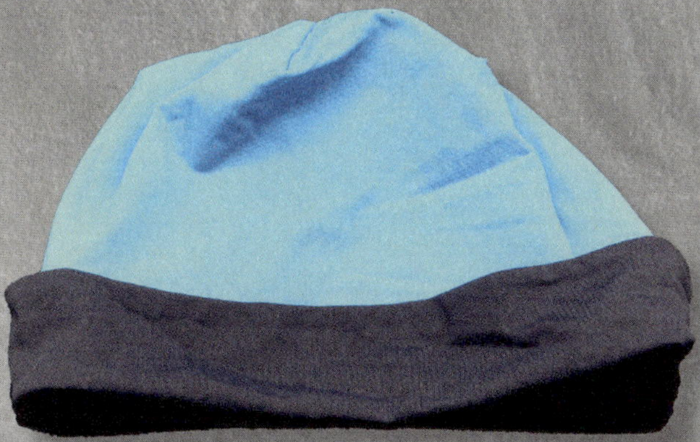

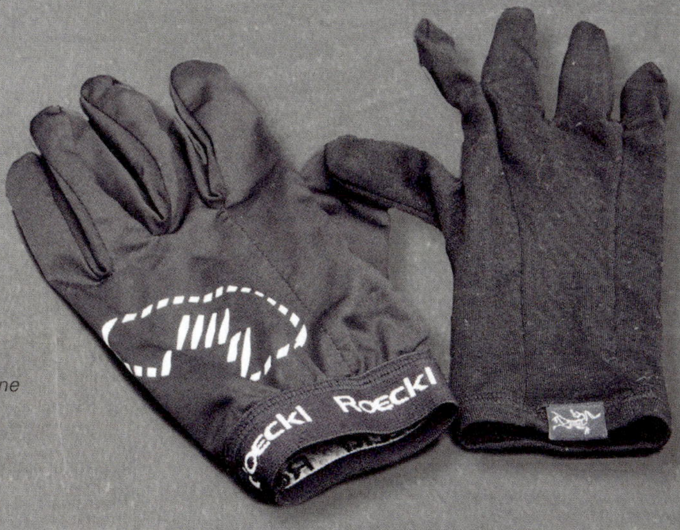

36/31 g

Ebenfalls wichtig sind Handschuhe, denn auch die Finger werden schnell kalt. Bei Touren im Sommer verwende ich gern eine Kombination von ganz dünnen Wollhandschuhen, 36 g, und winddichten, nahezu wasserdichten Überhandschuhen, 31 g.

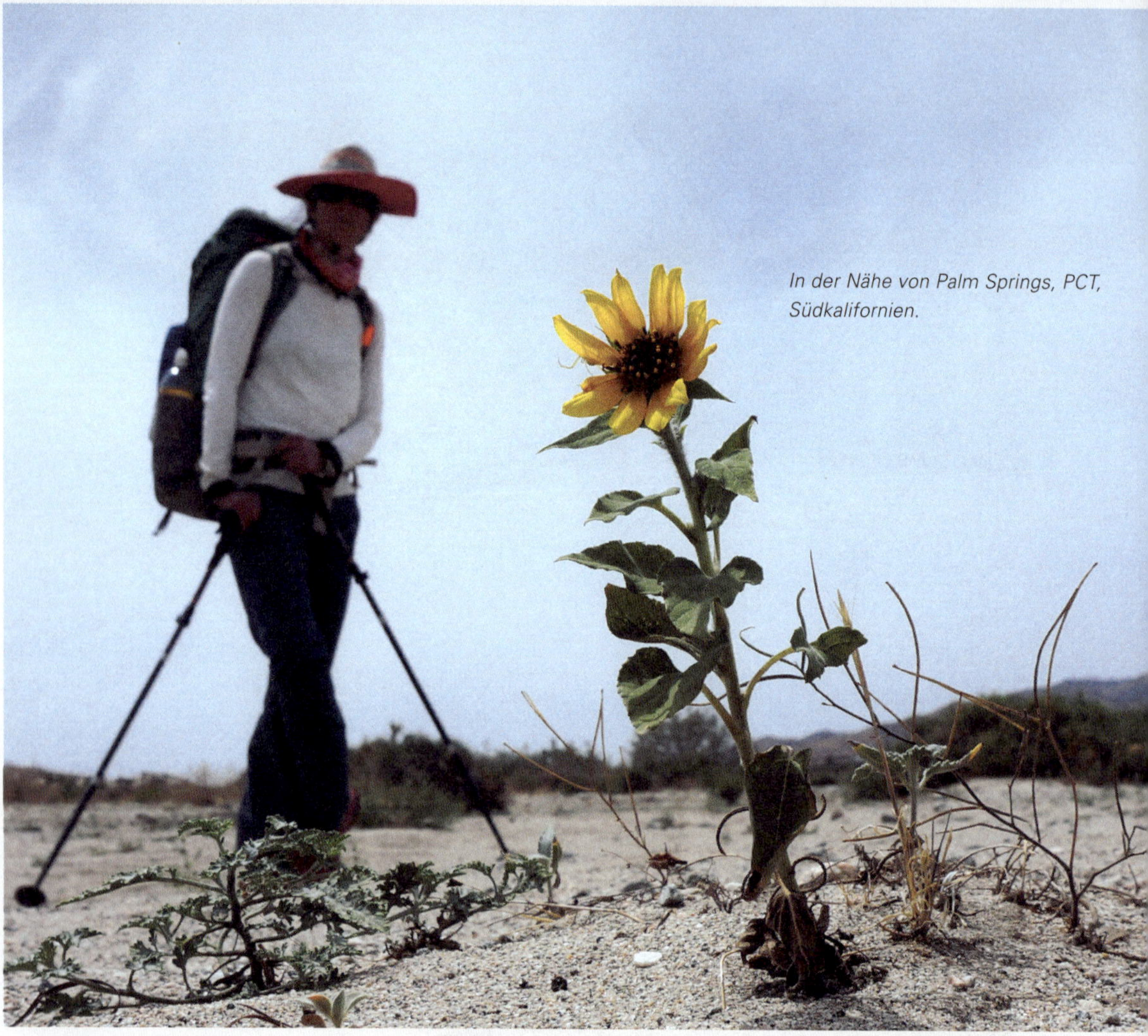

In der Nähe von Palm Springs, PCT, Südkalifornien.

Wieviel Kleidung muss mit?

Je nach Dauer der Tour variiert natürlich die Menge der Bekleidung, die eingepackt werden muss. Bei einer Wochenendtour mit zwei Übernachtungen bei recht zuverlässiger Wettervorhersage brauchst du womöglich gar keine zusätzliche Kleidung einzupacken. Das sieht bei einer mehrtägigen, mehrwöchigen oder gar mehrmonatigen Wandertour natürlich anders aus. Je länger die Tour ist, desto genauer musst du dir überlegen, was du einpacken willst.

Gewichtsmäßig macht es natürlich auch einen großen Unterschied, welche Konfektionsgröße Mann oder Frau hat. Die gleichen Kleidungsstücke meiner Frau in der Größe S wiegen in meiner Größe L/XL schon mal gut 1,5-mal so viel. Es ist daher wichtig, beim Kauf der Kleidung oder beim Packen das Gewicht der einzelnen Kleidungsstücke genau zu ermitteln. Schon bei einem T-Shirt können sehr deutliche Gewichtsunterschiede ermittelt werden.

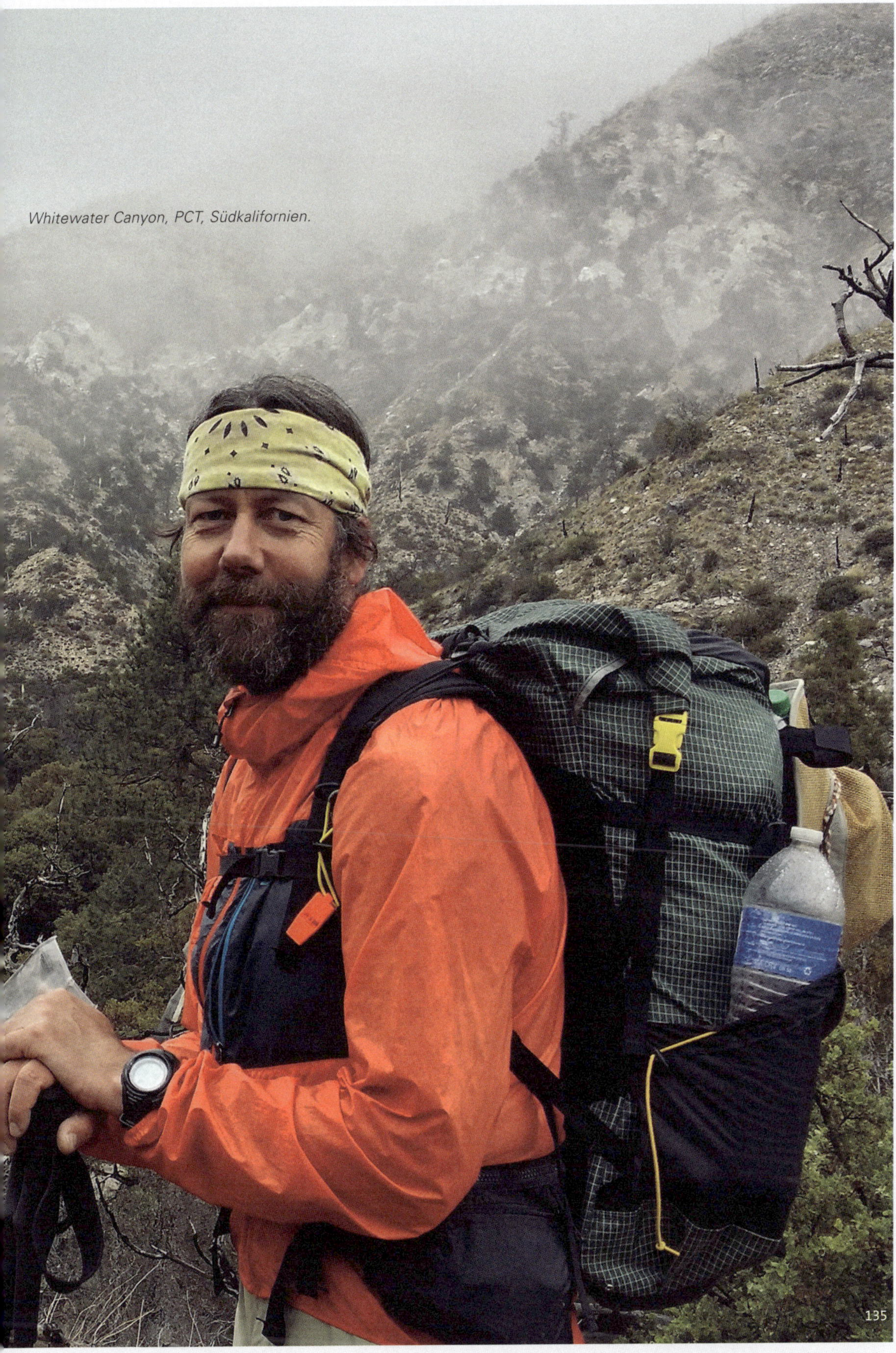

Whitewater Canyon, PCT, Südkalifornien.

> ***Bei der Menge an Kleidungsstücken, die auf der Tour benötigt werden, ist es wichtig darauf zu achten, dass diese sich gut ergänzen und aus Materialien bestehen, die für den vorgesehenen Zweck am effektivsten sind.***

Mehr als zwei Stück Unterwäsche benötigst du auch auf langen Touren nicht. Ein Paar wird getragen und ein Paar als Reserve. Das Reservepaar kann einfach mal von Hand durchgewaschen werden und dann am Rucksack trocknen. Ebenso verhält es sich mit den Socken. Viele Hiker, die weite Strecken gehen, wechseln in den Pausen einfach die Socken und lassen das andere Paar dann außen am Rucksack trocknen/lüften. Das verringert das Risiko der Blasenbildung. Für wirklich lange Touren kannst du auch unterwegs andere Kleidung dazukaufen oder dir eventuell postlagernd schicken lassen.

Man muss sich aber auch ganz einfach damit abfinden, dass man bei einer solchen Tour einfach etwas mehr »nach Abenteuer« riecht als im Büroalltag. Aber damit ist man ja auch nicht allein, es gehört einfach dazu.

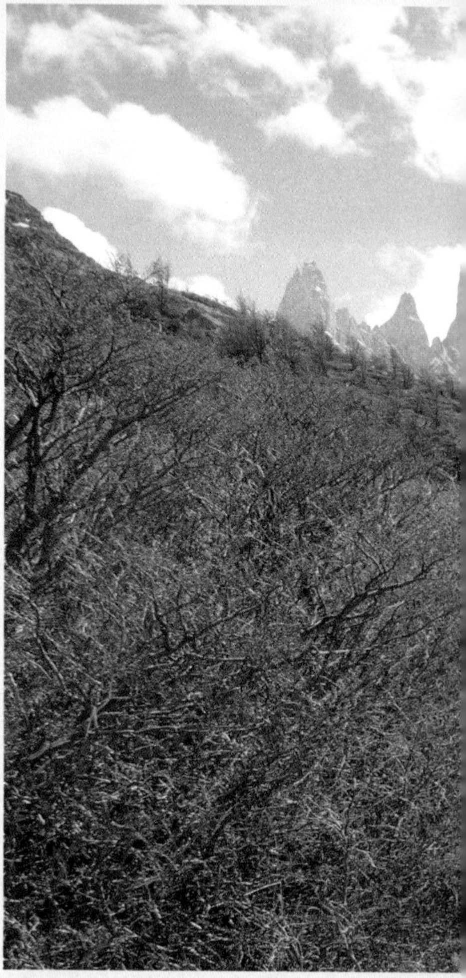

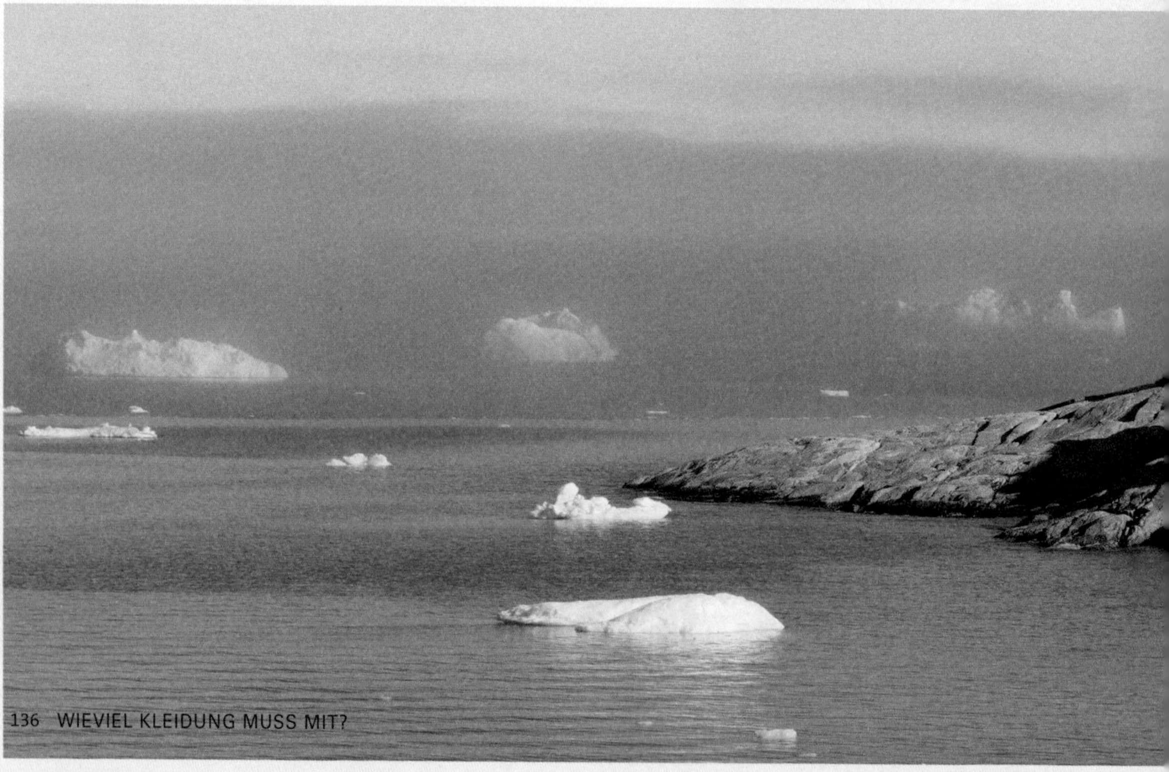

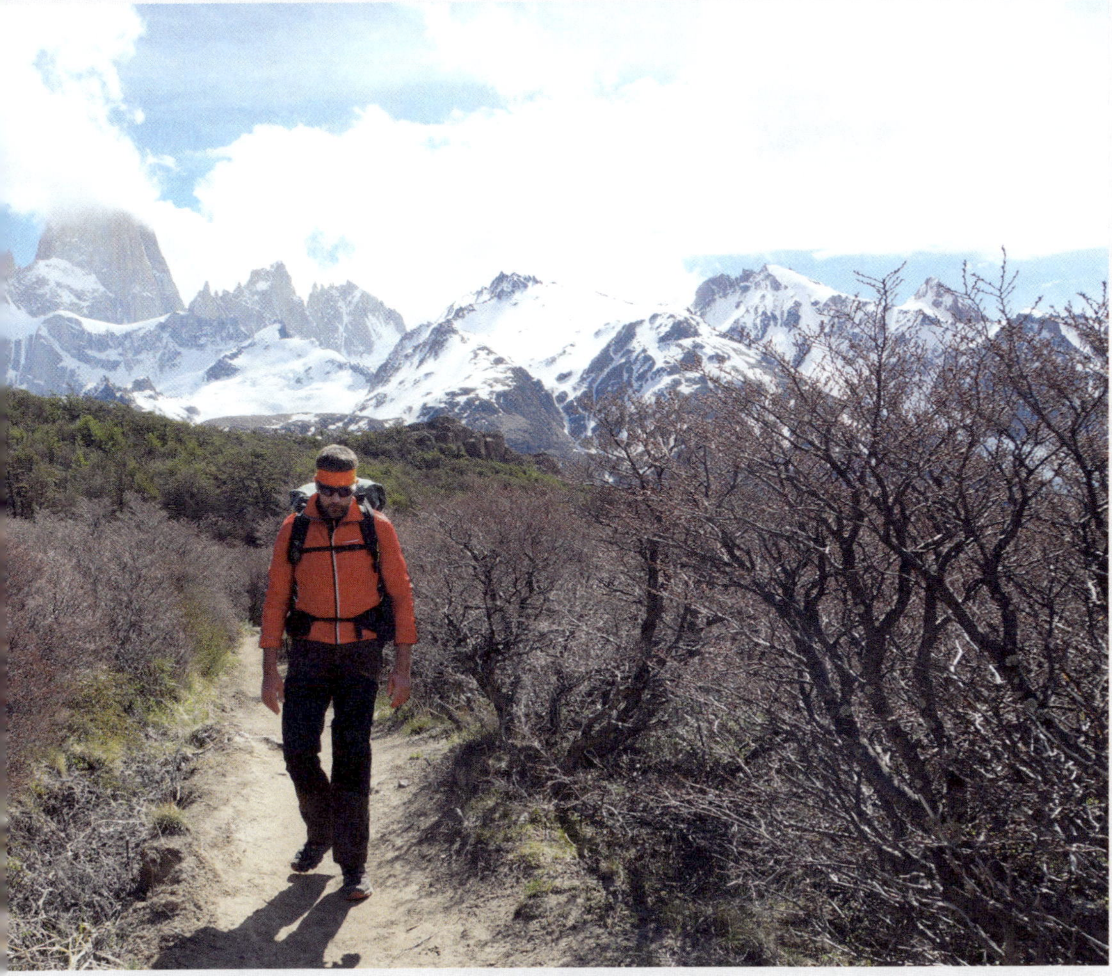

Auf dem Weg zum Fitz Roy, Patagonien, Argentinien.

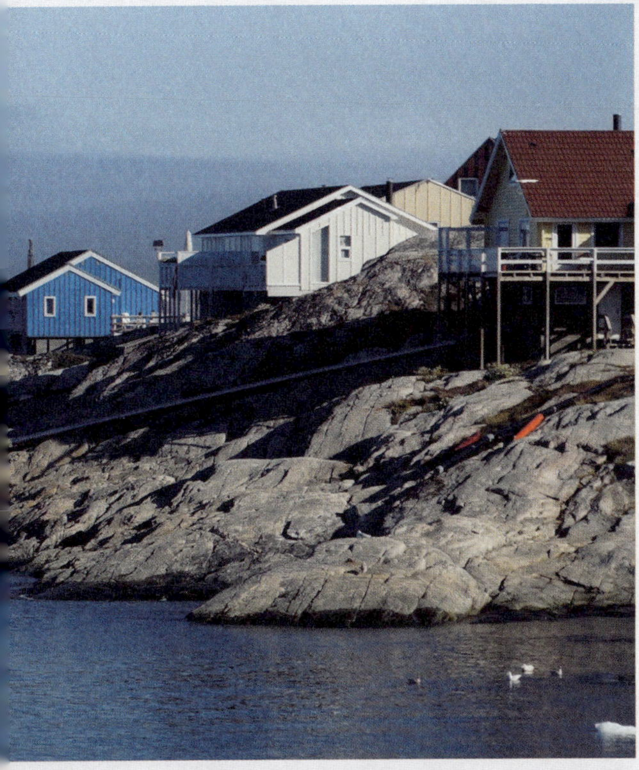

Eisberge in der Diskobucht, Grönland.

7. Schuhwerk

Grundlagen

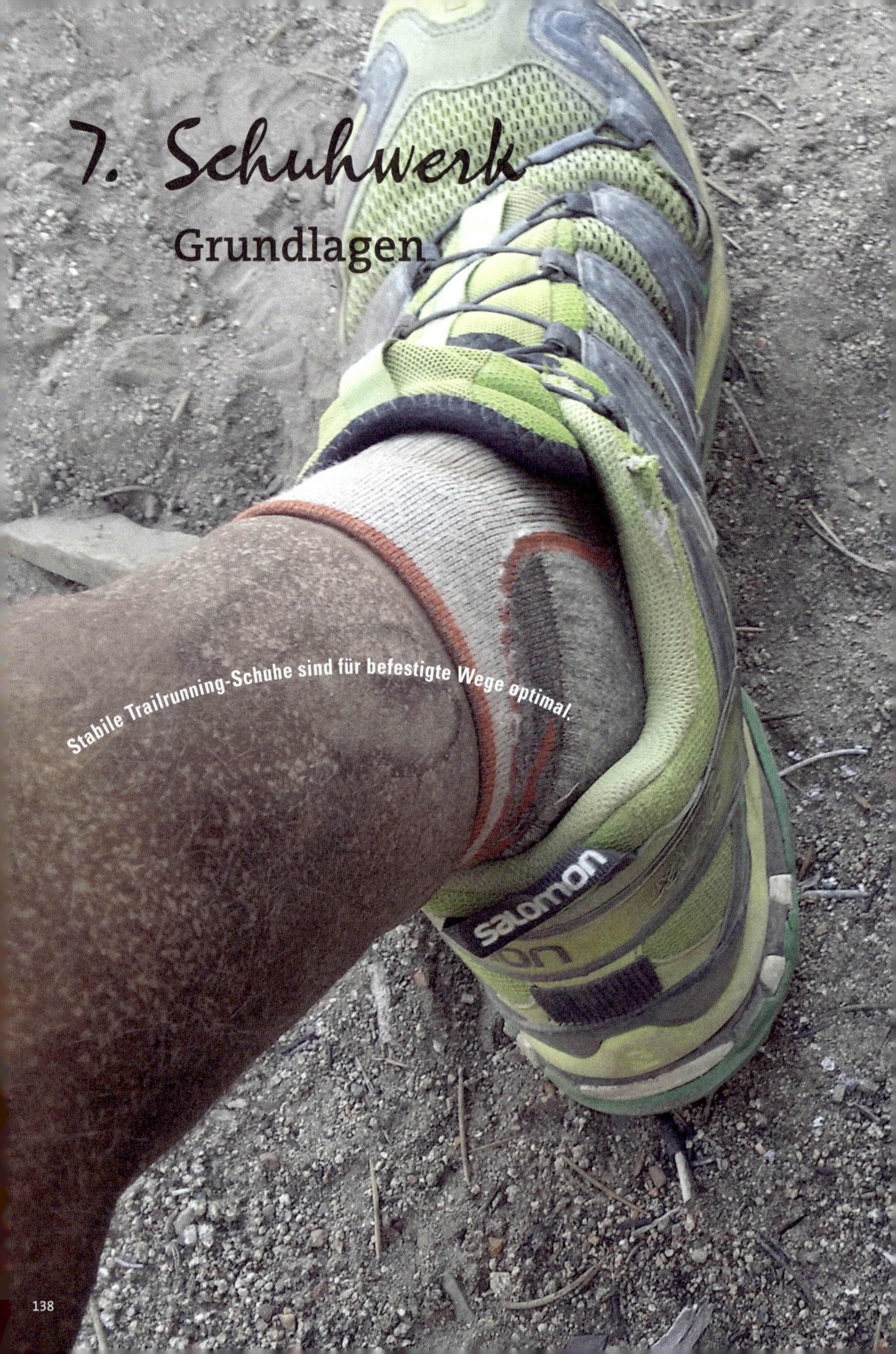

Stabile Trailrunning-Schuhe sind für befestigte Wege optimal.

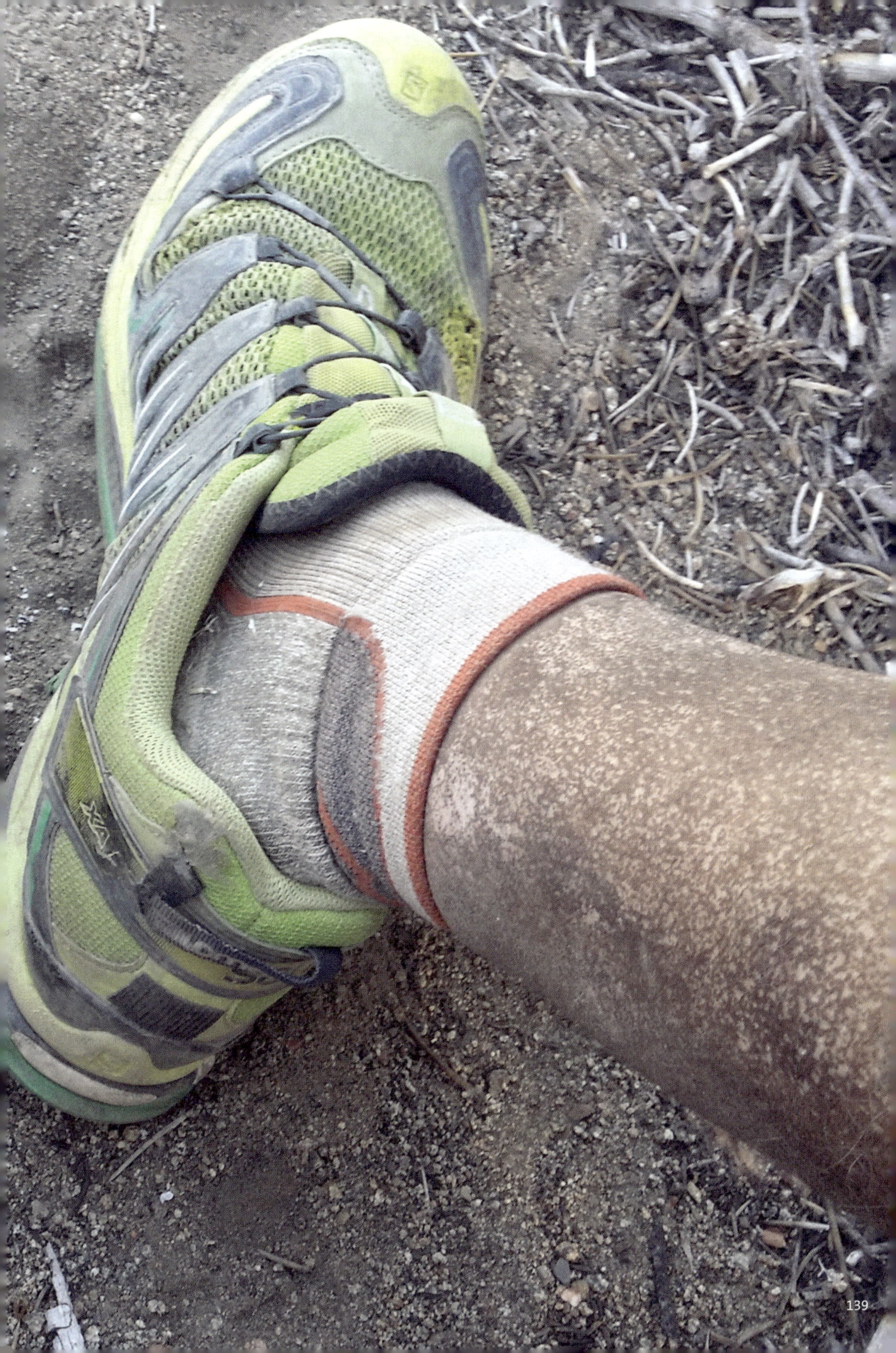

Der erfahrene Wanderer und der Berater im Outdoorladen werden oft zuerst einen stabilen Lederschuh der Kategorie B/C (leichter Trekkingstiefel) empfehlen. Diese Schuhe sind sehr stabil, haben eine dicke, steife Sohle und einen Oberbau aus Leder, am besten zusätzlich noch eine Gore-TexMembran und umschließen den Knöchel fest. Damit kann ich auf spitzen Steinen stehen, ohne dass sich die Sohle durchbiegt.

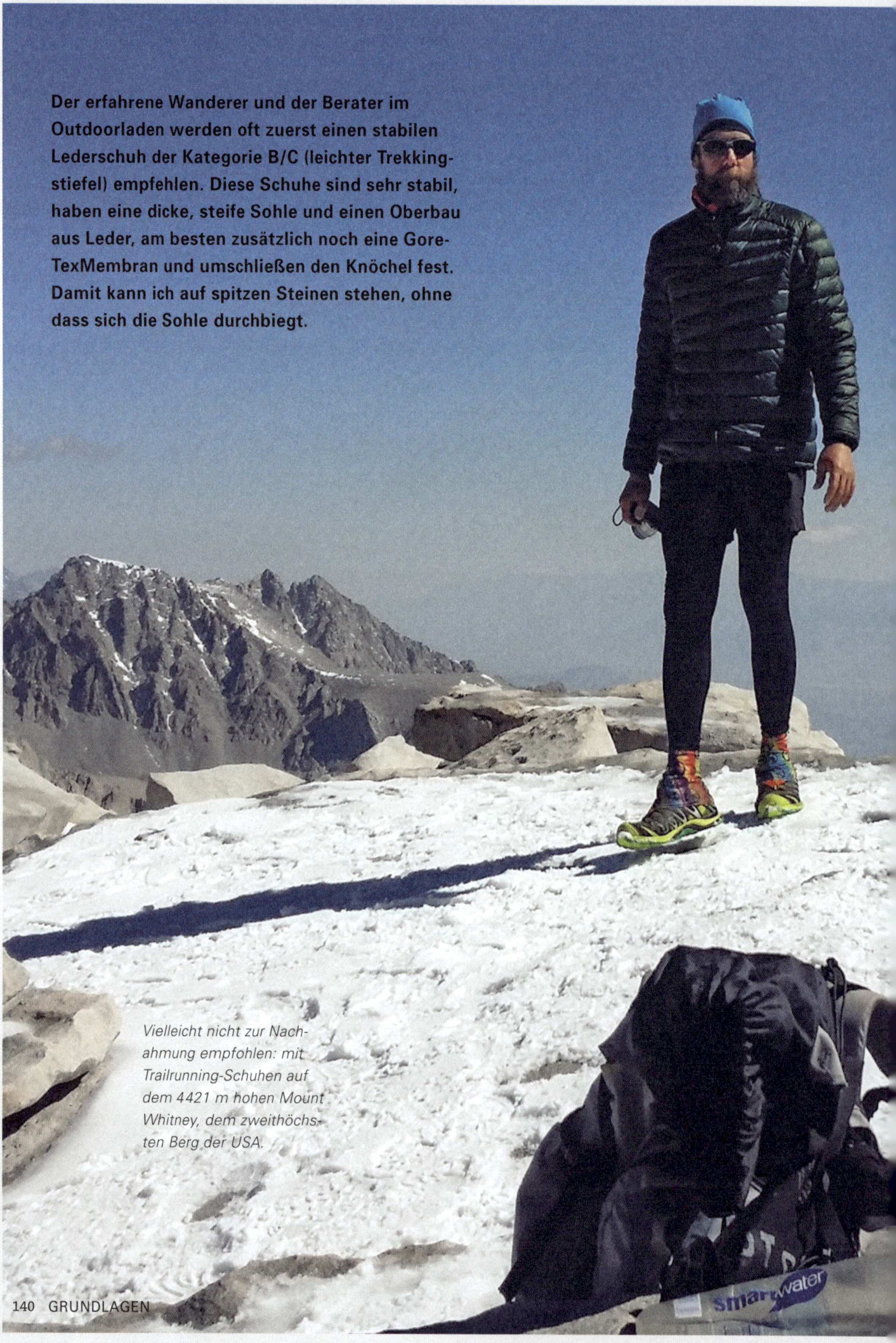

Vielleicht nicht zur Nachahmung empfohlen: mit Trailrunning-Schuhen auf dem 4421 m hohen Mount Whitney, dem zweithöchsten Berg der USA.

Sie sind für Wanderungen auf weglosem Gelände im Hochgebirge gemacht. Nur sind sie leider sehr schwer. Sie bieten optimalen Schutz für den Fuß, auch bei weiten Strecken über loses Geröll und vor allem bei schwerem Gepäck. Schweres Gepäck aber wollen wir ja vermeiden und auch die Wege, selbst in den klassischen Trekkinggebieten, sind nahezu immer doch irgendwie befestigte Wege.

Auch ich war früher mit solchen massiven Schuhen unterwegs. Der Fuß ist im Schuh eingesperrt und ich hatte oft Fußbeschwerden, Blasen und Druckstellen. Die brettharte Sohle setzte meinen Füßen schon ganz schön zu und führte am Ende des Tages immer zu bleischweren Füßen. Dazu kommt das schwitzige Klima im Schuh, das wiederum die Bildung von Blasen begünstigen kann. Seitdem ich mich mit dem Ultraleicht-Hiking beschäftige, trage ich auf meinen Touren nur noch leichte Trailrunner und meine ganzen Fußprobleme gehören der Vergangenheit an.

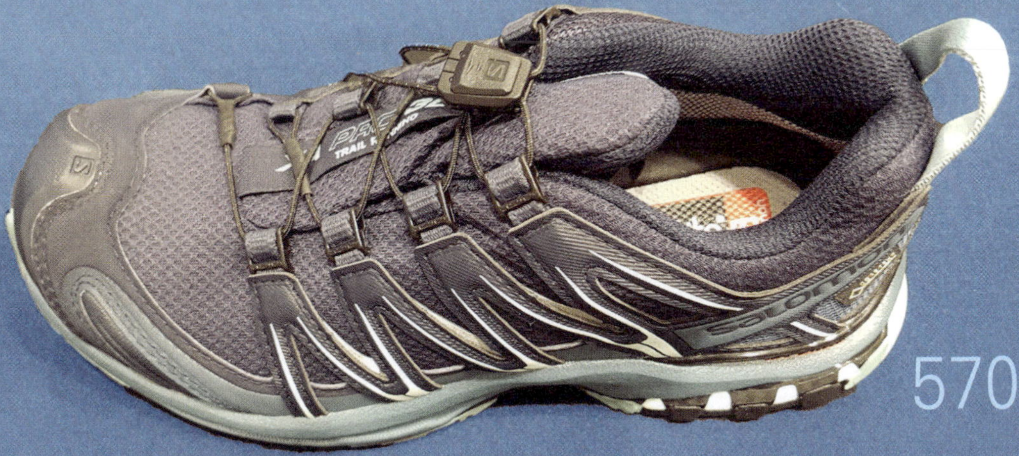

570 g

Ein Trailrunning-Schuh, stabiler als ein Laufschuh für die Straße, 570 g in Größe 39.

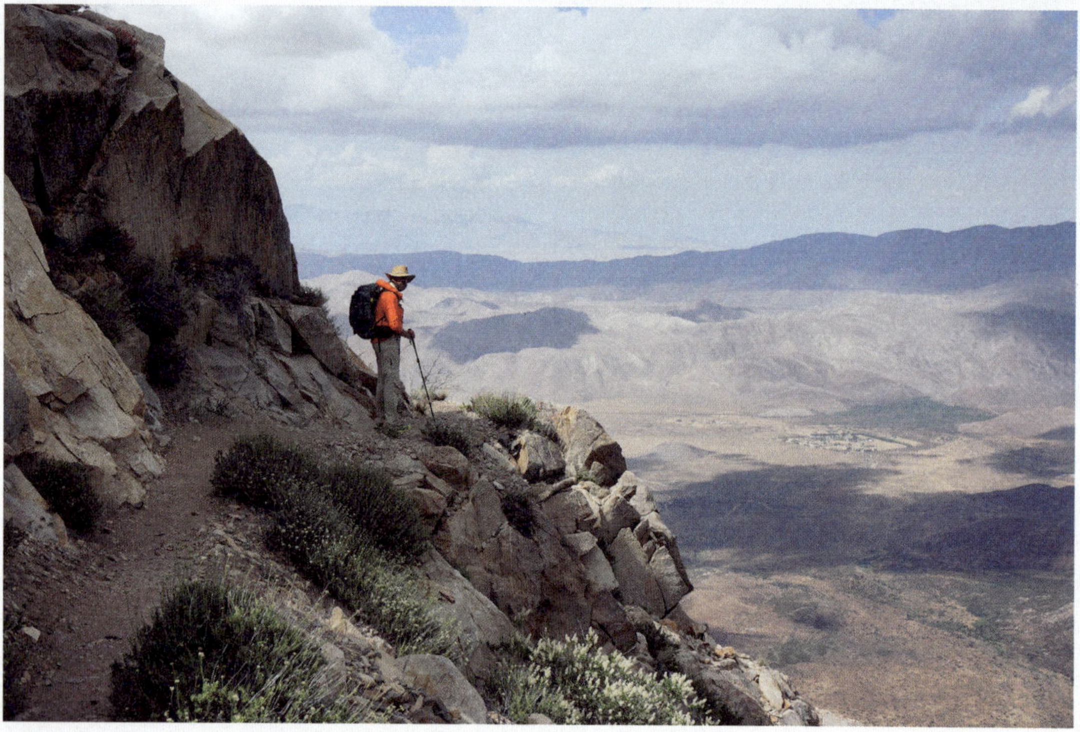

Entlang des Sunrise Highways, PCT, Südkalifornien.

Schuhe für den Ultraleicht-Wanderer

Für Touren, die auf ausgebauten Wegen stattfinden, also in Mittelgebirgen, auf etablierten Weitwanderwegen, wie zum Beispiel vielen Pilgerwegen und auch den meisten Wegen im Alpenraum ist ein Trailrunning-Schuh die geeignetste Lösung.

Trailrunner sind im Grunde leichte, luftige Joggingschuhe mit einer etwas dickeren, stärker profilierten Sohle. Sie haben auch in der Regel einen stabileren Oberbau im Vergleich zu normalen Laufschuhen. Oft sind sie mit einem höheren Gummirand ausgestattet, um deine Zehen besser zu schützen. Sie verfügen über etwas breitere Sohlen, um die Trittsicherheit im Gelände zu erhöhen. Viele Modelle werden mittlerweile nicht mehr mit den klassischen Schnürsenkeln, sondern mit Schnürsystemen wie dem BOA-Verschluss oder mit Klemmsystemen angeboten. Diese sind auf jeden Fall tausendfach bewährt und man kann sie bedenkenlos auch auf langen Wandertouren nutzen. Auf jeden Fall solltest du schon eine gute Muskelbasis haben, um damit sicher laufen zu können. So ein leichter Schuh bietet natürlich wenig Schutz vor dem Umknicken. Wenn du jedoch im Alltag regelmäßig joggen gehst, bereitest du deine Füße und Gelenke schon mal gut auf die Strapazen einer Wanderung vor. Wichtig ist es meiner Meinung nach, sich vor einer Wanderung auch Gedanken darüber zu machen, wie die Wegbeschaffenheit des Zielgebietes aussieht. Bei ausgebauten Wegen, wie sie in Mittelgebirgen zu finden sind, ist die Verwendung von Trailrunnern kein Problem. Wenn deine Tour dich ins Hochgebirge führt und du wirklich kilometerweit über Schotter und Geröll wandern musst, solltest du dich schon nach einem Schuh mit einer festeren Sohle umschauen. Wenn die Sohle zu weich ist, drücken sich die Bo-

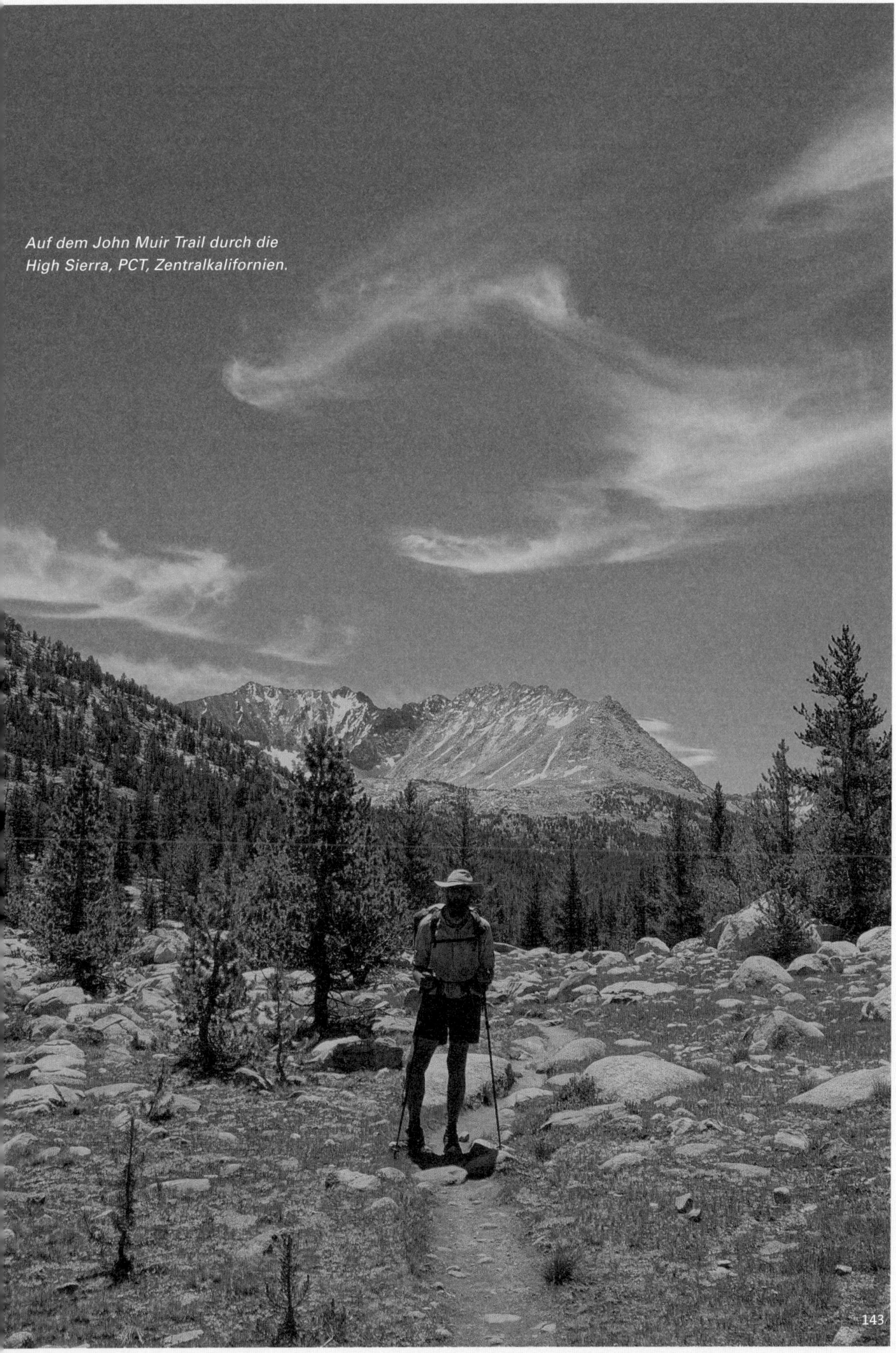

Auf dem John Muir Trail durch die High Sierra, PCT, Zentralkalifornien.

1056 g pro Paar

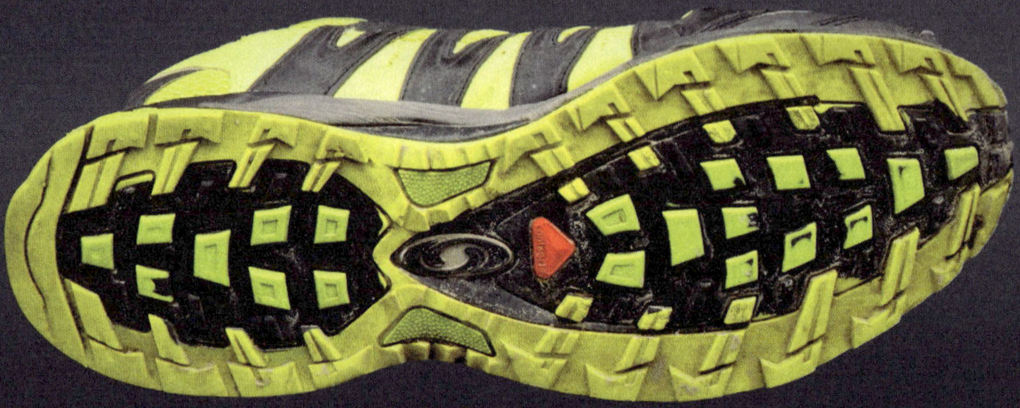

Dieser Schuh hat ein deutlich gröberes Profil als ein normaler Joggingschuh für die Straße und bietet dadurch mehr Grip auf matschigen Wegen, pro Paar 1 056 g.

Da der Schuh sehr flach ist und nicht über die Knöchel reicht, hilft eine Gamasche, um das Innere des Schuhes vor Dreck und kleinen Steinen zu schützen.

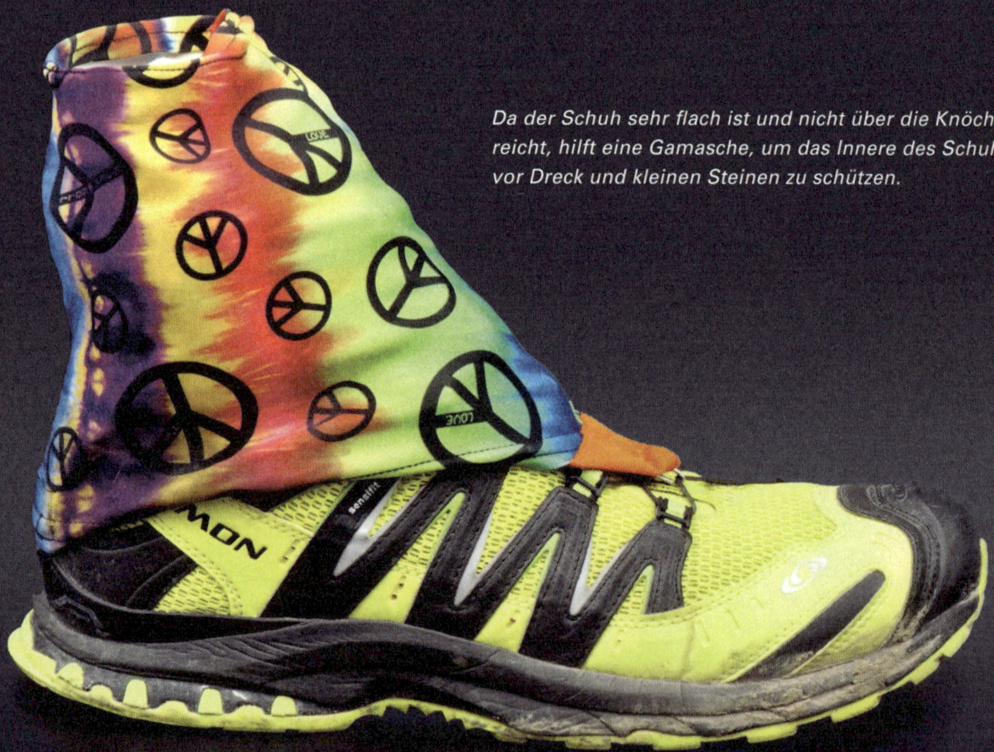

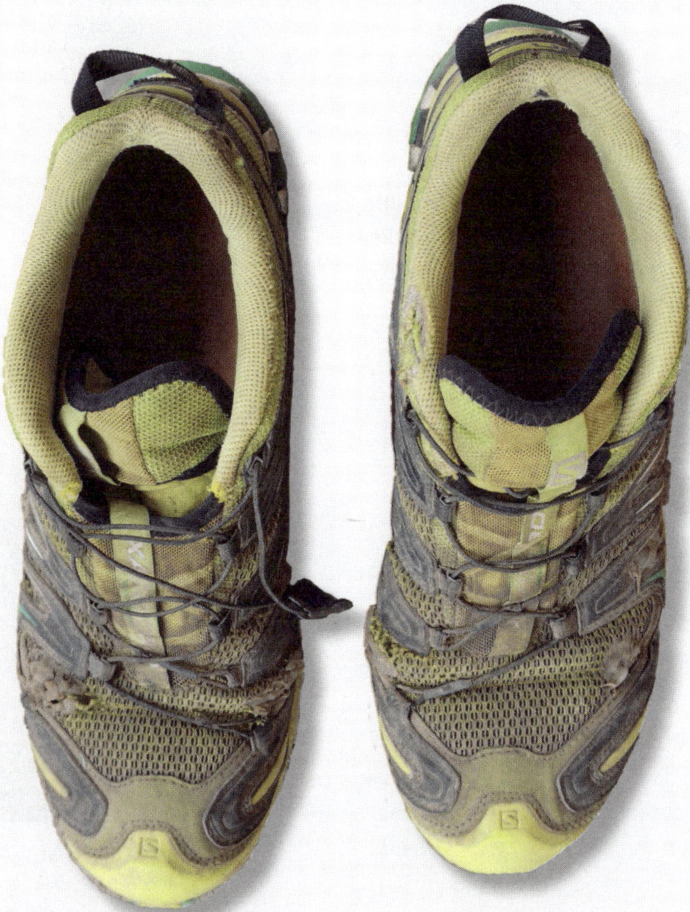

Allerdings ist so ein Schuh natürlich nicht so haltbar wie ein stabilerer und schwerer Wanderstiefel aus Leder. Diese Schuhe haben mehr als 1500 km auf dem PCT hinter sich und ist wirklich reif für die Mülltonne.

denunebenheiten durch und belasten die Füße. Das muss immer noch kein Trekkingstiefel sein, sondern einfach nur ein Schuh mit festerer Sohle. Diese Schuhe werden heutzutage oft als Approach- oder Zustiegsschuhe bezeichnet. Sowohl bei unserer Wanderung auf dem PCT als auch auf dem Kungsleden in Schweden oder Wanderungen in Patagonien haben wir Trailrunner getragen und haben es nicht bereut.

Wer Angst hat umzuknicken, weil er entweder schwache Bänder und Sehnen hat oder weil er in sehr unwegsamem Gelände unterwegs ist, kann über stabilisierende Bandagen aus dem Sanitätshaus nachdenken.

Diese stabilisieren das Sprunggelenk und wiegen immer noch weniger als ein Trekkingstiefel aus Vollleder. Es ist jedoch immer eine individuelle Abwägungssache, die Entscheidung muss jeder für sich selbst treffen. Worin fühle ich mich sicher? Welcher Schuh ist vor dem Hintergrund der Relation von Gewicht und Nutzen für mich der richtige? Wie immer bietet sich hier auch ein Test in Gestalt einer Wochenend-Wanderung an. Das ist ein überschaubarer Zeitraum und Du kannst das Wandern in Trailrunnern mal austesten.

Wasserdicht oder besser nicht ...?

Oft werden für Wanderungen aller Art Schuhe mit »**Tex«-Membran gekauft. »Wasserdicht und atmungsaktiv« lautet hier der Werbeslogan. Das klingt großartig, ist aber leider nicht immer richtig**.

Für kleinere Regenschauer sind diese Schuhe sicher gut geeignet, jedoch halten sie deinen Fuß meiner Erfahrung nach nicht dauerhaft trocken. Bei Halbschuhen oder auch bei knöchelhohen Schuhen kann Wasser natürlich immer über den Schuhrand eindringen. Bei Dauerregen oder beim Laufen durch nasses Gras durchweicht der Schuh selbst mit einer langen Regenhose und die Feuchtigkeit dringt irgendwann über den Dochteffekt ins Schuhinnere vor. Dann kommt die Wasserdichtigkeit erst so richtig zum Tragen. Das Wasser kommt nämlich nicht mehr aus dem Schuh hinaus. Durch die Membran kann es auch keine Luftzirkulation im Schuh geben und die Schuhe brauchen ewig zum Trocknen.

Bei unserer Wandertour auf dem Arctic Circle Trail in Grönland hatten wir zwar schon sehr leichte Rucksäcke, uns aber noch für B/C Stiefel mit wasserdichter Membran entschieden. Leider hat es auf der Tour fast jeden Tag für längere Zeit geregnet. Es ging durch nasses Gras und auf dem Weg stand oft das Wasser, ohne dass man es umgehen konnte. Bereits am ersten Tag waren die Schuhe innen noch nasser als außen, und sie sind auch die restlichen 9 Tage nicht mehr getrocknet. Das war schon sehr unangenehm. Unsere Füße sahen aus wie die einer Wasserleiche.

Wir haben dann einen norwegischen Wanderer getroffen, der mit ultraleichtem Gepäck und Trailrunnern unterwegs war. Auch er hatte natürlich nasse Füße, aber seine Schuhe waren auch

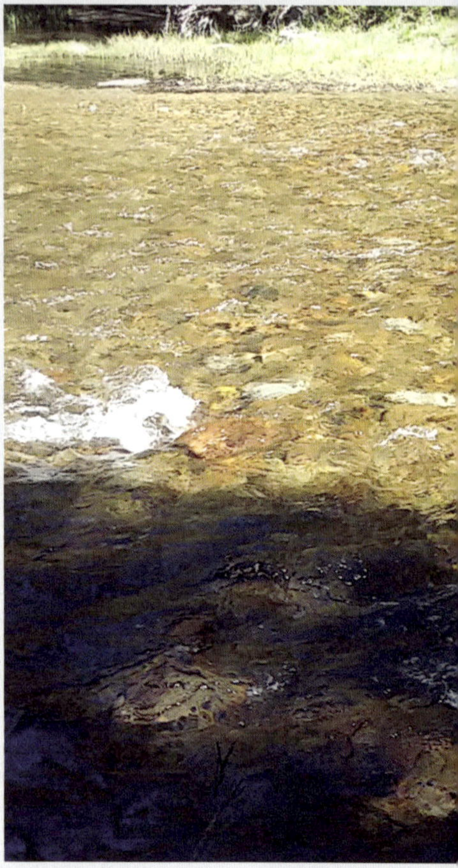

High-Sierra-Durchquerung des Bear Creek mit Trailrunning-Schuhen am Fuß, PCT, Zentralkalifornien.

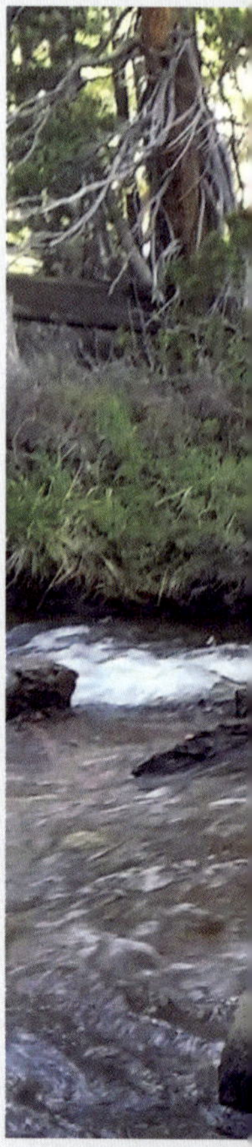

Nicht immer sind Querungen von Wasserläufen so wie hier trockenen Fußes möglich.

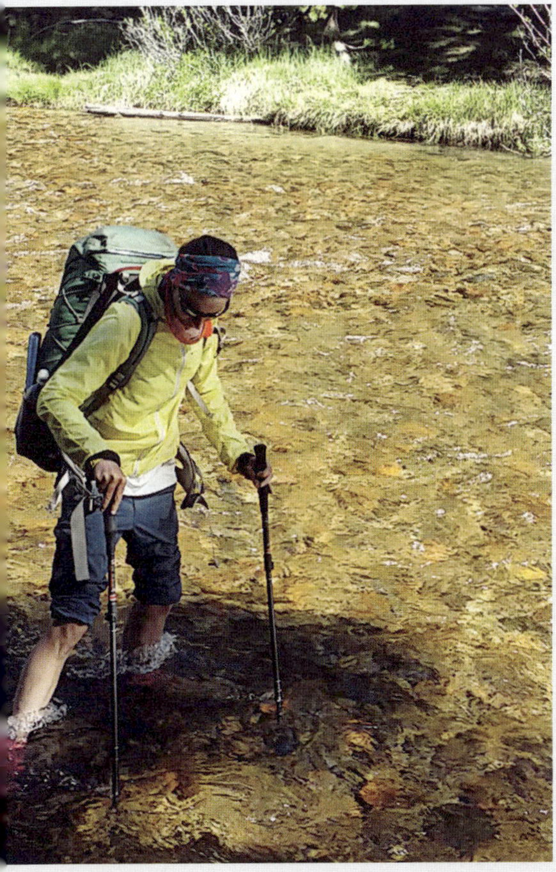

schnell wieder trocken, da zum einen das Wasser schnell wieder aus dem Schuh herauslief und die Luft durch das Netzmaterial wunderbar zirkulieren konnte. Zum anderen konnten durch die Körperwärme auch die Futterstoffe trocknen. Der Norweger hatte aber auch noch eine andere Technik auf Lager. Das »Wet Feet Principle«, also das »Nasse-Füße-Prinzip«.

Während wir vor jeder Flussüberquerung mühsam die Schuhe aus- und auf der anderen Seite wieder angezogen haben, ist er ohne den Schritt zu unterbrechen, einfach mit seinen Schuhen durchs Wasser gegangen und weitergelaufen. Wir haben bei jeder Furt etwa eine halbe Stunde Zeit damit verbracht, die Schuhe aus- und wieder anzuziehen. Das stellenweise auch im strömenden Regen, was das Wasser im Schuh auch nicht gerade verringert hat.

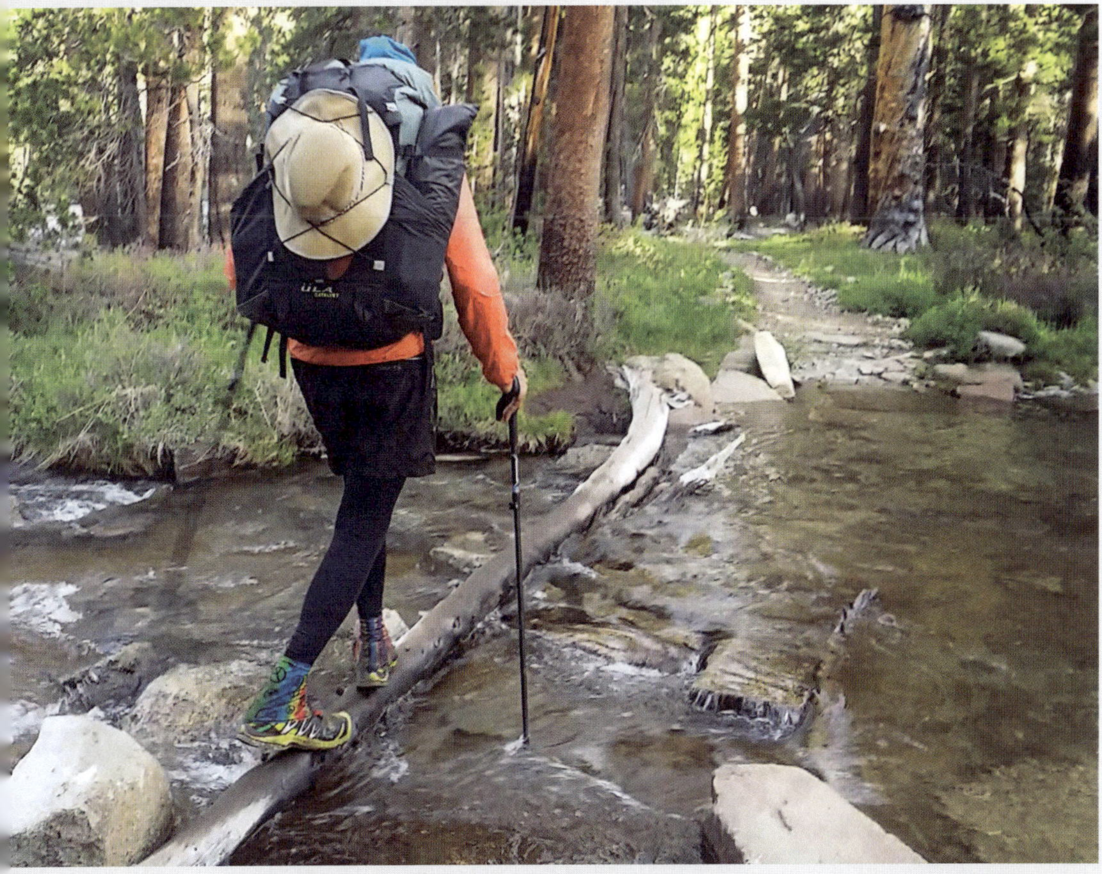

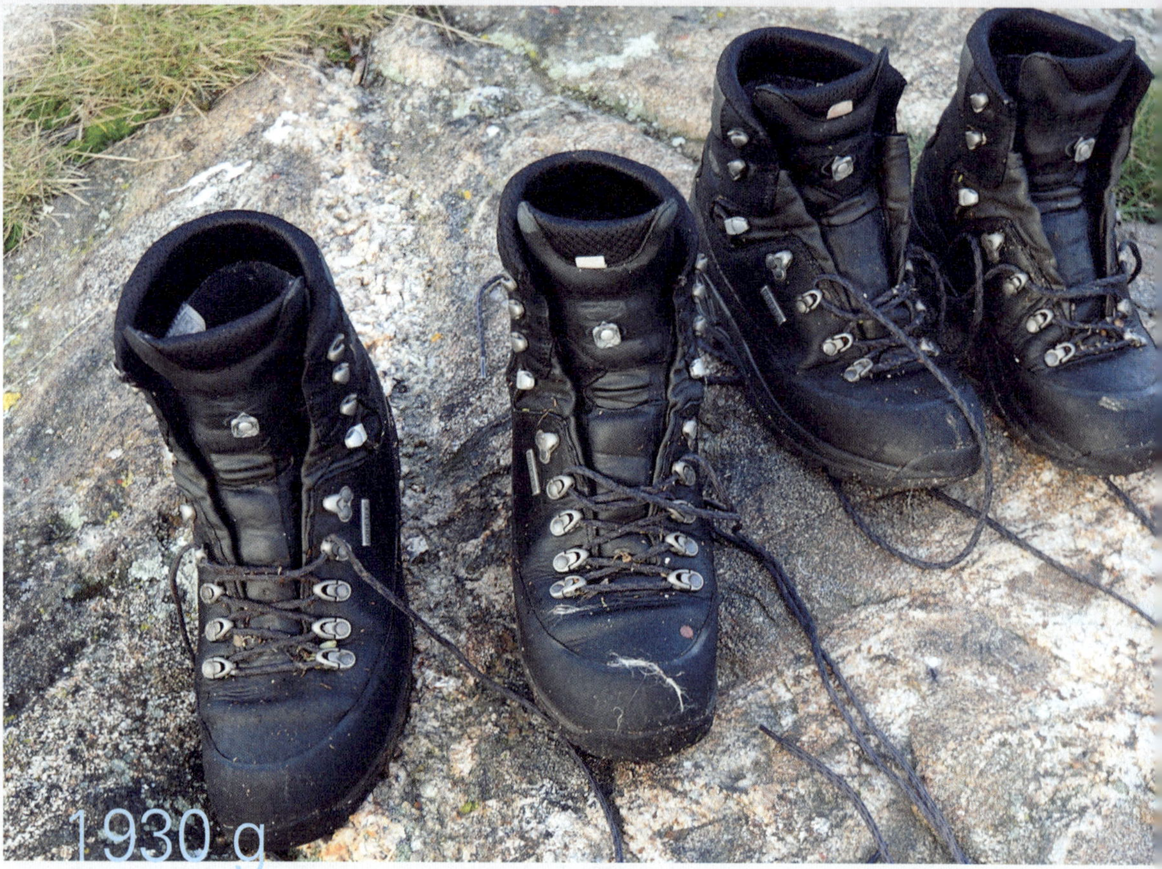

Stabile, wasserdichte Wanderstiefel aus Leder mit 1 930 g pro Paar in Größe 47. Wasserdicht heißt in diesem Fall: Ist das Wasser erst mal im Schuh drin – und das wird es bei richtig schlechtem Wetter sein – kommt es auch nicht mehr aus dem Schuh raus.

Seit dieser Tour machen wir das genauso. Gerade in Gebieten, in denen oft Flüsse gequert werden müssen, ist man so viel schneller unterwegs und muss nicht immer eine Zwangspause einlegen. Schneller unterwegs sein heißt dann auch, ich brauche für eine bestimmte Distanz weniger Zeit und kann somit weniger Verpflegung mitnehmen, die meist einen Großteil des Rucksackgewichtes ausmacht. Gerade auf dem Kungsleden hat sich dieses Prinzip schon sehr positiv bemerkbar gemacht. Wir waren recht früh im Jahr unterwegs und mussten viele Schmelzwasserbäche durchqueren, die einen Monat später wohl ausgetrocknet gewesen wären. Hätten wir uns immer die Schuhe ausgezogen, wären wir bestimmt einen Tag länger unterwegs gewesen.

Es gibt aber auch noch einen weiteren Vorteil. Nicht immer ist es angeraten, barfuß durch einen Fluss zu waten. Man hat mit einem Schuh einen deutlich besseren Halt auf glatten Steinen und auch die Verletzungsgefahr für die Füße, beispielsweise durch sehr spitze Steine oder unter Wasser festhängende Äste, wird deutlich gemindert.

Man kann natürlich auch Sandalen oder Badeschuhe mitnehmen, die man zum Durchwaten anzieht, aber bevor man so etwas in seinen Rucksack steckt, sollte man diese auf die Waage legen und sich überraschen lassen, wie schwer ein solches Schuhwerk tatsächlich ist. Auch beim Thema »Wet Feet« bietet sich ein Testlauf am Wochenende an, bevor man auf große Tour geht. So kann man für sich prüfen und

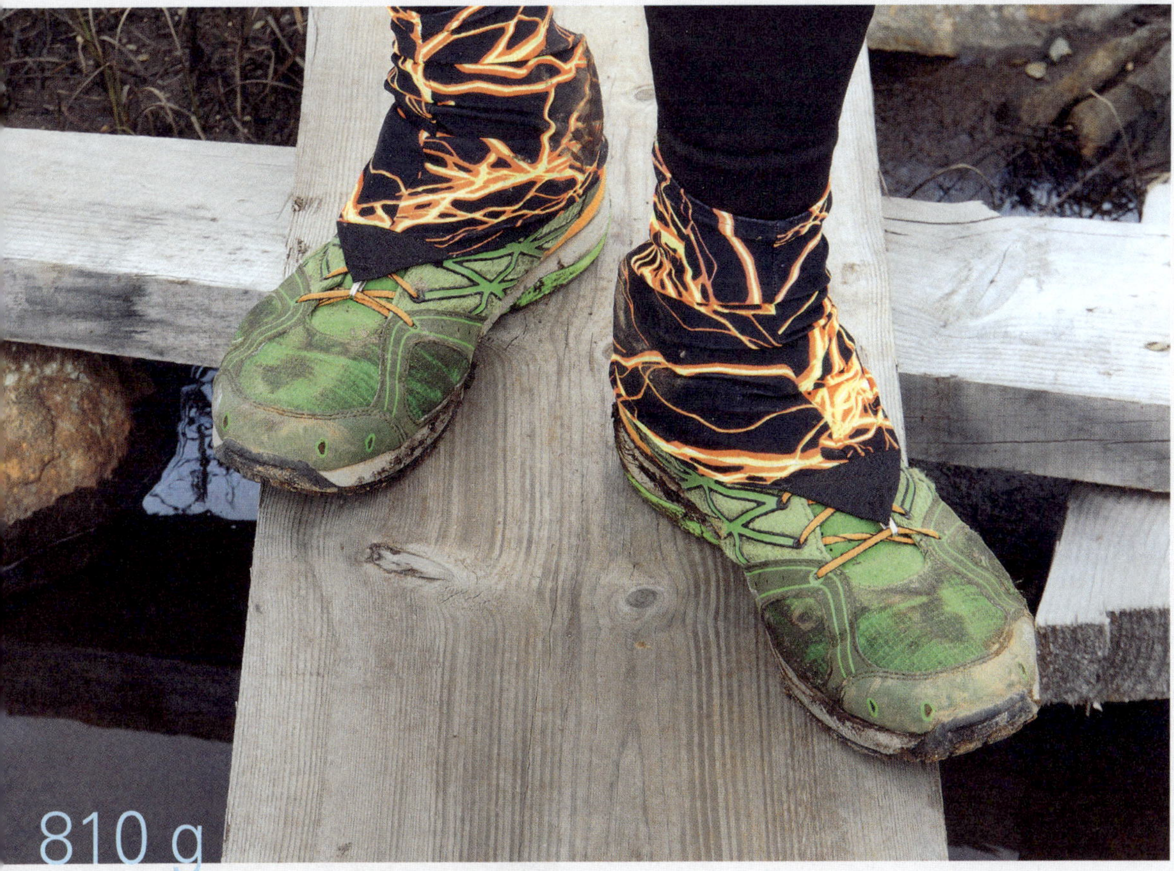

Ebenfalls ein leichter Trailrunning-Schuh, hier auf dem südlichen Kungsleden. Leicht, nicht wasserdicht, dafür trocknet er aber auch schnell wieder, 810 g pro Paar in der Größe 47.

entscheiden, ob das Prinzip für einen anwendbar ist oder ob man doch lieber ein Pfund Sandale einpackt.

> ***Eine weitere Möglichkeit in kaltem Klima ist es, wasserdichte, atmungsaktive Socken zu verwenden. Diese reichen deutlich weiter hoch als hohe Schuhe.***

Das hilft in der Regel zwar nicht bei einer Flussdurchquerung, aber bei Regen oder im nassen Gras halten sie den Fuß durchaus trocken und warm. Eines sollte allerdings bei der Verwendung von Trailrunnern für lange Strecken auch klar sein: so haltbar wie ein Bergstiefel sind sie nicht. Wer zum Beispiel wie wir auf dem PCT jeden Tag etwa 30 Kilometer unterwegs ist, muss davon ausgehen, dass er für die komplette Distanz von knapp 4300 km etwa 2 bis 3 Paare verschleißen wird. Andererseits kosten diese Schuhe aber natürlich auch weit weniger als ein Lederstiefel.

Unterschiede gibt es auch bei Trailrunnern zu beachten. Für lange Wanderdistanzen ist es besser, einen etwas schwereren Schuh mit stabilerer Sohle in Betracht zu ziehen als etwa einen ultraleichten Wettkampfschuh. Zwischen dem leichtesten Trail Running-Wettkampfschuh und dem Schuh, den ich tatsächlich auf dem PCT getragen habe, liegen fast 300 g. Allerdings hat mich mein Schuh auch 1500 km begleitet …

Die Wahl der richtigen Schuhe

Es gibt in diesem Segment eine riesige Auswahl an Schuhen. Dir hier eine konkrete Kaufempfehlung zu geben ist einfach aufgrund der Individualität eines jeden Fußes nicht möglich. Ich rate dir auf jeden Fall, dir Zeit zu nehmen und die Schuhe in einem Geschäft anzuprobieren und nicht blind ein Paar zu kaufen, weil sie gerade im Angebot sind oder weil irgendjemand mit diesem oder jenem Schuh gute Erfahrungen gemacht hat.

Es bietet sich an, mehrere Modelle verschiedener Hersteller abwechselnd zu testen, um herauszufinden, welcher Schuh für deinen Fuß am besten geeignet ist. Auf unserer PCT-Wanderung war unter den Hikern das Thema Schuhe/Blasen/Scheuerstellen eines der Hauptthemen und wir haben wirklich viele schlimme Füße gesehen.

Eine klare Übereinstimmung gibt es da auf jeden Fall beim Thema Schuhgröße: »Eine Nummer zu groß müssen sie sein«. Bei einer solchen Strapaze schwellen die Füße doch erheblich an. Wir haben mit vielen Leuten gesprochen, die sich nach den ersten Wochen neue, größere Schuhe haben schicken lassen, weil die ursprünglichen zu klein geworden sind.

> ***Ein weiterer Punkt, nicht nur für Longdistance-Hiker, ist: »Pimp Your Shoes«. Sehr viele PCT-Hiker nutzen spezielle Einlegesohlen.***

Die Einlegesohlen, die mit den Schuhen verkauft werden, sind meist nur superdünne Schaumlappen, die ein kaum unterstützendes Fußbett haben.

Wer schon weiß, dass er bei längeren Wanderungen Probleme mit seinem Bewegungsapparat bekommt, sollte im Vorfeld mal einen Orthopäden aufsuchen und sich persönliche Einlegesohlen an-

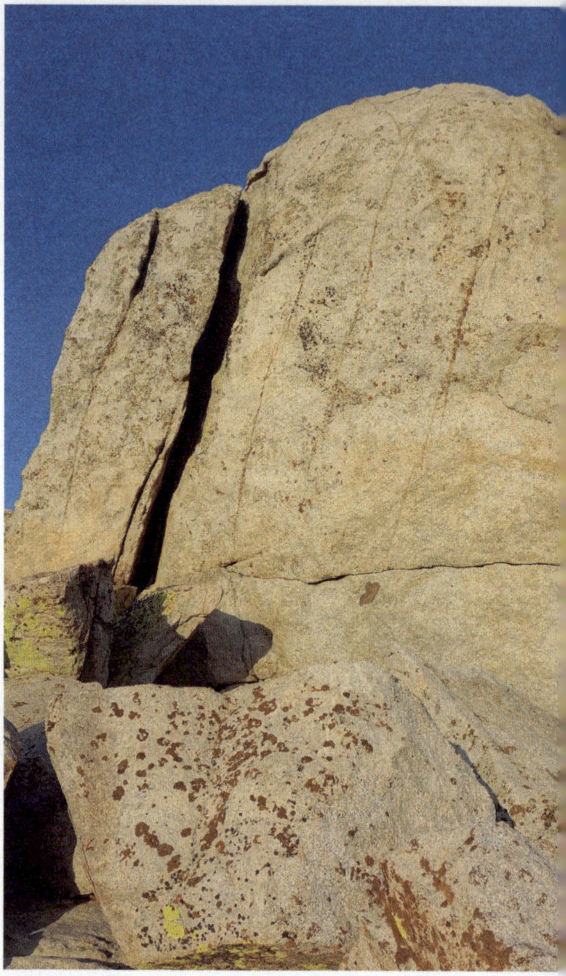

Auf dem PCT: irgendwas läuft hier schief.

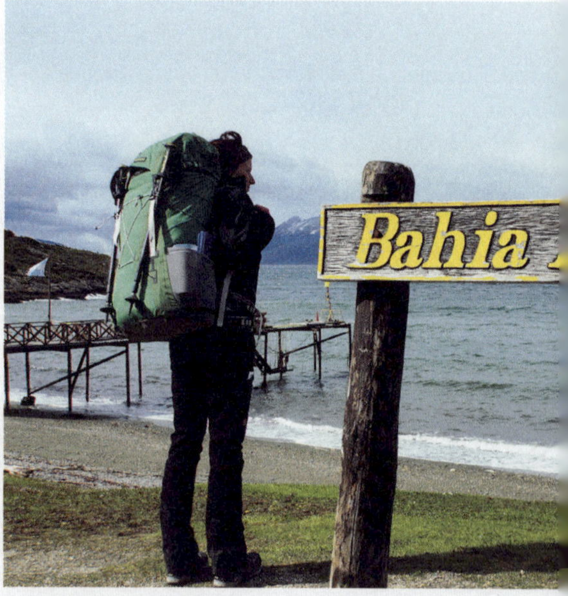

Im Tierra del Fuego National Park in Patagonien, Argentinien.

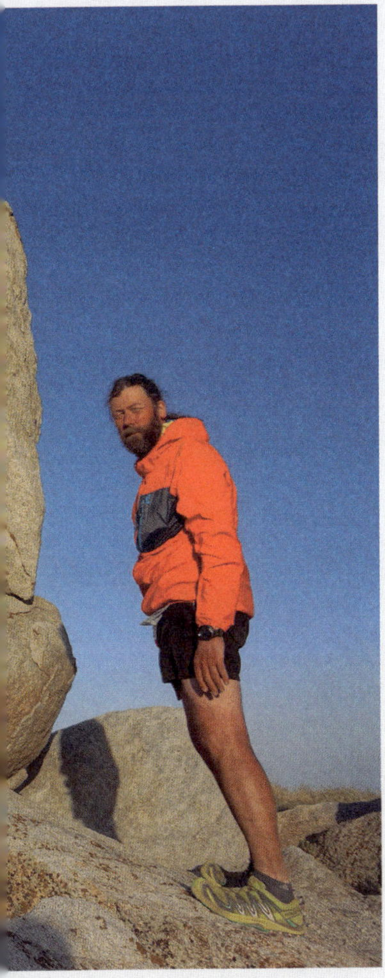

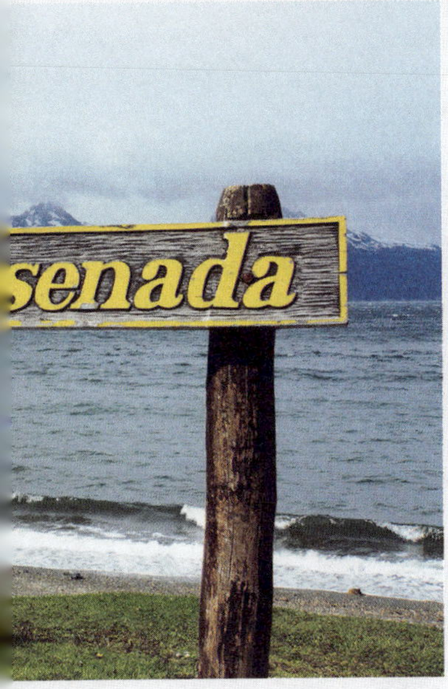

fertigen lassen. Heutzutage hat ja fast jeder eine wie auch immer geartete Fußfehlstellung und mit einer Einlegesohle können diese ganz gut korrigiert werden.

Aber auch Wanderer mit völlig gesunden Füßen können von stabilisierenden Einlagen profitieren. Diese speziellen Einlegesohlen haben ein sehr stabiles Fußbett aus Kunststoff und dämpfende Elemente, die die geplagten Füße sehr gut stützen. Wer sich für Innensohlen entscheidet, muss natürlich die Schuhe entsprechend mit diesen Innensohlen probieren, denn die sind schon deutlich dicker als besagte »Schaumstofflappen«.

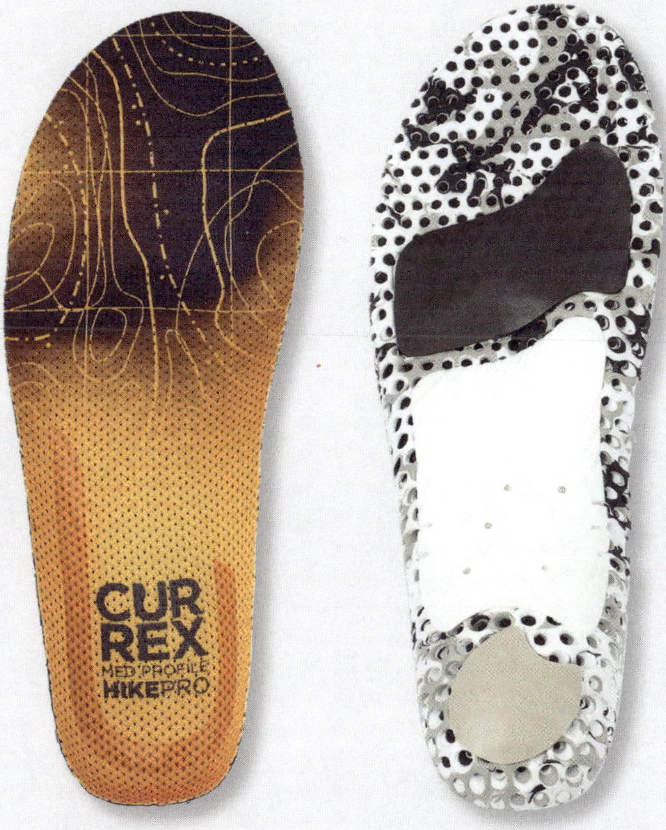

Anatomische Einlegesohlen zum Pimpen deiner Trailrunner.

8. Körperpflege

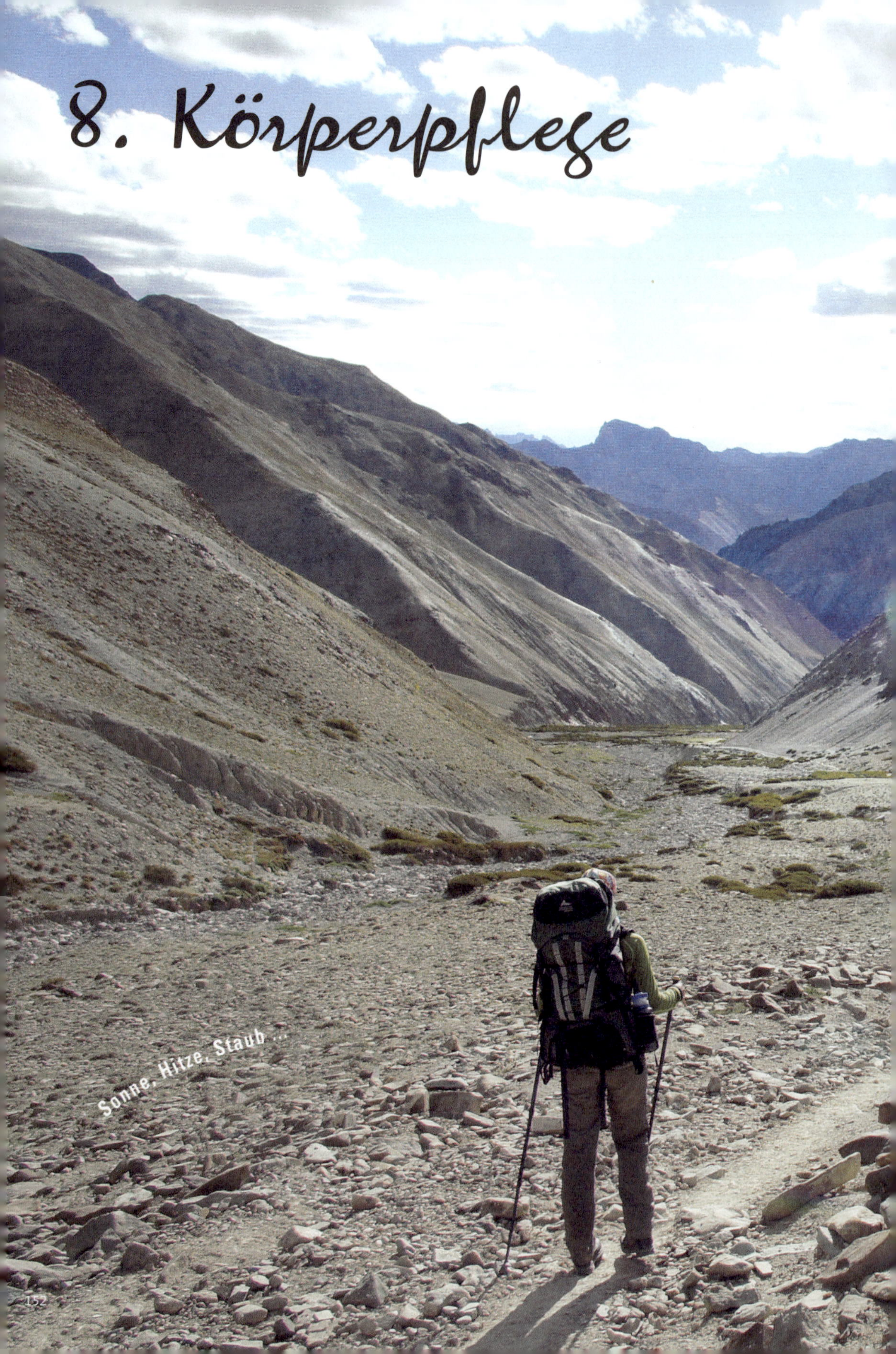

Sonne, Hitze, Staub ...

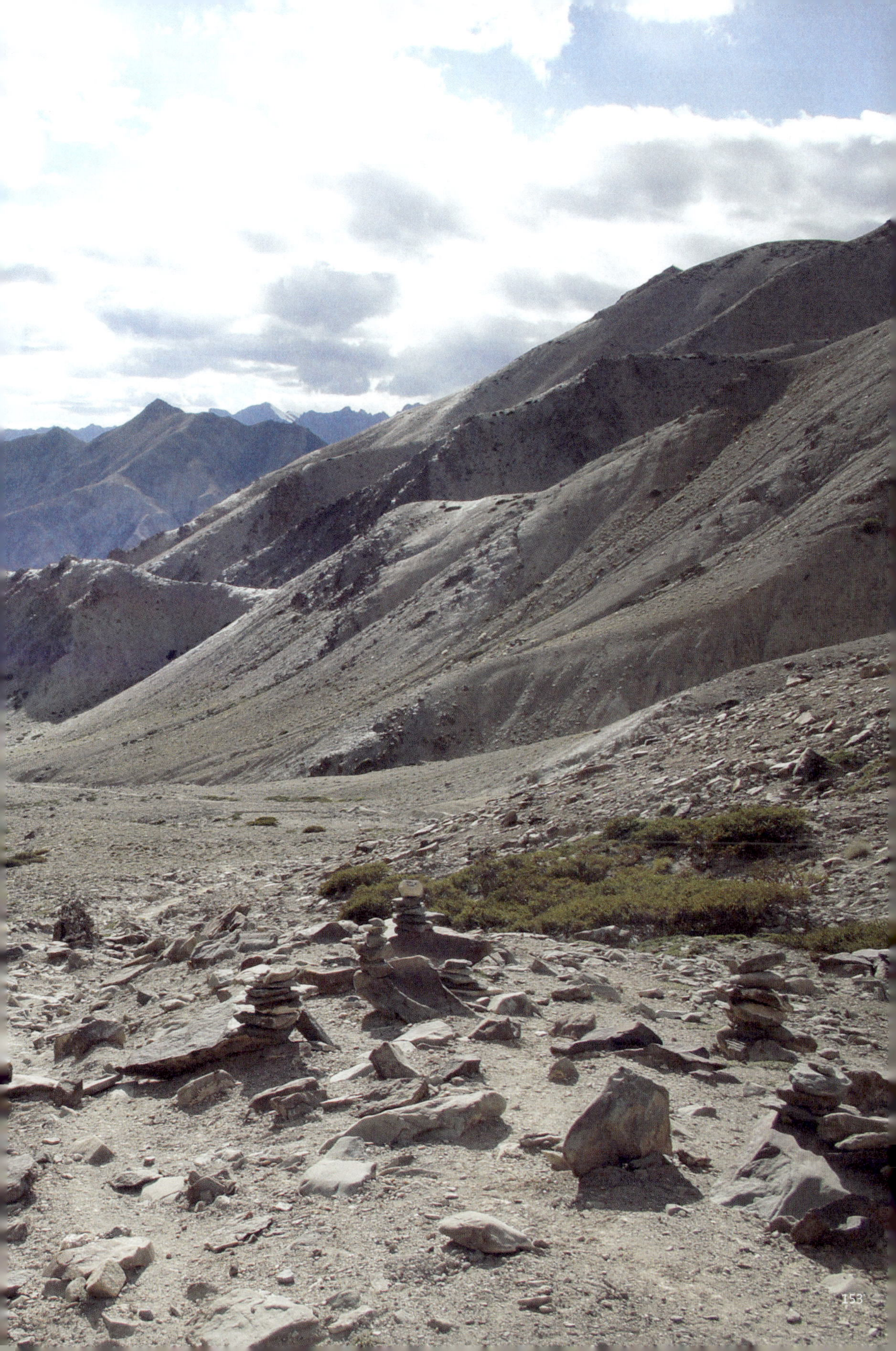

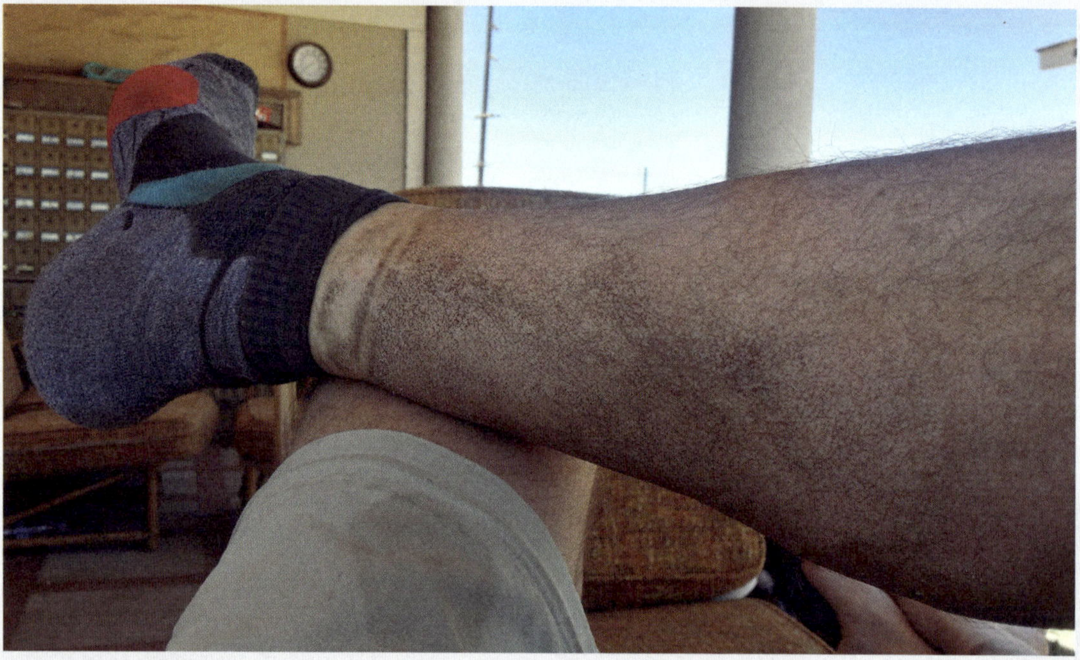

Eine Dusche gefällig? Ach, lohnt sich ja doch nicht ...

Ein schwieriges Thema. Ich habe schon Touren mit Leuten unternommen, deren Kosmetiktasche fast schwerer war als meine Isomatte und Schlafsack zusammen (und das waren keine Frauen!). Manche brauchen eine gut gefüllte Waschtasche mit verschiedensten Körperpflegemitteln und bei anderen wie Ultraleicht-Hikern besteht das komplette Badezimmer lediglich aus einer Zahnbürste. Keine Seife, keine Creme, kein Handtuch, kein Toilettenpapier ... letztlich muss jeder für sich entscheiden, was für ihn unverzichtbar ist. Ich möchte hier nur ein paar Denkanstöße geben.

Wir haben heute schon deutlich andere Vorstellungen von Hygiene als noch unsere Großeltern oder gar die Menschen im Mittelalter. Heutzutage muss alles blitzsauber sein. Nirgendwo darf eine Bakterie überleben, nichts darf einen Eigengeruch haben. Antibakterielle Haushaltsreiniger, antibakterielle Seifen, antibakterielle Mundspülungen, antibakterielle Beschichtungen in Kühlschränken, Antitranspirant, Zahnpasta für jeden Anlass (morgens, mittags, abends, mit/ohne Aufheller) trockenes und feuchtes Toilettenpapier usw. bestimmen nicht nur den Alltag, sondern vor allem auch die Produktwerbung in allen Medien. Aber braucht man das alles wirklich? Vor allem auf einer Tour, bei der ich alles selbst tragen muss?

Bei der Waschtasche fängt es schon mal an. Viele Fächer muss sie haben, einen Spiegel, einen Haken zum Aufhängen. So eine Standard-Waschtasche wiegt leer schon mal um 150 g. Mein SilNylon-Beutel für den Hygienekram wiegt gerade einmal 13 g. Da sich im »Badezimmer« des Ultraleicht-Hikers im besten Fall nicht so viel befindet, reicht so ein kleiner Beutel auch aus. Bei der Auswahl der Dinge, die unbedingt eingepackt werden müssen, spielen sowohl persönliche Erfordernisse (Medikamente, Kontaktlinsen, Hygieneartikel für Frauen) als auch die klimatischen Verhältnisse eine Rolle. Sonnencreme brauche ich zum Beispiel in Grönland weniger häufig als beispielsweise in Südkalifornien.

230 g

Ultraleichtes Waschzeug auf meinen Touren: Handtuch, ein Stück Seife, Zahnputzzeug und Kontaktlinsen, 230 g.

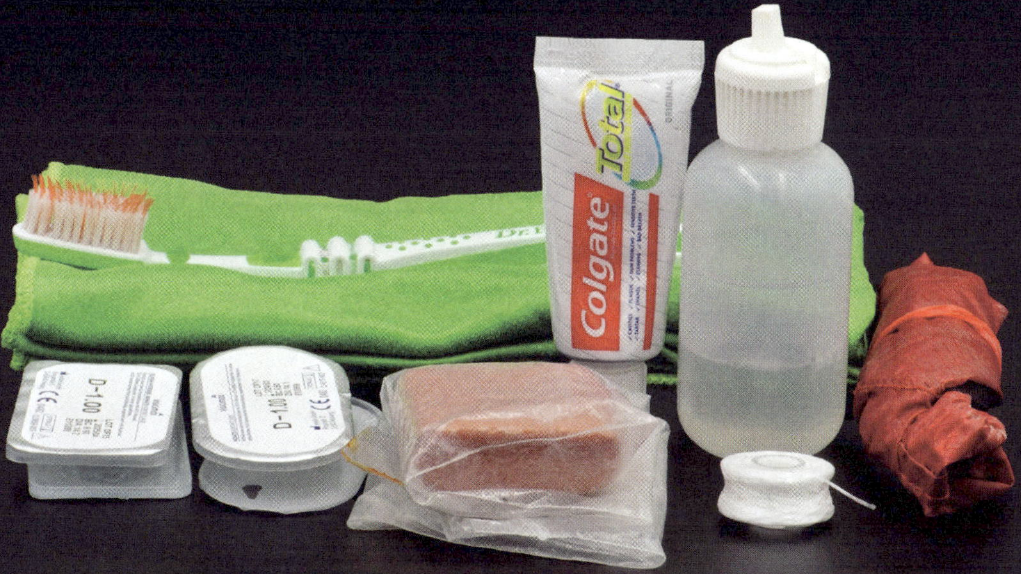

62 g

Kleines, 40 x 80 cm großes Mikrofaser-Handtuch, 62 g. Reicht für die Körperpflege unterwegs.

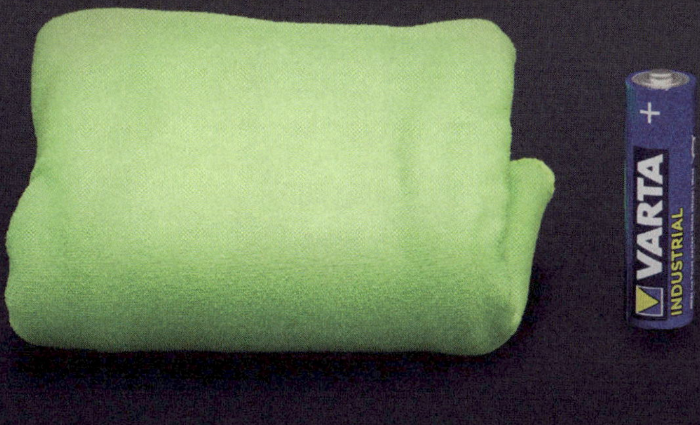

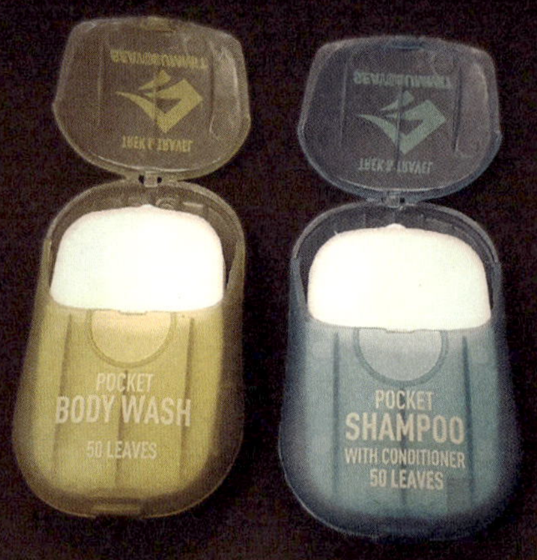

5 g

Winzig kleine und leichte Seifenblätter zur Körperpflege und für die Haarwäsche sind im Erdreich biologisch abbaubar und einfach anzuwenden, je 5 g.

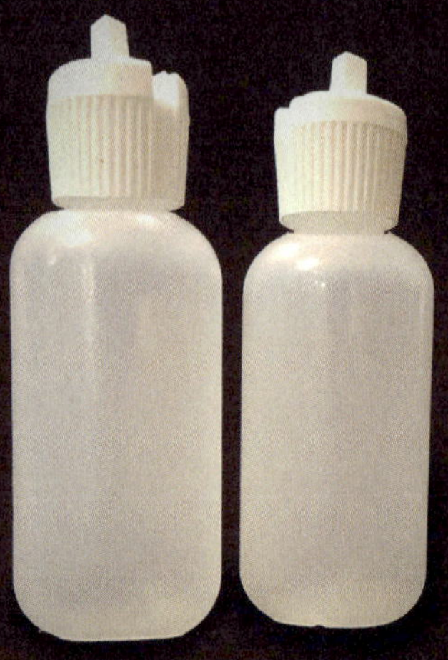

14 g

Zum Abfüllen von kleinen Mengen Duschbad, Haarwaschmittel oder Ähnlichem: Fläschchen mit Klappausgießer, je 14 g.

Gibt's in jeder Drogerie zu kaufen, Mini-Portionen verschiedener Körperpflegemittel.

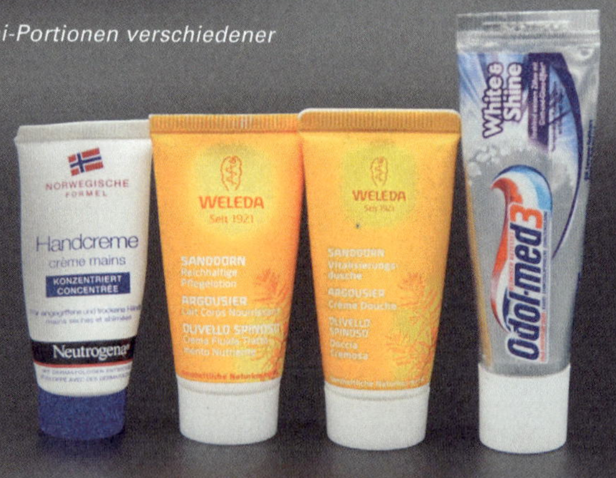

5 g

Wenn du abenteuerlichen Bartwuchs nicht magst: ein Einwegrasierer mit 5 g.

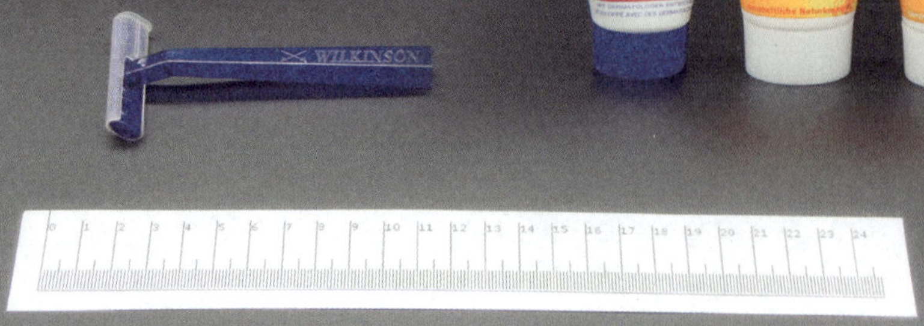

Mit einem guten Mückenmittel ist es genau umgekehrt. Da so viele unterschiedliche Faktoren in dieses Thema einfließen, will ich einfach mal den Inhalt meiner Waschtasche, die ich auf dem PCT dabeihatte, vorstellen:

Zahnbürste, und zwar das komplette Teil, denn ich säge den Stiel nicht ab	15 g
Zahncremekonzentrat, eine linsengroße Menge pro Mal genügt	40 g
Zahnseide, einfach ein paar Meter aus einer Packung	2 g
Seife, es ist tatsächlich ein kleines Seifenstück	25 g
Sonnencreme SPF 30, eine kleine abgefüllte Menge, da ich nicht so empfindlich bin	65 g
Ein ultraleichtes **Handtuch** 40 x 80 cm	56 g
Kontaktlinsen, Tageslinsen, die einfach entsorgt werden können	87 g

Das macht zusammen mit dem Packbeutel 305 g. Mehr Waschzeug brauche ich nicht. Wenn du nach einem langen Wandertag ein wenig müffelst, ist das normal, nicht schlimm und die einzigen Leute, die daran Anstoß nehmen können, sind in der Regel in der gleichen Situation wie du.

Außerdem ist dieser Umstand zumindest auf einer Langstreckenwanderung mit Wasserknappheit sowieso nicht zu verhindern. Da hilft dann auch kein Deo mehr.

Ein Artikel beim Waschzeug bietet ein sehr großes Potenzial, um Gewicht zu sparen: das Handtuch. Natürlich hat das gute Baumwollhandtuch von daheim nichts in deinem Rucksack verloren. Aber auch bei den leichtgewichtigen Microfaserhandtüchern gibt es große Unterschiede. Du kannst ein Microfaserhandtuch mit Frottee-Oberfläche in der üblichen Duschhandtuchgröße (120 x 60 cm) einpacken. Das ist die Größe, die die überwiegende Mehrheit bei uns im Geschäft einpackt. Sie reicht dann auch als Strandtuch und Frau oder Mann kann sich auch komplett darin einwickeln. Das Gewicht dieser Größe von 250 bis 300 g kann aber deutlich reduziert werden. Mein Handtuch aus sehr dünnem Microfasermaterial ist 40 x 80 cm groß und wiegt 56 g. Es trocknet nicht so gut ab wie die deutlich schwerere »Frottee«-Variante, aber es reicht für eine Outdoor-»Katzenwäsche«. Meistens nutze ich das Handtuch morgens, um die Kondensfeuchtigkeit von der Zeltwand zu wischen.

Weitere Vorteile liegen im deutlich geringeren Packmaß gegenüber der größeren Variante und in der Tatsache, dass so ein kleines Handtuch deutlich weniger kostet als die Luxusvariante. Natürlich sollte der Inhalt der Waschtasche dem jeweiligen Reiseziel und immer auch den persönlichen Bedürfnissen angepasst werden.

Wer lange Haare hat, benötigt vielleicht eine Haarbürste, wer ein Hautproblem hat, benötigt möglicherweise eine spezielle Creme. Aber um das Rucksackgewicht möglichst gering zu halten, sollte jeder einzelne Artikel geprüft und tatsächlich gewogen werden. Es gibt in allen Drogeriemärkten kleine Reisepackungen verschiedenster Pflegeprodukte, die meistens völlig ausreichend sind, denn die 250-ml-Packung Duschbad ist dort, wo Duschen rar sind, etwas übertrieben und einfach zu schwer.

Auch im Bereich der Frauenhygiene gibt es prüfenswerte Alternativen, wie beispielsweise ein Divacup oder ähnliche Menstruationstassen, welche nebenbei auch noch die Umwelt schonen. Letztlich entscheidet wie immer jeder für sich, was unerlässlich oder verzichtbar ist.

9. Elektronik

Heutzutage steht man ja immer mit der Außenwelt und den Daheimgebliebenen in Verbindung. Die Tour wird sehr oft in Wort, Bild und Video dokumentiert. Auch hier kann einiges an Gewicht zusammenkommen.

Ein Handy, eventuell ein Fotoapparat, ein GPS, Musikplayer, ein E-Book und einiges mehr können auf diese Weise den Weg in den Rucksack finden. Da dies alles natürlich auch Strom benötigt, sind eine Powerbank oder/und ein Solarpanel unerlässlich. Wirklich? Denn durch diese ganzen Dinge

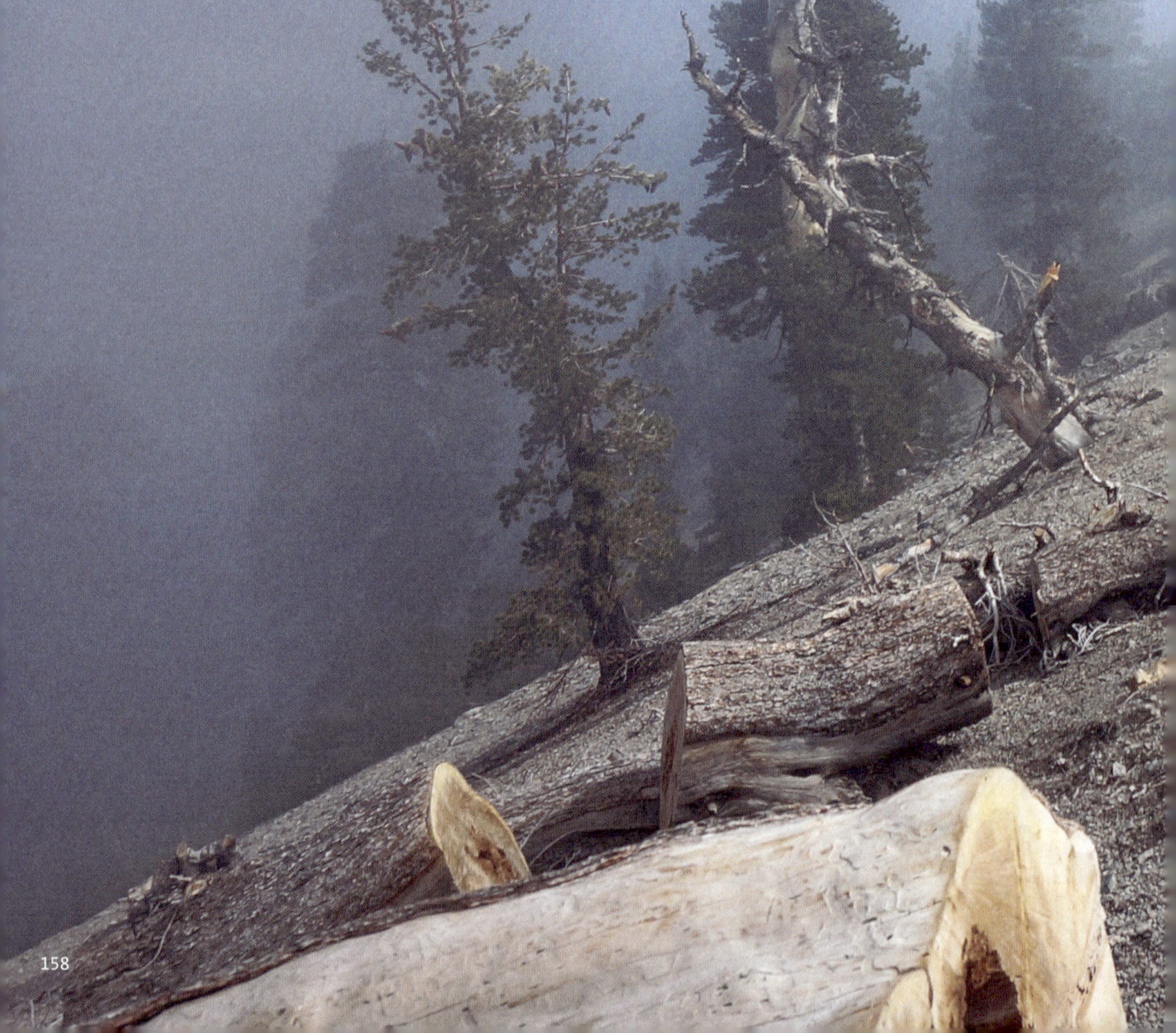

kommen unter Umständen schnell ein bis zwei Kilogramm zusammen. Eine Möglichkeit ist sicher, auf alles zu verzichten und auf der Tour komplett »off-the-grid« zu sein. Diese Disziplin haben nur wenige. Auch wir hatten auf dem PCT natürlich jeder ein Handy, eine kleine Kamera, eine Powerbank und ein Solarpanel mit. Da wir ja einen regelmäßigen Blog geführt haben, hatten wir am Anfang auch eine kleine Bluetooth-Tastatur mit dabei. Insgesamt bedeutet das ein Plus von 1 600 g auf unser gemeinsames Basisgewicht. Da wir dieses Gewicht auf 2 Personen aufgeteilt hatten, war das Gewicht pro Person natürlich geringer.

Man muss ja auch nicht so spartanisch unterwegs sein. Die Verbindung zu halten, war für uns wichtig und ein Handy dabei zu haben, ist weit mehr als nur eine gute Idee. So konnten wir mithilfe einer Navigations-App den Weg finden, konnten uns mit anderen auf dem Trail z. B. über Wasserstellen austauschen, haben regelmäßig Blogeinträge geschrieben, im Internet nach gelegentlichen Hotelzimmern gesucht, das eine oder andere Produkt im Internet bestellt und uns postlagernd zuschicken lassen und natürlich auch viele Fotos gemacht. Darüber hinaus ist die Möglichkeit, den aktuellen Wetterbericht jederzeit abrufen zu können, gerade im Hochgebirge sehr wertvoll.

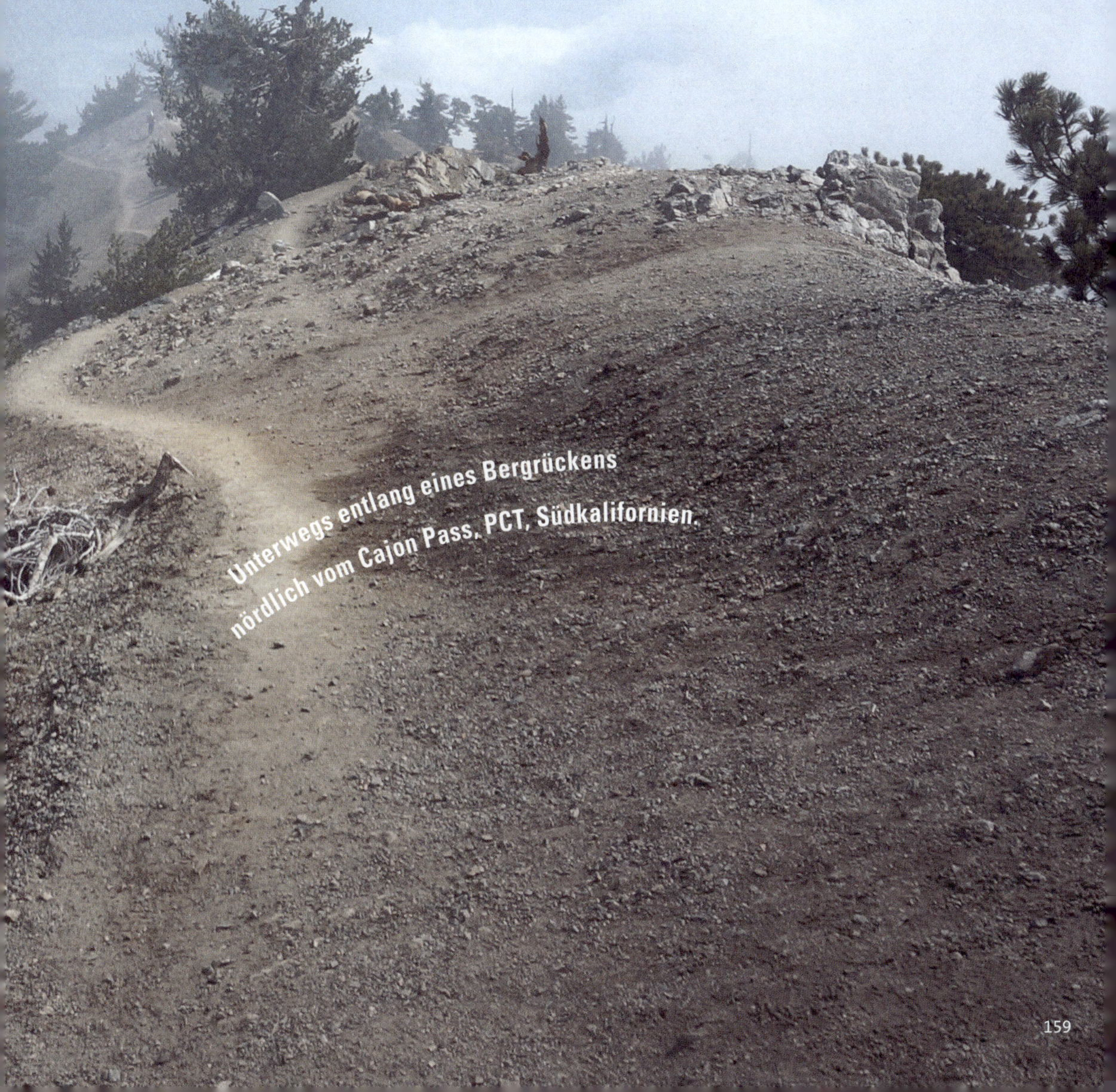

Unterwegs entlang eines Bergrückens nördlich vom Cajon Pass, PCT, Südkalifornien.

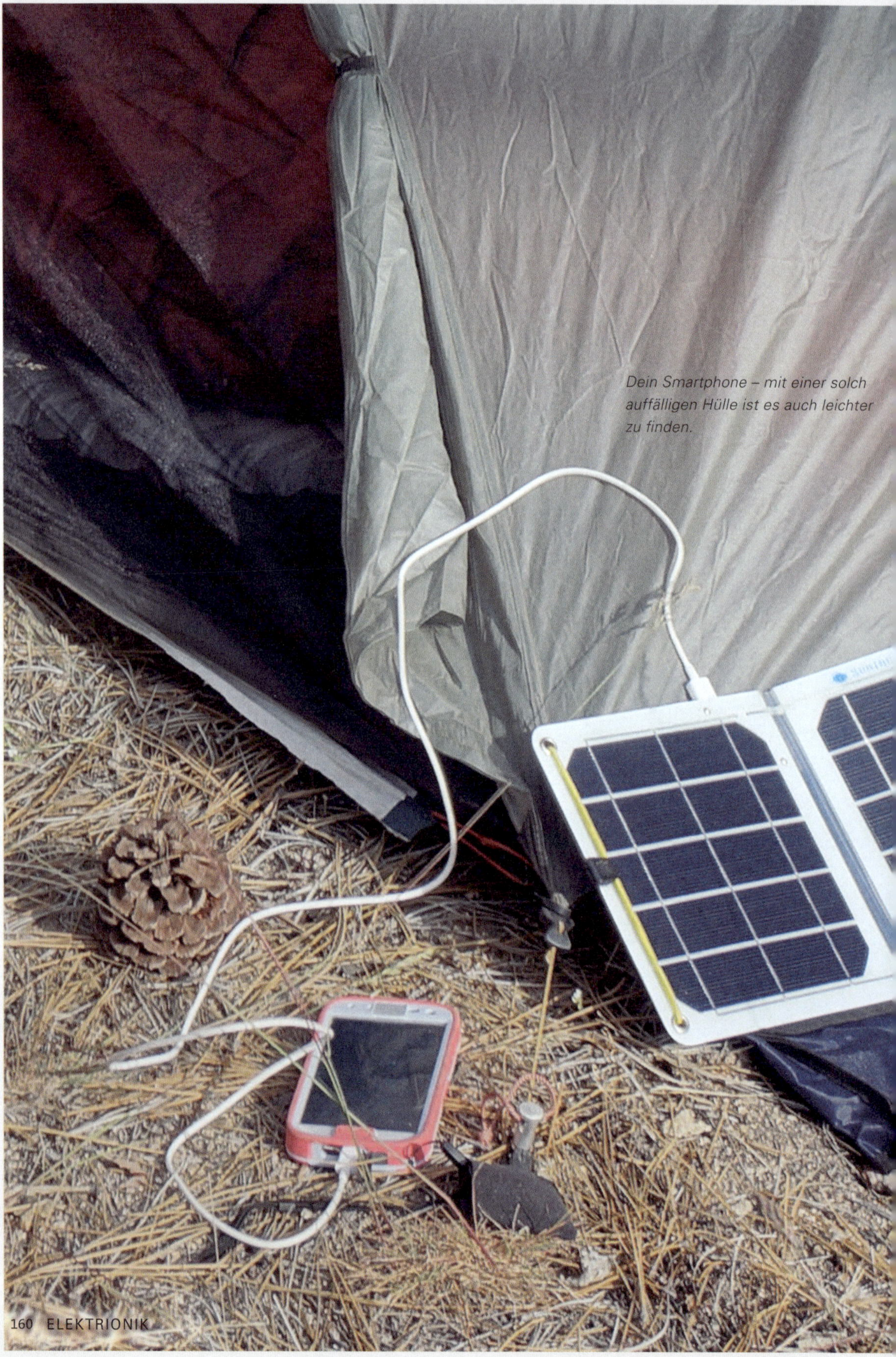

Dein Smartphone – mit einer solch auffälligen Hülle ist es auch leichter zu finden.

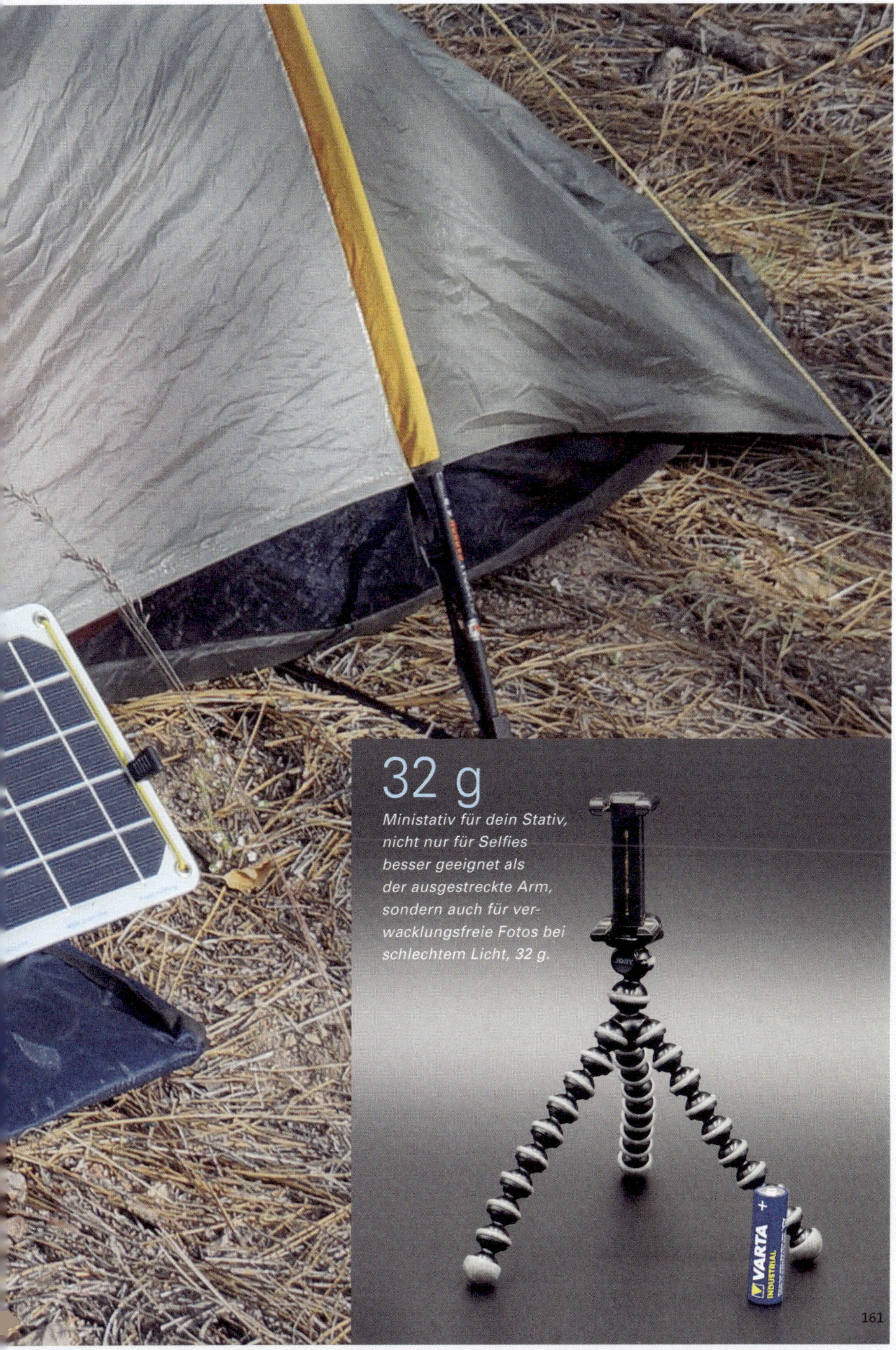

32 g

Ministativ für dein Stativ, nicht nur für Selfies besser geeignet als der ausgestreckte Arm, sondern auch für verwacklungsfreie Fotos bei schlechtem Licht, 32 g.

Smartphone

Moderne Smartphones können viele einzelne Geräte problemlos ersetzen. Wenn du kein Profifotograf bist, ist die Qualität der Handyfotos und -videos meist völlig ausreichend, es kann sowohl einen MP3-Player als auch einen E-Book-Reader ersetzen und einen Blog lässt sich ebenfalls damit schreiben. Mit einer entsprechenden App und heruntergeladenen Karten ist auch eine sehr gute Navigation möglich.

Bei unserer nächsten Tour werde ich auf jeden Fall die Kamera zu Hause lassen und ebenso die Tastatur. Damit kann ich das Gewicht meines Rucksacks noch weiter reduzieren. Ein Smartphone benötigt im normalen Betrieb relativ viel Strom, um es betreiben zu können. Auf dem PCT haben wir unsere Smartphones fast die ganze Zeit im Flugmodus gehabt.

Wenn ein Smartphone auf einer Tour die ganze Zeit nach einem Netz sucht, verbraucht es sehr viel Energie. Viel mehr als einen Tag hält der Akku dann kaum durch.

Wenn du dein Smartphone hingegen in den Flugmodus schaltest, das GPS sparsam nutzt, das Handy sonst nur als Kamera einsetzt und nachts das Handy komplett ausschaltest, sind auch locker drei bis vier Tage Akkulaufzeit möglich.

Abends oder in der Pause kann man ja dann seine sozialen Kontakte pflegen. So haben wir es auf dem PCT gehalten und sind sehr gut damit »gelaufen«. Strom kannst du beim Smartphone auch sparen, indem du immer den Energiesparmodus aktiviert hast.

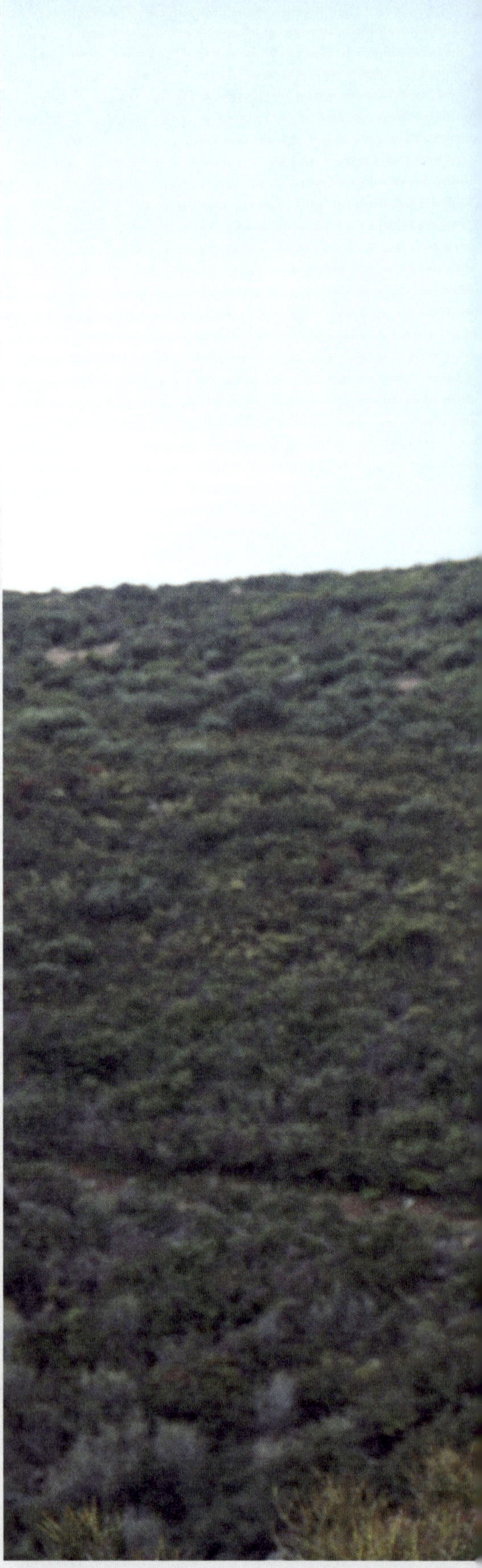

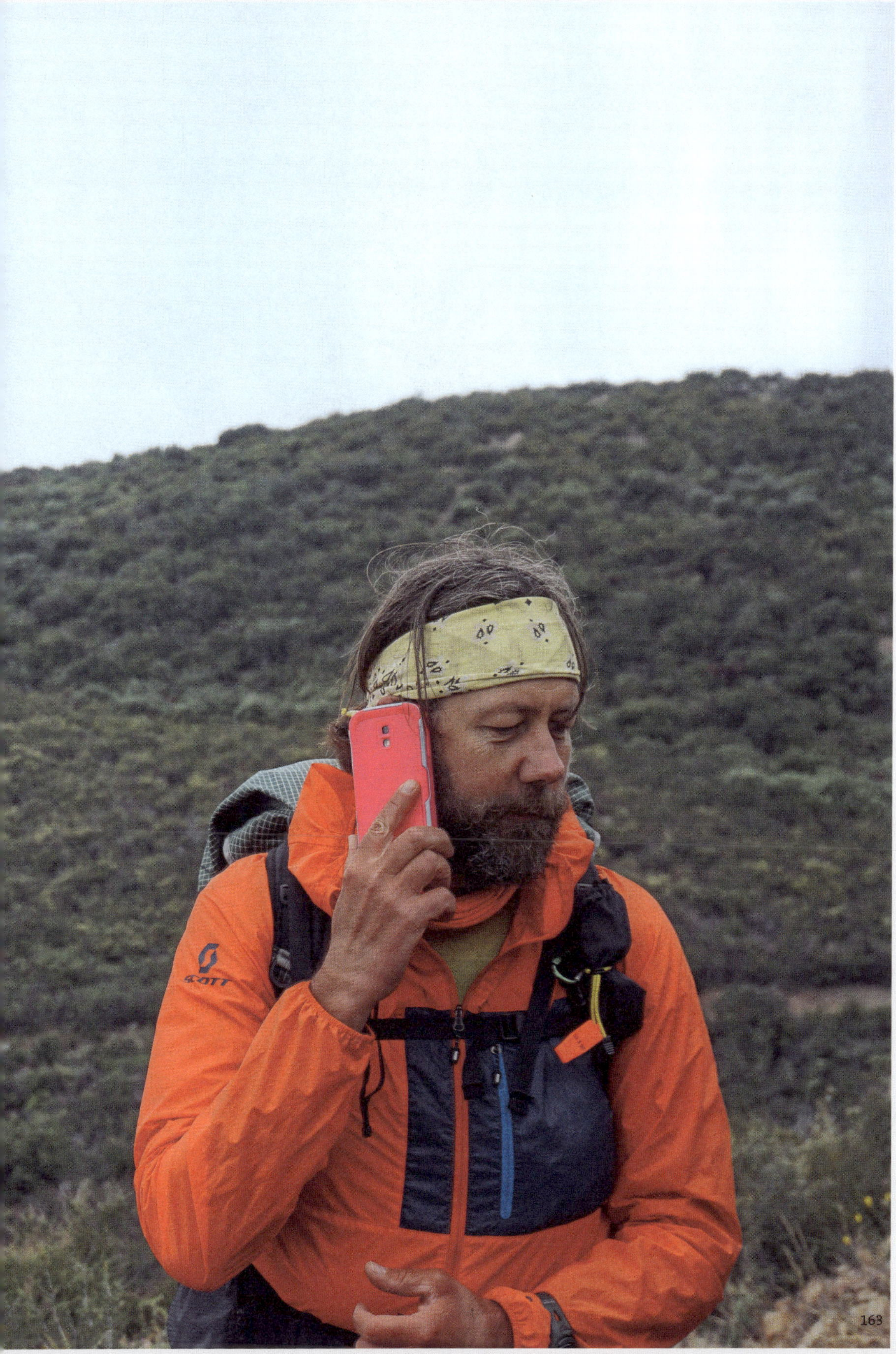

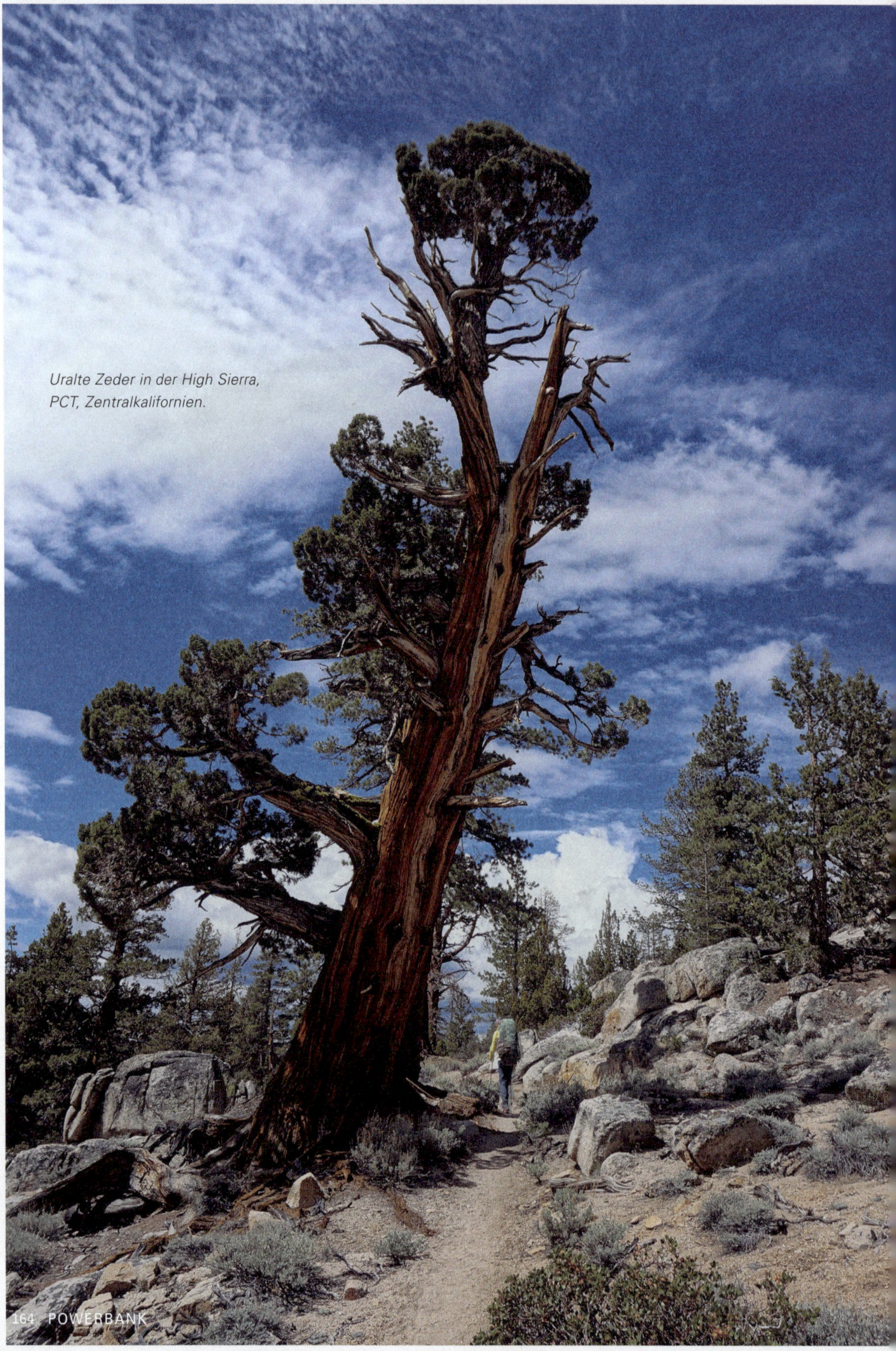

Uralte Zeder in der High Sierra, PCT, Zentralkalifornien.

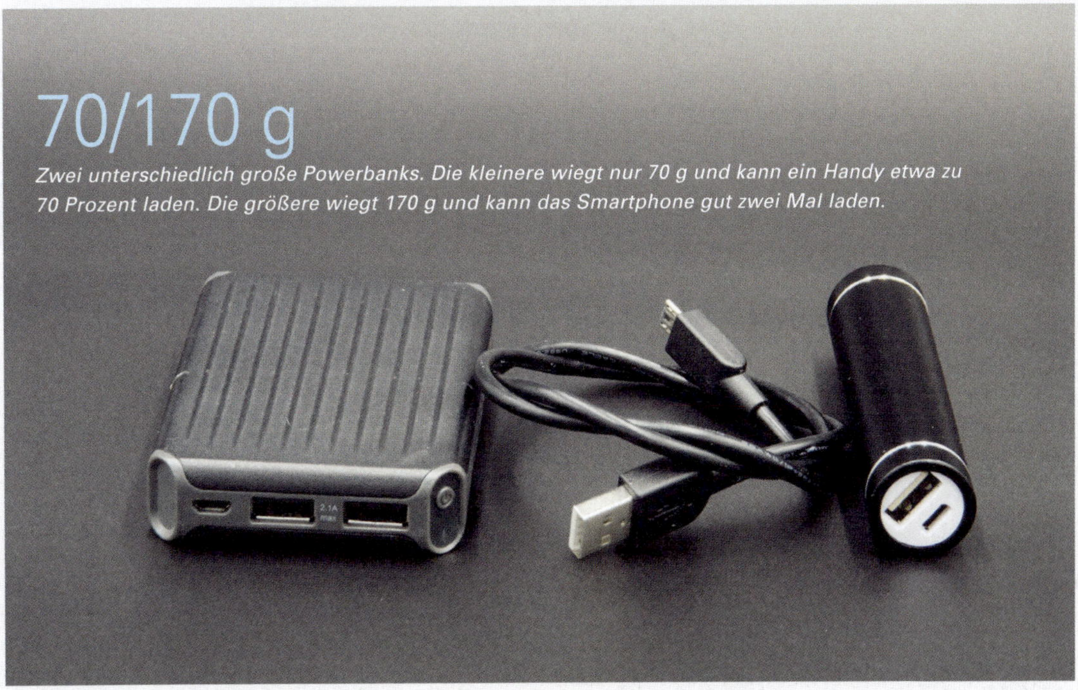

70/170 g

Zwei unterschiedlich große Powerbanks. Die kleinere wiegt nur 70 g und kann ein Handy etwa zu 70 Prozent laden. Die größere wiegt 170 g und kann das Smartphone gut zwei Mal laden.

Powerbank

Wie kannst Du nun unterwegs das Handy laden? Je nach der Dauer der Tour wird das ja notwendig sein. Da bieten sich zum einen sogenannte Powerbanks an. Eine Powerbank ist nichts weiter als ein Akku mit einem oder mehreren USB-Ports.

Eine Powerbank wird voll aufgeladen mitgenommen und kann so unterwegs die Elektronik mit dem nötigen Strom versorgen. Vor dem Start einer Tour solltest du auf jeden Fall überprüfen, wie oft beispielsweise dein eigenes Smartphone tatsächlich mit der Powerbank geladen werden kann. Die Rechnung, mein Handyakku hat 3000 mAh, meine Powerbank hat 6000 mAh, somit kann ich den Akku damit zweimal aufladen, ist leider falsch. Eine Powerbank kann nur etwa 80 % ihrer Kapazität zum Laden zur Verfügung stellen. Häufig sind gerade bei billigen Powerbanks die angegebenen Kapazitäten nur Wunschdenken. Das heißt, die nutzbare Kapazität ist nochmals geringer. Teste deshalb vor der Tour die Anzahl der möglichen Ladevorgänge. Wichtig ist auch, die Powerbank richtig zu pflegen. Wer nach der Tour die Powerbank vollständig lädt, damit sie für die nächste Tour sofort bereit ist, tut sich damit keinen Gefallen.

Die Lithium-Ionen oder Lithium-Polymer-Akkus sollten nur mit einem Ladezustand von etwa 30 bis 60 Prozent gelagert werden, sonst verringert sich die Lebensdauer.

Ebenso sollten sie nicht bei Temperaturen unter dem Gefrierpunkt zum Laden genutzt werden. Da eine Powerbank relativ schwer ist, sollte man sich genau überlegen, welche Ladekapazität benötigt wird und wie oft man in der Regel die Möglichkeit hat, die Powerbank zu laden. Je geringer die Kapazität einer Powerbank ist, desto geringer ist auch das Gewicht. Die Powerbank, die ich auf längeren Touren nutze, wiegt knapp 170 g und hat 8000 mAh. Damit kann ich mein Smartphone auf jeden Fall zweimal laden, so dass ich auf eine gute eine Woche Laufzeit komme, bevor ich die nächste Stromtankstelle benötige.

Solarzelle

Die zweite Alternative zum Laden der elektronischen Geräte ist die Sonne. Ein Solarpanel kann die Energie der Sonne in Strom umwandeln. Was braucht man dazu? Ein Solarpanel mit einem USB-Ausgang und natürlich Sonne. Bei Touren in Gebieten, wo die Sonne nicht so häufig scheint, kann das schon mal zum Problem werden. Die Fläche eines Solarpanels ist entscheidend für seine Leistung. Aus Gewichtsgründen ist es wenig sinnvoll, mit einem zu großen Panel unterwegs zu sein.

Es gilt einmal mehr die beste Mischung zwischen Größe und Leistung zu finden. Die Leistungsangaben der Hersteller sind dabei wenig hilfreich. Diese Leistung wird man nur unter wirklich optimalen Bedingungen abrufen können. Das heißt: strahlender Sonnenschein, möglichst kühle Temperaturen und optimale Ausrichtung des Panels zur Sonne. Mit steigender Temperatur sinken Wirkungsgrad und damit Leistung der Solarzelle. Bei einem Temperaturanstieg der Zelle von 20 auf 60 Grad Celsius sinkt die Leistung um etwa 20 Prozent. Da Solarzellen aber immer dunkel sind und dunkle Flächen sich in der Sonne deutlich schneller aufheizen als helle, liegt die Oberflächentemperatur einer Zelle in der Regel sehr deutlich über der Lufttemperatur. Was also bei der Erzeugung von Warmwasser von Vorteil ist, ist bei der Stromerzeugung der größte Nachteil.

Ein weiterer Punkt ist die optimale Ausrichtung des Moduls zur Sonne. Die größte Leistung bringt die Solarzelle bei einer 90-Grad-Ausrichtung zur Sonne.

Es macht deshalb schon einen großen Unterschied, ob du das Panel einfach an deinem Rucksack befestigst oder genau ausrichtest.

Da sich die Sonne im Laufe des Tages nicht nur von Ost nach West bewegt, sondern auch unterschiedlich hoch am Himmel steht, muss die Position des Panels auch häufiger angepasst werden. Bei den großen Anlagen auf Hausdächern spielt das keine so wichtige Rolle, da genügend Fläche zur Verfügung steht. Bei den kleinen Modulen ist das allerdings schon sehr wichtig.

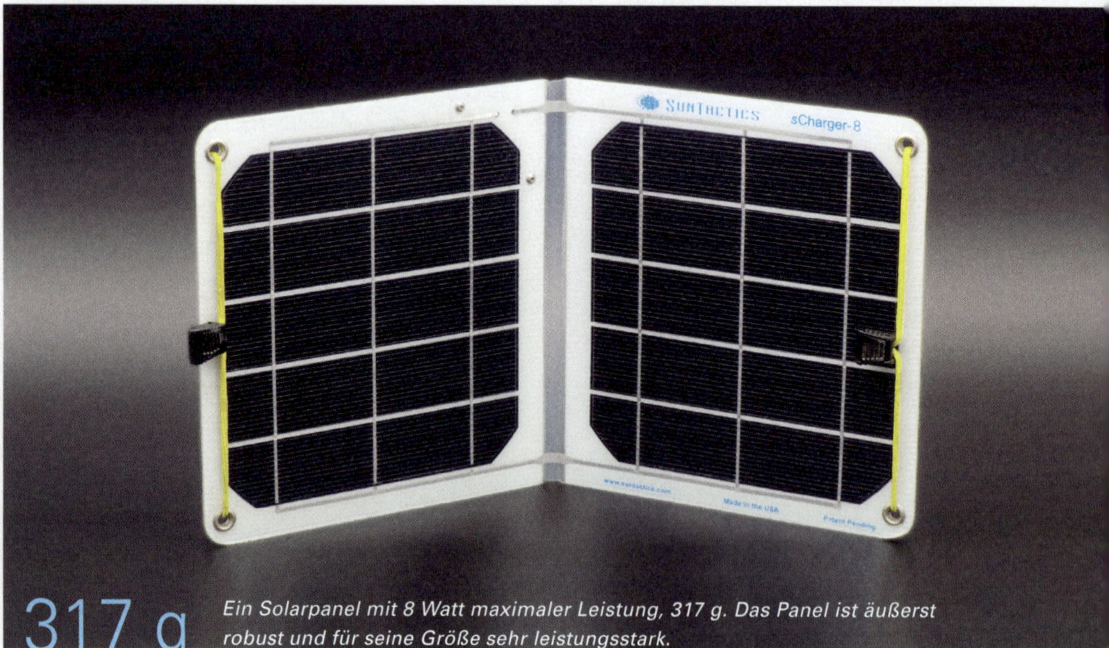

317 g

Ein Solarpanel mit 8 Watt maximaler Leistung, 317 g. Das Panel ist äußerst robust und für seine Größe sehr leistungsstark.

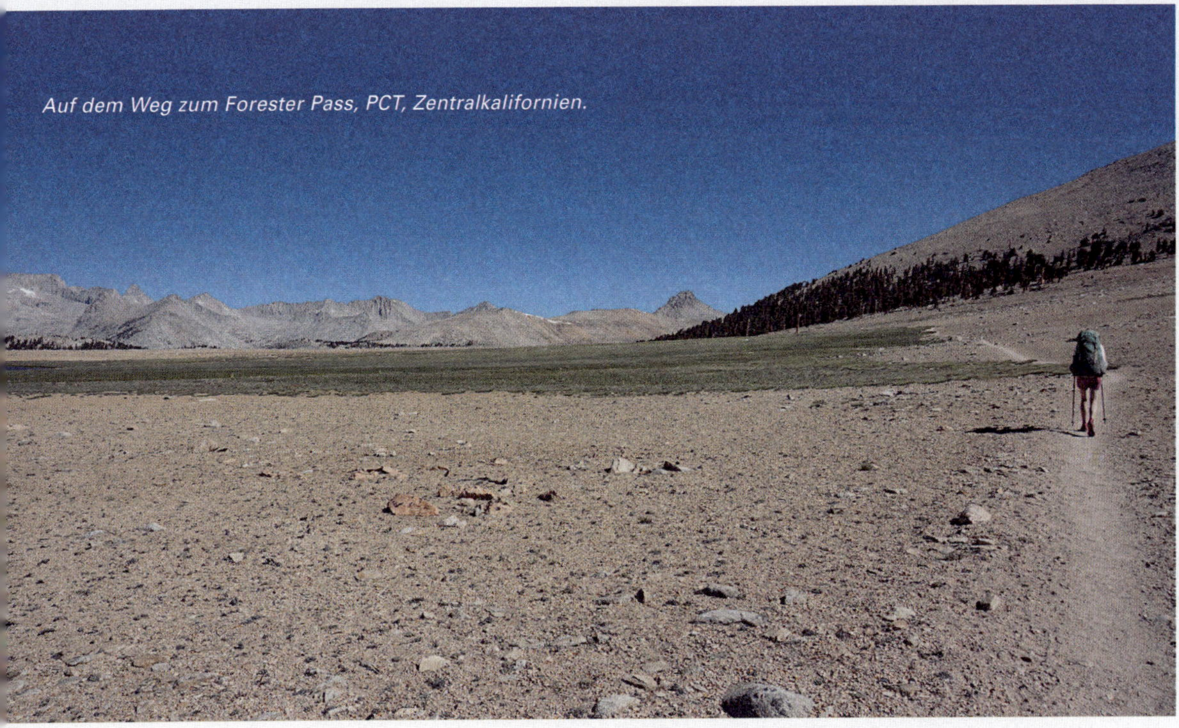

Auf dem Weg zum Forester Pass, PCT, Zentralkalifornien.

Richtig ausgerichtet, schaffte es das 8-Watt-Panel, das wir auf dem PCT im Rucksack dabeihatten, unser Smartphone in knapp 3 Stunden vollständig zu laden. Aber das war auch in Kalifornien …

Bei wechselnder Bewölkung kann es zu dem Problem kommen, dass der Ladevorgang gestoppt wird, sobald das Panel im Schatten ist und nicht genügend Strom zum Laden liefert. Jedes Mal, wenn der Ladevorgang wieder gestartet wird, weil die Sonne wieder auf das Panel scheint, wird das Display des Smartphones aufleuchten. Wenn das alle paar Minuten passiert, verbraucht dein Handy dabei wieder recht viel Strom und die Ladezeit verlängert sich. Darum kann es sinnvoll sein, dein Smartphone im ausgeschalteten Zustand zu laden. Ein weiteres Kriterium sind die atmosphärischen Bedingungen. In industriellen Ballungsräumen nimmt eine Smogschicht dem Sonnenlicht oft viel Kraft. Hier kann die Leistung des Panels auch bei strahlend blauem Himmel deutlich vermindert sein. Generell ist die Leistung des Panels daher in größeren Höhen oder fernab der Großstädte besser. Natürlich ist in südlichen Gefilden die Ausbeute höher als im Norden, da die Sonne höher am Himmel steht. Ebenso ist die Ausbeute im Sommer besser als im Winter. Es gibt drei verschiedene Arten von Solarzellen: Mono- und polykristalline Zellen und Dünnschichtmodule.

Den höchsten Wirkungsgrad haben monokristalline Zellen mit 20–22 Prozent.

Diese sind die teuersten, aber im Bereich der kleinen, transportablen Solarpanele am häufigsten anzutreffen. Polykristalline Zellen erreichen einen Wirkungsgrad von 15–20 Prozent. Dünnschichtmodule sind preiswerter und haben einen Vorteil bei diffusem Licht. Sie erreichen einen Wirkungsgrad von unter 10–15 Prozent. Das Energiemanagement ist also auch ein wichtiger Teil der Tour-Planung: Wie lange bin ich unterwegs bis ich meine elektronischen Geräte wieder sicher aufladen kann? Ist die Verwendung von Solarenergie für meine Tour sinnvoll oder packe ich doch lieber eine Powerbank oder beides ein? Wie lange benötigt meine Powerbank zum vollständigen Laden? Dies alles sind Fragen, die im Vorfeld zu klären sind und die eine wichtige Rolle spielen sollten bei der Entscheidung, welche Produkte du nun tatsächlich mitnehmen willst.

10. Der ganze Kleinkram

Auch in dieser Kategorie ist jede Menge Einsparpotenzial zu finden – vielleicht sogar das größte. Im Rucksack eines »normalen« Hikers finden sich jede Menge Sachen, über die der Ultraleicht-Hiker nur seinen Kopf schüttelt.
Alte Gewohnheiten sind schwer abzulegen und vermeintlich bewährte Dinge werden immer wieder gerne eingepackt ohne hinterfragt zu werden.

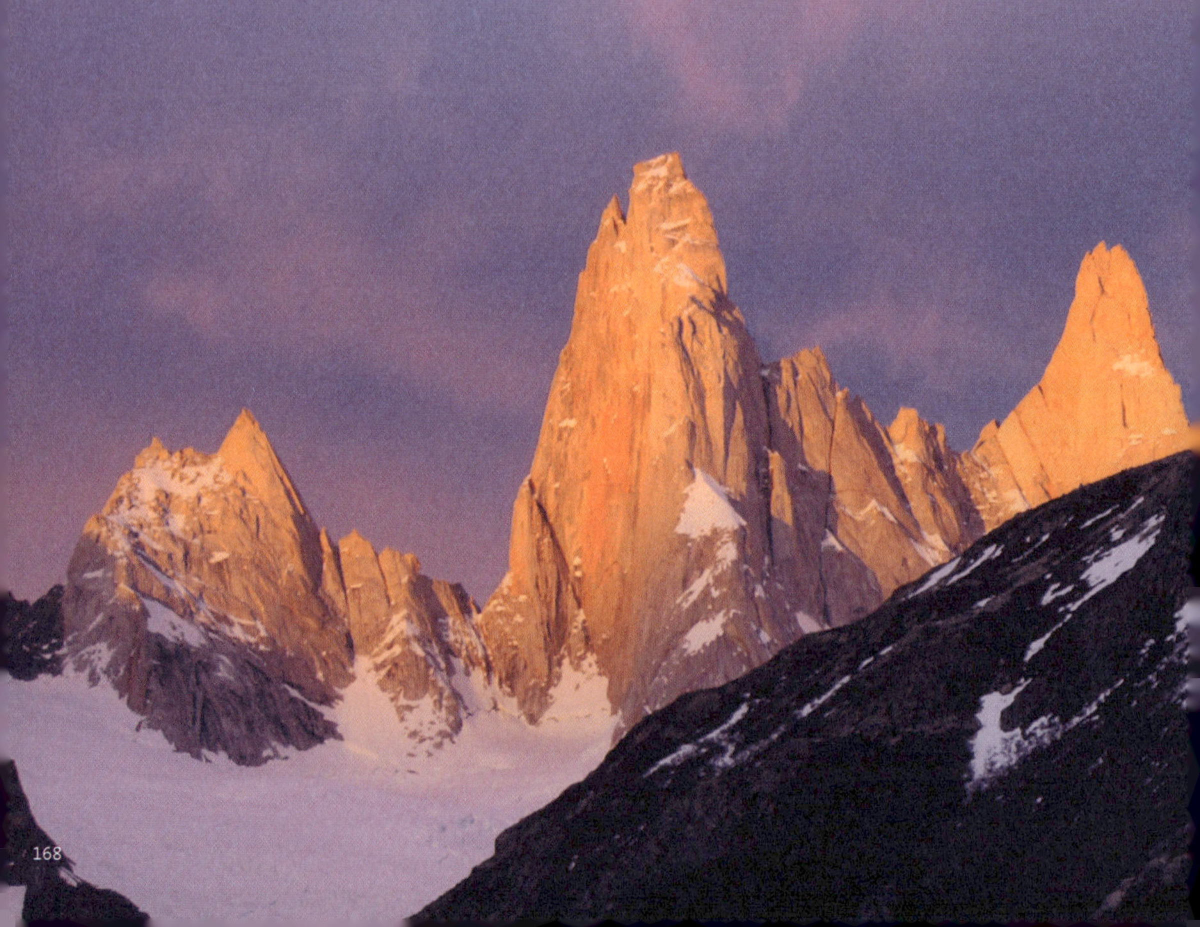

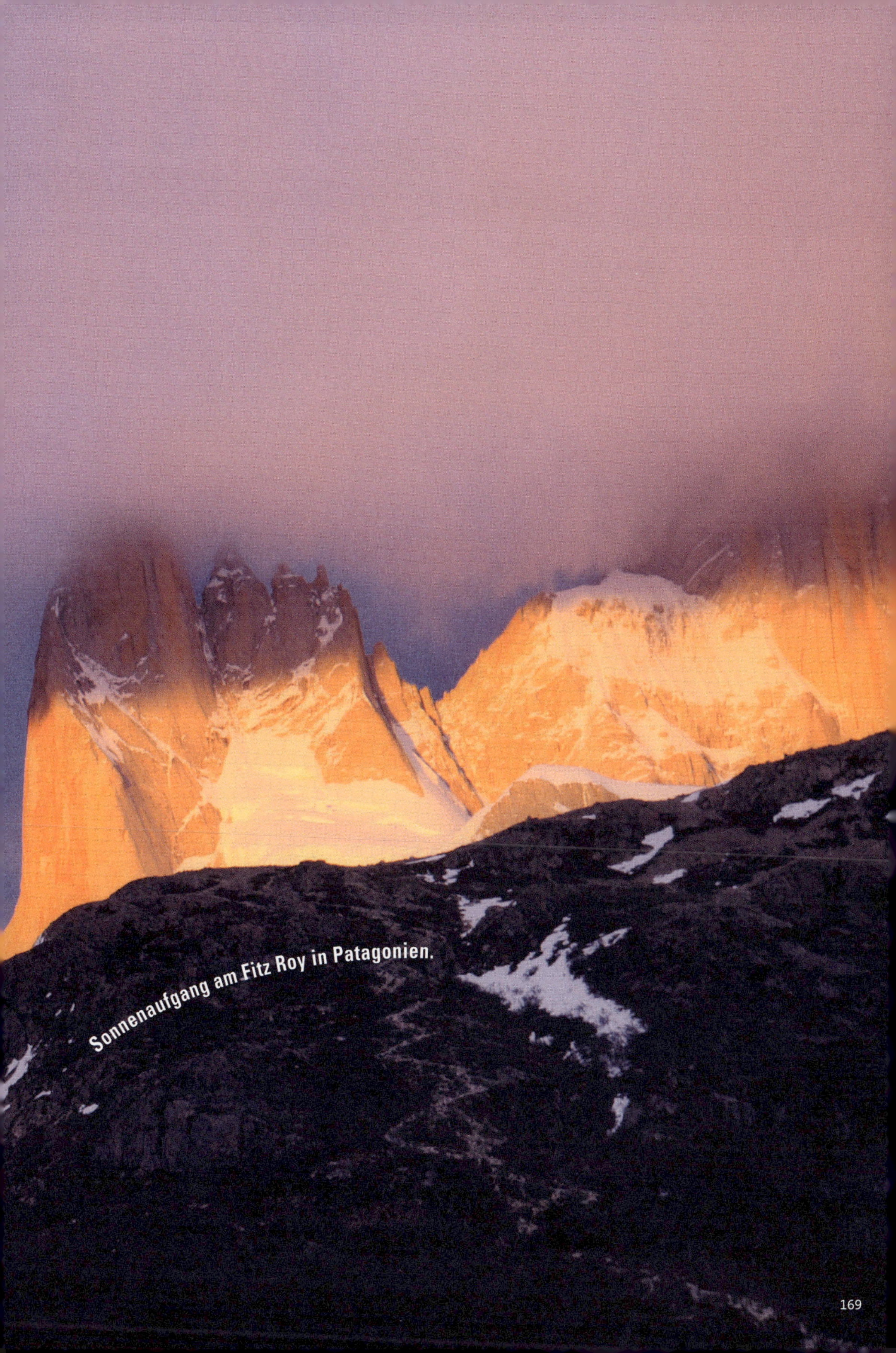

Sonnenaufgang am Fitz Roy in Patagonien.

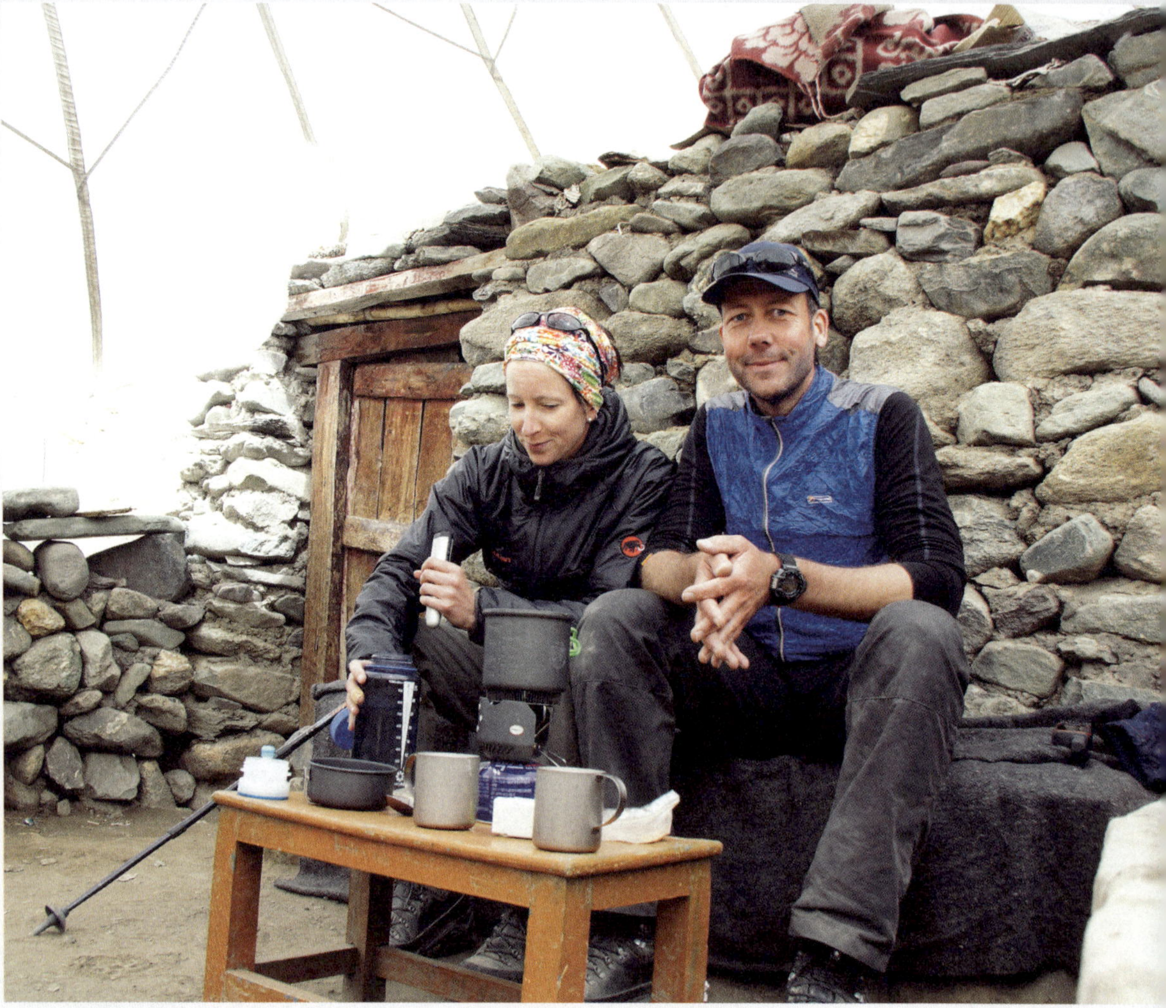

Pause in einer verlassenen Hütte auf dem Markha Valley Trek, Ladakh, Indien.

Wenn man sich an den wichtigsten Punkt erinnert, nämlich das Rucksackgewicht zu verringern, und JEDES – wirklich JEDES – Teil wiegt und hinterfragt, kann man hier ordentlich Gewicht einsparen.

In meinen mehr als 25 Jahren als Verkäufer habe ich viele Kunden gehabt, die Dinge als absolut notwendig erachteten, die ich selbst dann nicht in meinen Rucksack gepackt hätte, als ich noch mit einem über 20 Kilo schweren Rucksack unterwegs war. Zum Beispiel: eine Axt zum Feuerholz machen; ein Messer – gerne mit 12 cm Klingenlänge; eine Solardusche, damit man nicht kalt duschen muss; ein Klappstuhl, damit man nicht auf dem Boden sitzen muss; 20 Meter Kletterseil, falls man sich mal abseilen muss; eine Garnitur »gute« Kleidung für den Rückflug; einen stabiler Organizer für die ganzen Papiere; Bücher (die Echten aus Papier); ein riesiges Erste-Hilfe-Set mit gut 800 g; einen Klappspaten, um seine Notdurft zu vergraben; eine Stabtaschenlampe mit mindestens 1 000 Lumen, die 500 Meter weit leuchten kann und viele Dinge mehr. Der ganze Kram muss dann ja auch noch in 20 verschiedenfarbige Packbeutel aufgeteilt werden. Also, ich denke es wird klar, dass hier enorm viel Einsparpotenzial, sowohl gewichtsmäßig als auch finanziell, vorhanden ist. Denn die Anschaffungskosten für den ganzen »Kleinkram« sind auch nicht unerheblich …

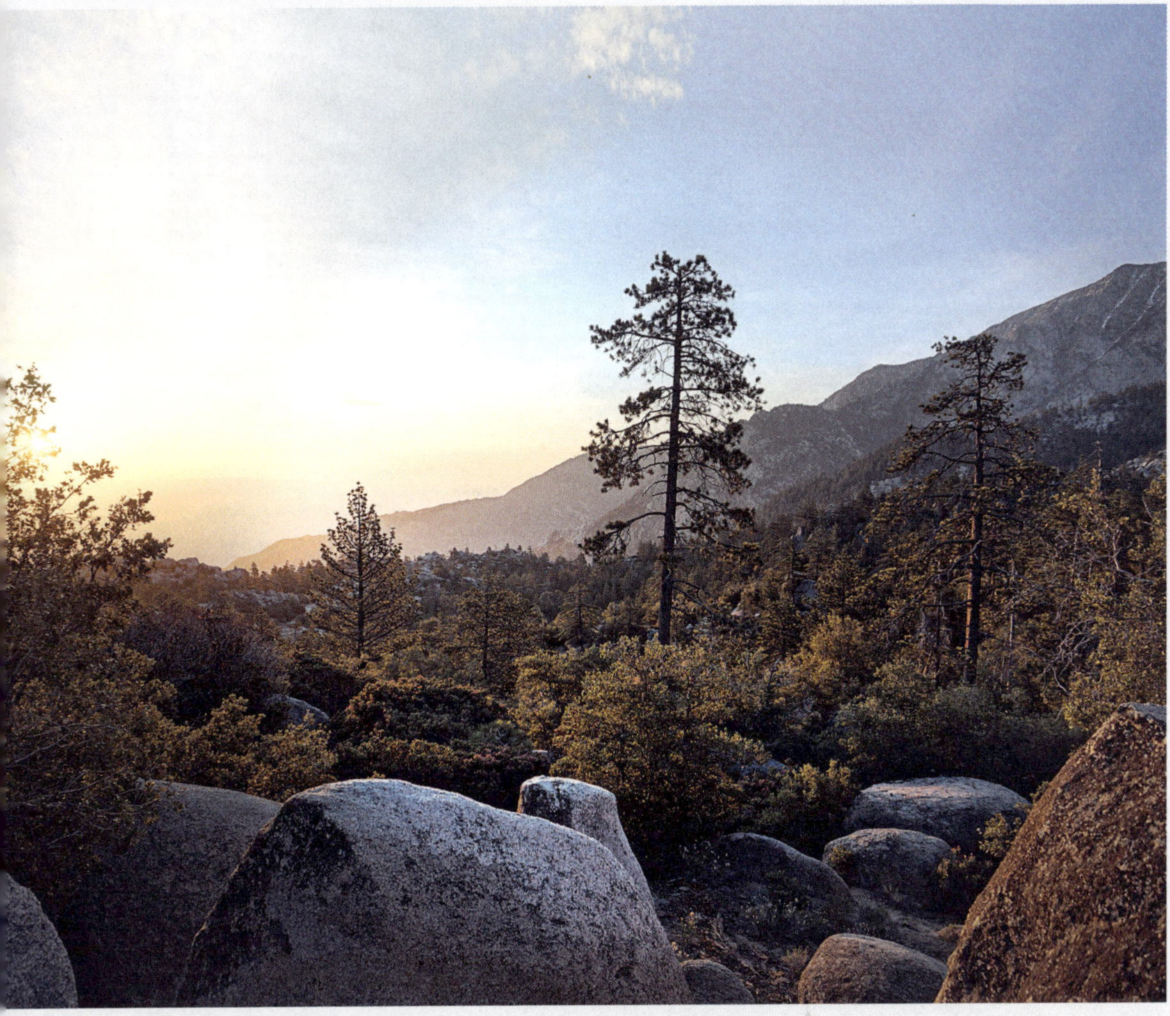

Bei Sonnenaufgang in den San Jacinto State Park, PCT, Südkalifornien

Licht

Wenn du nicht gerade im Sommer in der Nähe des Polarkreises unterwegs bist, wo es nicht mehr dunkel wird, ist eine Lichtquelle eine durchaus sinnvolle Sache. Taschenlampe, Kopflampe oder was?
Durch den Siegeszug der LED-Technik ist »das Licht« deutlich leichter geworden. Vor allem durch ihren äußerst geringen Stromverbrauch sind die modernen Outdoor-Lampen viel kleiner und leichter als noch vor 10–15 Jahren. Ersatzbatterien sind auch nicht mehr erforderlich.

Ich bevorzuge auf jeden Fall den Einsatz einer Kopflampe. Das Licht leuchtet genau dorthin, wohin du blickst und du hast auch noch die Hände frei.

Welche Lampe ist aber die richtige? Das hängt davon ab, wie hell dein Licht sein soll und wie lange du es brauchen wirst. Bist du etwa im Juni in unseren Breiten unterwegs, ist es nur vielleicht sechs Stunden wirklich dunkel, und du wirst sehr wahrscheinlich die Lampe nur im Notfall benötigen. Bin ich im Frühjahr oder Herbst unterwegs, kann es durchaus sein, dass man stellenweise im Dunkeln laufen muss oder auch will.

45 g

Kleine Kopflampe mit zwei AAA-Batterien, 45 g. Batterien kann man unterwegs leicht nachkaufen. Ich betreibe sie meist mit Lithium-Batterien, die sind leichter und halten länger durch als normale Batterien.

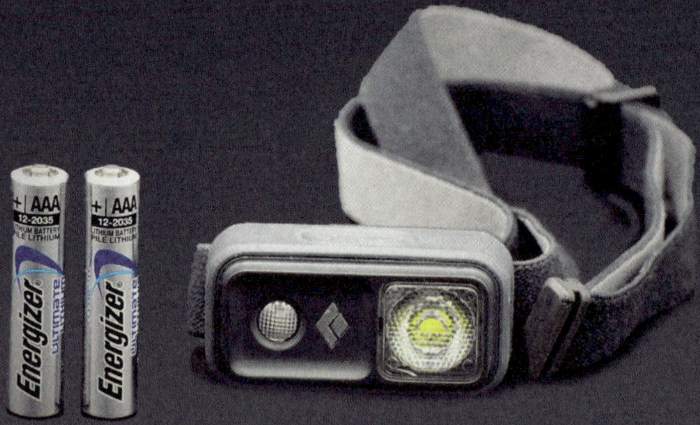

35 g

Petzl Bindi, kleine Kopflampe mit eingebautem Akku, die nur 35 g wiegt. Sie kann über USB z. B. mit einer Powerbank geladen werden. Mit max. 200 Lumen ist sie hell genug für alle Gelegenheiten auf deiner Tour.

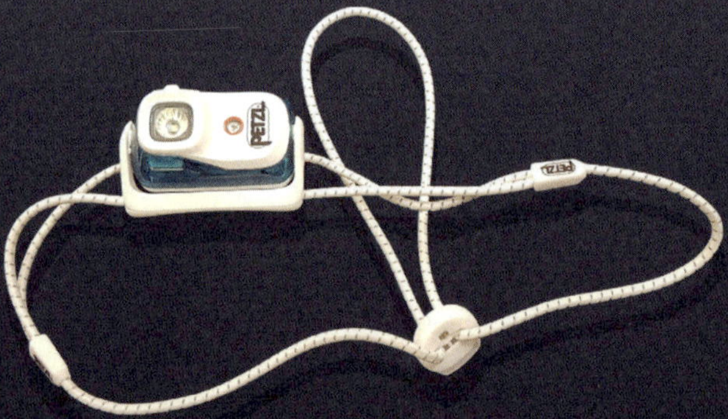

Lampe natürlich verhindern, dass man über etwas stolpert oder irgendwo hineintritt.

Dafür reichen zehn Meter Leuchtweite meist aus. Ist man allerdings im Hochgebirge unterwegs und der Weg eventuell nicht klar zu erkennen, ist man man darauf angewiesen Wegmarkierungen auf größere Distanz zu sehen und braucht schon ein wenig mehr Leuchtweite. Allerdings reichen auch hier etwa 30 Meter aus, denn auf eine größere Distanz kann man einen Farbklecks am Baum ohnehin kaum erkennen. Im Sommer, wenn es nicht so lange dunkel ist, benutze ich eine winzige, mit Batterien 35 g wiegende Kopflampe. Sie wird mit kleinen Knopfzellen betrieben. Das reicht zwar nur für zehn Stunden eher trübes Licht, aber mehr habe ich bislang auch nicht gebraucht.

Bei Touren im Frühjahr und Herbst wiegt meine Lampe inklusive Batterien 55 g. Auf der hellsten Stufe hat sie eine Leuchtdauer von ca. 20 Stunden, gedimmt etwa 60 Stunden. Die Reichweite beträgt etwa 50 Meter. In den meisten Fällen werden diese Stirnlampen mit AAA-Batterien betrieben, die meist auch sehr verbreitet nachzukaufen sind. Du kannst dich natürlich auch dafür entscheiden keine Lampe mitzunehmen. Ich habe aber immer zumindest meine winzige Lampe mit im Gepäck.

Wasser-Reinigung

Wasser ist überlebenswichtig. Es wird nicht nur zum Trinken, sondern auch zur Zubereitung des meist getrockneten Essens benötigt. Wie viel Wasser tatsächlich mitgenommen werden muss, hängt von der Verfügbarkeit und von den örtlichen Temperaturen ab. Bei unserer Tour auf dem PCT hatten wir im Süden von Kalifornien teilweise bis zu 8 Liter pro Person mit dabei. Dort mussten wir teilweise mehr als 50 Kilometer bis zur nächsten Wasserstelle überbrücken.

Glücklicherweise ist das aber nicht die Norm. Später in den Bergen der Sierra war Wasser im Überfluss vorhanden und wir hatten nur eine leichte 1-Liter-Faltflasche mit dabei, die aber oft auch nicht mal voll war. Als Transportbehälter für das Wasser denken die meisten an Wassersäcke aus PU-beschichteten Nylongewebe. Diese sind sehr stabil, aber leider auch nicht sonderlich leicht.

> ***Faltflaschen aus PE sind deutlich leichter, kleiner im Packmaß und geschmacksneutraler als die meisten Wassersäcke.***

Je nachdem, wie viel Wasser mitgenommen werden muss, packe ich eine oder mehrere solcher Faltflaschen ein. Der Vorteil von mehreren kleineren Flaschen gegenüber einem großen Wassersack liegt darin, dass das Gewicht im Rucksack besser verteilt werden kann. Eine noch viel kostengünstigere – eigentlich kostenlose – Variante sind ganz normale PET-Wasserflaschen aus dem Supermarkt, die man einfach immer wieder befüllt.

Es müssen ja nicht unbedingt die superstabilen Mehrwegflaschen sein, die Einwegflaschen sind leichter. Der Nachteil ist nur, dass sie den gleichen Platz im Rucksack benötigen, egal ob sie leer oder voll sind.

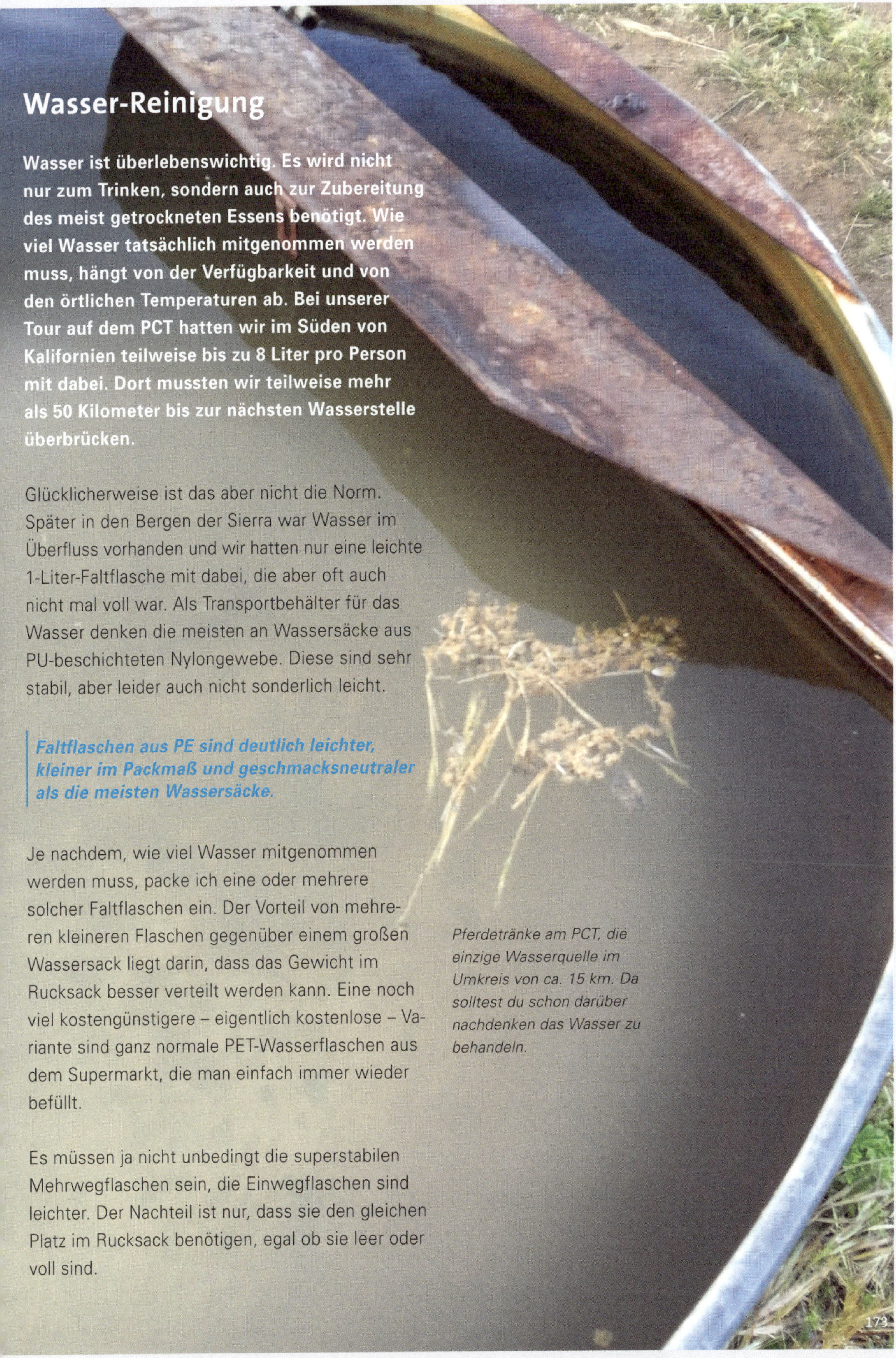

Pferdetränke am PCT, die einzige Wasserquelle im Umkreis von ca. 15 km. Da solltest du schon darüber nachdenken das Wasser zu behandeln.

Bei Touren mit ausreichender Wasserversorgung, bei denen nur das Trinkwasser getragen werden muss, reicht eine Literflasche aus. Viele Wanderer nutzen auch Trinksäcke mit Schläuchen. Diese sind aber verhältnismäßig schwer. Solange ich einen Rucksack habe, bei dem ich jederzeit selbst an die Wasserflasche gelangen kann, spare ich dieses Mehrgewicht lieber ein. Die andere Frage im Zusammenhang mit Trinkwasser ist: Wo bekomme ich das Wasser her und wie ist es um die Qualität des Wassers bestellt? In den meisten Fällen wird der Wanderer ja sein Wasser aus natürlichen Quellen bekommen: kleinen Bächen, Seen oder direkt von einer Quelle in den Bergen. Grundsätzlich kannst du die Wasserqualität vom Ansehen niemals zuverlässig bestimmen. In vielen Fällen kannst du Quellen, die aus dem Boden sprudeln, als recht sicher ansehen.

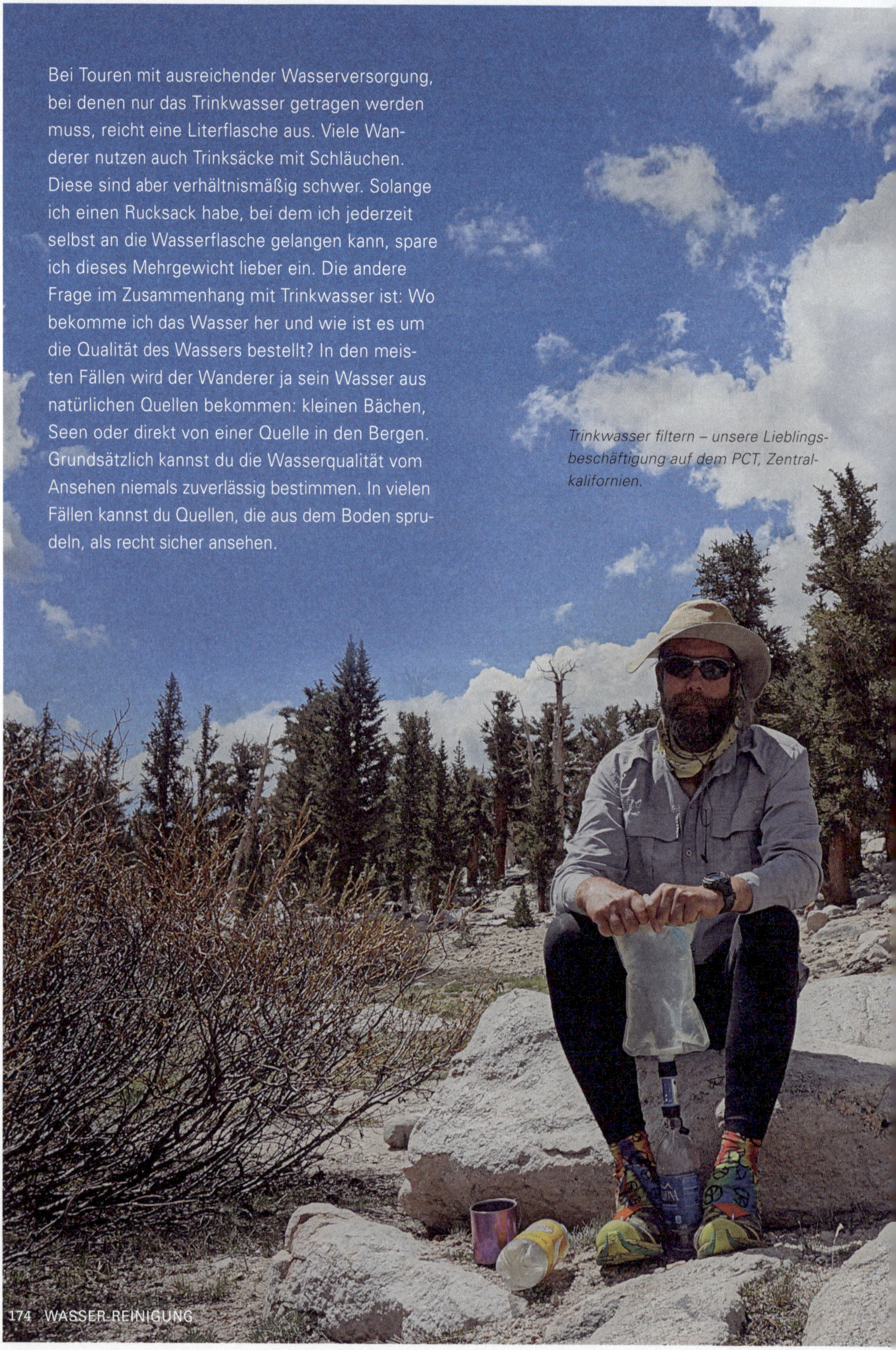

Trinkwasser filtern – unsere Lieblingsbeschäftigung auf dem PCT, Zentralkalifornien.

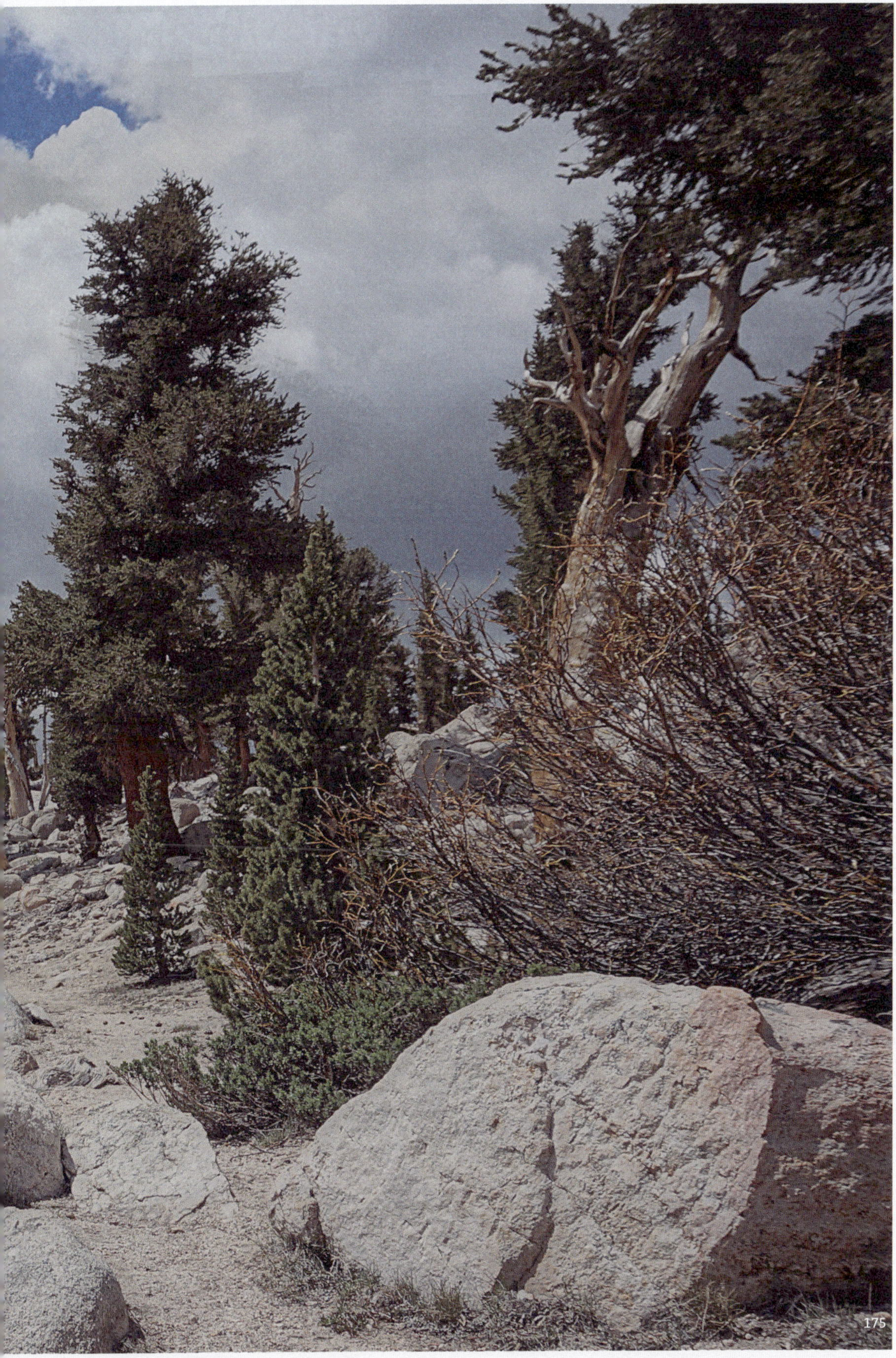

Das Wasser kommt hier direkt aus dem Erdreich oder Fels und hatte konnte noch kaum verunreinigt werden. Natürlich besteht trotzdem die Gefahr einer Verunreinigung durch Schwermetalle, Uran oder ähnliches. Häufig sind solche Umstände aber bekannt und dementsprechend wird darauf hingewiesen. So hieß es bei einer Wasserquelle auf dem PCT: Vorsicht! Die Quelle ist mit Uran belastet. Das Wasser darf auf keinen Fall getrunken werden. Das Problem war bloß, dass es bis zum nächsten Wasser etwa 30 Kilometer waren und die letzte Quelle etwa genauso weit zurücklag.
Alle Hiker und der dort lebende Schwarzbär haben von der Quelle getrunken ... manchmal hat man einfach keine Wahl.

Bei offenen Gewässern, wie Seen oder Flüssen, besteht Gefahr durch Industrieabwässer, Insektizide oder Pestizide aus der Landwirtschaft oder den Eintrag tierischer Exkremente. Je weiter ein Fluss von der Quelle entfernt ist, umso mehr Möglichkeiten gab es das Wasser zu verunreinigen. In dicht besiedelten Gebieten, wo auch intensive Landwirtschaft betrieben wird, ist das Wasser mit Sicherheit stärker belastet als dasjenige in den Bergen oder in Regionen, in denen wenig Menschen leben und keine relevante Landwirtschaft betrieben wird.

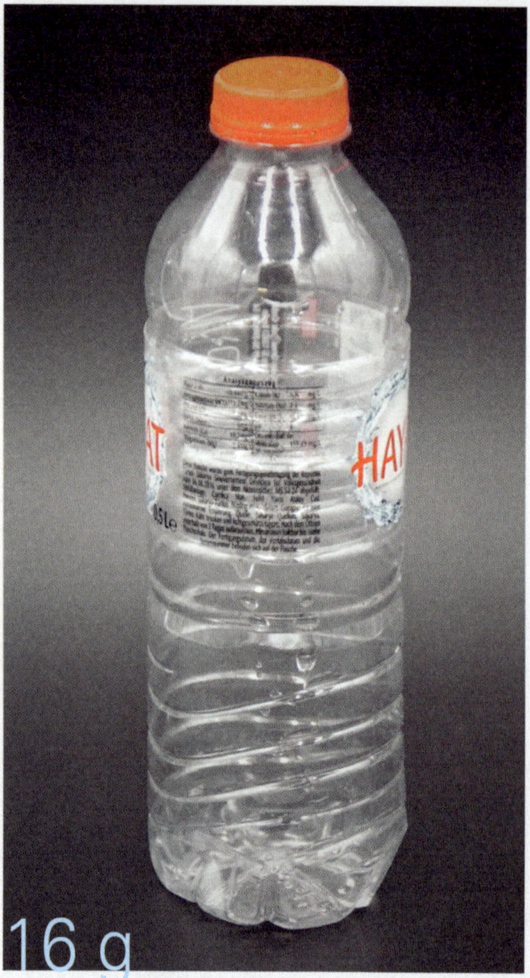

Die leichteste und billigste Lösung für den Wassertransport ist die Wiederverwendung von Einweg-Wasserflaschen, eine 0,5-Liter-Flasche wiegt nur 16 g.

Grundsätzlich kann natürlich auch der sauberste Bach in den unberührten Weiten von Alaska verunreinigt sein, wenn zum Beispiel ein toter Elch 150 Meter flussaufwärts vor sich hin gammelt. In all den Fällen, in denen das Wasser nicht unmittelbar an der Quelle entnommen werden kann, musst du davon ausgehen, dass das Wasser verunreinigt ist und es entsprechend behandelt werden muss. Was ist jetzt die bestmögliche und leichteste Methode, Wasser trinkbar zu machen? Die denkbar schlechteste Methode ist die, die vielen Menschen als erstes einfällt: Das Wasser abzukochen. Um Wasser durch Abkochen wirklich sicherzumachen, sollte es ca. 10 Minuten bei 100 Grad Celsius kochen. Das bedeutet natürlich einen sehr hohen Brennstoffverbrauch. Daher ist dies nicht gerade die effizienteste Methode. Wirklich sicher ist sie auch nur bis zu bestimmten Höhenlagen. Durch den geringeren Luftdruck siedet in einer Höhe von 3000 m Wasser schon bei 90 Grad Celsius. Oberhalb von 4000 m sogar schon bei 85 Grad Celsius. Diese Temperatur reicht unter Umständen nicht zur vollständigen Desinfizierung aus. Abkochen hilft also eher deinem Kopf als deinem Körper. Selbstverständlich entfernt Kochen auch keine anderen Verunreinigungen wie Schwermetalle, Düngemittel oder Sedimente.

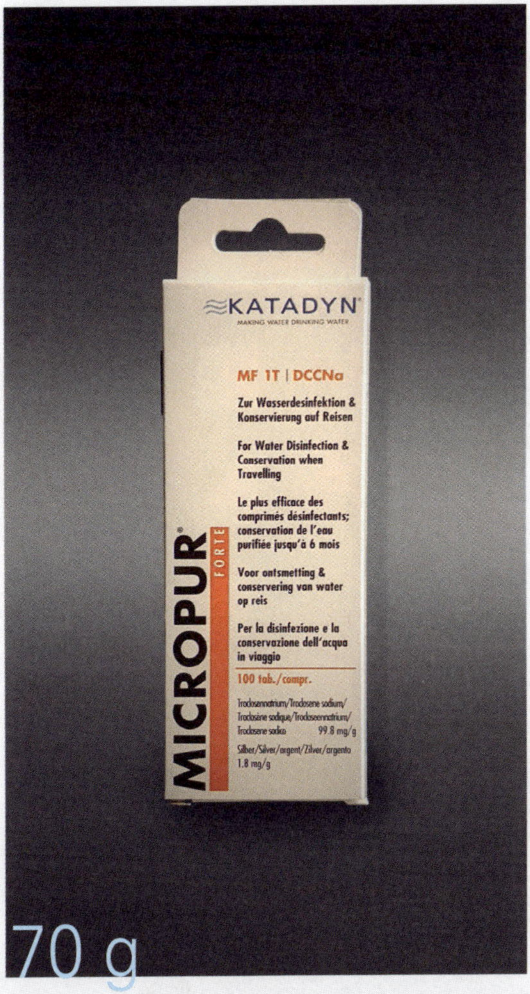

Der einfachste Weg, klares Wasser von Bakterien, Viren und Einzellern zu befreien, ist Micropur Forte, 70 g inkl. Verpackung. Wichtig dabei ist, dass das verwendete Wasser wirklich absolut klar ist.

Chemie

Praktikabler sind dagegen: Chemie in Tabletten- oder flüssiger Form, UV-Licht und Wasserfilter aller Art. Die chemische Entkeimung ist zweifellos die leichteste und auch sehr sicher. Es gibt Mittel auf der Basis von Silber, die ausschließlich gegen Bakterien wirken und circa zwei Stunden Einwirkzeit benötigen.

Diese Mittel sind eher für bereits vorgereinigtes Wasser aus dem Wasserhahn zu empfehlen. In der freien Natur ist oft die Gefahr durch Einzeller wie Amöben oder Giardien gegeben. Daher sind dort Produkte mit Chlor zu bevorzugen. Diese Mittel schützen recht zuverlässig vor Bakterien, Viren und in den meisten Fällen auch vor Einzellern.

Dazu sollten sie aber auch ca. 2 Stunden einwirken können. Diese Stoffe können aber nur bei klarem Wasser ihre Wirkung entfalten. Gewichtsmäßig sind die Wasserentkeimungstabletten auf jeden Fall die leichteste Option. Allerdings funktioniert das eben nur bei klarem Wasser, es werden keine schädliche Chemie oder Schwermetalle entfernt und das Endprodukt schmeckt nach Chlor. Außerdem kann diese Art der Wasserdesinfektion bei längerer Anwendung auch den Bakterienhaushalt der Darmflora durcheinanderbringen.

Für kurze Zeit ist diese Methode zur Wasserdesinfektion jedoch sehr gut geeignet, denn die Tabletten für 100 Liter Wasser wiegen, inklusive der Verpackung, gerade mal 70 g. Darüber hinaus kann durch das Herauslösen der Tabletten aus den Blistern und den Transport in einem kleinen Ziplock-Beutel zusätzlich Gewicht gespart werden.

UV-Licht

Eine sehr elegante und schnelle Lösung zur Desinfektion von Trinkwasser ist das UV-Licht.

Die Firma SteriPen hat mehrere Geräte zur Wasserdesinfektion im Programm. Die Geräte bestehen aus einer UV-Lampe und der Stromversorgung. Darin unterscheiden sich auch die einzelnen Geräte. Es gibt sie für AA-Batterien oder besser noch AA-Akkus, für Lithium-Batterien und mit eingebautem Li-Ionen-Akku. Die Geräte wiegen zwischen 76 und 135 g.

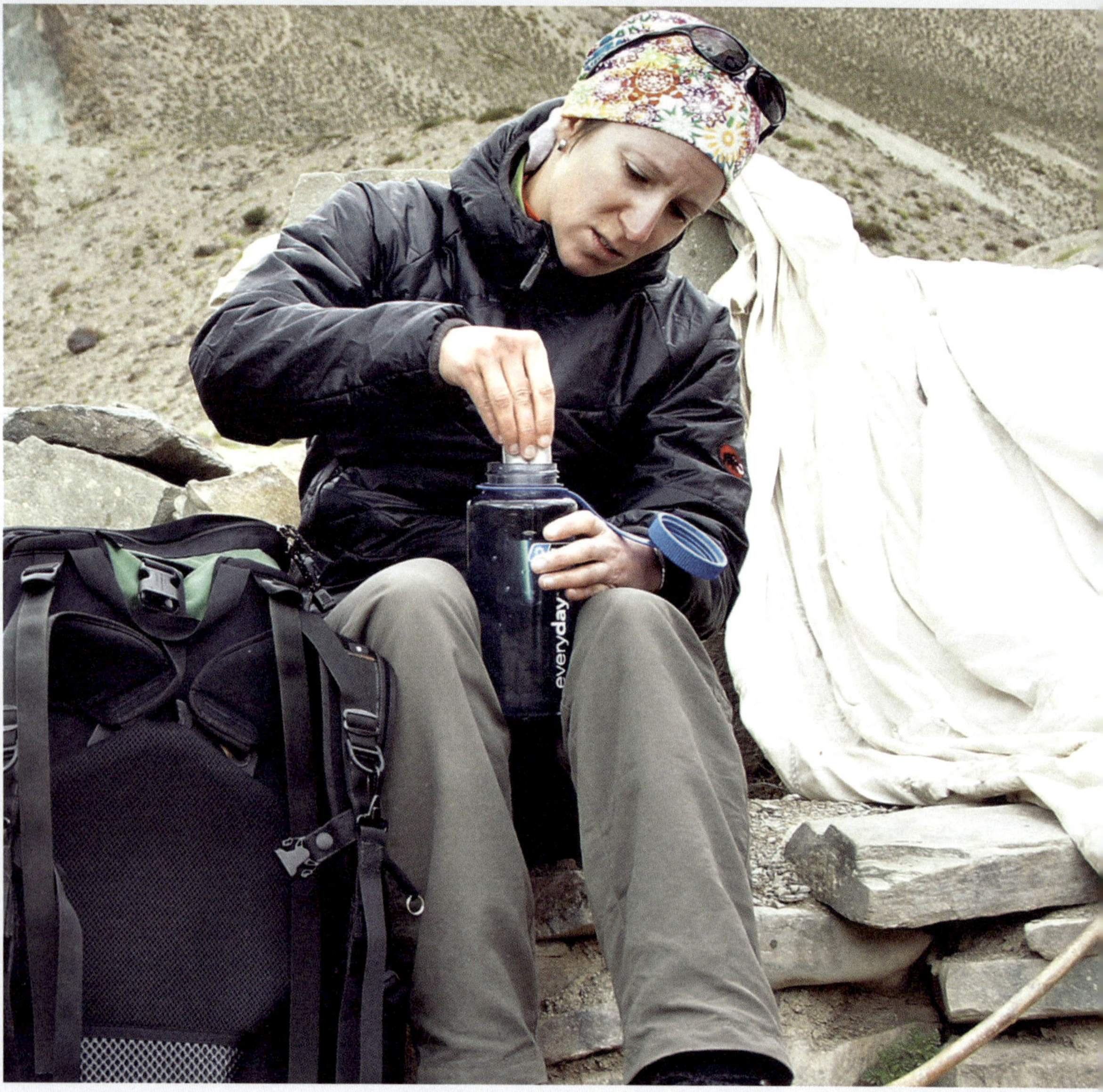

Wasseraufbereitung mit einem SteriPen bei einer Trekkingtour im indischen Himalaya.

Das leichteste Gerät besitzt einen über Micro-USB aufladbaren Akku für etwa 20 Liter Wasser pro Ladung, das schwerere Gerät verfügt über einen größeren Akku für 50 Liter Wasser und kann ebenfalls über Micro-USB geladen werden. Unterwegs ist das Aufladen recht einfach und über eine Powerbank oder sogar über ein Solarpanel zu bewerkstelligen. Ich besitze das kleinste Gerät mit einem Akku. Es wiegt 76 g und kann über den USB-Port geladen werden. Wir hatten dieses Modell bei einer Trekkingtour im indischen Himalaya und auch bei einigen Backpacking-Touren in Südostasien mit dabei. Dabei hat es uns hervorragende Dienste erwiesen. Es schützt vor Bakterien, Viren und Einzellern und eignet sich hervorragend zur Desinfektion von Leitungswasser in Dritte-Welt-Ländern. Diese Geräte funktionieren ebenfalls nur bei klarem Wasser. Für 43 g wird ein Vorfilter angeboten, mit dem man kleinere Schwebstoffe zuverlässig entfernen kann und die Geräte somit auch gut für Gebirgsbäche

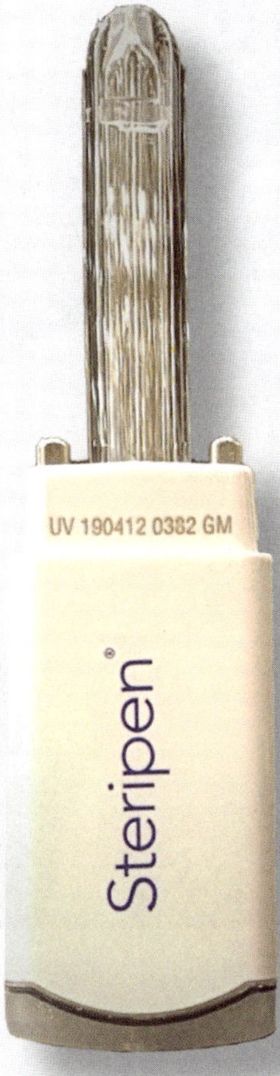

76 g

Eine sehr elegante, schnelle und leichte Variante klares Wasser aufzubereiten ist der SteriPen. Mittels UV-Licht werden in klarem Wasser Bakterien, Viren und Einzeller unschädlich gemacht. SteriPen mit Lithium-Ionen-Akku, 76 g.

geeignet sind. Sollte es nur trübes Wasser geben, kann man im Notfall das Wasser in einem Topf eine Weile stehen lassen, so dass sich Sedimente absetzen können. Wichtig ist, dass du entweder 0,5 oder 1 Liter pro Durchgang desinfizieren kannst. Das heißt, du benötigst noch ein entsprechendes Gefäß. Das kann eine Weithals-Wasserflasche sein oder du nutzt deinen Kochtopf, denn solange die UV-Lampe leuchtet, musst du mit dem Pen das Wasser umrühren.

Mechanische Wasserfilter

Für den Wanderer, der oft trübes Wasser in der freien Natur desinfizieren muss, sind Wasserfilter mit einem Keramikelement sicher die zuverlässigste Lösung. Jahrelang gab es nur diesen Typ Wasserfilter.

Der Vorteil dieser Filter ist die einfache Reinigungsmöglichkeit. Ein wirklich großer Vorteil bei trübem Wasser. Der Nachteil dieser Filter ist ihr vergleichsweise hohes Gewicht. Ein typischer Vertreter dieser Filter wiegt in etwa 500 g, was vergleichsweise schwer ist. Zudem sind diese Filter mit Preisen ab 100 Euro auch recht kostspielig in der Anschaffung. Doch beispielsweise bei Bootstouren auf großen Flüssen, wie etwa dem Yukon, ist es oft schwer, an klares Wasser zu gelangen. Dort spielt der Keramikfilter seine Stärken voll aus.

Seit einiger Zeit erobern Hohlfaserfilter den Markt. Sie sind sehr klein, wiegen deutlich weniger als ein Keramikfilter und sind sehr günstig in der Anschaffung. Diese Filter haben ihren Ursprung in der medizinischen Dialyse. Die meisten dieser Filter haben eine Porengröße von 0,1 Mikron und filtern somit zuverlässig Einzeller, Bakterien und Schwebstoffe aus dem Wasser. Ein wenig vorsichtig musst du bei diesen Filtern mit trübem Wasser sein. Aufgrund der sehr kleinen Baugröße verstopfen diese Filter bei trübem Wasser recht schnell und du musst sie dann häufiger reinigen. Sie sind also eher für klares Wasser zu empfehlen. Dann bekommst du aber einen sehr preiswerten Filter, der zudem noch sehr leicht ist. Vorsichtig sein solltest du bei den sehr vollmundigen Versprechen einiger Hersteller bezüglich der Lebensdauer des Filterelementes und seiner Durchflussrate. Bei einem der bekanntesten Hersteller dieser Filter spricht der Hersteller von einer Lebensdauer von bis zu 100 000 Gallonen. Das sind 360 000 Liter Wasser. In der Praxis war der erste dieser Filter nach ca. 6 Wochen auf dem PCT beim Dauereinsatz für zwei Personen trotz regelmäßiger Reinigung und meist klarem

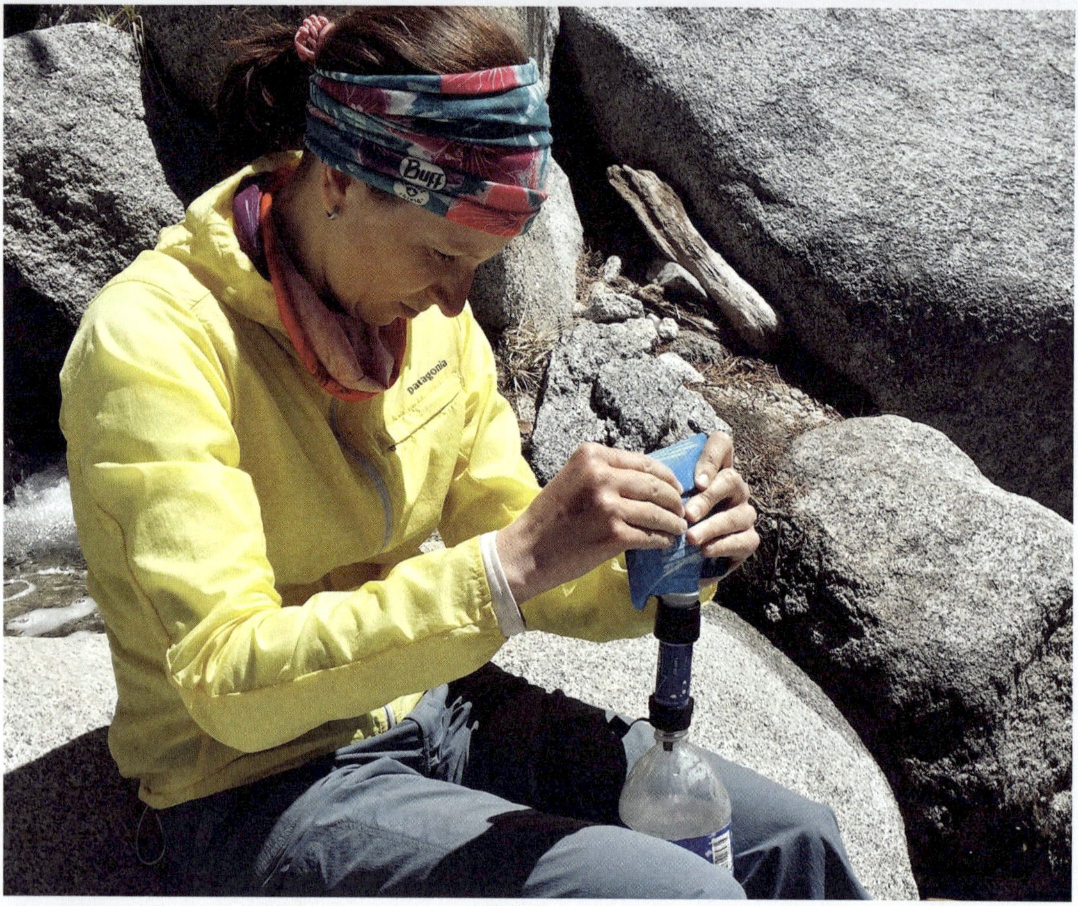

Wasser filtern mit dem Sawyer Mini Filter, PCT, Südkalifornien.

Wasser so verstopft, dass das Filtern von einem Liter Wasser mehr als 5 Minuten gedauert hat. So »schnell« ging es aber nur, weil ich mich mit meinen 85 kg auf die Faltflasche mit dem Schmutzwasser draufgesetzt habe. Auch die angegebene Durchflussrate von 1,7 l/min ist selbst bei Leitungswasser unmöglich zu erreichen. Auf dem PCT war dies kein Einzelfall.

Wir haben viele Hiker getroffen, die die gleiche Erfahrung gemacht haben. Allerdings ist dies natürlich auch eine recht extreme Nutzung. Für den Hiker, der die üblichen Touren von vielleicht 3 Wochen Dauer plant, ist dieser Filter immer noch sehr leicht und preiswert. Auch ich nutze einen Filter dieses Modells immer noch für kürzere Touren.

Empfehlenswert ist es allerdings, die mitgelieferte Faltflasche mit ihren 0,5 l durch eine größere Faltflasche zu ersetzen.

Es ist fast unmöglich, die Flasche in einem Bach oder See auch nur ansatzweise voll zu bekommen und somit sparst du dir das häufige Auffüllen der Schmutzwasserflasche. Um sicherzugehen, solltest du auch die Schmutzwasserflasche kennzeichnen, um dein mühsam gefiltertes Wasser in der falschen Flasche nicht gleich wieder zu kontaminieren. Auf jeden Fall gehört dieser Art von Filterelementen die Zukunft. Bei der Auswahl des Filters sollte natürlich eine Rolle spielen, ob du allein oder mit anderen Personen unterwegs bist. Dann wird nämlich auch die Zeit, die du für einen Liter Wasser brauchst, zum wichtigen Kriterium.

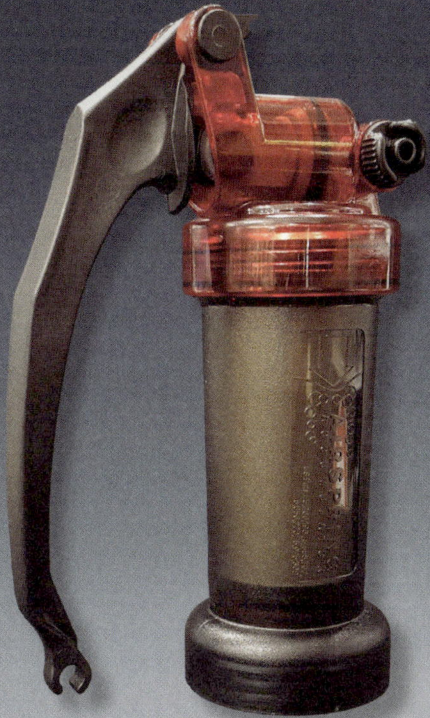

500 g

Ein klassischer Pumpfilter mit einem Keramik-Filterelement wiegt knapp 500 g. Für unsere Zwecke zwar zu schwer, doch immer noch ein sehr zuverlässiger Filter, um sehr viel trübes Wasser zu filtern.

233 g

Deutlich leichter ist dieser 233-g-leichte Pumpfilter. Mit seinem Glasfaser-Filterelement werden zuverlässig Bakterien, Einzeller und Schmutzpartikel herausgefiltert.

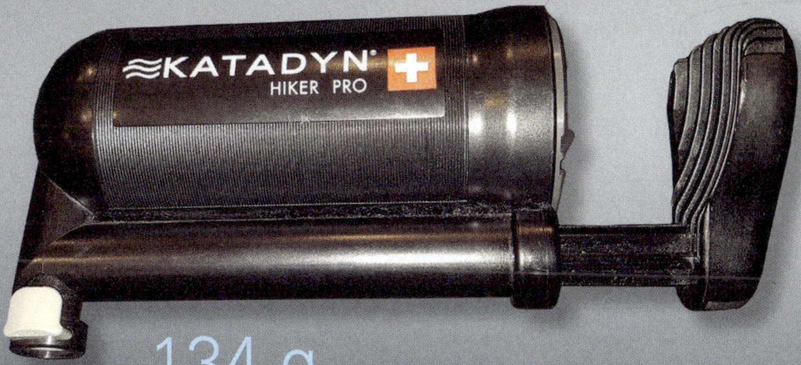

134 g

Im Gewichtsbereich Ultraleicht führt an Filtern mit Hohlfaser-Membran kein Weg vorbei. Sie sind leicht – der Sawyer Squeeze wiegt 134 g – preiswert und filtern zuverlässig Bakterien, Einzeller und kleine Partikel aus dem Wasser.

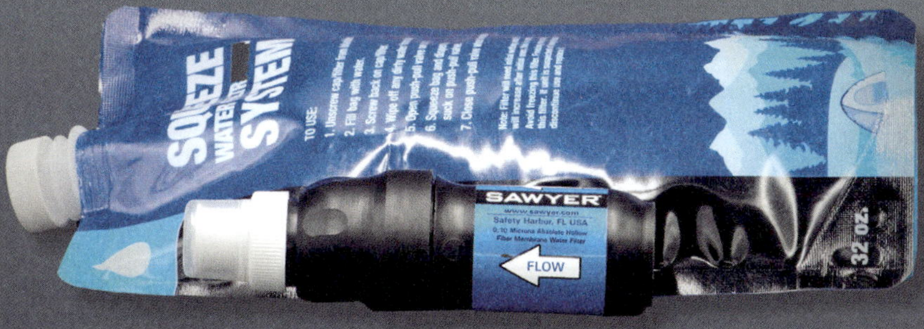

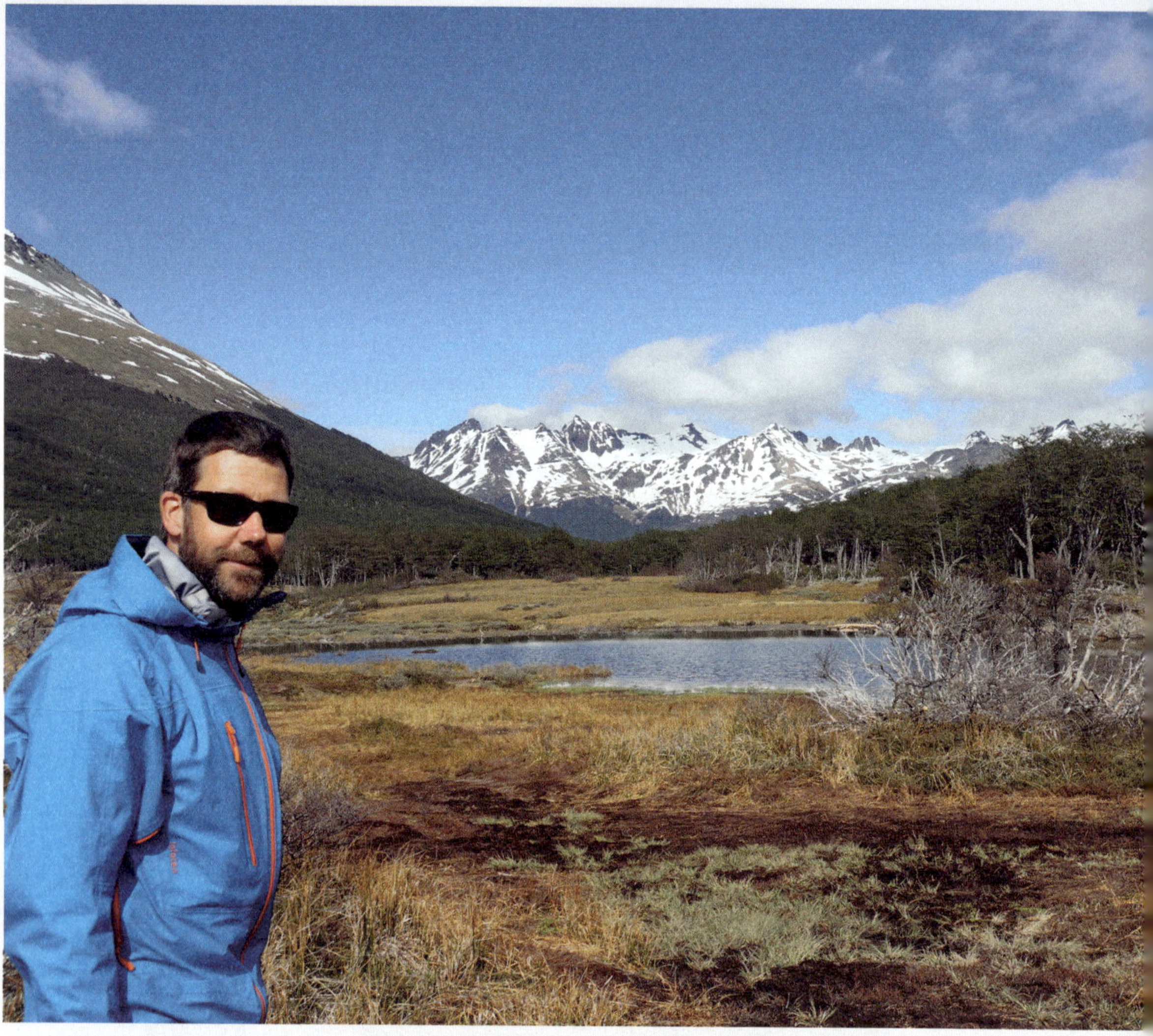

Sumpflandschaft Del Turbal in Patagonien, Argentinien.

Messer

Auf jeder Tour in der Wildnis muss natürlich ein Messer dabei sein. Zum Brotschneiden, um Holz für das Lagerfeuer zu spalten, um den selbst gefangenen Lachs zu zerlegen, zur Verteidigung gegen angreifende Bären und Wölfen und vielen anderen Dingen. Oder etwa nicht?

Für viele (Männer) ist ein Messer ein absolut essenzielles Tool im Outdoorleben. Aber mal ehrlich, wozu benötigt man als Ultraleichter wirklich ein Messer? Für all diese Dinge, die ich oben aufgezählt habe, sicher nicht. Bei einer Wanderung wird man in den seltensten Fällen richtiges Brot dabeihaben. Auch große Fische oder gar Wild auszunehmen, dürfte die absolute Ausnahme sein. Ich habe auf meinen Touren meist nur ein winziges Taschenmesser dabei. Es wiegt ganze 22 g, hat eine 3 cm lange Klinge, eine Schere, eine Feile und eine Pinzette, die sehr gut dafür geeignet ist, auch mal eine Zecke zu entfernen. Die Klingenlänge reicht aus, um eine Essensverpackung zu öffnen oder mal eine Ecke Käse abzuschneiden.

Mehr brauche ich in den meisten Fällen nicht. Da ich versuche, in der Natur keine Spuren zu hinterlassen – »Leave No Trace« – mache ich auch kein Lagerfeuer, für das ich eventuell Holz zurechtschneiden müsste. Zudem sind Lagerfeuer in vielen Gebieten sowieso verboten, stellen sie doch eine immense Gefahr dar, speziell in Gebieten mit einer hohen Waldbrandgefahr. Wer aber unbedingt ein Feuer machen möchte, braucht oft schon ein etwas größeres Messer, etwa um Holzspäne zum Anzünden zu schnitzen. Hierfür reicht wiederum völlig ein kleines, Opinel-Messer mit knapp 54 g völlig aus. Damit kannst du zwar kein Holz spalten, aber um Späne zu machen genügt es völlig. Für ein eventuelles Feuer, das du bei kalten Temperaturen im Frühjahr oder Herbst machen möchtest, kannst du einfach kleineres Totholz sammeln und dieses gegebenenfalls leicht mit einem Fußtritt kleiner machen. Das Messer kostet auch nur 14 Euro und somit sparst du nicht bloß Gewicht, sondern auch einiges an Geld, das du lieber in wichtigere Ausrüstung investieren kannst.

Der Klassiker eines kleinen Taschenmessers schlechthin: das Opinel No. 8 mit 54 g – absolut ausreichend und preiswert. Ebenfalls 54 g leicht und etwas weniger feuchtigkeitsempfindlich: kleines Messer von Böker.

54 g

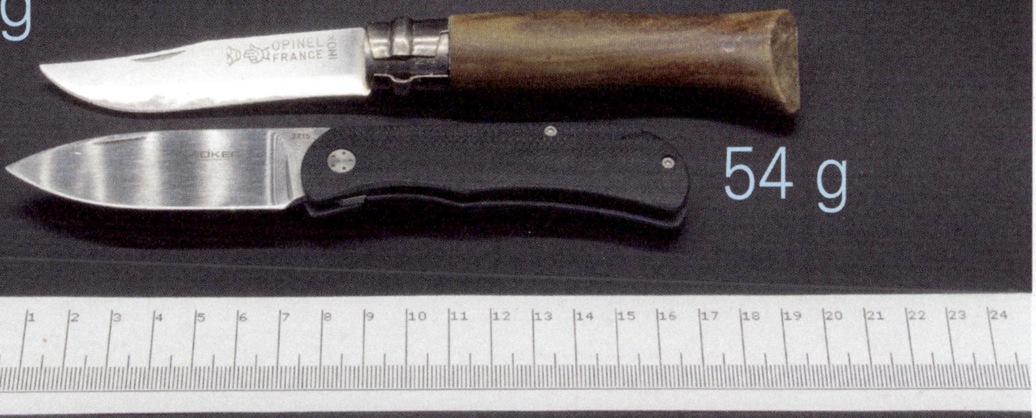

54 g

22 g

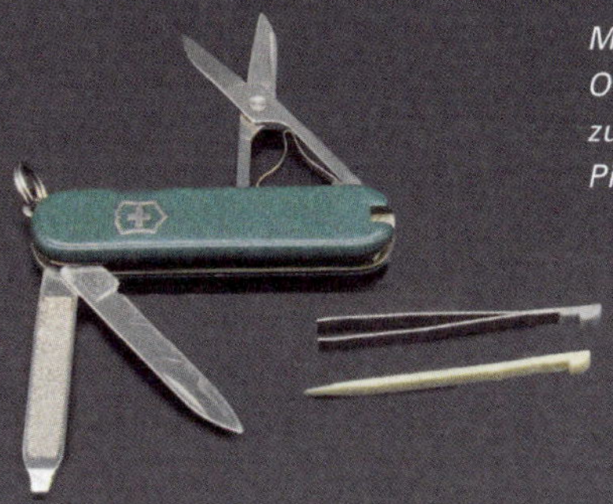

Mein persönlicher Favorit: das kleinste Schweizer Offiziersmesser mit gerade mal 22 g und mit Schere zum Nägel schneiden, Nagelfeile und sehr guter Pinzette zur Entfernung von Zecken.

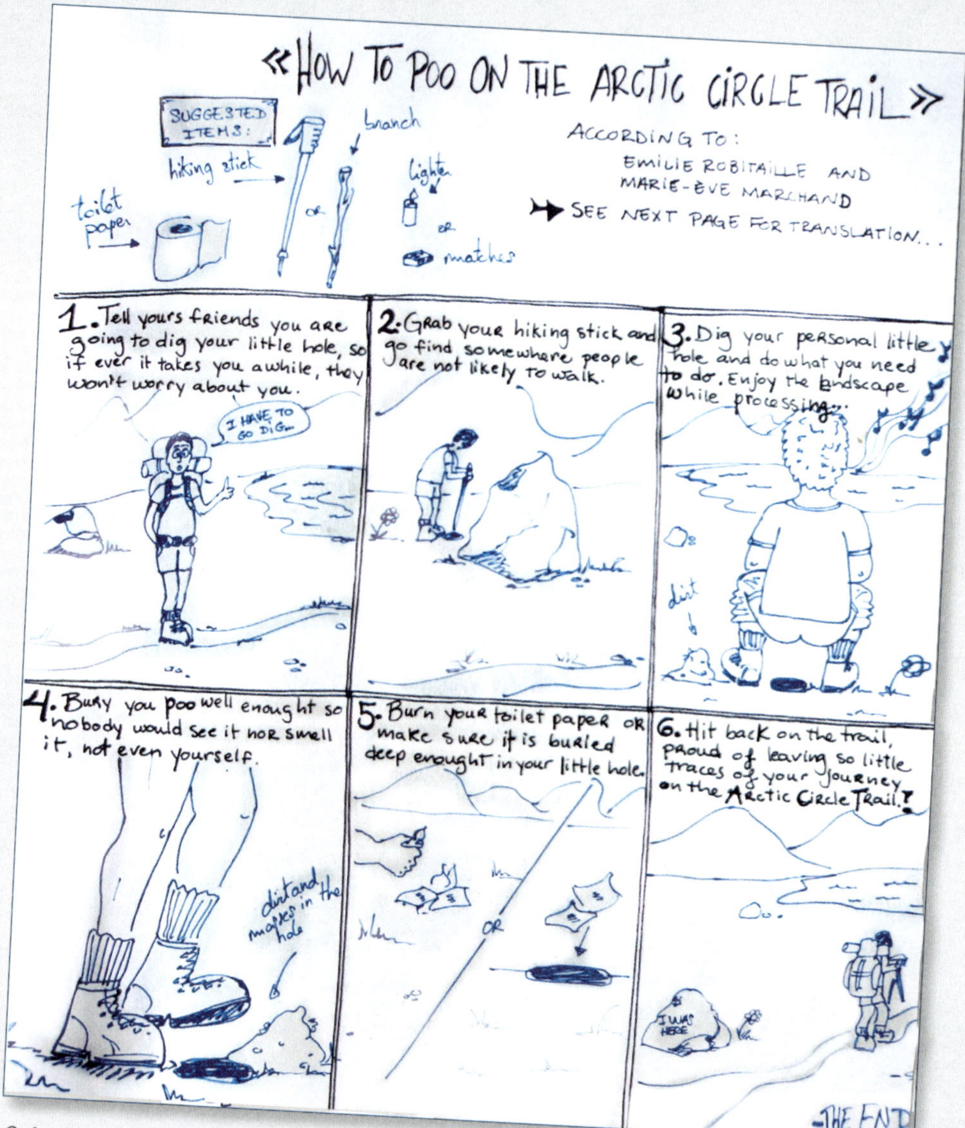

Gefunden in einem Hüttentagebuch auf dem Arctic Circle Trail.

Toilettenabteilung

Jeder Hiker muss natürlich auch mal auf die Toilette gehen, und bei dem Thema gibt es gleich eine weitere Verbindung zum oben schon erwähnten »Leave No Trace«.

Es gibt wenige Dinge, die schlimmer sind als beim Wandern in der Natur auf diese Hinterlassenschaften anderer Wanderer zu treffen. Ich erinnere mich, wie uns bei einer Tour auf dem quer durch Korsika führenden GR 20 ein kräftiger Wind offensichtlich benutztes Toilettenpapier entgegenwehte – kein schöner Anblick. Besonders an viel frequentierten Stellen, an denen man gut sein Zelt aufstellen kann, ist das ein häufig anzutreffendes Problem. Darum sollte jeder Hiker seine Hinterlassenschaften umweltverträglich beseitigen.

Als erstes suchst du dir eine geeignete – und das heißt hier schon einmal nicht die nächstgelegene – Stelle. Geeignet heißt, mindestens 50 Meter von Zeltplätzen und Gewässern entfernt und auf jeden Fall oberhalb der Hochwassermarkierung an Stränden.

Sinnvoll ist es, nach fruchtbarem Boden – in der Regel dunkler, feuchter Erde – zu suchen, darin werden die Fäkalien schneller durch die Bakterien zersetzt. Dann gräbst du ein etwa 10–15 cm tiefes Loch. Untersuchungen zeigen, dass Urin die Zersetzung von Fäkalien behindern kann. Deshalb möglichst vor dem Toilettengang etwas entfernt urinieren. Dann wird das Geschäft in das Loch verrichtet. Sollten es Landschaft und Brandgefahr erlauben, kannst du das benutzte Toilettenpapier im Loch verbrennen. Wenn Brandgefahr besteht, einfach das Toilettenpapier mit vergraben oder, wenn es zum Beispiel die lokalen Vorschriften vorschreiben, wieder einpacken und mitnehmen. 2016 hat ein deutscher Wanderer auf La Palma durch Verbrennen von Toilettenpapier einen großen Waldbrand ausgelöst, bei dem ein Forstarbeiter bei den Löscharbeiten ums Leben kam. Ich denke, mit der Gewissheit, dass die eigene Unachtsamkeit ein Menschenleben gekostet hat, möchte keiner leben müssen. Das sollte ein weiteres Beispiel sein, wie wichtig der äußerst sorgfältige Umgang mit jeglichem offenen Feuer in der Natur ist.
Um die Zersetzung der Fäkalien in der Natur zu beschleunigen, ist es hilfreich, mit einem Stock die Fäkalien mit etwas Erde zu vermischen. Danach wird das Loch zugeschaufelt. Gerade in Gebieten, die viel bewandert sind oder in der sensiblen Natur oberhalb der Baumgrenze, ist es wirklich wichtig, seine Hinterlassenschaften richtig zu beseitigen. Wer mehr darüber lesen will, wird hier fündig: in Kathleen Meyers »How to shit in the Woods«. Um ein Loch graben zu können, habe ich meist eine kleine orangefarbene Kunststoffschaufel dabei. Sie wiegt nur 50 g und ist äußerst hilfreich. Außerdem kann sie wunderbar als Sandhering ihren Dienst versehen. Viele Hiker behelfen sich auch mit einem Zelthering oder Trekkingstock. Beides ist meistens mit dabei und kann auch hier gute Dienste verrichten.

Statt Toilettenpapier zu benutzen, bietet die Natur auch andere, natürliche Hilfsmittel. Große Blätter zum Beispiel, Moos oder noch besser, wenn vorhanden, Schnee. Abwischen und waschen in einem Arbeitsgang, super. Ich habe aber meistens immer Toilettenpapier mit dabei. Die meisten meiner Touren erreichen oft Regionen oberhalb der Baumgrenze oder Nadelwälder, und Kiefernnadeln sind nun wirklich kein guter Papierersatz. Bei meinen Touren nehme ich allerdings keine ganze Rolle mit, die ist viel zu groß. Ich reiße von einer Rolle etwa einen Meter pro Tourentag ab und wickele es ganz eng zusammen. Das Papier kommt dann zusammen mit einem kleinen Feuerzeug in einen Ziplock-Beutel und fertig ist der Klobeutel. Wenn ich das Toilettenpapier wieder mitnehmen muss, habe ich dafür noch einen weiteren Ziplock-Beutel mit dabei.
Wenn man kein Loch graben kann, weil man auf steinigem Untergrund sein Geschäft verrichten muss, kann man seine Hinterlassenschaft mit schweren Steinen bedecken.

55 g

Kleine Kunststoffschaufel, 55 g. Nicht nur zum richtigen Vergraben deiner Notdurft, sondern auch ein guter Ersatzhering, vor allem für sandige Böden. In der Tüte ist das Toilettenpapier, ca. 1 m pro Tag, eng gerollt, um das Packmaß zu verringern.

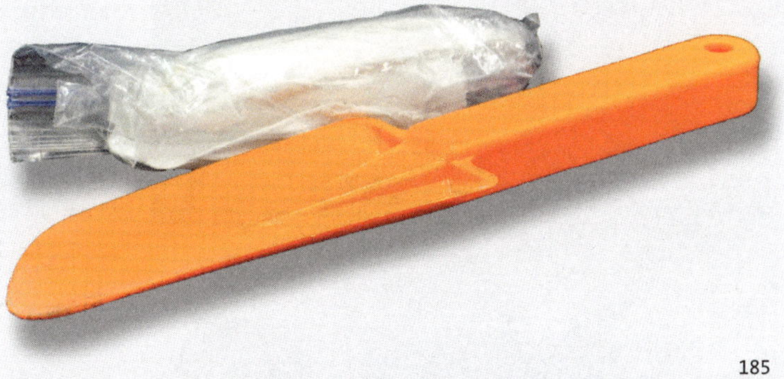

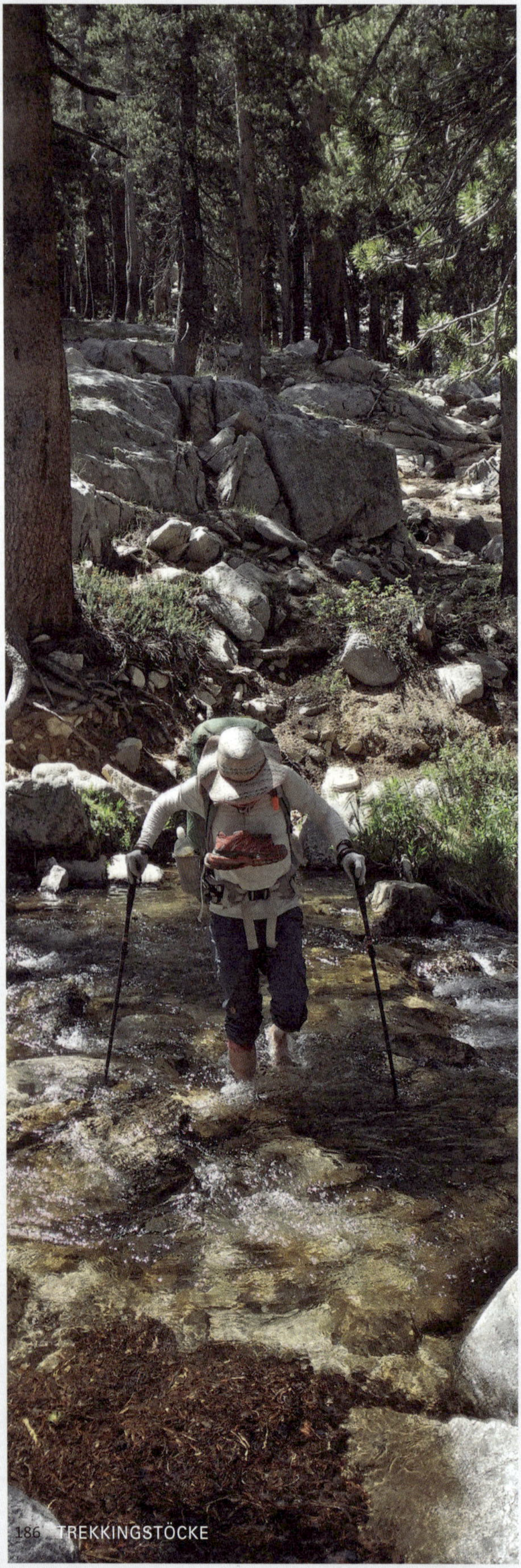

Trekkingstöcke

Wenn du schon mal bei Touren in den Bergen Trekkingstöcke benutzt hast, weiß du, welche Entlastung diese vor allem für deine Kniegelenke bewirken. Ein Wanderstab ist schon seit Jahrhunderten ein viel genutztes Hilfsmittel.

Das Wandern mit zwei Stöcken ist aber noch deutlich besser als mit nur einem, meist schweren Holzstock. Auch ironische Kommentare anderer Wanderer wie »Hast du deine Skier verloren?« sind zum Glück seltener geworden. Vergleichbar zu den Schuhen summiert sich auch das Gewicht der Trekkingstöcke durch den Gebrauch im Laufe eines Wandertages auf, daher ist es auch hier sinnvoll, deren Gewicht zu betrachten. Bei den bereits bei den Schuhen angesprochenen 40000 Schritten, bedeutet es, dass auch die Trekkingstöcke bei korrekter Benutzung im Laufe eines Wandertages etwa 40000-mal angehoben werden. Rechnet man mit einem Stockgewicht von 490 g (Gewicht von zwei dreifach geteilten Alu-Trekkingstöcken) sind das immerhin 1,9 t, die gehoben werden müssen. Ich nutze seit geraumer Zeit sehr leichte, zweifach geteilte Karbonstöcke der Firma Komperdell. Das Paar wiegt 340 g und ist somit 150 g leichter als o. g. Alustöcke. Das ist mir die Preisdifferenz zu den schon deutlich preiswerteren Aluversionen auf jeden Fall wert.

Karbonstöcke sind zwar sehr stabil, allerdings nicht bei Querbelastung. Bei der Tour auf dem PCT ist uns bei einem Sturz ein Stock durchgebrochen. Ich habe ihn mithilfe eines Holzstücks und Klebeband wieder notdürftig geflickt. Ein Anruf bei Komperdell USA und schon erhielten wir sogar zwei neue Segmente postlagernd zugeschickt. Doch die Stöcke dienen nicht nur der Entlastung der Knie, genauso wichtig ist, dass sie auch das Vorankommen in schwierigem Gelände sehr deutlich erleichtern. Auf »vier Beinen« geht es sich eben sicherer als nur auf zwei Beinen.

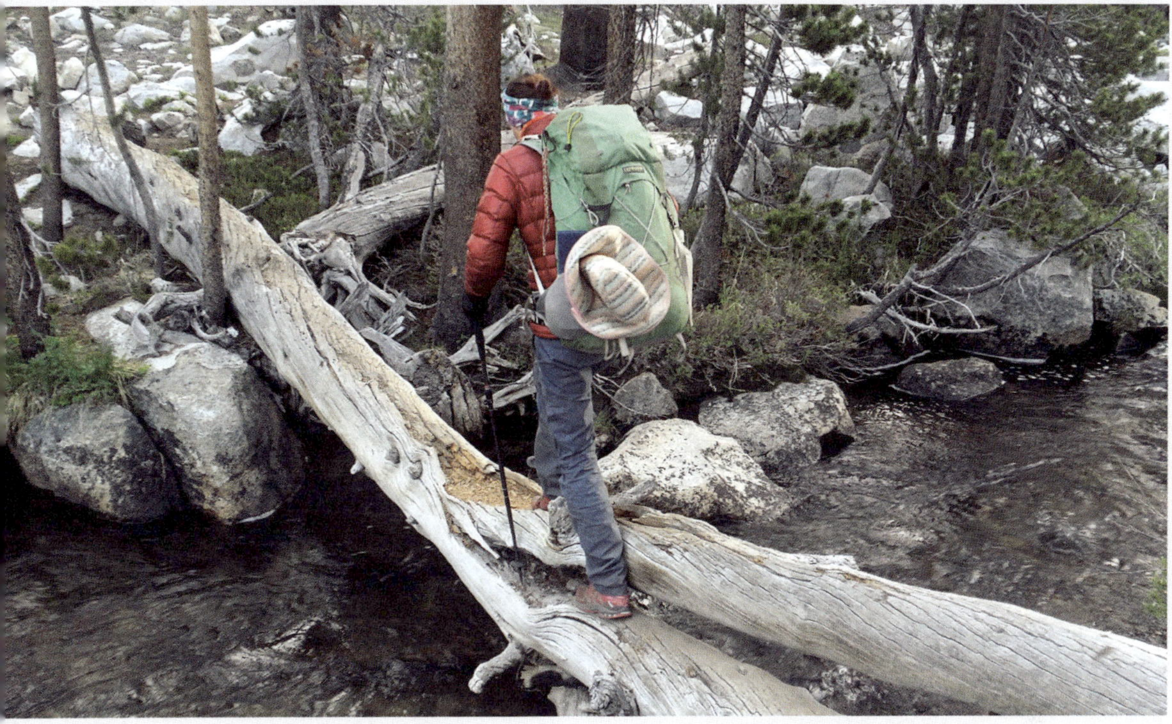

Auch bei der Durchquerung reißender Gebirgsflüsse sind Trekkingstöcke äußerst hilfreich und sie ersetzen bei einigen Leichtgewichtszelten das Gestänge oder dienen dir bei der Verwendung eines Tarps auch hier als Aufstellstange. Bei dieser Verwendung ist es auf jeden Fall sinnvoll, längenverstellbare Stöcke zu nutzen. Durch diese Doppelnutzung wird erneut Gewicht eingespart. Du kannst dich aus finanziellen Gründen natürlich auch für Stöcke aus Aluminium entscheiden. Allerdings ist es natürlich wichtig, auf das Gewicht zu achten.

Auch wenn du die Stöcke nicht als Zelt- oder Tarpstange nutzt, ist es sinnvoll, teilbare Stöcke zu kaufen. Willst du den Startort der Tour mit einem Flugzeug erreichen, sollten die Stöcke mit in den Rucksack gepackt werden können, um sie vor Beschädigungen zu schützen.

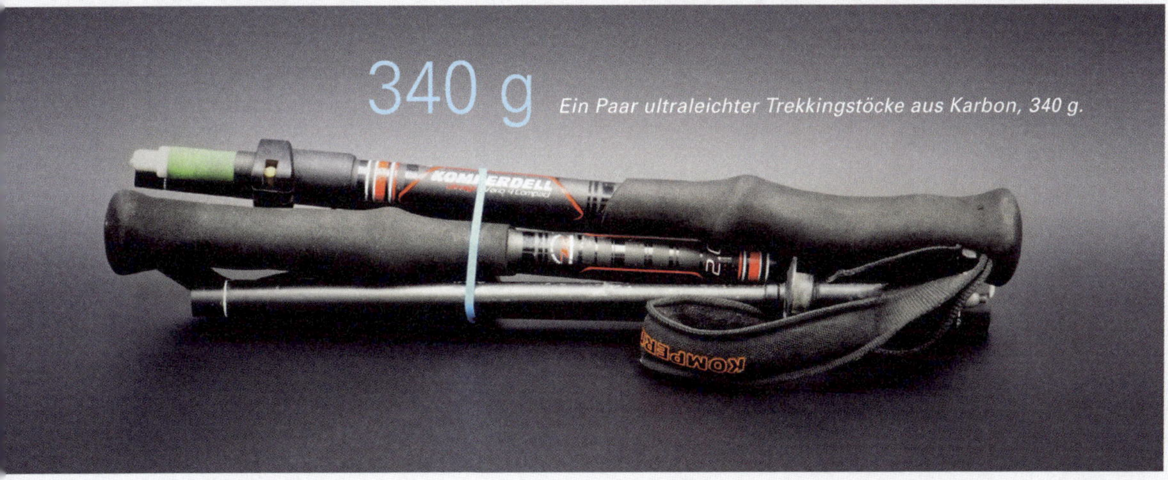

340 g *Ein Paar ultraleichter Trekkingstöcke aus Karbon, 340 g.*

Reparaturkram

Da die Anforderungen an die Ausrüstung bei längeren Touren enorm sind und du die Mitnahme von Ersatz-Ausrüstungsgegenständen auf jeden Fall vermeiden willst, ist es wichtig, dass du kleinere Reparaturen unterwegs selbst durchführen kannst.

Der größte Teil deiner Ausrüstung besteht auf die eine oder andere Art aus Stoff und kann somit genäht werden. Eine Nähnadel, 10 Meter stabiles Garn, zwei Knöpfe (sofern du welche an deinen Kleidungsstücken hast) zwei kleine Sicherheitsnadeln, Reparaturflicken für deine Isomatte, ein halber Meter durchsichtiges, zuschneidbares, äußerst robustes Klebeband, das von Kleidung über Isomatte bis hin zum Zelt alles kleben kann, haben schon das ein oder andere Mal auf Tour geholfen.

Dem Improvisationstalent sind hier keine Grenzen gesetzt. Die Reparatur muss nur für die Tour funktionieren. Eine schön aussehende Reparatur kann bis zu Hause warten.

Ein heißer Tipp im wahrsten Sinne des Wortes ist ein etwa 3 cm langes Stück Heißkleber. Den kann man auch mit einem Feuerzeug zum Schmelzen bringen und damit wunderbar eine selbstaufblasende Isomatte sofort reparieren.

Reparaturkleber benötigen nämlich mehrere Stunden zum Aushärten und sind somit für eine schnelle Reparatur ungeeignet. Sieht zwar nicht so schön aus, funktioniert aber. Man kann sicher das Gewicht eines Reparaturkits auch ordentlich in die Höhe treiben und etwa ein knapp 300 g schweres Multitool mitnehmen. Aber das ist eine andere Geschichte. Natürlich solltest du auch ein gewisses technisches

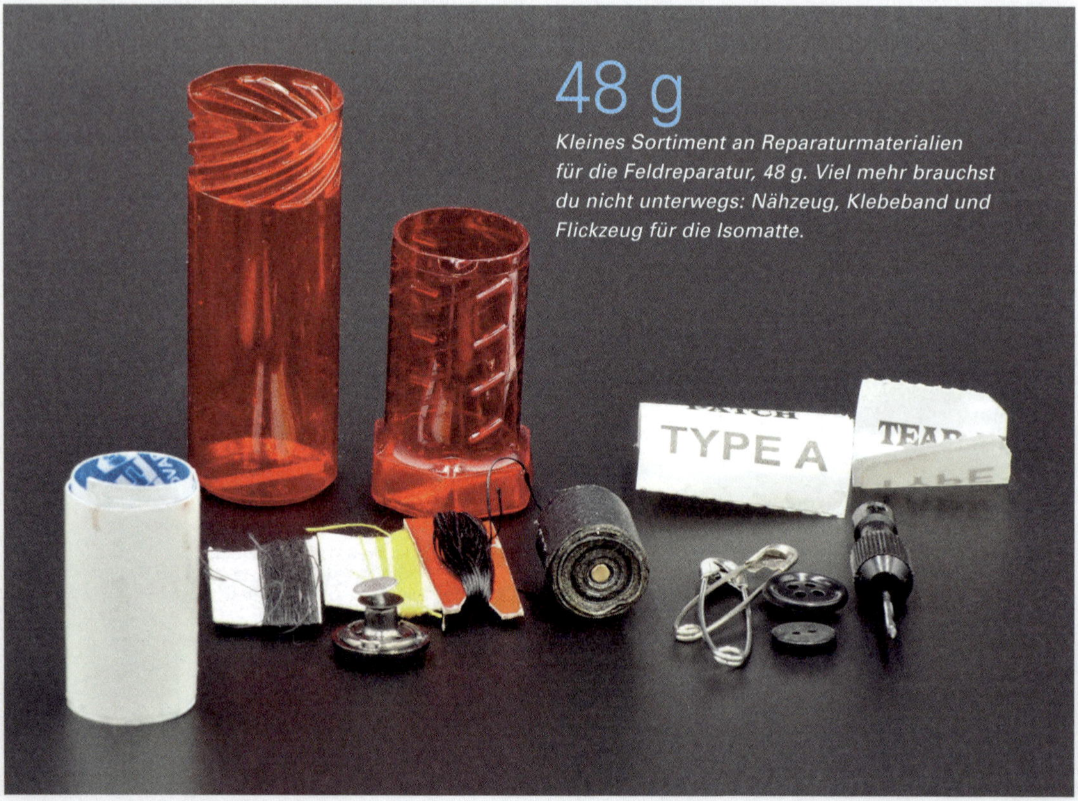

48 g

Kleines Sortiment an Reparaturmaterialien für die Feldreparatur, 48 g. Viel mehr brauchst du nicht unterwegs: Nähzeug, Klebeband und Flickzeug für die Isomatte.

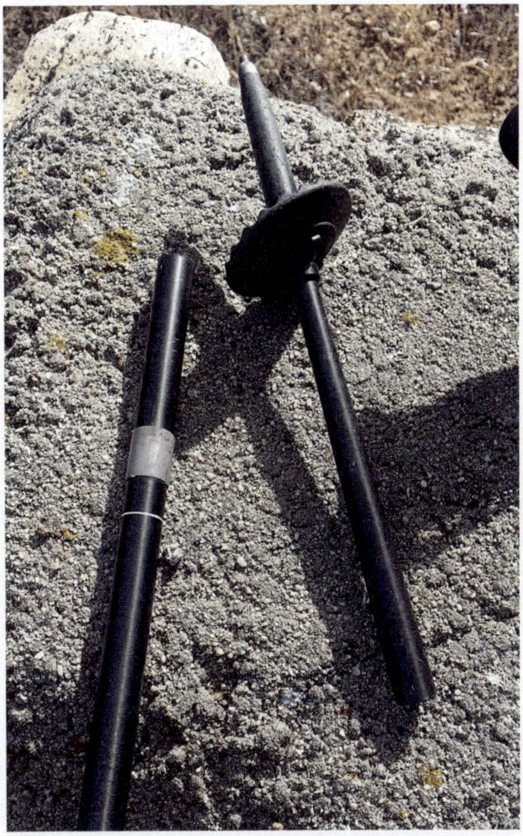

Bruch des Trekkingstockes auf dem PCT: zuverlässig repariert mithilfe eines zurechtgeschnitzten Holzstückes im Rohr und Tape außenrum.

Die Erste-Hilfe-Ausrüstung

Bei der Erste-Hilfe-Ausrüstung ist es ein bisschen wie beim Reparaturkit. Du kannst sicherlich für jeden erdenklichen Fall Sachen einpacken und endest bei einem Erste-Hilfe-Set mit Spritzen, Schienen für Knochenbrüche und einem Halswirbelstabilisator, das dann mehr als ein Kilo wiegt.

Das Ganze natürlich noch verpackt in einer Erste-Hilfe-Tasche, die selbst schon ein paar hundert Gramm wiegt. Ich vertrete einen eher rustikalen Ansatz und packe für den schlimmsten Fall nur ein paar Basics ein, um lebensgefährliche Blutungen zu stoppen, kleine Schnitte oder Kratzer versorgen zu können oder ein verstauchtes Gelenk zu stabilisieren. Statt einen Haufen Kram mitzunehmen, den du möglicherweise sowieso nicht richtig anwenden kannst, ist es auf jeden Fall sinnvoll, eine gute Ersthelfer-Ausbildung beim DRK oder den anderen Hilfsverbänden zu machen und in regelmäßigen Abständen aufzufrischen. Das ist im Übrigen auch für unseren Alltag in

Verständnis und Geschick mitbringen, um solche kleinen Reparaturen zuverlässig durchführen zu können. Auf YouTube gibt es haufenweise kurze Filme zu sehen, wie du unterwegs Ausrüstung reparieren kannst. Zum Beispiel solltest du wissen, wie du einen Reißverschluss reparieren kannst, der nicht mehr richtig schließt. Das ist nämlich eines der häufigsten Probleme. Durch den Staub und Schmutz draußen verschleißen die oft sehr schmalen Reißverschlüsse z. B. des Zeltes doch schneller. Dann ist es gut, wenn du dir zu helfen weißt. Ob du noch weitere Ersatzteile benötigst, hängt zum Beispiel von der Art des Kochers ab, für den du dich entscheidest. Nutzt du einen Benzinkocher, ist es bei längeren Touren ratsam, eine Ersatzdüse und das kleine Werkzeug einzupacken, um den Kocher auch warten zu können.

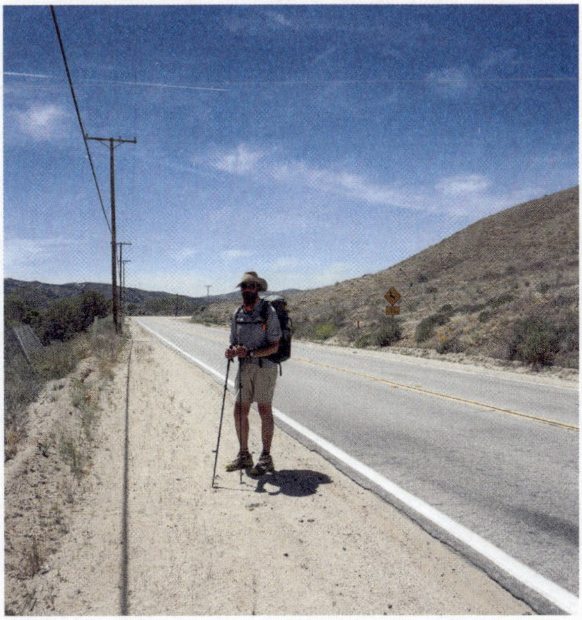

Staubige Straße entlang des komplett ausgetrockneten Lake Hughes, PCT, Südkalifornien.

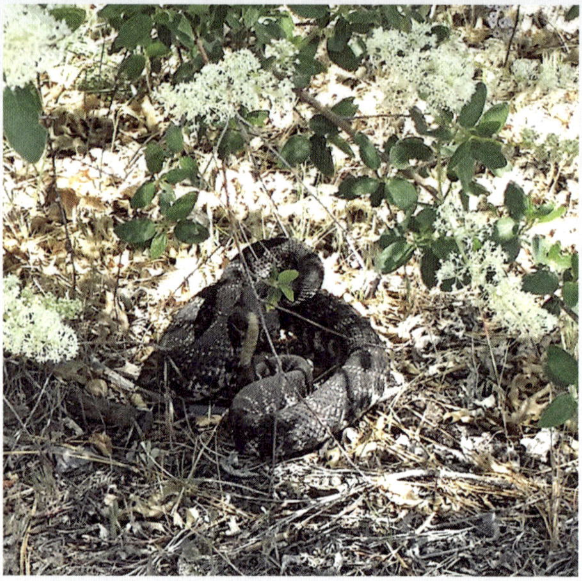

Da hilft auch keine Erste-Hilfe-Ausrüstung mehr … große Klapperschlange auf dem PCT.

Dieses Erste-Hilfe-Päckchen ist draußen übrigens immer mit dabei. Egal, ob ich eine Tageswanderung mache oder mehrere Wochen unterwegs bin. Sinnvollerweise kannst du versuchen, die Wahrscheinlichkeit für einen Unfall oder eine Notlage zu bestimmen. Bei Wandertouren im Flachland ist die Wahrscheinlichkeit eines schweren Unfalls geringer. Im Hochgebirge, auf unebenem Gelände und Geröll, kannst du schon eher mal ins Straucheln geraten und eventuell sogar noch anschließend einen steilen Abhang runterpurzeln. Wenn du auf der anderen Seite mit einem Fahrrad bei deutlich höherer Geschwindigkeit im Gelände stürzt, kannst du dich schon viel schwerer verletzen. Diese Parameter können dir bei der Zusammenstellung des Erste-Hilfe-Kits helfen.

der Zivilisation eine gute Sache. Eine Ersthelfer-Ausbildung geht über die Erste-Hilfe-Ausbildung für den Führerschein deutlich hinaus. Sie ist auch nur zwei Jahre gültig, dann muss sie wiederholt werden. Jede Firma ist ab einer bestimmten Größe verpflichtet, Ersthelfer unter den Mitarbeitern zu haben. Frage doch einfach mal nach, ob du an solch einem Kurs teilnehmen kannst, dann ist er für dich sogar kostenlos. Wie schon bei der Reparatur von Ausrüstung gilt auch hier: es muss nicht schön aussehen, sondern funktionieren. Was nehme ich also mit?

- Eine **Rettungsdecke**, um mir oder anderen Personen im Falle von Unterkühlung oder Überhitzung zu helfen.
- Bei Wandertouren eine **feste Elastikbinde**, um ein verstauchtes Gelenk zu stabilisieren.
- Eine **Kompresse mit Mullbinde** für eine große, blutende Wunde.
- Einige Stücke **Heftpflaster**.
- Ein paar **Ibuprofen-Tabletten** gegen Schmerzen und Entzündungen.
- Bei Radtouren, wenn man sich bei einem Sturz leicht große Schürfwunden zuziehen kann, habe ich zusätzlich immer eine kleine Dose **Sprühpflaster** mit dabei.

Sicher wird es genügend Leute geben, die ein viel umfangreicheres Erste-Hilfe-Kit als unabdingbar erachten.

Ich bin der Meinung, dass ich lieber in eine umfassende Erste-Hilfe-Ausbildung investiere und damit in der Lage bin, zur richtigen Zeit das Richtige zu tun, anstatt mit einem Kilo Erste-Hilfe-Ausrüstung hilflos herumzustehen, wenn der doch sehr unwahrscheinliche Fall eintritt, dass ich oder ein Hiking-Partner lebensbedrohlich verunfallt oder erkrankt.

Wenn man weiß, was man im Ernstfall tun muss, kann man mit vielen Sachen improvisieren. Als Schiene für einen Knochenbruch kann auf jeden Fall auch ein Trekkingstock dienen, ein T-Shirt ist auch als Verbandsmaterial zu gebrauchen.
Eine weitere Frage gilt der Möglichkeit, wie ich im Ernstfall Hilfe rufen kann. Wer eine Wochenendtour in den dicht besiedelten Gegenden Europas plant, braucht da sicher kein Satellitentelefon einzupacken. Auf einem etablierten Wanderpfad besteht viel häufiger die Möglichkeit, auf andere Wanderer zu treffen, die helfen können, als bei einer Solo-Tour abseits von Wegen, etwa in Europas hohem Norden oder in Alaska. Bei solchen Touren kann man auf Notruf-

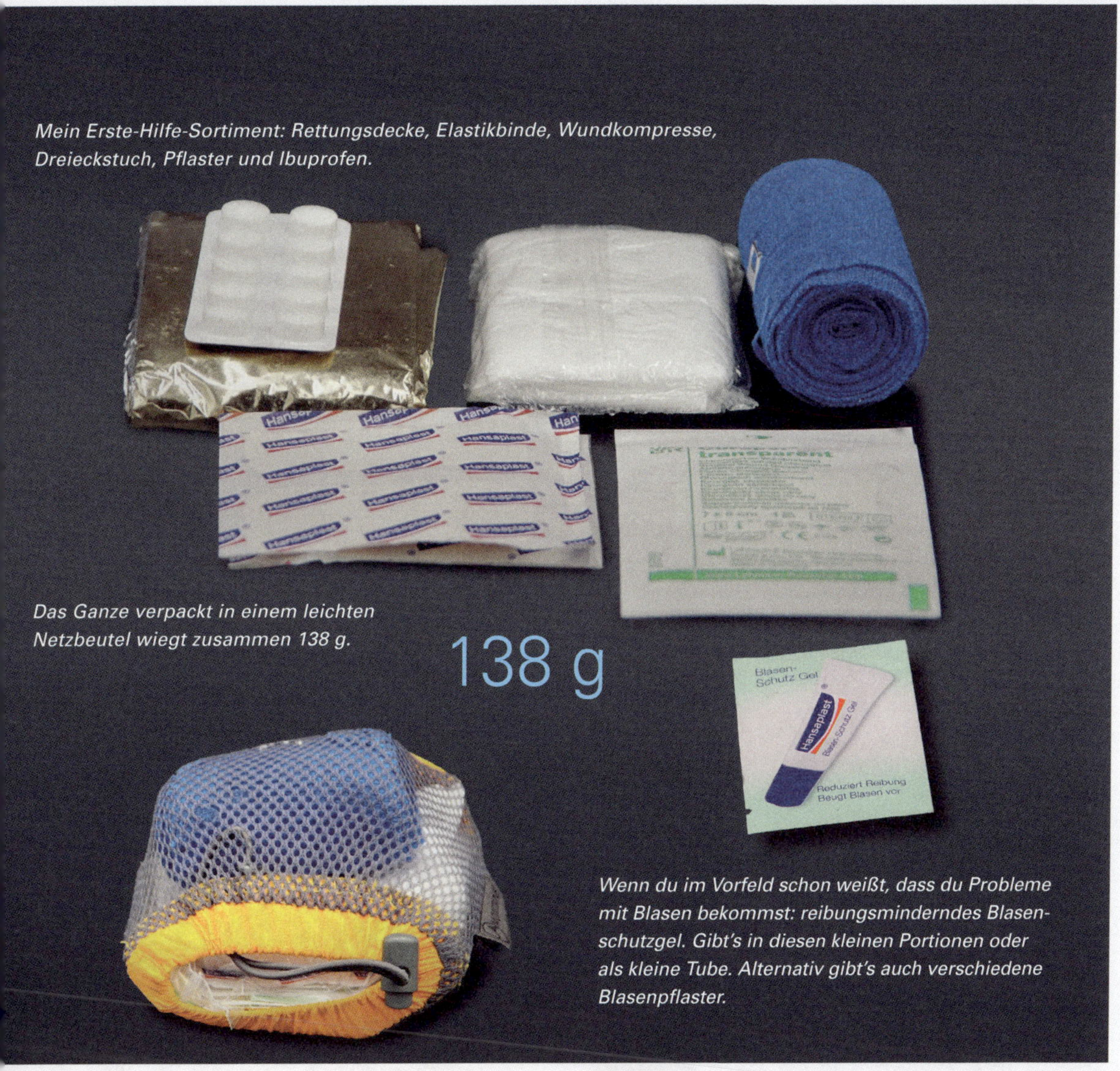

Mein Erste-Hilfe-Sortiment: Rettungsdecke, Elastikbinde, Wundkompresse, Dreieckstuch, Pflaster und Ibuprofen.

Das Ganze verpackt in einem leichten Netzbeutel wiegt zusammen 138 g.

138 g

Wenn du im Vorfeld schon weißt, dass du Probleme mit Blasen bekommst: reibungsminderndes Blasenschutzgel. Gibt's in diesen kleinen Portionen oder als kleine Tube. Alternativ gibt's auch verschiedene Blasenpflaster.

geräte wie Spot oder inReach zurückgreifen. Mit diesen Geräten ist es möglich, über Satellit einen Notruf abzusetzen, der die genaue GPS-Position enthält. Dieser geht an das Internationale Notrufzentrum GEOS, das dann wiederum lokale Behörden und Rettungsdienste alarmiert. Dieser Service (nicht aber die Rettung im Notfall) kostet zwar eine jährliche Gebühr. Dies kann aber bei sehr riskanten Unternehmungen durchaus Leben retten. Ob du ein solches Gerät allerdings wirklich benötigst, hängt natürlich stark von deiner Tour ab. Denn hier kannst du nicht nur Gewicht, sondern auch eine Menge Geld sparen.

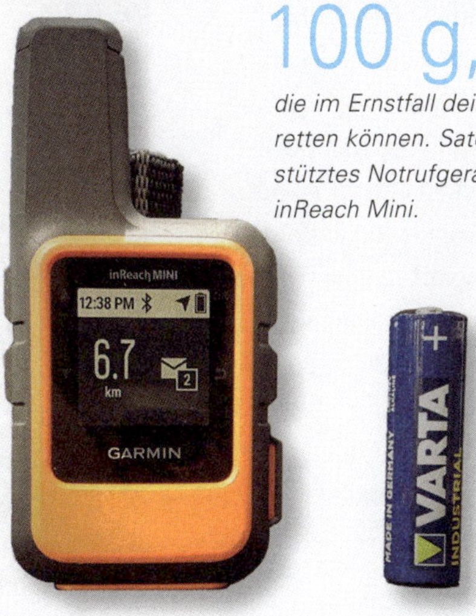

100 g,

die im Ernstfall dein Leben retten können. Satellitengestütztes Notrufgerät Garmin inReach Mini.

Sitzkissen

Hierbei handelt es sich um ein sehr unterschätztes Ausrüstungsteil, wie ich finde. Es hat nicht nur seine Berechtigung, wenn Oma und Opa spazieren gehen und sich nicht auf eine kalte Parkbank setzen wollen, sondern durchaus auch für den ernsthaften Hiker. Es wiegt gerademal 35 g, passt genau unter den Durchschnittshintern und bringt jede Menge Komfort.

> ***Wenn du den ganzen Tag wanderst – bei uns auf dem PCT waren das bis zu 10 Stunden am Tag – freust du dich, wenn du dich mal einigermaßen bequem hinsetzen kannst.***

So ein Sitzkissen schützt dich nicht nur vor der Kälte eines Felsens, vor spitzen Dornen und Steinen, auch wenn der Boden mal feucht ist, sitzt es sich auf einem Sitzkissen viel angenehmer. Du kannst natürlich auch deine Schaumstoffisomatte nutzen und sparst diese 35 g ein, aber das Sitzkissen lässt sich gefaltet in die Seitentasche des Rucksackes stecken und ist sofort zur Hand. Solltest du außerdem eine Thermoluftmatratze, oder eine selbstaufblasende Matte benutzen, kannst du diese nur mit großer Vorsicht als Sitzkissen nutzen, denn sie verträgt sich mit Dornen oder Ähnlichem nicht ganz so gut.

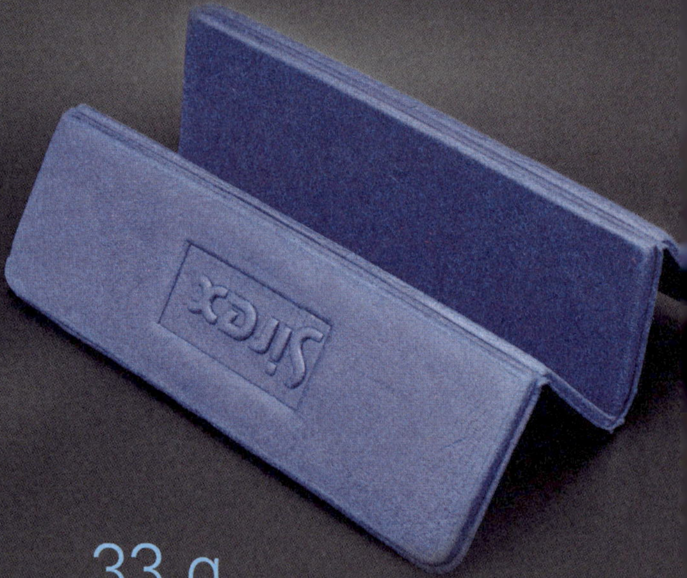

33 g

Leichtes Schaumstoffsitzkissen, 33 g. Kleines Packmaß, geringes Gewicht, doch viel Bequemlichkeit für dein Hinterteil.

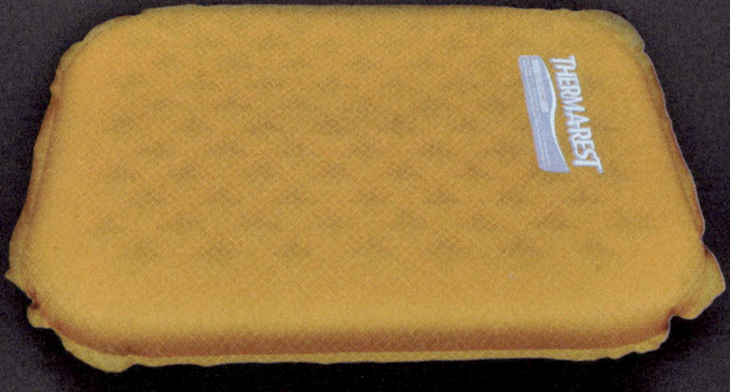

102 g

Willst du's noch bequemer haben, gibt es das selbstaufblasende Kissen von Therm-a-Rest – mit 102 g allerdings deutlich schwerer.

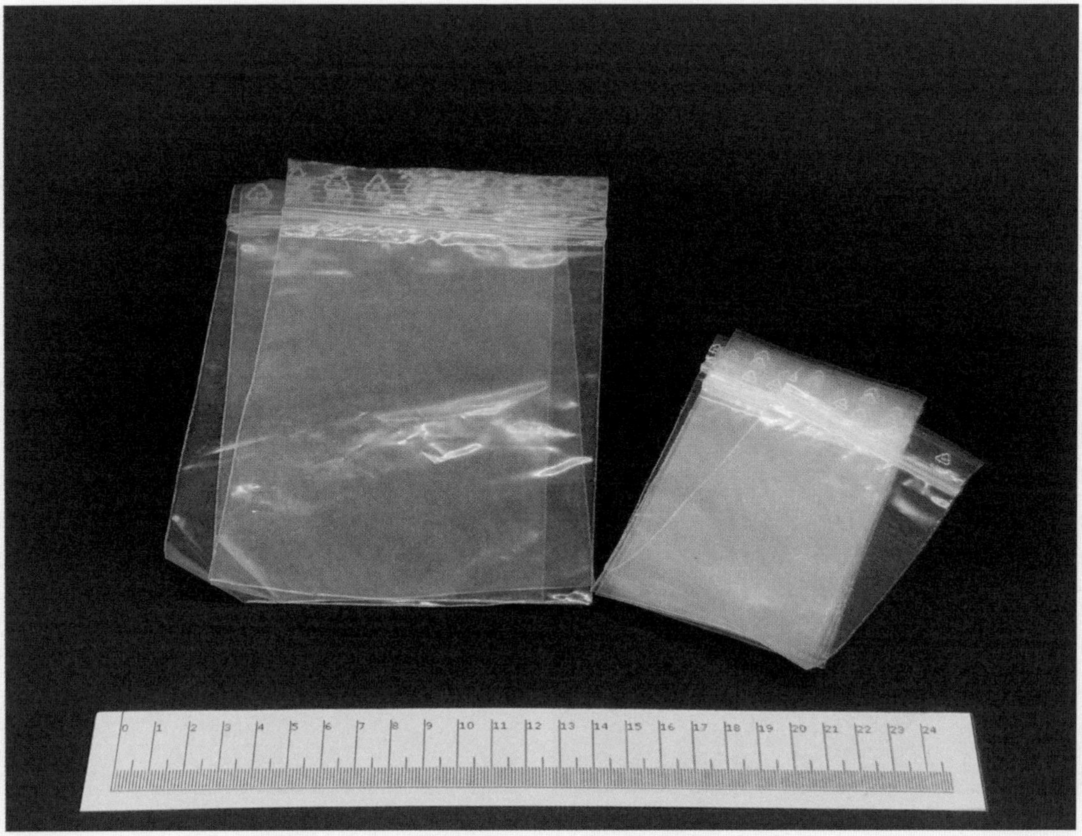

In Zip-Lock Beuteln wie diesen kannst du wichtige Papiere, elektronische Ausrüstung oder auch Gewürze wasserdicht verpacken. Man kann auch aus Großpackungen kleinere Mengen abpacken.

Packsäckchen

Packsäckchen sind ein sehr nützliches Mittel, um deinen »Hausrat« im Rucksack zu organisieren. Zum Glück hast du als Ultraleicht-Trekker nicht zu viele Dinge in deinem Rucksack, die organisiert werden müssen.

Aber auch in diesem Segment gibt es erhebliche Gewichtsunterschiede. Ich verwende verschieden große Packbeutel aus ultraleichtem SilNylon. Selbst in der 9-Liter-Größe wiegen diese lediglich 21 g. Eine kleine Variante mit 0,6 l dient als Waschtasche und Erste-Hilfe-Kit und wiegt 6 g. Im Geschäft, in dem ich arbeite, wiegt eine der leichtesten traditionellen Waschtaschen satte 100 g, eine der meistverkauften sogar 200 g. Das trifft auch auf spezielle Erste-Hilfe-Taschen zu. Auch diese sind unnötig schwer und können durch SilNylon-Beutel ersetzt werden oder durch eine noch kostengünstigere Alternative wie einfache Ziplock-Plastikbeutel, wie sie häufig für Tiefkühlkost verwendet werden. Diese bieten sogar noch den Vorteil, dass sie wasser- und luftdicht sind. Damit kannst du sehr fluffige Kleidungsstücke wie Fleece oder Daunensachen durch herausdrücken der Luft noch mal deutlich komprimieren.

Da Rucksäcke nie völlig wasserdicht sind, musst du empfindliche Sachen wie Kleidung und vor allem deinen Schlafsack unbedingt vor Nässe schützen.

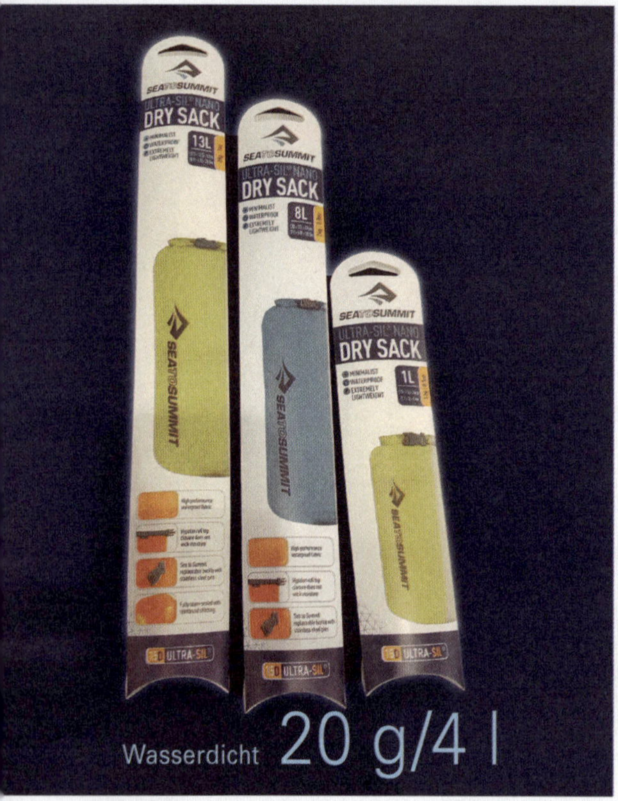

Ein Sortiment von wasserdichten Packsäcken. Zum wasserdichten Verpacken von Schlafsack, Wäsche oder empfindlicher Ausrüstung.

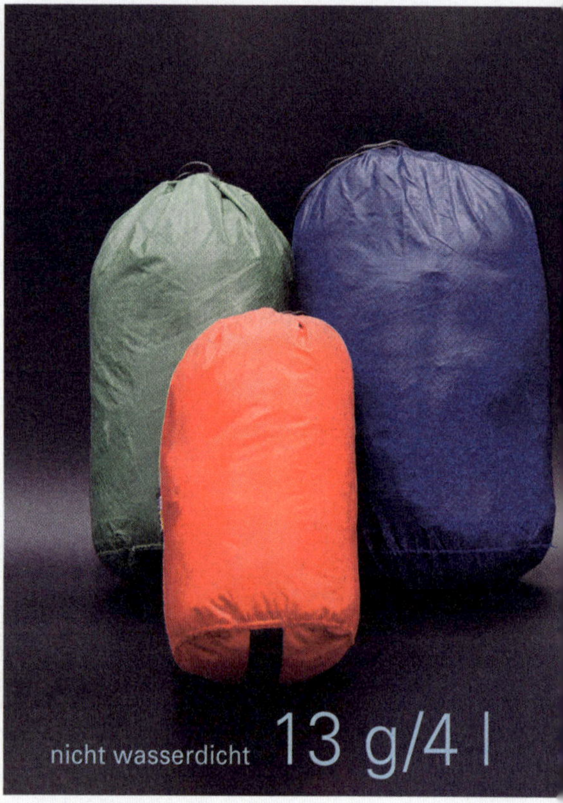

Packbeutel, die nicht wasserdicht sind: zum Sortieren und Komprimieren von Kleidung.

Müssen bei Wanderungen Flüsse durchwatet werden, muss sensible Ausrüstung so wasserdicht verpackt werden, dass diese Sachen auch dann noch trocken bleiben, wenn der Rucksack komplett untertaucht. Bei einer Wanderung durch Grönland mussten wir einen Fluss durchqueren, der durch ausgiebige Regenfälle stark angeschwollen war. Durch das trübe Wasser konnte man den Grund des Flusses nicht erkennen, ich kam ins Straucheln und ging kurzzeitig in die Knie. Mein Rucksack war fast komplett unter Wasser. Die Lufttemperatur lag bei 6 Grad Celsius. Wenn meine Kleidung und mein Schlafsack nicht wirklich wasserdicht verpackt gewesen wären, wäre es eine sehr unangenehme Zeit geworden. Denn bei dem Wetter, das wir auf dieser Wanderung hatten, wären die Sachen nie trocken geworden.

Deshalb kommen Schlafsack und Bekleidung bei solchen Touren immer in völlig wasserdichte Packsäcke. Diese sind zwar ein wenig schwerer (60 g in der 4-Liter-Größe), aber die Sicherheit, unter allen Umständen trockene Kleidung und einen trockenen Schlafsack zu haben, ist es wert.

Ich benutze für das Aufblasen meiner Thermoluftmatte einen 40-Liter-Aufblassack. Dieser besteht aus wasserdichtem Material. Durch die Öffnungen ist er zwar nicht tauchdicht, aber ich kleide damit meinen Rucksack aus und packe dann alle Sachen in den Aufblassack. Dadurch bleiben alle meine Sachen auch bei Dauerregen wunderbar trocken. Ein Rucksackregenschutz, wie ihn die meisten Wanderer verwenden, wiegt genauso viel, hat aber sonst keinen weiteren Nutzen.

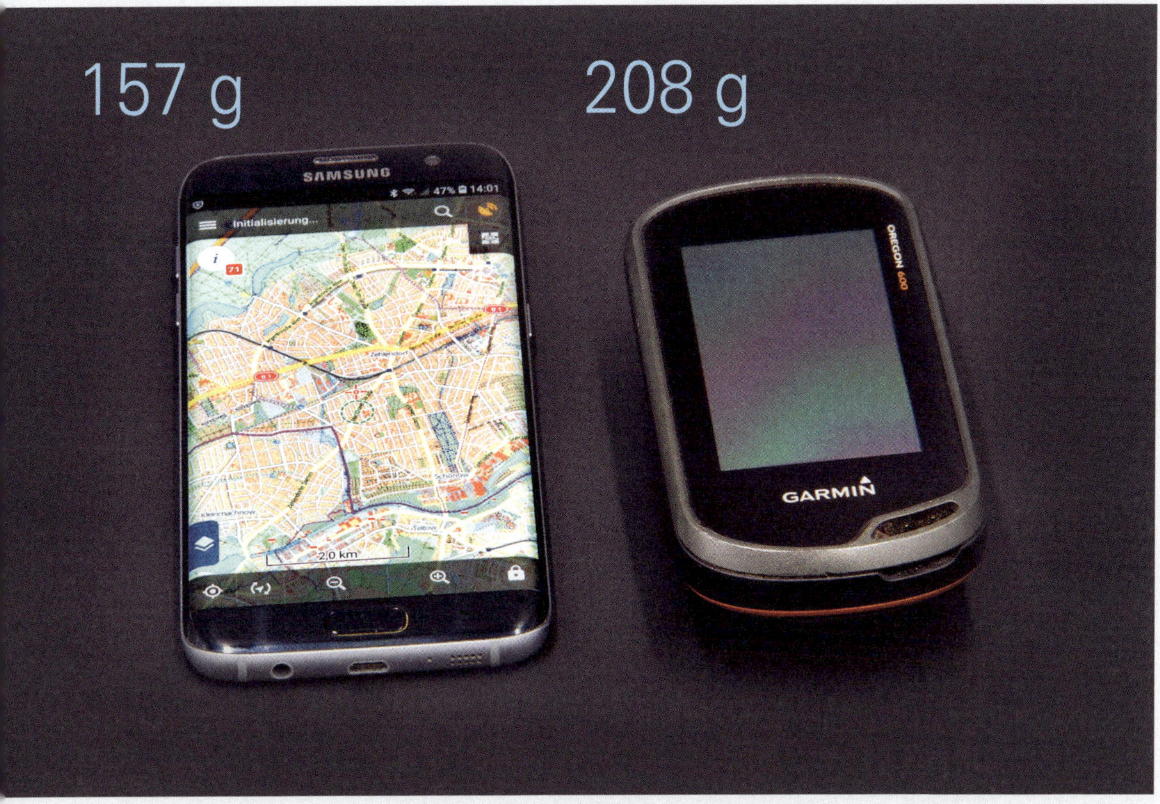

Links ein Smartphone 157 g, rechts ein GPS, 208 g. Das Smartphone kann neben der Navigation noch sehr viele weiteren Aufgaben erfüllen: Fotografieren, Musikhören, Wettervorhersagen, Bloggen und vieles mehr.

Navigation

Außer bei einer Tagestour in sehr gut erschlossenen Wandergebieten ist Navigation immer ein Thema. Diese kann mithilfe von Karte und Kompass erfolgen oder auch per GPS/Smartphone.

Mit einer guten Wanderkarte und einem Kompass kann man mit ein wenig Geschick und Aufmerksamkeit sehr gut navigieren. Zumindest für kürzere Touren schätze ich diese Art der Navigation, da eine Karte sehr viel mehr über das Gelände und den weiteren Weg verrät als der vergleichsweise sehr kleine Bildschirm eines GPS-Gerätes oder Smartphones. Auf meinen Touren trage ich eine Outdoor-Smartwatch mit elektronischem Kompass, barometrischem Höhenmesser und GPS. Damit kann ich die Karte einnorden und anhand von Geländedetails und meiner aktuellen Höhe auch hinreichend genau meine Position bestimmen. Ich könnte auch die genaue GPS-Position auf eine Papierkarte übertragen, aber das ist eigentlich nicht notwendig.
Mit einer Karte kannst du auch wesentlich besser eventuelle Alternativen zum geplanten Weg suchen und finden. Wenn es darum geht, Alternativen zur geplanten Route zu finden, weil beispielsweise der Weg nicht begehbar ist, das Wetter nicht mitspielt oder du die Nacht mal in einer Schutzhütte verbringen möchtest, um die Sachen etwas zu trocknen oder es sonst irgendwelche Probleme gibt, hast du mit einer Wanderkarte die ganze Gegend im Blick und musst nicht minutenlang den Kartenausschnitt auf dem Bildschirm verschieben, rein- und rauszoomen, ohne schließlich wirklich alle Alternativen zu kennen.

Einen extra Kompass habe ich nicht mit dabei. Doch ein einfacher Kompass wiegt nur wenig, und wenn du keine Outdoor-Uhr mit Kompass nutzt, solltest du einen Kompass dabeihaben und natürlich auch wissen, wie man ihn benutzt.

Unsere Tour auf dem PCT war die erste Tour, bei der ich keine Papierkarte verwendet habe. Ich muss sagen, dass das auch etwas für sich hat. Der Grund, dass wir uns gegen eine Karte entschieden haben, war die Tatsache, dass genaue Papierkarten nicht nur in der Summe sehr schwer sind, sondern dass die bei der Strecke auch echt ins Geld gehen. Zudem gibt es eine hervorragende Smartphone App, die nicht nur den genauen Weg mit vielen Alternativen aufzeigt, sondern auch extrem viele und wichtige Informationen liefert. Wir kannten im wahrsten Sinne jedes Wasserloch, jede Möglichkeit ein Zelt aufzustellen und jede Möglichkeit vom PCT abzusteigen, um auf der Jagd nach etwas Essbarem in eine Stadt einzufallen. Da meine Frau und ich den PCT gemeinsam gegangen sind, hatten wir natürlich zwei Smartphones dabei und waren somit doppelt abgesichert. Außerdem bietet die Nutzung eines GPS eine hundertprozentig sichere Standortbestimmung. Zumindest zu Planungszwecken werde ich aber in den meisten Fällen weiterhin auf die Papierkarte setzen.

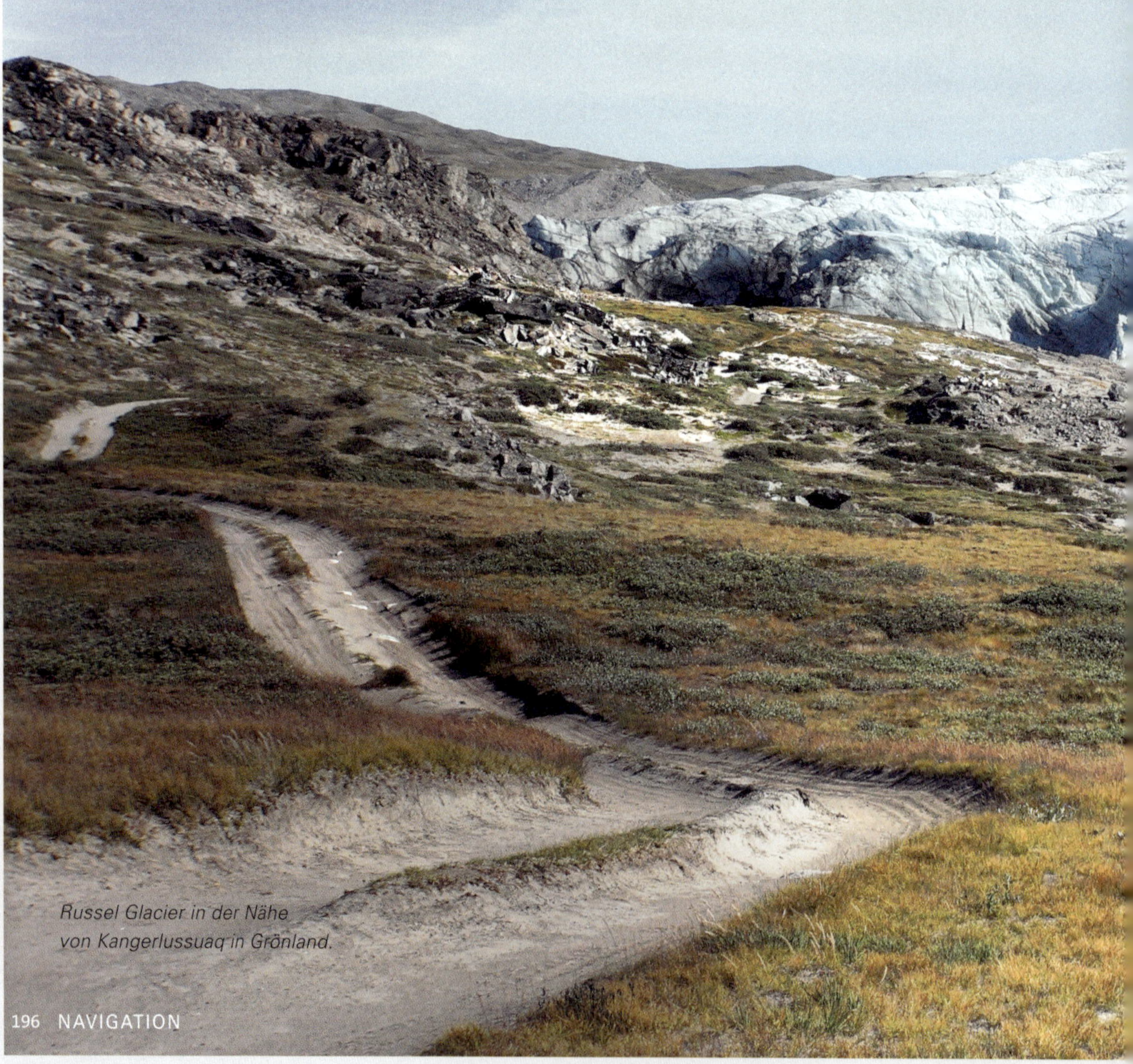

Russel Glacier in der Nähe von Kangerlussuaq in Grönland.

Eine weitere, sehr interessante Möglichkeit der Orientierung ist die Verwendung der GPS-Navigation mithilfe heruntergeladener Tracks. Ein Track ist die Aufzeichnung einer Strecke, die farblich hervorgehoben »über« der Karte auf dem Display zu sehen ist. Beim Arctic Circle Trail zum Beispiel war das sehr hilfreich. Denn der Weg war oft kaum zu erkennen, weil er insgesamt sehr sumpfig ist und auch vergleichsweise selten begangen wird. Wie etwa auch im nördlichen Skandinavien kann man hier schnell mal vom richtigen Weg abkommen und auf einem vermeintlichen Pfad weitergehen, der aber doch nur ein Rentier-Trampelpfad ist. Da ist es gut, wenn du mit einem Blick auf das Display erkennen kannst, wo denn der Weg nun tatsächlich entlangführt.

Ein weiterer Vorteil einer GPS-Uhr oder des GPS' deines Smartphones liegt darin, dass du deine Gehgeschwindigkeit in den verschiedenen Terrains ermitteln kannst. Das hilft dir unterwegs nicht nur dabei abzuschätzen, wann du an einem bestimmten Punkt ankommst, sondern es hilft auf jeden Fall bei der Planung der einzelnen Tour-Etappen.

Somit ist es recht hilfreich, wenn du deine Durchschnittsgeschwindigkeit bei verschiedenen Geländeprofilen zu kennst. Da bei Langstreckenwanderungen, die über eine Wochenendtour hinausgehen, die Verpflegung einen großen Teil deines Rucksackgewichtes ausmacht, ist es sehr sinnvoll, deine Verpflegungspunkte bei einer Tour gut zu planen.

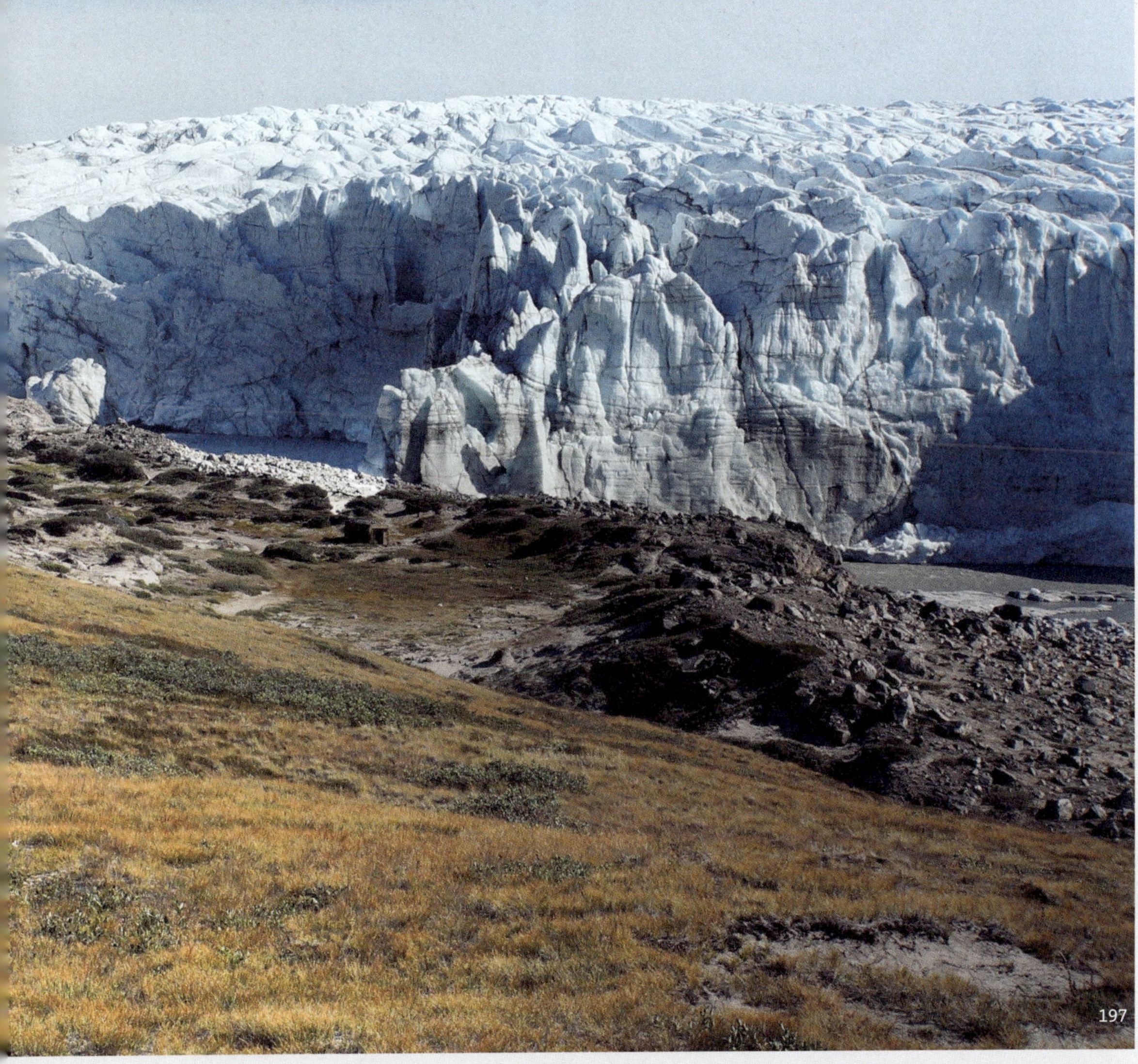

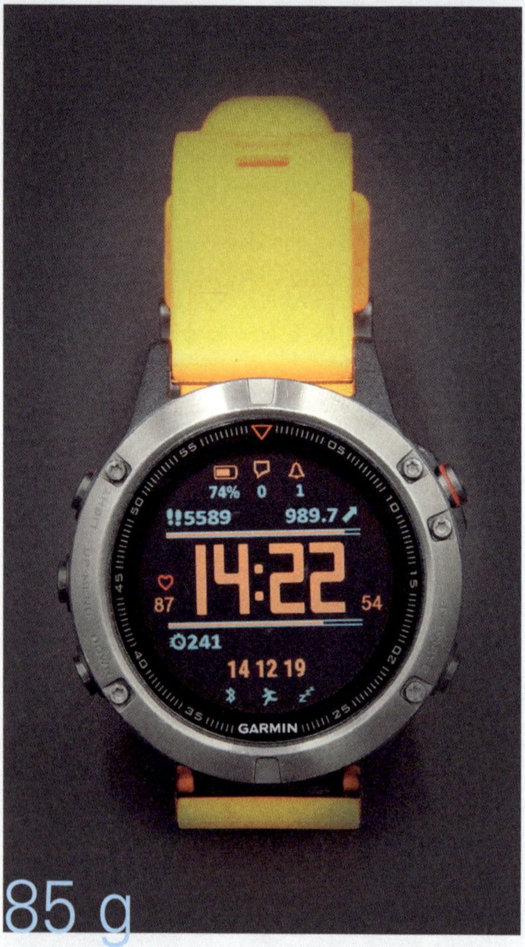

85 g

Smartwatch mit GPS, Kompass, Höhenmesser, Schrittzähler etc. Mit diesen 85 g am Handgelenk kannst du deine gelaufenen Kilometer im Blick behalten und so deine Navigation unterstützen.

Eine genaue Planung hilft hier, kein überflüssiges Essen im Rucksack transportieren zu müssen. Für wie viele Tage musst du Essen einpacken? Wo kannst du Verpflegung kaufen? Direkt auf dem Trail oder musst/kannst du den Trail verlassen und möglicherweise mit öffentlichen Verkehrsmitteln in die nächstgelegene Stadt fahren? Heutzutage kannst du mithilfe des Internets einfach ermitteln, wo du welche Art Verpflegung bekommst, wie die Öffnungszeiten sind, ob du mit Karte zahlen oder genügend Bargeld einpacken musst.

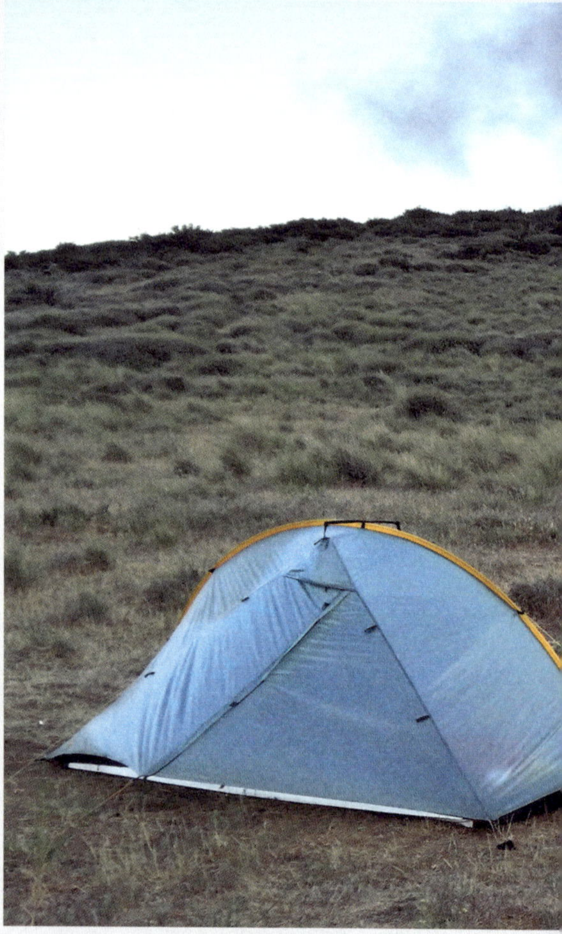

In der Nähe von Mount Laguna auf dem PCT.

Kissen

Um gut schlafen zu können, benötigen die allermeisten ein Kopfkissen. Wer auch ohne Kopfkissen gut schlafen kann, darf diesen Abschnitt getrost überspringen. Wie viele andere auch benötige ich aber auf jeden Fall ein Kopfkissen.

Nun ist es natürlich keine Option, das heimische Kopfkissen einzupacken. Eine häufig genutzte Möglichkeit ist es, die Reserve-Kleidungsstücke in einen Beutel zu packen. Allerdings hast du ja als Ultraleicht-Hiker nicht wirklich viel überschüssige Bekleidung dabei, um dir daraus ein brauchbares Kopfkissen herzustellen. Die Regensachen sind unter Umständen nass und eignen sich nicht.

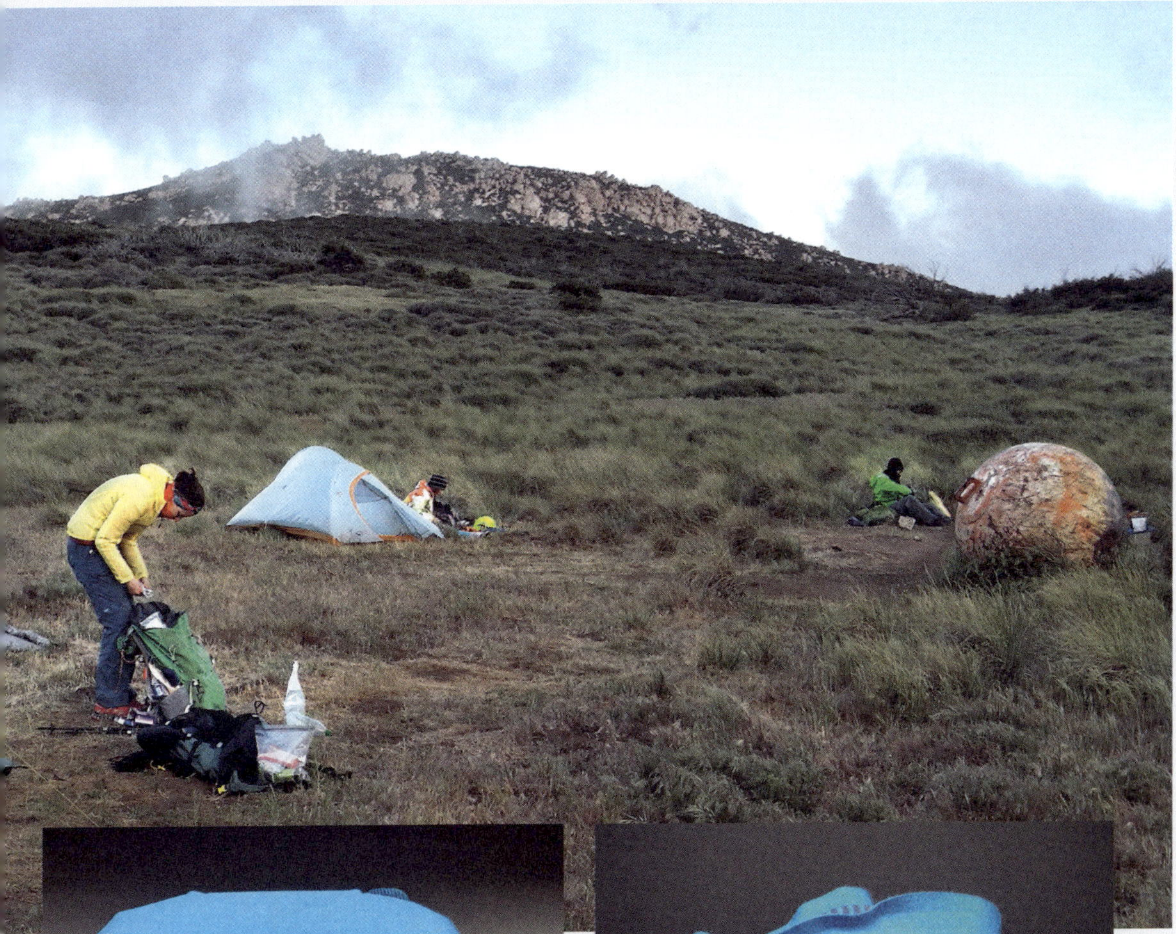

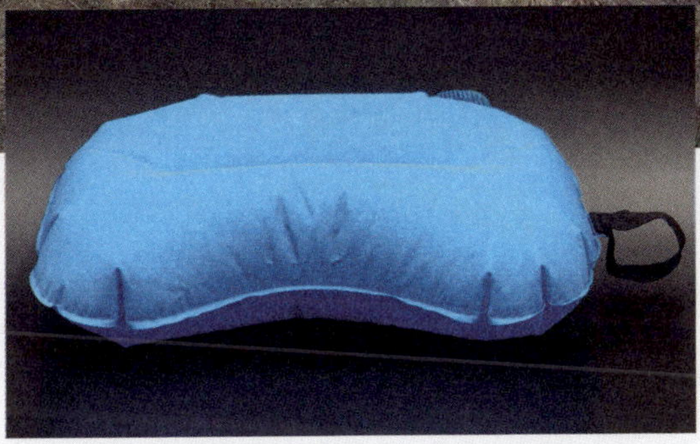

Da du als Ultraleicht-Wanderer nicht so viele Kleidung hast, um mit dem Packsack ein Kopfkissen herzustellen, kannst du ein aufblasbares Kopfkissen mitnehmen.

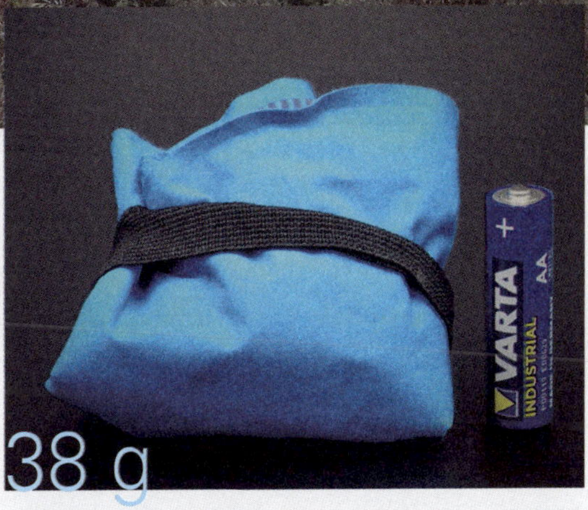

Das verpackte Kopfkissen: 38 g und ein winziges Packmaß

Deshalb habe ich immer ein kleines, aufblasbares Kopfkissen dabei. Es wiegt nur knapp 40 g, erfüllt seine Aufgabe hervorragend und verhilft mir somit zu einem erholsamen Schlaf. Eine preiswerte Alternative ist es, für die nächste Party mal eine 3-Liter-Box Wein zu kaufen und, nachdem der ausgetrunken ist, die Innenblase aus dem Karton zu entfernen. Mit Luft aufgeblasen erhält man nicht nur ein ganz brauchbares Kopfkissen, sondern auch gleichzeitig einen superleichten und vor allem geschmacksneutralen Wassersack, um einen kleinen Wasservorrat für die Übernachtung zu holen, wenn man mal nicht direkt am Wasser zelten kann. Der einzige Nachteil ist, dass diese Säcke sehr glatt sind. Da kann man sich aber behelfen und zum Beispiel ein T-Shirt als Kopfkissenbezug drüberziehen.

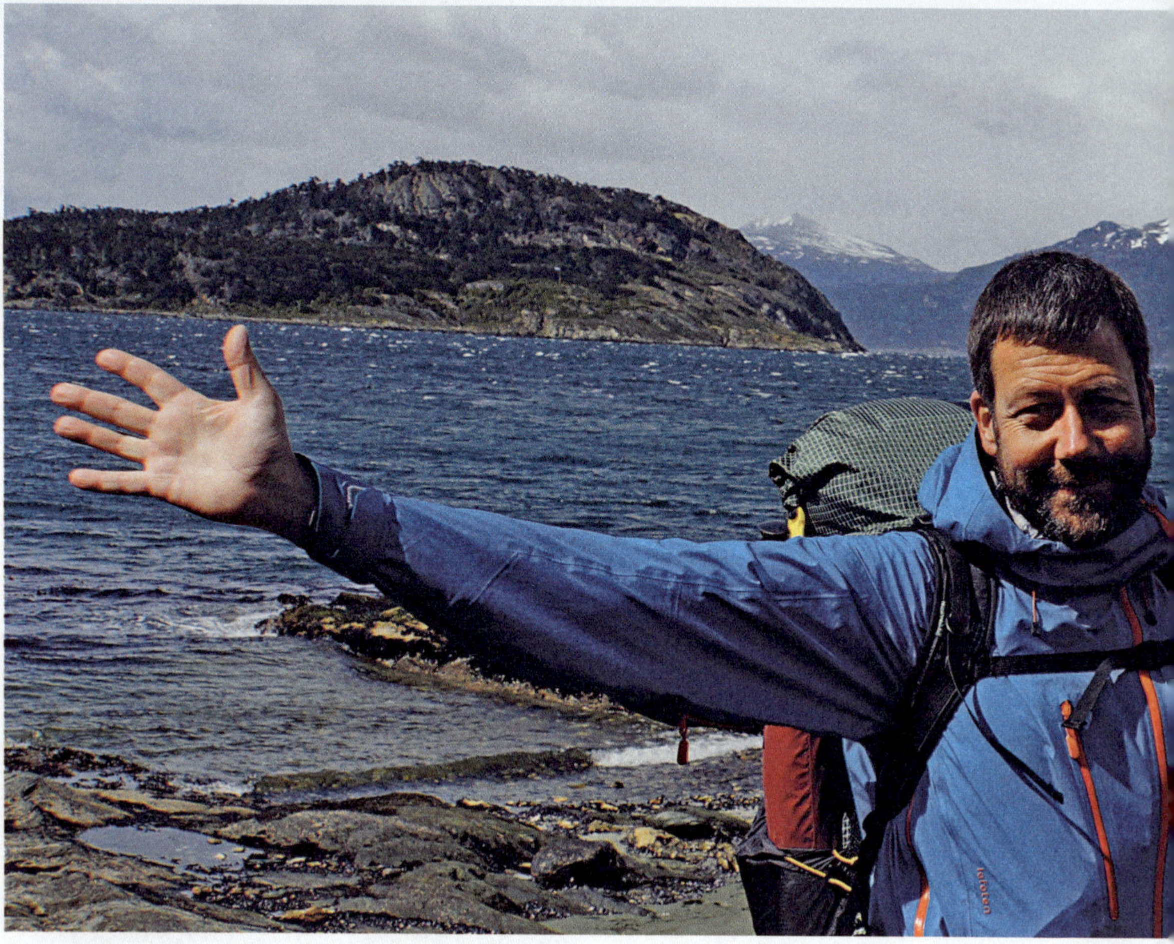

Dokumente

Bei einer längeren Tour, vor allem im Ausland, hat man einiges an Dokumenten und natürlich auch Geld dabei. Da Münzen schwer sind, versuche ich beim Einkauf möglichst alle auszugeben. Wo immer möglich nutze ich Kreditkarten oder EC-Karten. Das funktioniert in den meisten Fällen sehr gut. Für einige Fälle braucht man auch den ein oder anderen Geldschein, aber der wiegt nicht viel. Dein tatsächliches Portemonnaie kannst du ruhig zu Hause lassen, ein kleiner Ziplock-Beutel kann auch dieses sicher und leicht ersetzen.

> ***Viele Dokumente kannst du einfach virtuell mitnehmen.***

Da du wahrscheinlich dein Smartphone mitnehmen wirst, kannst du von allen wichtigen Dingen, wie Krankenversicherung, Flug- oder Bahntickets Fotos machen und per E-Mail an dich selbst schicken oder in die Cloud laden. Dann liegt das abrufbereit in deinem Eingangsordner und du kannst bei Bedarf das entsprechende Dokument hervorzaubern. Pass und Personalausweis oder Dokumente, die du wirklich in Papierform mitnehmen musst, werden wasserdicht in einem Ziplock-Beutel verpackt. In diesen Beutel kommen auch ggf. Auto- oder Wohnungsschlüssel. Es wird natürlich nur der jeweilige Schlüssel eingepackt und nicht der ganze Schlüsselbund mitgenommen. Viele Rucksäcke haben auch einen kleinen Plastikkarabiner, wo du solche Schlüssel unverlierbar befestigen kannst.

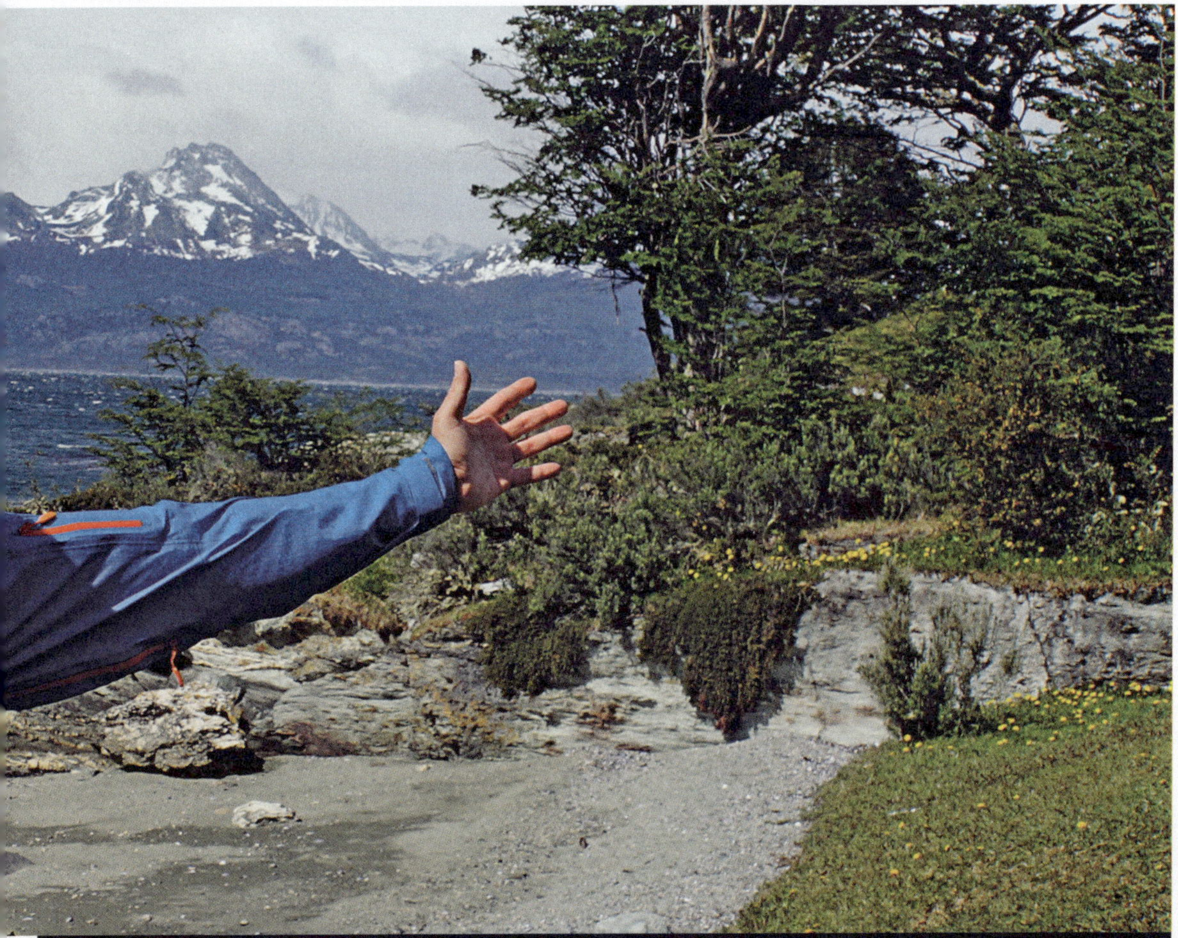

28 g

Leichtes Portemonnaie für Plastikgeld und ein paar Scheine. Münzgeld solltest du immer restlos ausgeben, denn das ist unnötig schwer, 28 g.

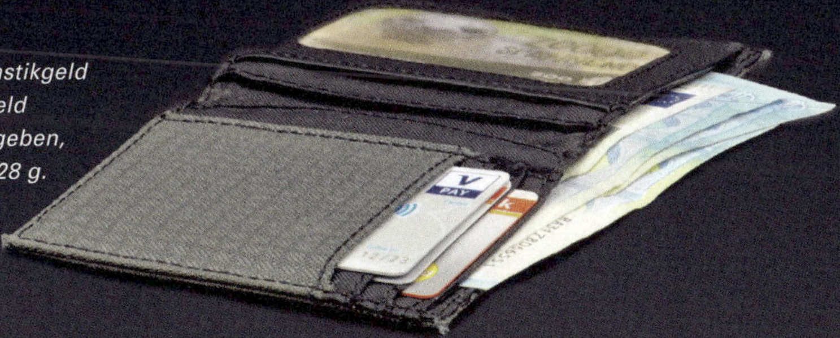

4 g

Ein mit 4 g noch leichteres »Portemonnaie«. Es ist zudem völlig wasserdicht, allerdings ist die Handhabung eher umständlich.

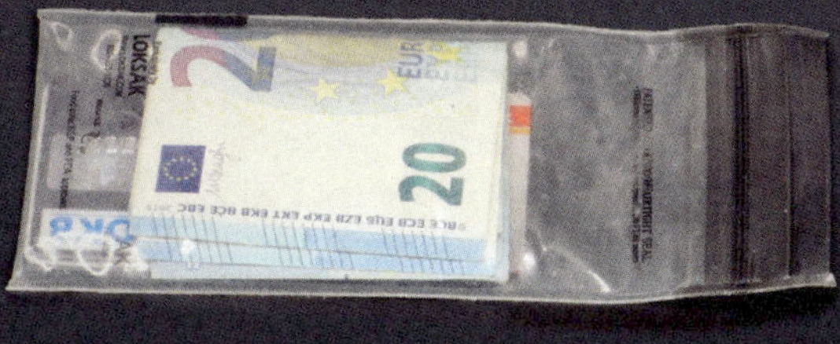

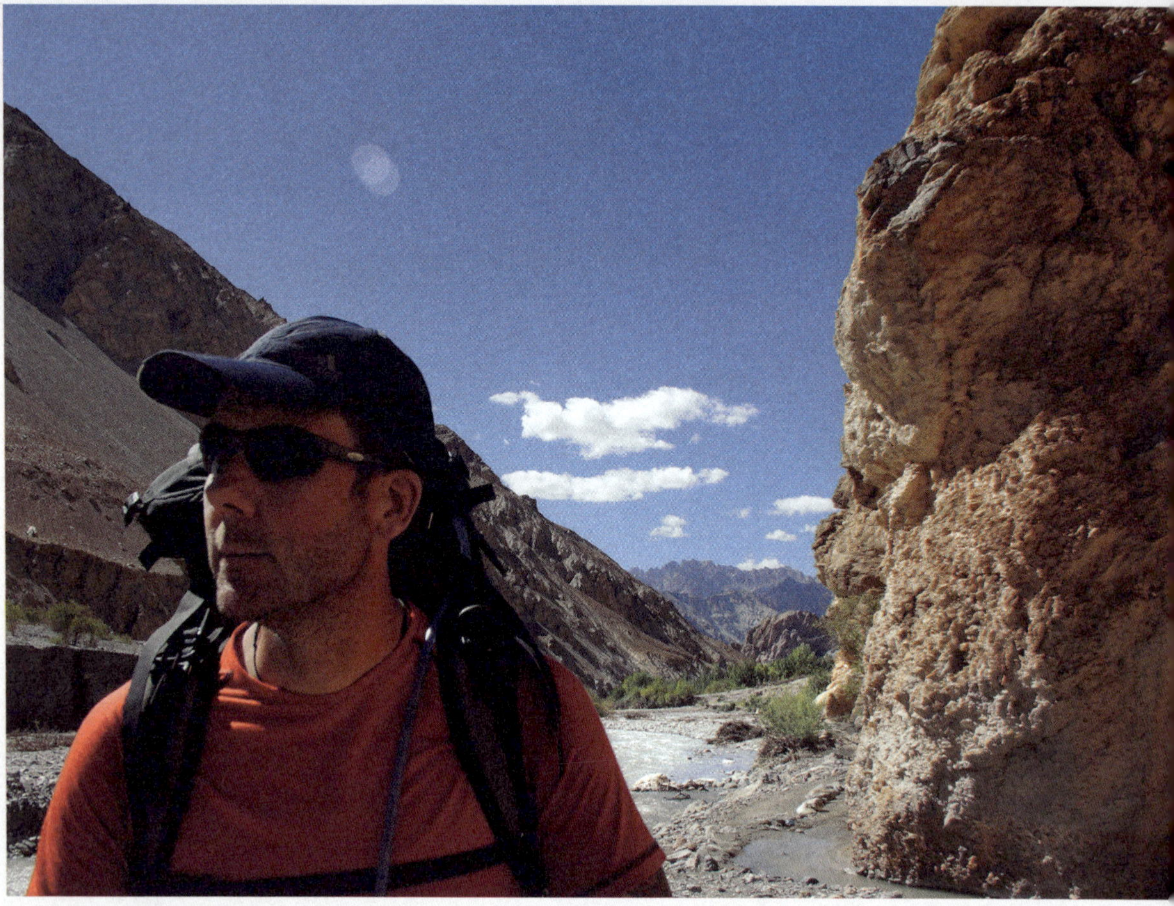

Im Markha Valley in Indien.

Sonnenbrille

Ein wichtiger Ausrüstungsgegenstand, den du vor allem bei Touren im Hochgebirge immer dabeihaben musst, ist die Sonnenbrille. Die Sonnenbrille schützt deine Augen nicht nur vor grellem, sichtbaren Licht, sondern ebenfalls vor dem unsichtbaren UV-Licht.

Das ist langfristig deutlich wichtiger für deine Augen. Dass zu viel UV-Licht für die Haut schädlich ist und zu Sonnenband führen kann, ist dir sicher klar. Weniger klar ist möglicherweise, dass die Augen ebenfalls durch UV-Licht geschädigt werden können.

> ***Das UV-Licht wird in der Linse des Auges absorbiert und führt langfristig zu einer Eintrübung der Linsen.***

Das ist das, was wir unter »Grauer Star« kennen. Das Schwierige daran ist, dass eine Schädigung in der Regel nicht durch sofort sichtbare Auswirkungen wie ein Sonnenbrand erkennbar ist, sondern sich erst nach Jahrzehnten im Alter bemerkbar macht. Die UV-Strahlen erreichen uns im flachen Land genauso wie in den Bergen, aber mit steigender Höhe nimmt auch die Belastung durch die UV-Strahlen zu. Wie schützt du dich nun vor den schädlichen UV-Strahlen? Ganz klar: natürlich mit einer Sonnenbrille. UV-Strahlung ist der energiereichste Teil der optischen Strahlung. Sie umfasst den Bereich von 100 bis 400 nm (Nanometer) und ist für das menschliche Auge nicht sichtbar. Diese 400 nm finden wir in der Regel auf den Sonnenbrillen wieder. Die Bezeichnung UV 400 bedeutet, dass diese Gläser die gesamte UV-Strahlung bis 400 nm herausfiltern. Das gleiche bedeutet 100% UV-Schutz.

Das Interessante ist, das der UV-Schutz keineswegs mit dem Blendschutz zusammenhängt. Nicht je dunkler die Brille, desto mehr UV-Schutz ist richtig, sondern selbst Klarglas kann 100 % UV-Schutz bieten. Der Blendschutz ist in Kategorien eingeteilt. Kategorie 0 bis 4 gibt es bei Schutzbrillen. Kategorie 0 ist komplett transparentes Glas und am anderen Ende der Skala finden wir die Kategorie-4-Sonnenbrillen, die weniger als 8 Prozent des Lichtes noch passieren lassen. Diese Kategorie-4-Brillen werden auch als Gletscherbrillen bezeichnet.

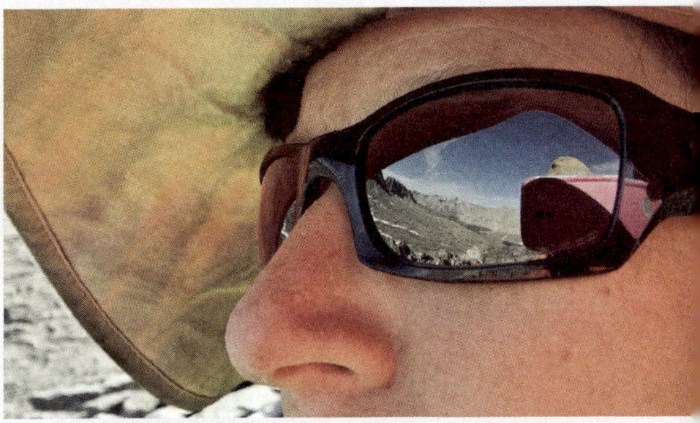

Sehr guter Schutz für deine Augen, eine Sonnenbrille die dicht abschließt, kombiniert mit einem breitkrempigen Sonnenhut.

Die meisten Sonnenbrillen haben die Kategorie 3, damit filtern sie zwischen 82 und 92 % des Lichtes heraus. Das ist für die meisten Menschen als universelle Sonnenbrille ausreichend.

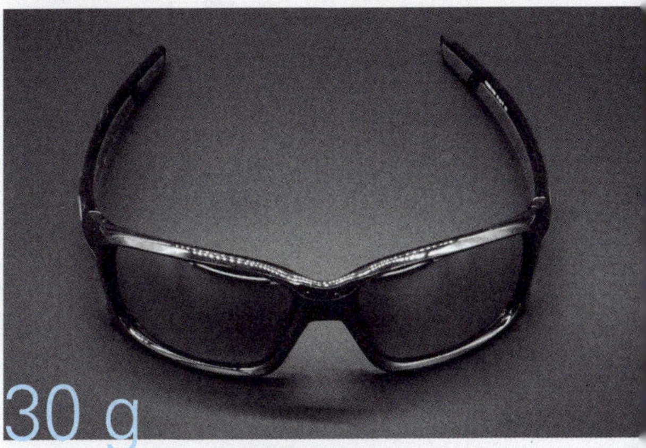

Das Gesicht gut umschließende Sonnenbrille der Kategorie 3 mit polarisierenden Gläsern, 30 g.

Eine Gletscherbrille benötigen eigentlich nur Personen, die entweder sehr stark lichtempfindlich sind, oder Personen, die richtig Bergsteigen und damit sehr große Höhen erreichen, oder sich in diesen großen Höhen permanent auf Schnee und Eis aufhalten. Der Nachteil für den »normalen Wanderer« ist, dass eine Kategorie-4-Brille wirklich sehr dunkel ist. Wenn du damit nicht auf verschneitem Boden gehst und möglicherweise zudem im Schatten, ist die Brille zu dunkel und du wirst sie vielleicht nicht tragen. Damit verlierst du aber natürlich den UV-Schutz für deine Augen. Wichtig zu wissen ist auch, dass die UV-Strahlung stark streut. Darum ist es wichtig, dass die Brille dein Gesicht gut umschließt, damit die Strahlung nicht seitlich auf dein Auge trifft. Große Gewichtsunterschiede bei Sonnenbrillen gibt es eigentlich nicht. Dafür umso größere Preisunterschiede. Es gibt auch durchaus große Unterschiede in der Qualität der Brillen, das wirkt sich sowohl auf die optischen Qualitäten aus, als auch auf die Haltbarkeit und Ausstattung der Brillen. Eine Brille sollte unbedingt aufprobiert werden, denn du wirst sie wirklich lange auf der Nase tragen. Jeder Brillenträger wird wissen, dass es ein großer Unterschied ist, ob du die Brille 10 Minuten oder den ganzen Tag trägst. Höherwertige Brillen habe zum Beispiel oft verstellbare Nasenstege. Damit ist gewährleistet, dass die Brille unabhängig von der Nasenform gut auf deiner Nase sitzt. Ich persönlich achte darauf, dass die Brille polarisierende Gläser hat. Ein Polarisationsfilter sorgt dafür, dass Reflektionen z. B. auf Glas und Wasser stark gemindert werden. So kannst du besser ins Wasser sehen und auch Blendungen auf nassen Straßen, Schnee und Eis verschwinden fast völlig. Auch werden Farben und Kontraste verstärkt und Konturen erscheinen viel klarer. Ebenso können polarisierende Gläser den atmosphärischen Dunst besser durchdringen und in den Bergen erscheint der Blick um einiges klarer.

11. Verpflegung

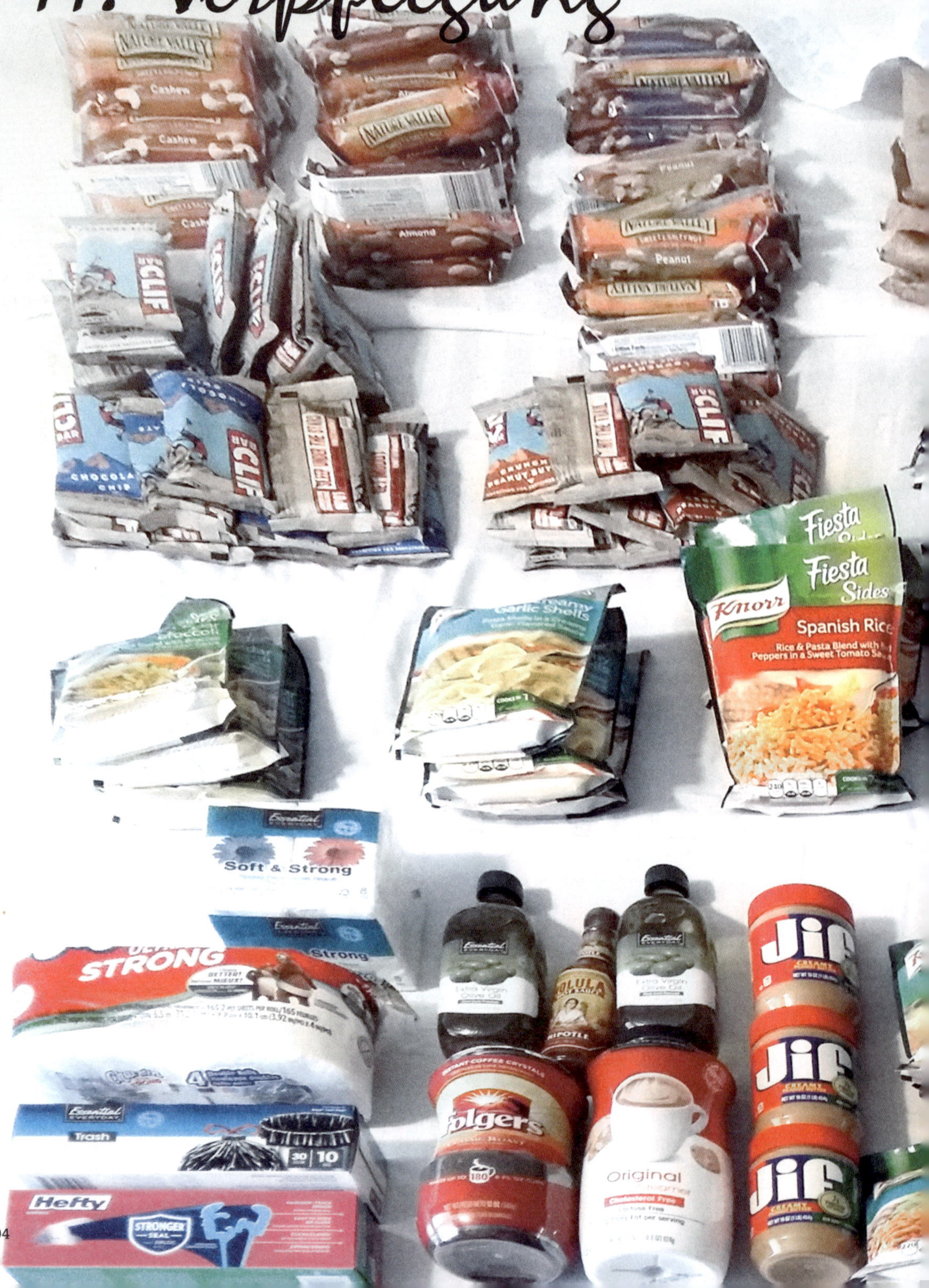

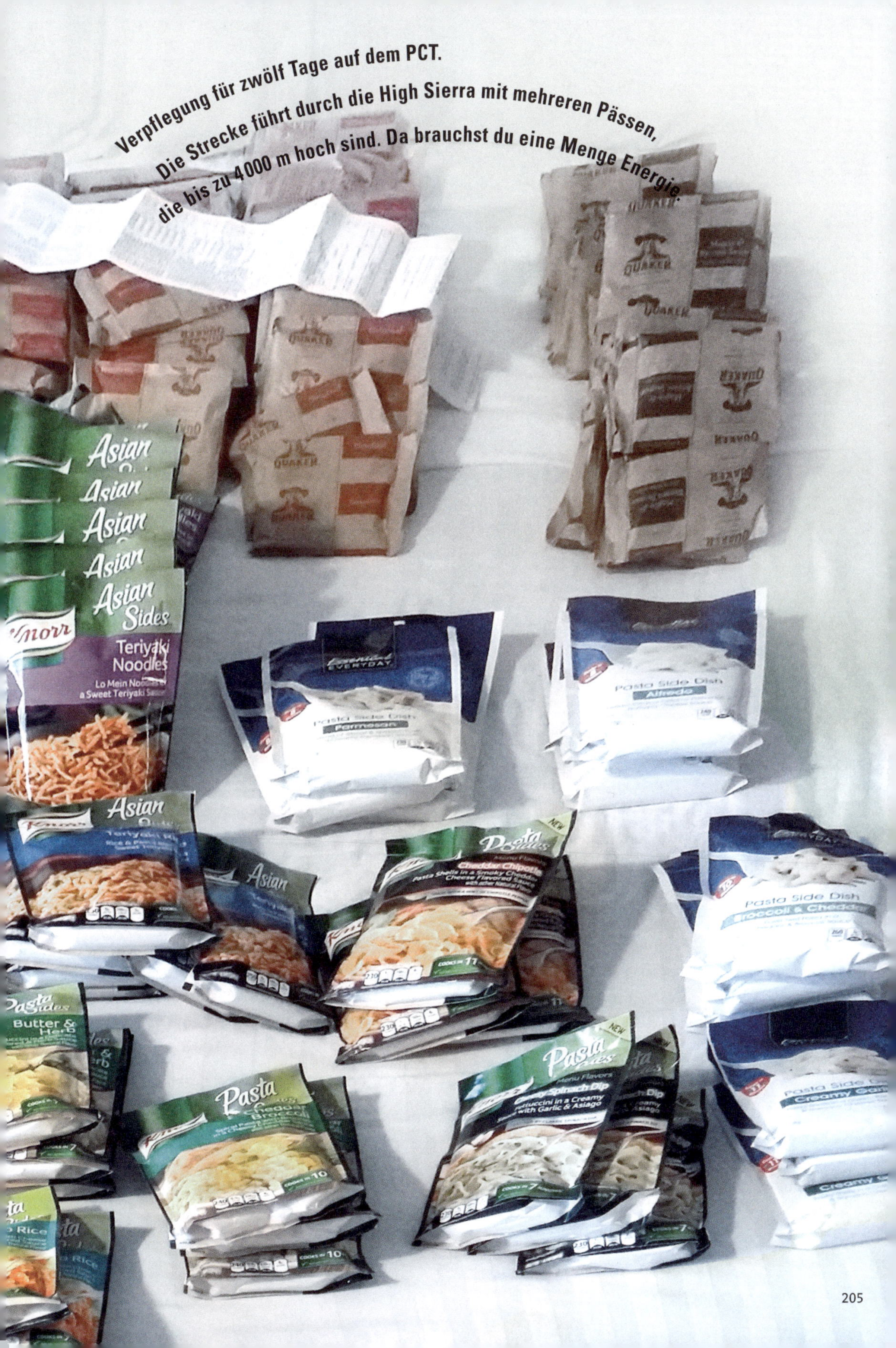

Verpflegung für zwölf Tage auf dem PCT. Die Strecke führt durch die High Sierra mit mehreren Pässen, die bis zu 4000 m hoch sind. Da brauchst du eine Menge Energie.

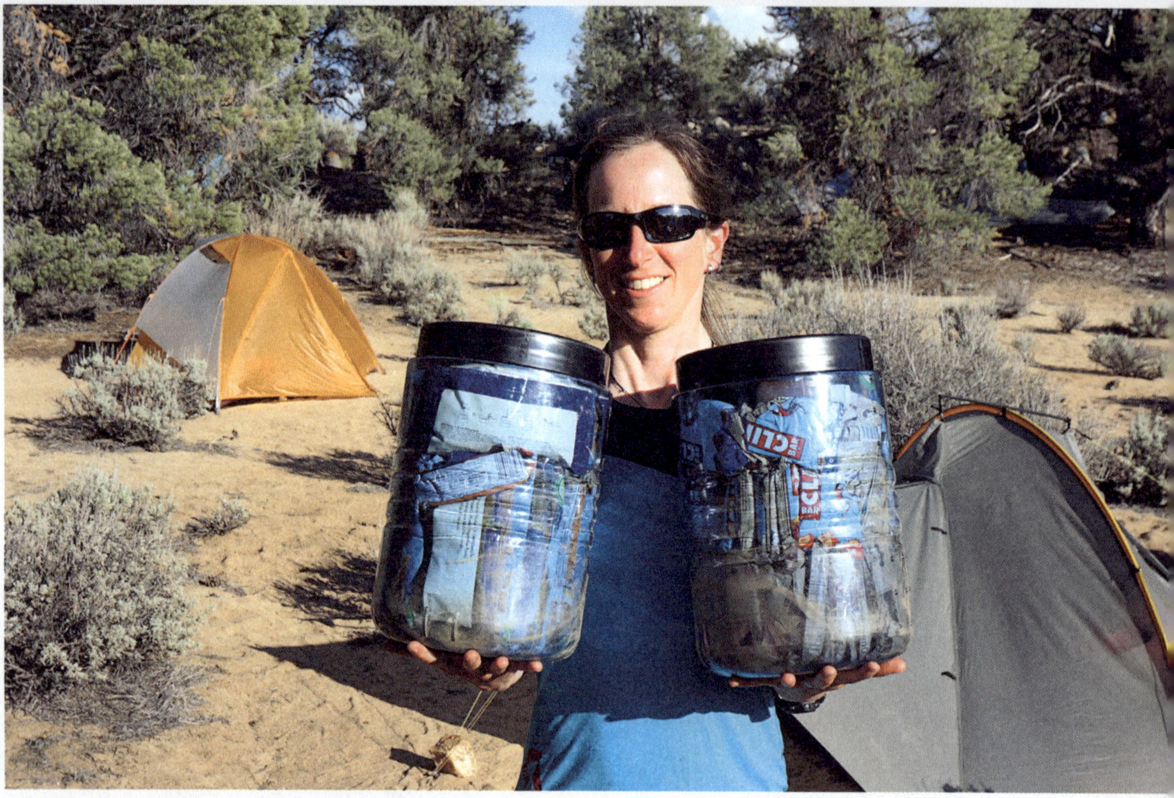

Für die Strecke durch die High Sierra müssen das gesamte Essen sowie alle Kosmetika in einer bärensicheren Box verstaut werden.

Verpflegung: Grundlagen

Ein ganz wichtiger Punkt ist die Ernährung – also der Nahrungsvorrat, der bei längeren Touren abseits der Zivilisation einen nicht unerheblichen Teil des Rucksackgewichtes ausmacht.

Das längste Teilstück auf dem PCT, auf dem es zwischendurch keine Verpflegungsmöglichkeit gab, war für uns der John Muir Trail. Auf einer Strecke von 283 km, die dazu noch über mehrere Hochgebirgspässe führt, gibt es keine Möglichkeit an neue Verpflegung zu kommen, außer man nimmt sich zwei Tage Zeit und steigt ins Tal ab und wieder auf. Mit der geplanten Besteigung des 4421 m hohen Mount Whitney mussten wir für 10 Tage Verpflegung einpacken. Das ist, im wahrsten Sinne des Wortes, keine leichte Aufgabe. Beim Start dieser langen High-Sierra-Etappe hatte jeder von uns fast 10 kg Essen im Rucksack. Das war also um einiges mehr als unser Basisgewicht. Das verdeutlicht, wie wichtig es ist, auch das Essen im Rucksack zu durchdenken und zu planen. Wie viel Essen pro Tag benötigst du denn nun? Das hängt natürlich von vielen Faktoren ab: deinem Geschlecht, Alter, Gewicht und natürlich deiner Aktivität.

Es gibt Standardtabellen, in denen der ungefähre Energieverbrauch dargestellt ist. Im Internet findest du aber auch Onlinerechner, die einen deutlich genaueren Energiebedarf errechnen.

Wenn ich das für mich durchrechne, komme ich für einen normalen Arbeitstag im Büro auf etwa 2 700 kcal. Doch für einen durchschnittlichen Tag auf dem PCT, mit einer täglichen Laufzeit von 10 Stunden, komme ich auf einen Energieverbrauch von 6 500 kcal.

Das ist ein beträchtlicher Unterschied. Wie gesagt, das sind Standardwerte, die nicht 100%ig genau sind, aber als Berechnungsgrundlage dienen können. 6500 kcal, was müsste ich da alles essen und vor allem tragen, um meinen Energiebedarf zu befriedigen?

	Kcal pro 100 g Trockengewicht	***Kcal pro Portion***
Frühstück:		benötigte Menge
Müsli mit Milchpulver	370 kcal	925 kcal/250 g
Mittagessen:		
Kartoffelpüree	340 kcal	680 kcal/200 g
Abendessen:		
Nudelgericht	400 kcal	1200 kcal/300 g
Snacks:		
Energieriegel	400 kcal	3600 kcal/900 g
Gesamt	1510 kcal	6405 kcal/1650 g

Bei obengenanntem Essen, sicher eine Zusammenstellung die so oder ähnlich viele Hiker kennen, benötige ich also pro Tag 1650 g Essen. Das macht für 10 Tage 16,5 kg Verpflegung. Das ist eine ungeheure Menge an Essen, die man nicht nur mitnehmen, sondern auch erstmal tatsächlich essen muss. Probiert es einfach mal aus, 250 g Müsli plus Milch in eine Schüssel füllen, 200 g Kartoffelpüree Pulver ergeben 1,12 kg fertiges Püree, 300 g gefriergetrocknetes Nudelgericht ergeben 1,28 kg fertiges Essen und 900 g Energieriegel sind etwas mehr als 13 Riegel.

Also, für uns war das auch auf dem PCT nicht zu schaffen. Wenn man also nicht noch mehr schleppen will, kann man nur mit kalkulierter Unterernährung arbeiten. Wir hatten für die 10 Tage gerade mal 2800 kcal pro Tag zur Verfügung. Mehr war zum einen gewichtsmäßig nicht drin, und zum anderen hat jeder Wanderer auf dem John Muir Trail die Verpflichtung, alle Nahrungsmittel und alle riechenden Kosmetika in eine Bärenbox zu packen. Das ist eine 8 l große Kunststoffbox, die ein Bär nicht öffnen kann (und wir manchmal auch nicht …).

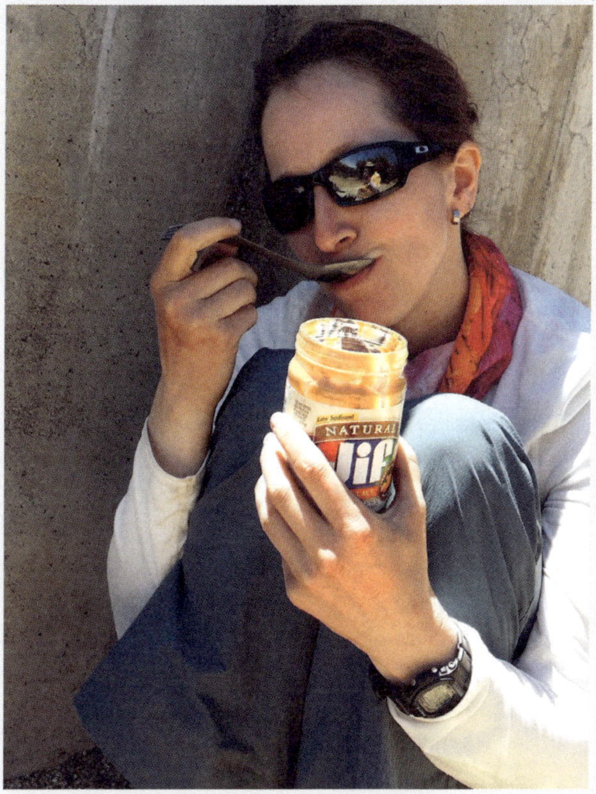

Erdnussbutter aus der Packung ist bei so einer Wanderung immer ein guter Pausensnack.

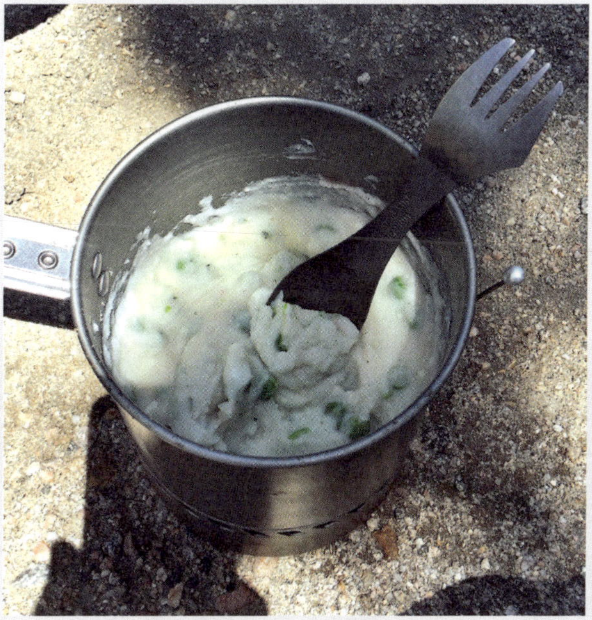

Einfaches und leicht zuzubereitendes Mittagessen: Kartoffelpüree. In diesem Fall mit gefriergetrockneten Erbsen, aber auch lecker mit Röstzwiebeln oder geriebenem Käse oder mit einem guten Schuss Olivenöl.

Es war schon unglaublich mühsam, das Essen in die Box zu packen. Es ist keine Übertreibung zu sagen, dass der Hunger unser ständiger Begleiter war. Darum ist das Thema Essen beim Ultraleicht-Hiking auch sehr wichtig. Auf der einen Seite brauche ich das Essen, um leistungsfähig zu bleiben, auf der anderen Seite ist Essen ein ziemlich großer Gewichtsfaktor. Bei einer Wochenendtour ist das Ganze kein großes Problem. Ich kann entweder genügend einpacken und trage etwas mehr, oder ich habe mal für zwei Tage ein bisschen Hunger.

Anders sieht es natürlich bei einer Tour aus, die vielleicht zwei Wochen oder noch viel länger dauert. Da sind dann die Reserven irgendwann aufgebraucht. Entscheidend sind also Nahrungsmittel mit hoher Energiedichte, die aber auch für eine Wandertour praktikabel sind. Das heißt, sie müssen unterwegs mit einfachen Mitteln zuzubereiten sein, sie sollen leicht (i. d. R. dehydriert) sein und sie müssen auch haltbar sein. Zum Beispiel hat eine 350 g Salami-Tiefkühlpizza ca. 840 kcal. Man müsste also etwa 8 Pizzen pro Wandertag essen und schon wären die 6500 kcal zusammen. Das ist natürlich genauso wenig praktikabel wie 17 Liter Cola pro Tag zu trinken oder eventuell täglich 1000 g Erdnussbutter zu essen.

Geeignete Nahrungsmittel

Welche Produkte eignen sich also als Verpflegung für Trekkingtouren? Zum einen Sachen wie Nudeln, Müsli, Kartoffelpüree, Reis, Couscous oder auch Trockenfrüchte. Eine andere Variante ist gefriergetrocknetes Fertigessen vom Outdoorladen, das man nur mit heißem Wasser aufgießen und etwa 10 Minuten ziehen lässt. Oder auch die Fertigmahlzeiten, die es im Supermarkt um die Ecke gibt.

Das Fertigessen aus dem Outdoorladen hat den Vorteil, dass man keinen Teller benötigt, keinen großen Kochtopf und der Abwasch gespart wird. Bei dem Fertigessen aus dem Supermarkt geht das nicht so einfach. Laut Zubereitungsanleitung will dieses Essen ca. 5 bis 10 Minuten auf kleiner Flamme gekocht werden. Wenn es sich aber nicht gerade um Touren um den Null-Grad-Bereich handelt, reicht es meiner Erfahrung nach aus, das Essen in kochendes Wasser einzurühren und etwa 15 Minuten ziehen zu lassen. Bei Bedarf kann es nochmals kurz erwärmt werden. Dazu benötige ich einerseits einen etwas größeren Topf, den ich auch abwaschen muss, doch andrerseits ist es sehr viel preiswerter als die Variante aus dem Outdoorladen. Sicher ist dieses

Gefriergetrocknete Mahlzeiten, einfach zuzubereiten und leicht.

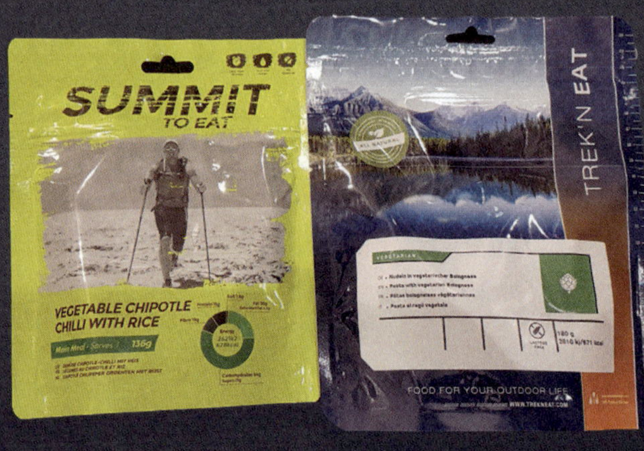

Studentenfutter und Trockenfrüchte sind ein super Snack für zwischendurch.

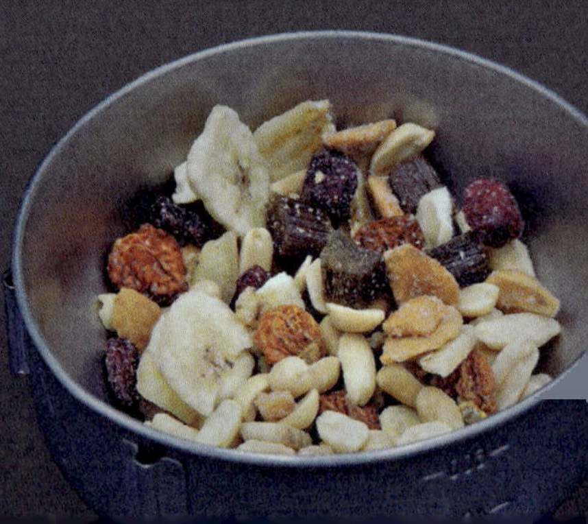

Essen nicht unbedingt ein kulinarisches Highlight, aber es ist leicht und einfach zubereitet. Da diesen Produkten festgelegte Portionsgrößen zugrunde liegen, die höchstens einen »Schreibtischtäter« satt machen, muss man entweder zwei Tüten einpacken, oder man kann das Essen aufwerten. Denn mit einem durchschnittlichen Kaloriengehalt von etwa 600 kcal pro Tüte kommt man als Hiker im wahrsten Sinne des Wortes nicht weit. Für mich und auch die meisten anderen ist es allerdings auch keine Option, einfach zwei Tüten zuzubereiten, da ich tatsächlich keine 1,2 kg Nudelgericht auf einmal essen kann. Also pimpe ich mein Essen in der Regel auf.

Eines der Nahrungsmittel mit der höchsten Energiedichte ist Fett und hier bietet sich zum Beispiel Olivenöl an. Etwa 880 kcal pro 100 g liefert das Olivenöl. Das kann man einfach zum Essen dazugeben und somit den Nährwert erhöhen. Natürlich eignet sich dafür jede Art von Fett, aber Butter zum Beispiel kann nicht nur bei warmem Wetter schmelzen, sondern auch ranzig werden. Bei asiatischen Gerichten finde ich die Zugabe von Erdnussbutter (knapp 600 kcal) auch sehr lecker. Bei Nudelgerichten kann man, wenn die Temperaturen nicht zu hoch sind und man nicht für zu viele Tage Essen einpacken muss, auch gut Käse mit hohem Fettgehalt (um die 350 kcal) dazugeben. Einzig der Abwasch, wenn er denn erforderlich ist, ist hinterher ein Alptraum. Wenn du lieber zu ursprünglichen Nahrungsmitteln greifst anstatt Fertiggerichte zu verwenden, solltest du dich vor der Tour mal mit den Kochzeiten der einzelnen Dinge beschäftigen. Gerade bei Nudeln kann man Kochzeiten von drei bis hin zu 15 Minuten finden. Mit längerer Kochzeit steigt natürlich dein Brennstoffbedarf deutlich an. In den letzten Jahren ist Couscous unter den Hikern sehr beliebt geworden. Couscous hat einen Energiegehalt von ca. 350 kcal (trocken), muss nur mit kochendem Wasser übergossen werden und kann eigentlich mit allem zubereitet werden, was der Essensbeutel so hergibt. Am einfachsten ist es, eine gute Portion Tomatenketchup oder Erdnussbutter unterzurühren. Aber auch mit exotischen Gewürzen, Olivenöl und beispielsweise Salamistückchen kann man ein einfaches, leckeres Essen zaubern. Für Reisliebhaber gibt es parboiled Reis, der eine deutlich kürzere Kochzeit benötigt. Über Nudeln mit Tomatensoße und Reibekäse brauche ich sicher kein Wort zu verlieren.

Um bei längeren Touren etwas Abwechslung in den Speiseplan zu bringen, kaufe ich unterwegs, wenn ich nicht mehr weit laufen muss, ein paar frische Sachen mit ein.

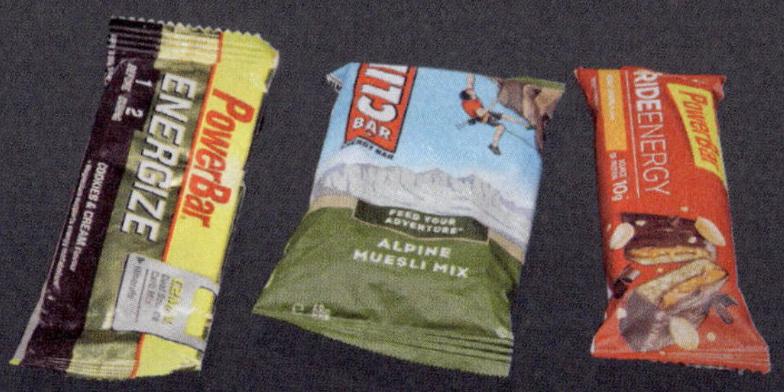

Verschiedene Energieriegel als Stärkung zwischendurch. Bei warmem Wetter sind diese besser geeignet als Snickers und Co., da sie nicht so schnell schmelzen.

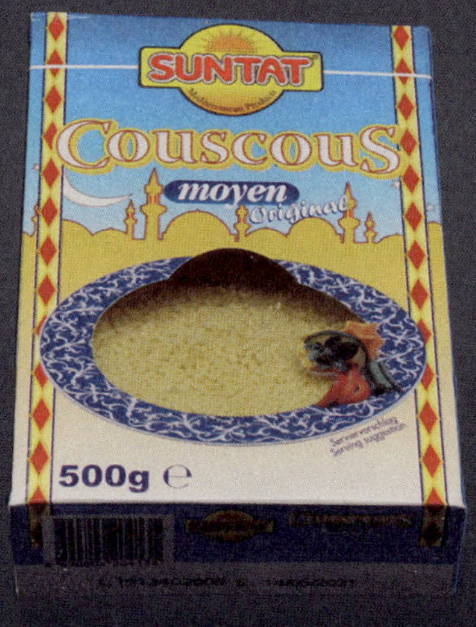

Couscous ist eine preiswerte Mahlzeit, die ohne lange Kochzeit zubereitet werden kann.

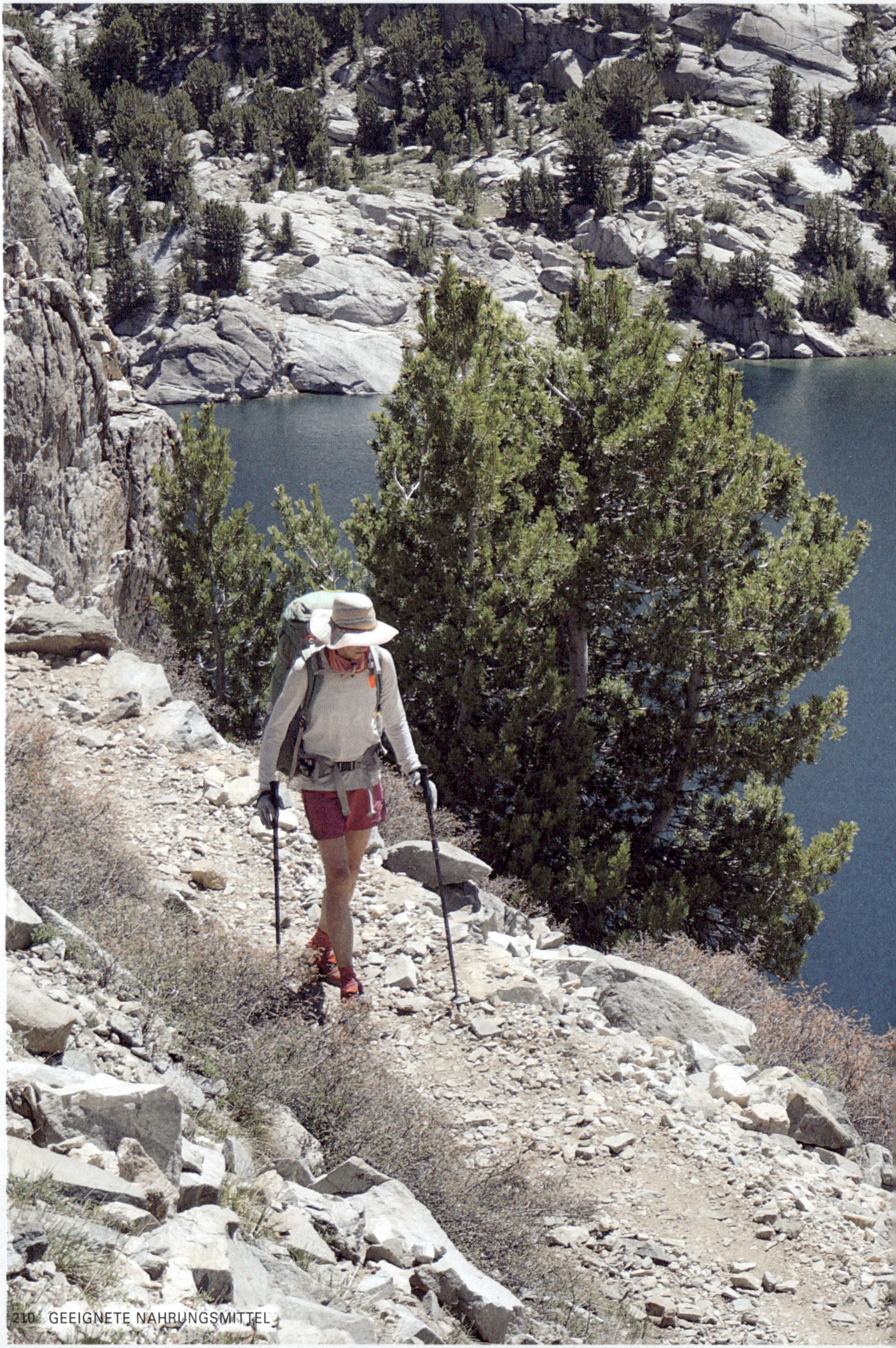

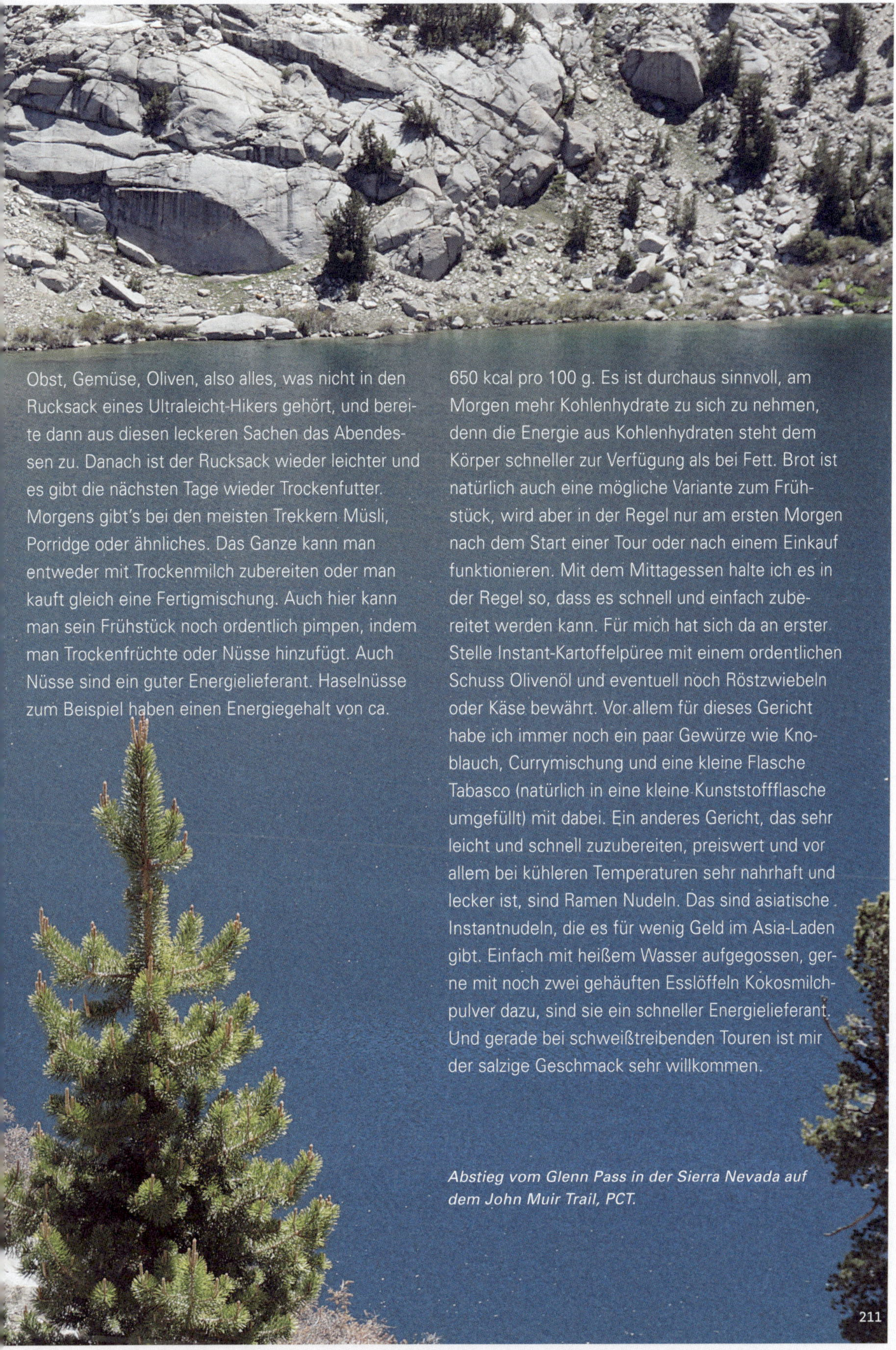

Obst, Gemüse, Oliven, also alles, was nicht in den Rucksack eines Ultraleicht-Hikers gehört, und bereite dann aus diesen leckeren Sachen das Abendessen zu. Danach ist der Rucksack wieder leichter und es gibt die nächsten Tage wieder Trockenfutter. Morgens gibt's bei den meisten Trekkern Müsli, Porridge oder ähnliches. Das Ganze kann man entweder mit Trockenmilch zubereiten oder man kauft gleich eine Fertigmischung. Auch hier kann man sein Frühstück noch ordentlich pimpen, indem man Trockenfrüchte oder Nüsse hinzufügt. Auch Nüsse sind ein guter Energielieferant. Haselnüsse zum Beispiel haben einen Energiegehalt von ca. 650 kcal pro 100 g. Es ist durchaus sinnvoll, am Morgen mehr Kohlenhydrate zu sich zu nehmen, denn die Energie aus Kohlenhydraten steht dem Körper schneller zur Verfügung als bei Fett. Brot ist natürlich auch eine mögliche Variante zum Frühstück, wird aber in der Regel nur am ersten Morgen nach dem Start einer Tour oder nach einem Einkauf funktionieren. Mit dem Mittagessen halte ich es in der Regel so, dass es schnell und einfach zubereitet werden kann. Für mich hat sich da an erster Stelle Instant-Kartoffelpüree mit einem ordentlichen Schuss Olivenöl und eventuell noch Röstzwiebeln oder Käse bewährt. Vor allem für dieses Gericht habe ich immer noch ein paar Gewürze wie Knoblauch, Currymischung und eine kleine Flasche Tabasco (natürlich in eine kleine Kunststoffflasche umgefüllt) mit dabei. Ein anderes Gericht, das sehr leicht und schnell zuzubereiten, preiswert und vor allem bei kühleren Temperaturen sehr nahrhaft und lecker ist, sind Ramen Nudeln. Das sind asiatische Instantnudeln, die es für wenig Geld im Asia-Laden gibt. Einfach mit heißem Wasser aufgegossen, gerne mit noch zwei gehäuften Esslöffeln Kokosmilchpulver dazu, sind sie ein schneller Energielieferant. Und gerade bei schweißtreibenden Touren ist mir der salzige Geschmack sehr willkommen.

Abstieg vom Glenn Pass in der Sierra Nevada auf dem John Muir Trail, PCT.

Unterwegs richtig essen

Da du bei Outdoortouren, egal ob beim Wandern, Rad- oder auch Kajakfahren, den ganzen Tag über körperliche Leistung abrufst, ist es wichtig, auch zwischendurch immer wieder zu snacken, schon weil du mengenmäßig kaum deinen gesamten Kalorienbedarf in nur drei Mahlzeiten zu dir nehmen kannst.

Zudem kann der Körper nur eine bestimmte Menge an Kohlenhydraten pro Stunde verarbeiten. Bei leichten Wandertouren sollte man ca. 20 g Kohlenhydrate pro Stunde kalkulieren, bei anstrengenden Touren ca. 30 g. Als Snack zwischendurch bietet sich alles an, was viel Zucker und Fett enthält. Die zuckerhaltigen Riegel aus dem Supermarkt sind, wenn es nicht gerade sehr warm ist, zum Beispiel durchaus eine Option. Besser sind die Riegel aus dem Leistungssportbereich, auch weil sie in der Regel nicht einfach nur Kristallzucker enthalten, sondern Kohlenhydrate aus Getreide, die eine gleichmäßigere Kohlenhydratzufuhr gewährleisten. Auch Erdnussbutter oder ähnliche Brotaufstriche kommen infrage. Sehr beliebt sind auch Trockenfrüchte und das gute alte Studentenfutter.
Für lange Wanderungen, die mehrere Wochen dauern, ist eine Zusammenstellung des Essens im folgenden Verhältnis perfekt: etwa 45–50 % Kohlenhydrate, 35–40% Fett und 10–15% Eiweiß. Der Zeitpunkt der Nahrungsaufnahme ist ebenso ein wichtiges Kriterium.

Nach einem anstrengenden Tag sollte man versuchen, innerhalb des Zeitraumes von 15 Minuten bis max. einer Stunde nach dem Ende der Tour das Abendessen zu verzehren. Dadurch ist eine optimale Aufnahme der Nährstoffe gewährleistet.

Also, am besten gleich das Essen zubereiten und dann das Lager aufbauen. Wie an dem Rechenbeispiel des o. g. Kalorienbedarfs für anspruchsvolle Wanderungen (ca. 6000 kcal/pro Tag) zu sehen ist, ist es im wahrsten Sinne des Wortes schwer, so viel Essen einzupacken. Zumal bei einem höheren Rucksackgewicht in den Bergen der Kalorienbedarf weiter steigt. Die meisten von uns können durchaus ein paar Kilo bei einer Wanderung verlieren ohne zu verhungern. Dein Körper wird sich von den gespeicherten Fettreserven seine Energie holen. Wenn im täglichen Energiehaushalt 500 kcal fehlen, die sich dein Körper dann aus seinen Reserven holt, wirst du ca. ein halbes Kilo pro Woche verlieren. Wenn du allerdings schon sehr schlank bist, kommst du in Gefahr, dass sich dein Körper die benötigte Energie besorgt, indem er Muskelmasse abbaut. Dies wird sich natürlich auf lange Sicht auf deine Leistungsfähigkeit auswirken.

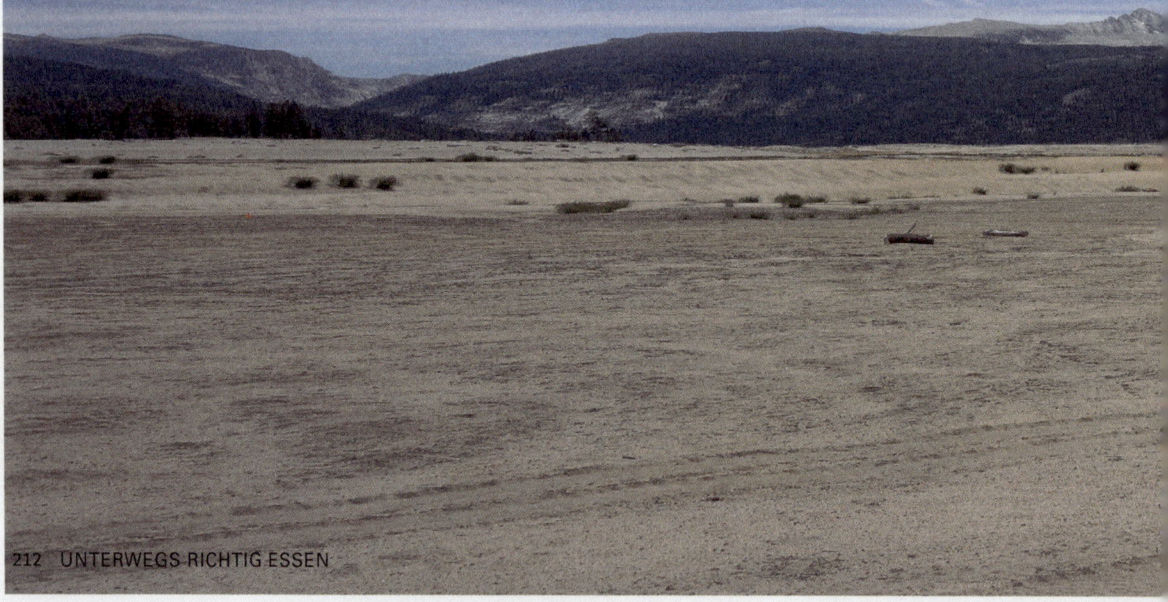

Spätestens wenn du so wenig isst, dass du eineinhalb Kilo pro Woche verlierst, muss du handeln. Entweder mehr Essen oder weniger Kilometer pro Tag zurücklegen. Für Long-Distance-Hiker: Auf dem Trail oder bei Rasttagen mit Supermarktanschluss kannst du eine Viel-Fett-Diät machen. Um deinen Fettspeicher wieder aufzufüllen, eignen sich zum Beispiel Thunfisch in Öl, in Öl geröstete Erdnüsse, zusätzlicher Käse im Essen, Sahnesoßen und Kartoffelchips. Da dein Körper natürlich auch Eiweiß benötigt, musst du als Vegetarier oder Veganer etwas sorgfältiger planen. Es gibt aber auch genügend pflanzliche Lebensmittel, die ausreichend Eiweiß enthalten. Produkte wie Nüsse und Samen enthalten viel Protein, ebenso wie Hülsenfrüchte.
Auf jeden Fall ist es sinnvoll, dass du dir eine Excel-Tabelle zum Thema Verpflegung erstellst.

Auch du wirst deine Favoriten haben, die du gerne einpackst. In die Tabelle trägst du das Gewicht, den Nährwert und die Portionsgrößen ein. Damit kannst du dann kalkulieren, wie viel du für welche Tourenlänge einpacken musst. Da es auf jeden Fall einen Unterschied macht, ob du eine Wochenendtour unternimmst oder ob du mehrere Wochen unterwegs bist, solltest du die Erfahrungen deiner Tour unmittelbar danach in die Tabelle einfließen lassen. Hat etwas nicht geschmeckt, hat etwas nicht gereicht, fehlte etwas usw. Der Mensch tendiert ja sehr dazu, solche Dinge schnell zu vergessen. Da aber die richtige und selbstverständlich auch wohlschmeckende Ernährung für den Erfolg deiner Tour sehr wichtig ist und zudem die Relation von Basisgewicht zum Gewicht der Verpflegung bei längeren Touren erheblich ist, wird eine gute Planung unerlässlich. Auf dem PCT gibt es ein Sprichwort: »Es gibt keinen Preis für den, der noch Essen im Rucksack hat, wenn er in die Stadt kommt«. Wenn dein Essen zum Ende der Tour oder beim nächsten Verpflegungspunkt verbraucht ist, hast du gut geplant.

Aus eigener Erfahrung noch ein Tipp: Nichts mitnehmen, was du zu Hause nicht schon probiert hast.

Es ist wenig hilfreich, beispielsweise zwölf Portionen Frühstücksbrei einzupacken und am ersten Morgen der Tour festzustellen (natürlich weit weg von jeglicher Einkaufsmöglichkeit), dass man den penetranten Bananengeschmack des Breis nicht erträgt. Also, lieber vorher probieren, ob man mit dem Produkt klarkommt. Es ist aber auch etwas anderes, ein Gericht alle vier Tage zu essen oder jeden Abend das Gleiche. Das Geheimnis liegt in der Abwechslung!

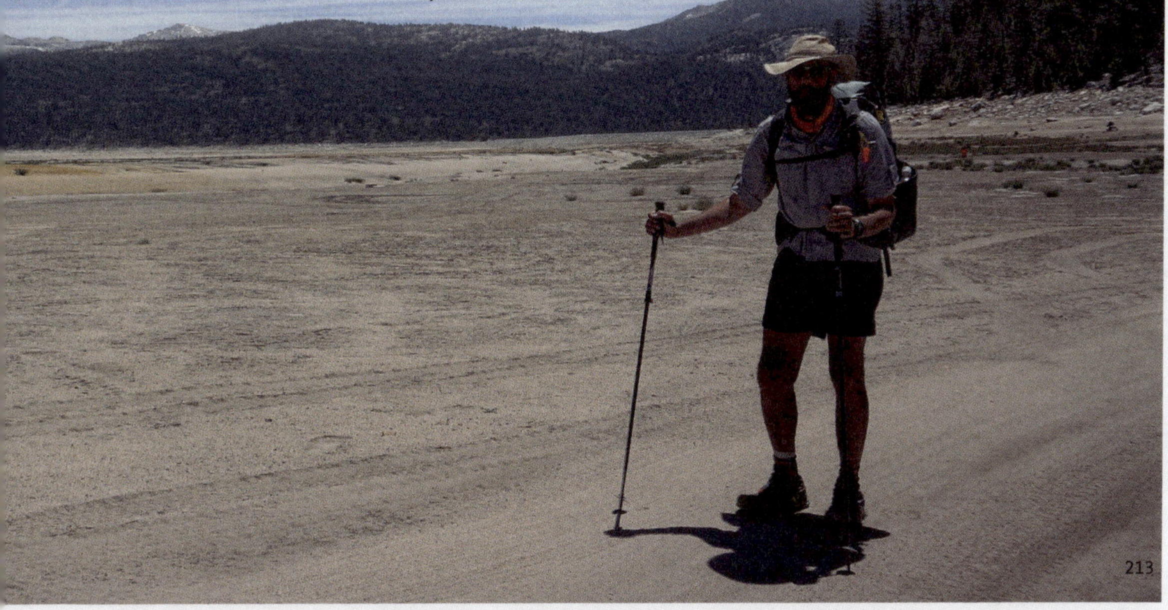

Unterwegs richtig trinken

Jeder weiß, dass Trinken noch viel wichtiger ist als Essen! Der menschliche Körper besteht je nach Alter zwischen 50 und 70 Prozent aus Wasser. Wenn du nicht genug trinkst, greift dein Körper auf dieses Wasser zurück und du dehydrierst. Dein Körper benötigt Wasser zur Kühlung und für alle Stoffwechselvorgänge. Wasser ist Bestandteil deiner Zellen und deines Gehirns, es wird auch benötigt, um Signale zum Beispiel an deine Muskeln zu schicken.

Wenn du nicht genügend Wasser zu dir nimmst, drohen ernsthafte Konsequenzen. Ab einem Flüssigkeitsverlust von 3 % deines Körpergewichts ist die Konzentrationsfähigkeit bereits vermindert. Das kann möglicherweise schon Folgen für die sichere Navigation haben. Ab 5 % ist die körperliche Leistungsfähigkeit herabgesetzt, das Blut wird dicker, die Herzfrequenz steigt und das belastet dein Herz-Kreislauf-System stark. Ab ca. 10 % bist du schon so stark dehydriert, dass du kaum noch

Wichtig ist, dass deine Wasserflasche immer griffbereit ist, damit du jederzeit und regelmäßig trinken kannst.

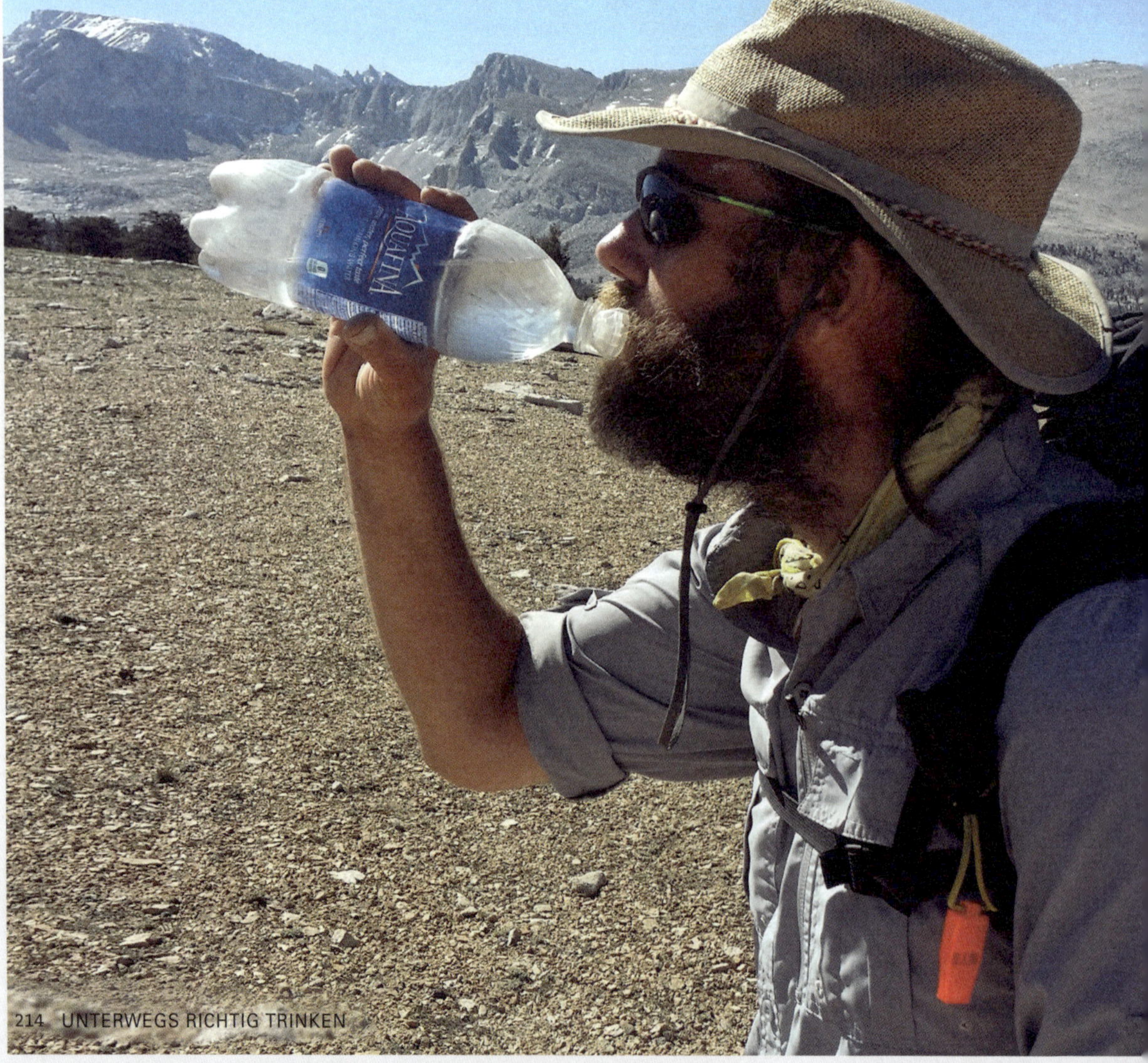

zurechnungsfähig bist und sehr wahrscheinlich nicht mehr in der Lage bist, dich von allein aus dieser Situation zu retten. 10 % Wasser sind bei einem Erwachsenen mit 80 kg Gewicht 8 l Wasser. Wie kann man so viel Wasser verlieren? Das Offensichtliche ist das Schwitzen. Wer bei sehr warmen Temperaturen lange unterwegs ist, kann das schon an einem heißen, anstrengenden Tag ausschwitzen. Dazu kommt aber noch der Verbrauch durch deinen Stoffwechsel, deine Atmung etc. Wie viel das jeweils ist, hängt von sehr vielen Faktoren ab. Außentemperatur, Höhe über dem Meeresspiegel, körperlichen Faktoren, Grad der Anstrengung – um nur einige zu nennen.

Eines ist auf jeden Fall klar, du musst genügend Wasser am Tag trinken. Da dein Körper aber nur etwa 500 bis 700 ml Wasser pro Stunde aufnehmen kann, solltest du lieber regelmäßig, etwa alle 15 bis 20 Minuten 200 ml Wasser trinken. Wenn du einen Liter auf einmal trinkst, wird der Rest einfach wieder nutzlos ausgeschieden. Wenn Trinkwasserknappheit ein Thema ist, lieber regelmäßig kleinere Mengen trinken. Wenn du erst trinkst, wenn du starken Durst hast, bist du schon im Anfangsstadium der Dehydration. Wenn du jetzt zu viel Wasser trinkst, mehrere Liter in kurzer Zeit, kannst du ein anderes ernsthaftes Problem bekommen: Hyponatriämie. Das ist eine zu niedrige Natrium-Konzentration im Blut. Ein Problem, das man z. B. von Marathonläufern kennt. Die Folgen, wie Desorientierung, Übelkeit, Kopfschmerzen, sind nicht zu unterschätzen, man kommt sozusagen vom Regen in die Traufe.

Wenn dir das regelmäßige Trinken von Wasser, meist auch noch lauwarm und eventuell nach Kunststoff oder Chlor schmeckend, nicht zusagt, kannst du dir im Supermarkt diese Brausetabletten mit Mineralien und Geschmack kaufen oder dir einfach Brausepulver einpacken. Das hat auch noch den Vorteil, dass dieses eine gute Portion Zucker enthält und du so ein paar extra Kalorien zu dir nimmst.

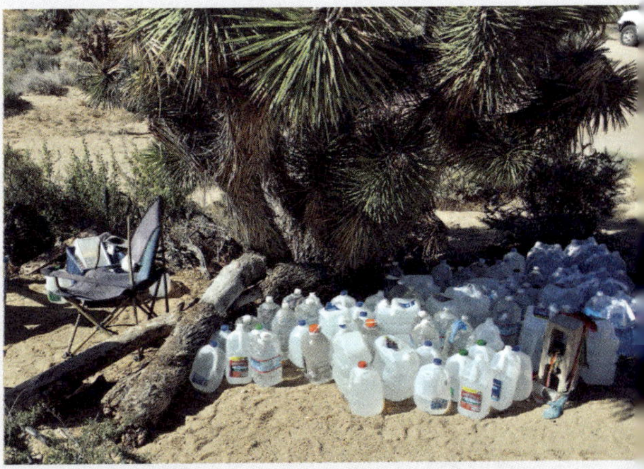

Einer von vielen Punkten auf dem PCT, wo freiwillige Helfer Trinkwasser für die Wanderer deponieren. Ohne das wären Strecken von 50 Kilometer und mehr zwischen Wasserquellen noch herausfordernder.

Aber es gibt ja nicht nur Wasser. Für mich ist es das schönste, meinen Tag mit einer Tasse heißem Kaffee zu beginnen. Das ist meist auf einer Tour noch schöner als zu Hause. Eine Tasse heißer Kaffee, ein schöner Sonnenaufgang und vielleicht noch ein Platz mit einer super Aussicht … ich könnte gleich wieder losziehen. Das ist der Grund, warum es für mich absolut nicht in Frage kommt, ohne einen Kocher auf Tour zu gehen. Aus Gewichtsgründen packe ich allerdings tatsächlich keinen gemahlenen Kaffee, sondern die gefriergetrocknete Variante ein. Das ist vielleicht für dich eine grausige Vorstellung, aber es gibt tatsächlich unter dem sehr großen Angebot gefriergetrockneter Kaffees einige wenige, die recht gut schmecken. Der Vorteil ist einerseits, dass du das Wasser nicht kochen musst und somit Brennstoff sparst und andererseits, dass gefriergetrockneteter Kaffee deutlich leichter ist und weniger Volumen als gemahlener Kaffee hat.

Speziell für kühleres Wetter ist es auch eine gute Idee, heiße Schokolade oder Instant Cappuccino-Pulver einzupacken. Da diese Sachen zum allergrößten Teil ja nur aus Zucker und Geschmacksstoffen bestehen, ist das ein herrliches, energielieferndes Getränk für die Mittagspause.

Ultraleicht-Packliste für Wochenendtour im Sommer
(–3 Übernachtungen)

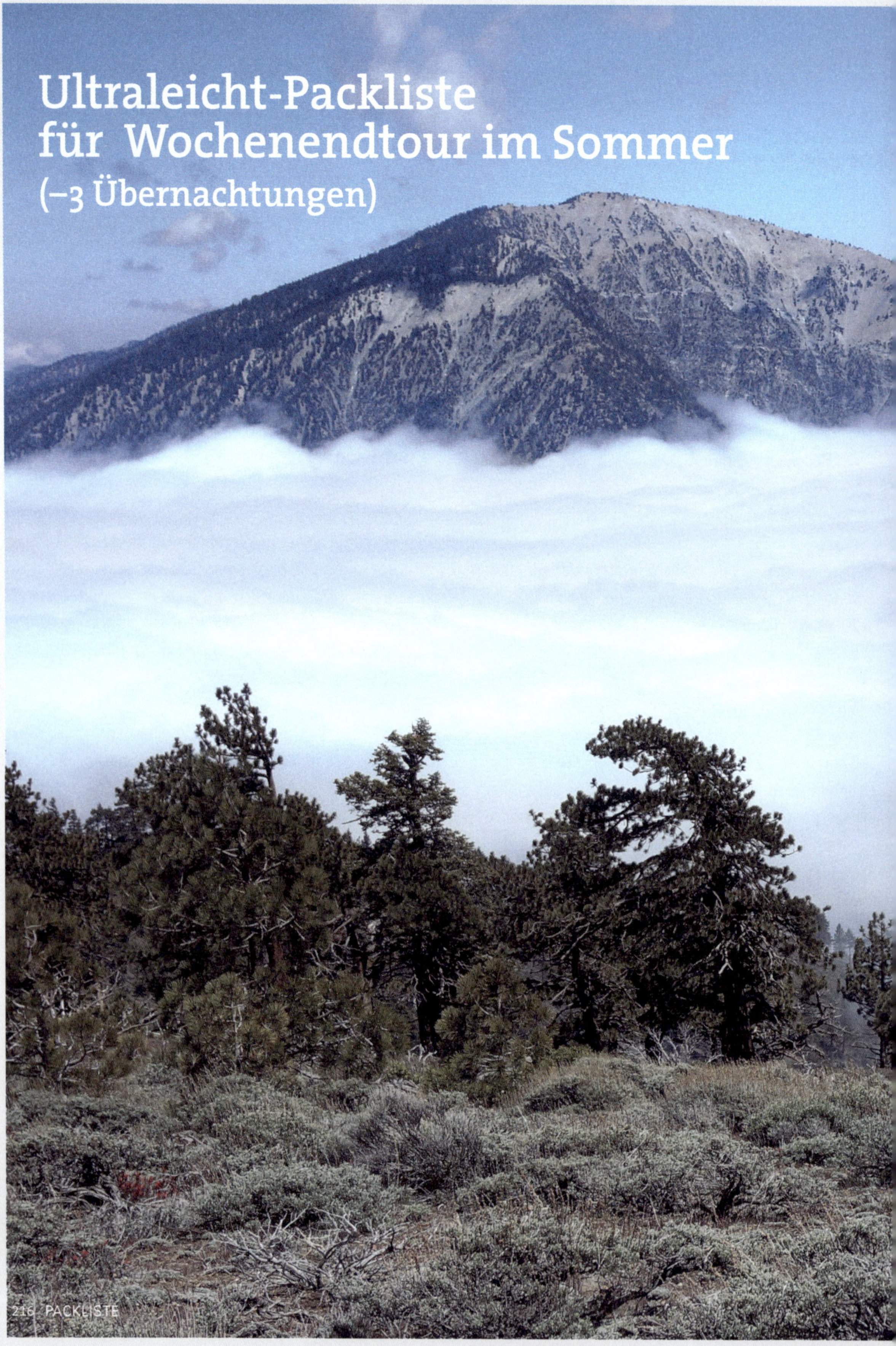

Ultraleicht-Packliste für Wochenendtour im Sommer (–3 Übernachtungen)

Kategorie	Gegenstand	Gewicht in Gramm
Hardware	*Rucksack Ultra Hiker*	*720*
	Zelt Rainbow	*971*
	Schlafsack Summerlight	*658*
	Thermoluftmatratze NeoAir Xlite inkl. Repset	*370*
	Elektrische Pumpe für Xlite	*55*
	Esbit Titan-Löffel	*20*
	Kopflampe Spotlite	*54*
	Sonnenbrille Rydon	*26*
	Platypus Faltflasche 2 l	*30*
	Coghlan's Schaufel	*50*
	Topf Snow Peak 700 ml	*130*
	Vargo Spirituskocher	*34*
	Flasche mit 200 ml Spiritus	*195*
	Minifeuerzeug	*9*
	Kopfkissen, aufblasbar	*38*
	Gesamtgewicht Hardware	*3360*
Kleidung	*Windjacke*	*142*
	Running Tight	*197*
	Langarmshirt	*141*
	Yeti Daunenjacke	*252*
	Powerfleece-Mütze	*39*
	Merinohandschuhe	*37*
	Gesamtgewicht Kleidung	*808*
Waschzeug	*Sea to Summit Packbeutel*	*37*
	Zahnpasta	*25*
	Zahnbürste	*15*
	STS Bodywash Leaves	*14*
	Kontaktlinsen 2x	*15*
	Kleines Handtuch	*30*
	Gesamtgewicht Waschzeug	*136*
Erste-Hilfe-Kit	*Rettungsdecke*	*55*
	Pflaster	*6*
	Elastikbinde	*22*
	Dreieckstuch	*15*
	Gesamtgewicht Erste-Hilfe-Kit	*98*
Elektronik	*Smartphone*	*215*
	Powerbank 2800 mAh mit USB Kabel	*78*
	Gesamtgewicht Elektronik	*293*
Verpflegung	*Frühstück: Porridge für 2 Tage*	*276*
	Abendessen Trek'n Eat für 2 Tage	*332*
	Kaffee + Kaffeeweißer	*208*
	Energieriegel, 12 Stück	*699*
	Studentenfutter	*312*
	Gesamtgewicht Verpflegung	*1827*
	Packgewicht gesamt	***6522***

Ultraleicht-Packliste für 4-wöchige Hochgebirgstour
Simone

SIMONE		
Kategorie	***Gegenstand***	***Gewicht in Gramm***
Hardware		
Rucksack	*Lightwave Ultratrek*	*1250*
Zelt		
Zeltunterlage		
Schlafsack	*Apache Schlafsack inkl. Packsack*	*960*
Isomatte	*Therm-a-Rest NeoAir*	*460*
Sitzkissen	*Sirex Faltkissen*	*33*
Kocher	*MSR Reactor 1,5 Liter o. Deckel*	*497*
	Einwegfeuerzeug 2 x	*35*
	Snow Peak Tasse 2 x	*175*
	Löffel mit langen Stiel 2x	*40*
	Messer Victorinox Alpineer	*55*
Kopflampe	*Black Diamond Ion*	*45*
Wasserfilter	*Sawyer Mini Wasserfilter*	*107*
Wassersack	*Platypus, 2 Liter*	*95*
	Hardware Gesamt	*3752*
Kleidung		
Windjacke	*Patagonia*	*90*
Kurze Hosen	*Patagonia Laufshort*	*83*
Oberkörper	*Patagonia UV-Blocker-Shirt*	*136*
	Scott T-Shirt	*61*
	Arcteryx T-Shirt	*70*
	Montane Fleecepulli	*196*
Daunenjacke	*Yeti Down Jacke*	*215*
Regenjacke	*Norröna Bitihorn Jkt*	*204*
Regenhose	*Berghaus Packlite Hose*	*184*
	GTX Socken	*76*
Unterwäsche	*Arcteryx Bra*	*50*
	Slip 2 x	*40*
Odlo Longjohn		
Handschuhe	*ME Powerstretch Gloves*	*41*
	GTX Überhandschuh	*80*
Mütze	*Kaikkialla Mütze*	*39*
	Buff	*38*
	Moskito-Kopfnetz	*18*
Socken	*Darn Tough Hiker*	*52*
	Stuffsack, 7 Liter	*17*
	Bekleidung Gesamt	*1690*
Waschzeug	*Grober Kamm*	*28*
	Einweg-Kontaktlinsen	*46*
	Tempos	*12*
	Lippenpflegestift	*8*
	Bioseife	*48*
	Rasierer	*15*
	Ohrenstäbchen	*10*
	Zahnbürste	*14*
	Zahnpasta	*40*
	Mückenzeug	*80*
	Nagelschere	*24*
	Handtuch	*115*
	Waschzeug Gesamt	*440*
Erste-Hilfe-Kit	*Rettungsdecke*	*64*
	Kompresse	*11*
	Elastikbinde	*25*
	Tape	*38*
	Blasenpflaster und Schutzgel	*21*
	Pflaster, wasserdicht	*10*
	Pinzette	*5*
	Immodium akut, 12 St.	*3*
	Augentropfen Wala, 5 St.	*7*
	Ibuprofen	*12*
	Allergie	*9*
	First Aid Gesamt	*205*
Elektronik	*Smartphone*	*213*
	Ladegerät mit USB-Kabel	*42*
	Ministativ Handy	*62*
	Powerbank	*168*
	Gesamt Elektronik	*317*
	Packgewicht gesamt Simone	***6404***

Ultraleicht-Packliste für 4-wöchige Hochgebirgstour
Axel

AXEL

Gegenstand	*Gewicht in Gramm*
ULA Catalyst	1362
Tarptent Double Rainbow	1200
Zeltunterlage, 200 x 140 cm	213
Ultralight inkl. Packsack	820
Therm-a-Rest NeoAir Xlite inkl. Repset	370
Sirex Faltkissen	33
Therm-a-Rest Pumpsack	103
Kopfkissen Mammut	38
Coghlan's Schaufel	50
Reparaturkram	48
Black Diamond Ion	45
Wasserflasche Platypus, 2 Liter	95
Hardware Gesamt	4377
Windjacke Scott	144
Craft Laufshorts	109
Mammut Whymper Zipshirt	196
Fjällräven Longshirt	141
Sugoi Icefill Armling	41
Yeti Daunenjacke	250
Montane Minimus Jacket	220
VauDe Drop Pant	164
Goretex Socken	96
Icebreaker Boxer	54
Odlo Longjohn	171
Handschuhe Arcteryx Merino	37
Röckel Überhandschuhe	41
Kaikkialla Mütze	39
Buff	42
Moskito-Kopfnetz	18
Darn Tough Hiker	49
Stuffsack, 7 Liter	
Bekleidung Gesamt	1829
Waschbeutel	38
Zahnpasta	40
Zahnbürste	14
Seife	35
Zahnseide	5
Sonnencreme	62
STS Packtowel	52
Kontaktlinsen-Kram	96
	342
Smartphone	218
Ladegerät mit USB-Kabel	43
Solarpanel Suntactics 5W	208
	637
Packgewicht gesamt Axel	**7185**

12. Bikepacking

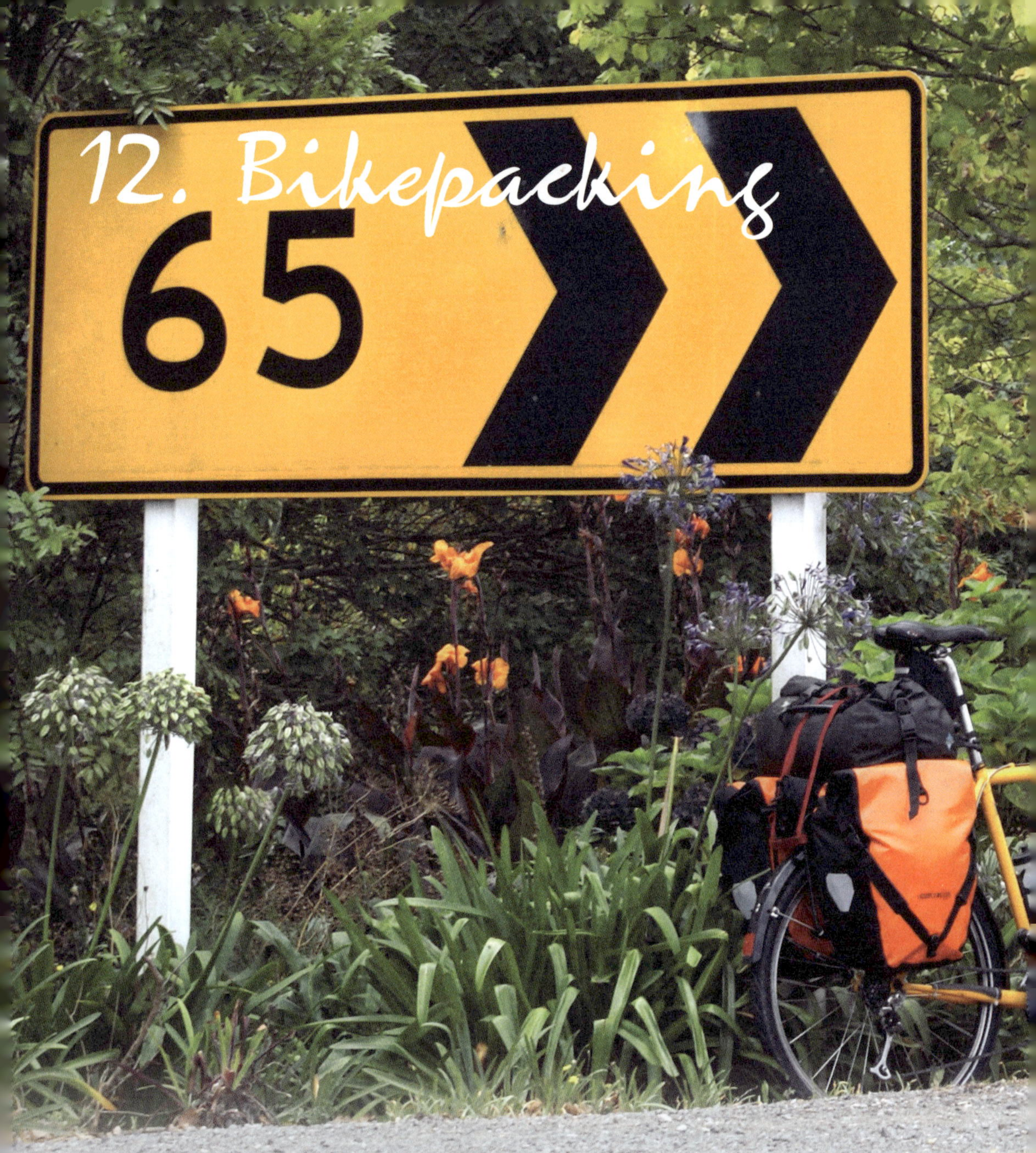

Da ich schon seit jeher auch ein sehr begeisterter Rennradfahrer bin, liegt es für mich natürlich nahe, auch Touren mit dem Fahrrad zu unternehmen. Meine erste, richtig große Fahrradtour führte mich 1993 etwa 7500 km durch den Westen der USA. Bei dieser Tour sah meine Ausrüstung natürlich noch ganz anders aus. Ich weiß nicht, wie viel Gewicht ich damals auf mein stabiles Stahl-Reiserad geladen habe, aber es waren zwei volle Hinterradtaschen, zwei Lowrider-Taschen, eine Lenkertasche und oben auf dem Gepäckträger eine große Rolle mit meinem 4,5 kg schweren 2-Personen-Zelt mit einer Apsis, unter der ich mein Fahrrad parken konnte. Das war »extra-heavy«, also ziemlich genau das Gegenteil von »ultralight«.

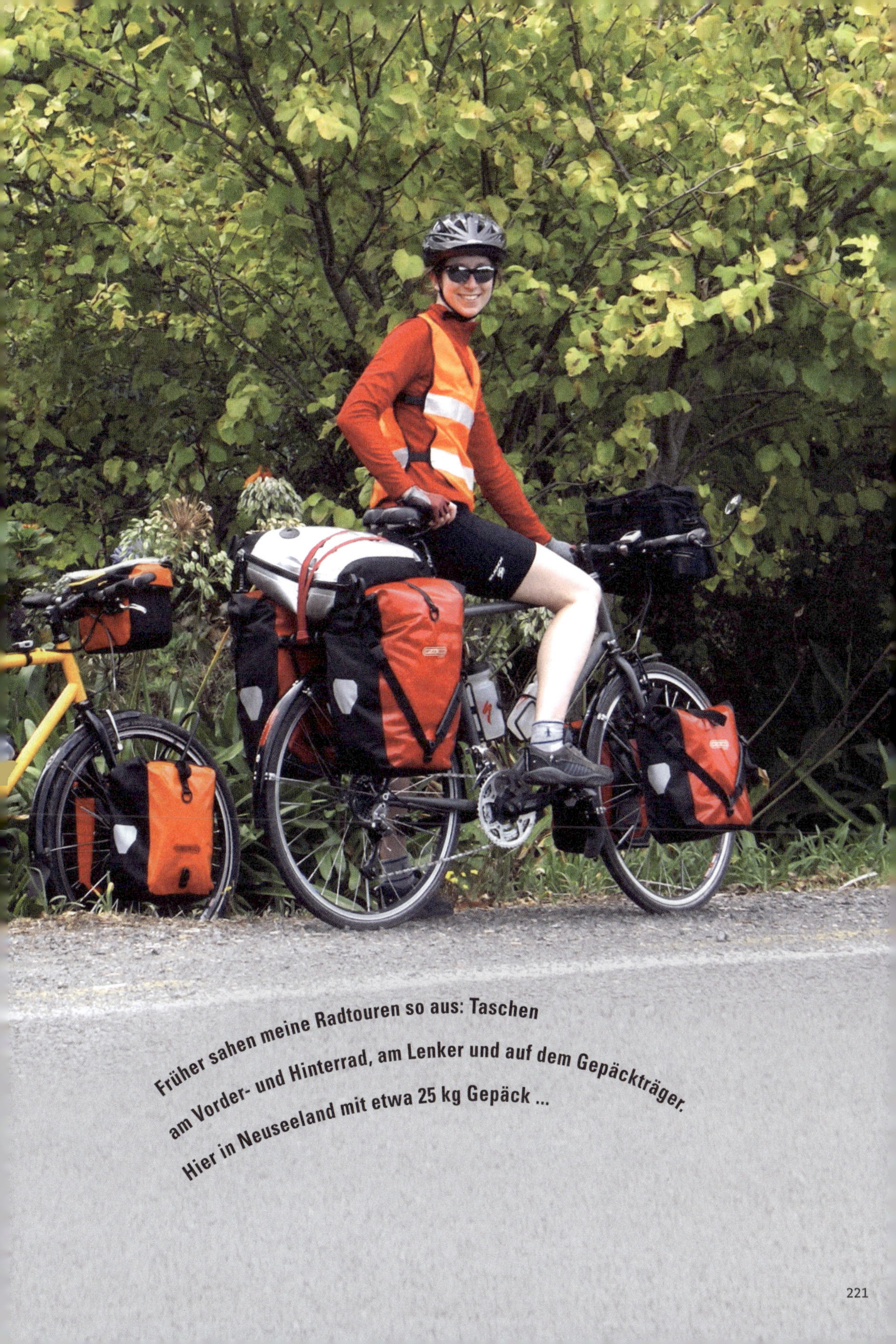

Früher sahen meine Radtouren so aus: Taschen am Vorder- und Hinterrad, am Lenker und auf dem Gepäckträger. Hier in Neuseeland mit etwa 25 kg Gepäck ...

Die Wahl des richtigen Rads

Zum Glück sind findige Leute auf die Idee gekommen, alle möglichen (in den Augen vieler erfahrener Reiseradler wirklich völlig ungeeigneten) Räder für kleine und auch große Touren zu nutzen. Räder wie: Rennräder, vollgefederte Mountainbikes, Fatbikes oder Gravel-/Cyclocross-Bikes.

Das Schöne am Bikepacking ist ja, dass man an jede Art von Fahrrad einfach seine Taschen anbringen kann und losfährt. Durch die Möglichkeit, die Taschen ganz schnell und einfach am Rad zu befestigen und die Tatsache, dass Ultraleicht-Trekker nicht viel einpacken, ist das Bikepacking auch gerade für Wochenendtouren mit einer oder

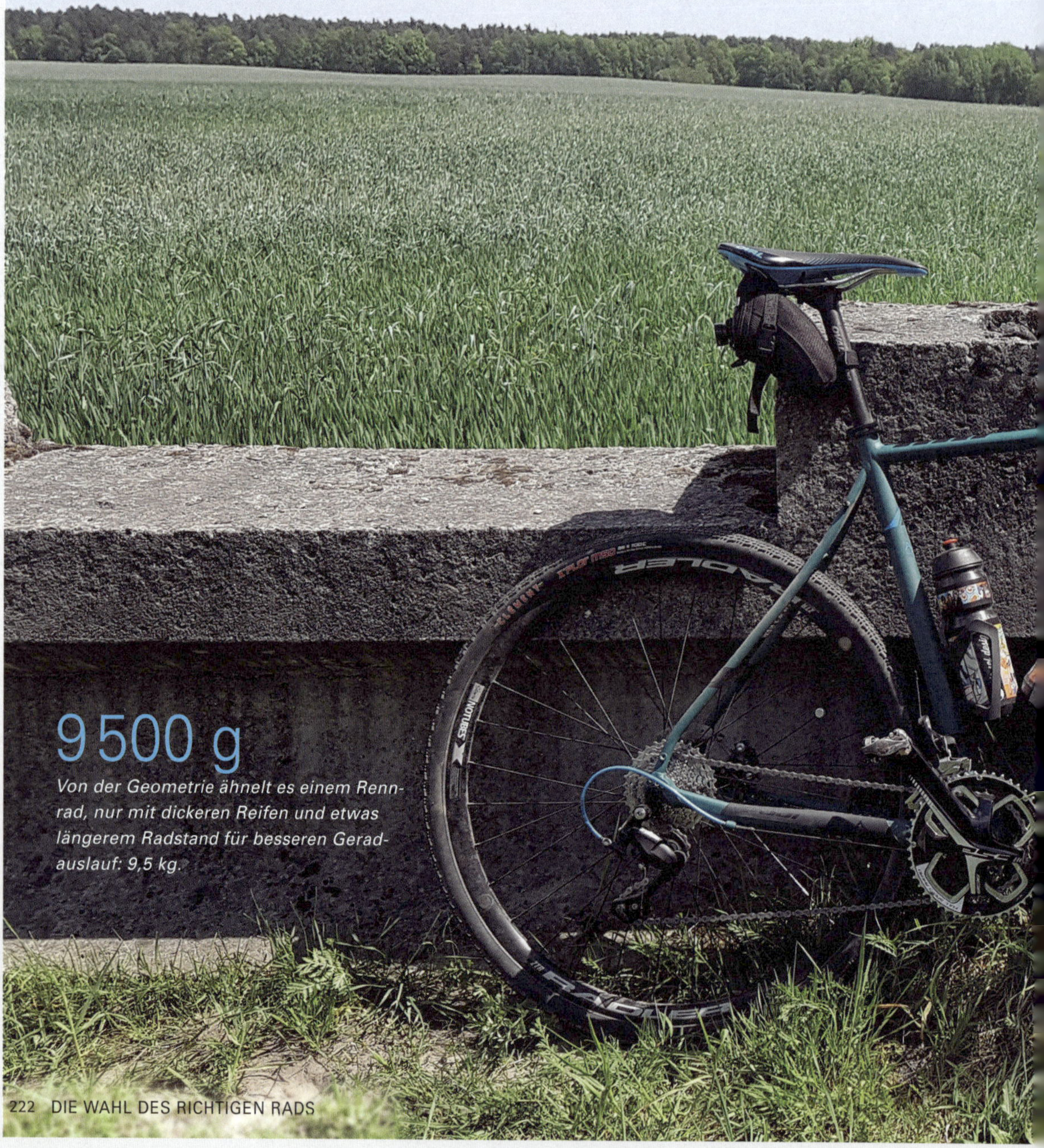

9 500 g

Von der Geometrie ähnelt es einem Rennrad, nur mit dickeren Reifen und etwas längerem Radstand für besseren Geradauslauf: 9,5 kg.

zwei Übernachtungen interessant. Meine Frau und ich besitzen zusammen sehr viele verschiedene Räder, aber zum Bikepacking kommt immer nur eines zum Einsatz: das Gravelbike.
Ich bin von der unglaublichen Vielseitigkeit der Gravel-Bikes sehr begeistert.

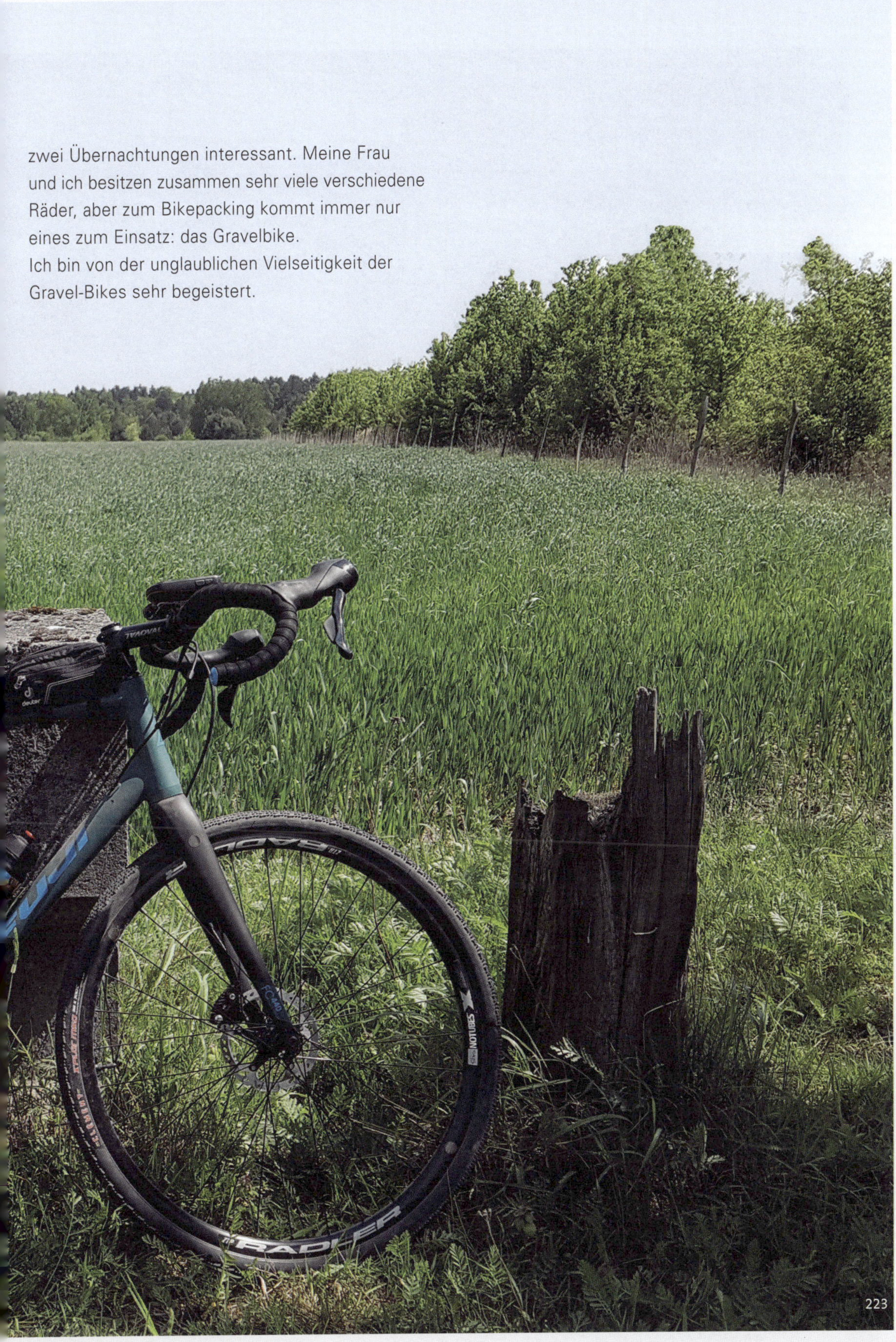

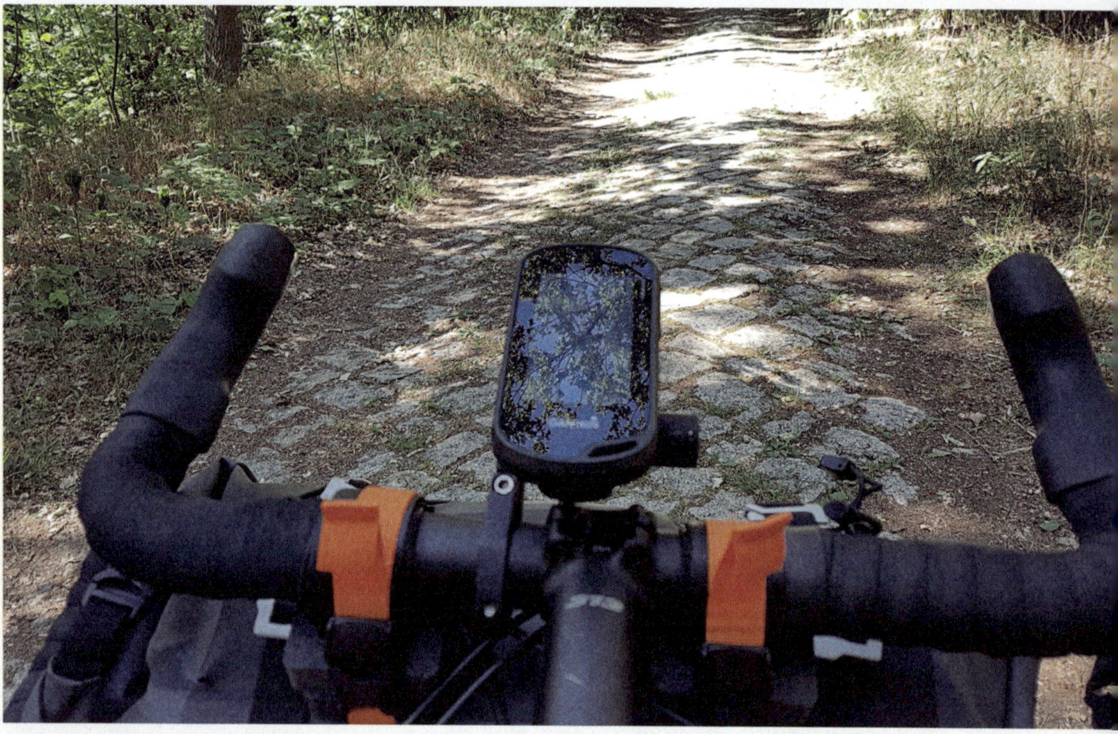

Bikepackingtour in Brandenburg.

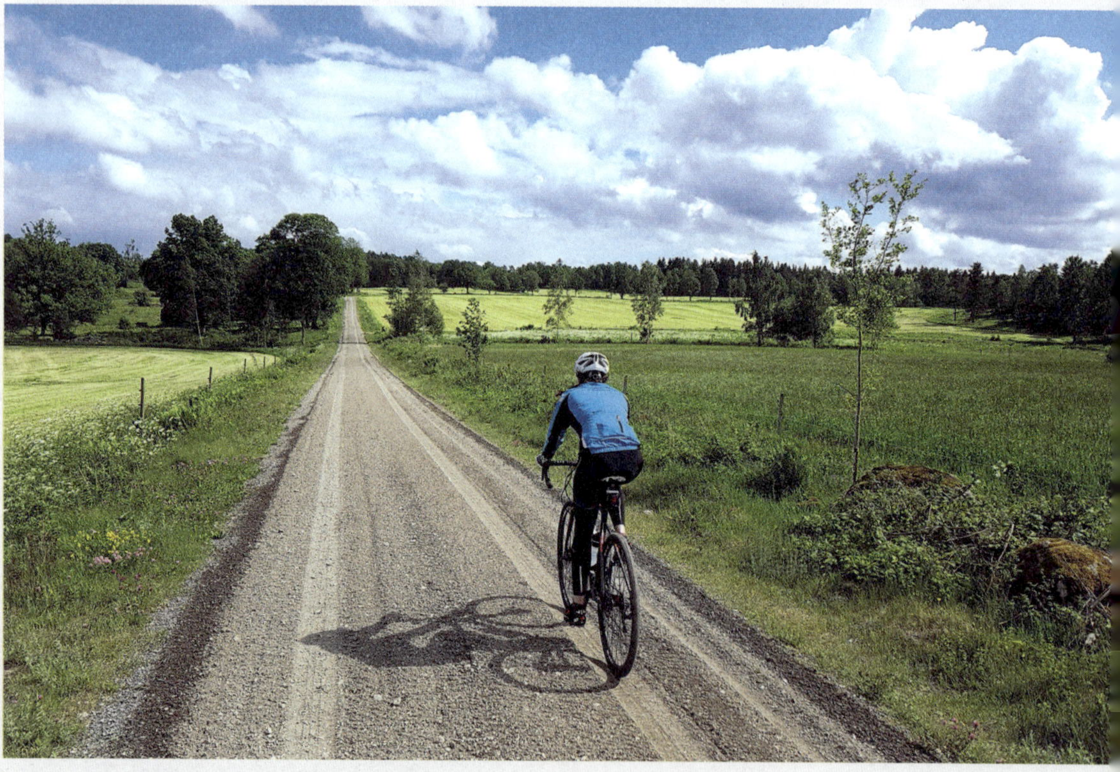

Dafür sind Gravelbikes gemacht: eine Gravelroad in Schweden.

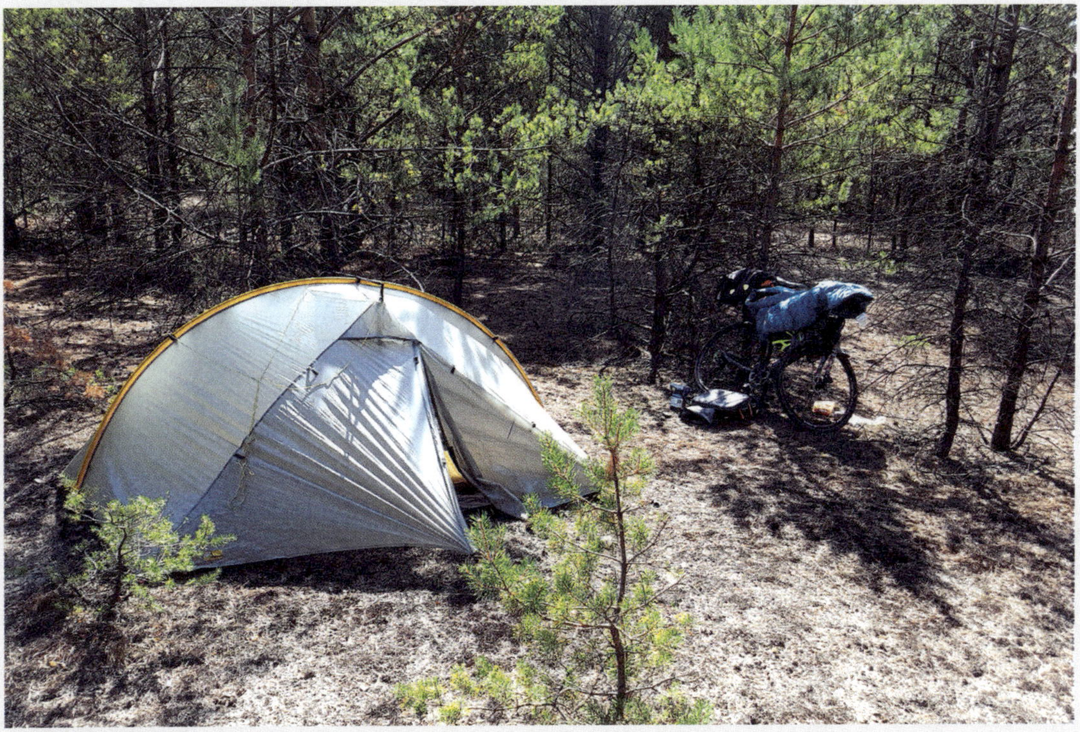

Übernachtung in einem Brandenburger Kiefernwald.

Das Gravelbike ist sozusagen ein naher Verwandter des Cyclocross-Rades. Im Unterschied dazu kann es mit deutlich dickeren Reifen gefahren werden und hat einen etwas stabileren Rahmen mit leicht veränderter Geometrie, die für eine etwas aufrechtere und somit entspanntere Haltung sorgt. Cyclocross oder Querfeldeinrennen ist eine sehr alte Sportart, die früher Rennradfahrern vor allem im Winter zum Konditionsaufbau diente.

Der Rennradfahrer von heute fliegt zum Konditionsaufbau natürlich einfach in den Süden. Diesen Luxus hatte man vor 60 Jahren noch nicht in dem Maß. Also haben sich die Rennradfahrer der älteren Generation einfach gröbere Reifen auf ihre Rennräder gezogen und sind durch die Wälder und Felder über Stock und Stein gefahren. Irgendwann wurde das dann zu einer eigenen Sportart. Heute ist es für viele eine wunderbare Art sich mit dem Rad nahezu auf jedem Untergrund fortbewegen zu können.

Durch seine nahe Verwandtschaft zum Rennrad ist es ungleich agiler als ein wuchtiges MTB mit den oft mehr als 50 mm breiten Reifen und dem breiten Lenker. Sicher kann man mit einem Cyclocross-Rad kein völlig verblocktes Gelände unter die Räder nehmen, aber dafür ist das Cyclocross-Rad auf Feld- und Waldwegen genauso zu Hause wie auf der Straße. Das klassische Cyclocross-Rad ist – genauso wie das klassische Rennrad – für kurze, schnelle Rennen ausgelegt. Es ist sehr agil, die Fahrposition ist sehr sportlich. Wer aber gegebenenfalls viele Stunden im Sattel verbringen möchte, ist über ein wenig mehr Komfort sicher sehr dankbar. Dazu wurden im Rennradbereich die Endurance Renner und im Cyclocross-Bereich die Gravel-Bikes geschaffen.

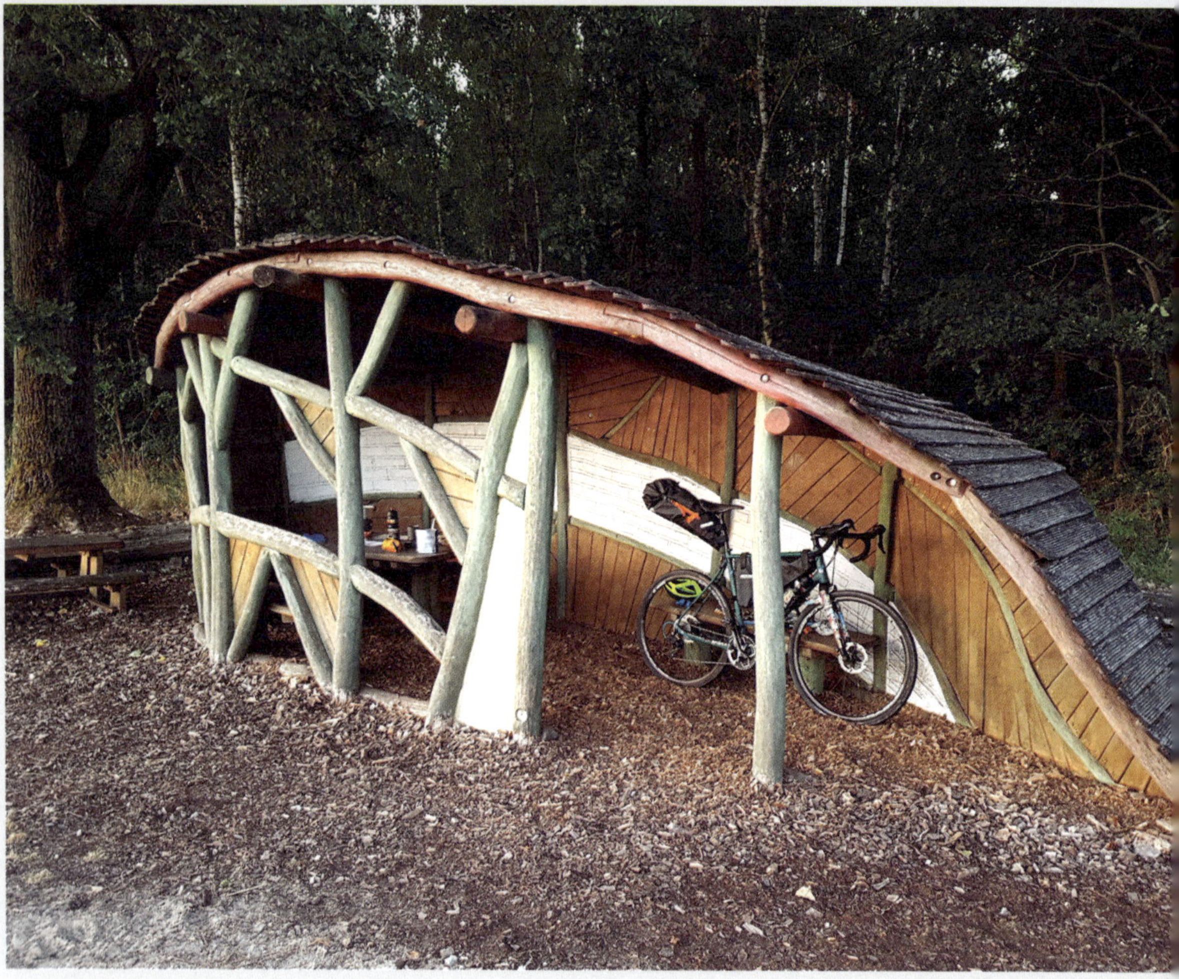

Gravelbiketour im Süden Berlins.

Die Bezeichnung Gravelbike klingt schon schwer nach einem Marketingkonzept der Fahrradindustrie, um wieder eine neue Fahrradart verkaufen zu können. Aber es gibt ein paar kleine, aber entscheidende Unterschiede zum Cyclocrosser. Eine etwas aufrechtere Position, ein etwas längerer Radstand und vor allem die Möglichkeit, mit in der Regel 35 mm oder auch bis zu 45 mm breiten Reifen fahren zu können, sorgt für erheblich mehr Komfort. Zudem sind die Rahmen auf etwas besseren Geradeauslauf ausgelegt, da sie sich eben auch für entspannte längere Touren eignen sollen.
Erfunden wurden die Gravelbikes in den USA. Gerade im mittleren Westen sind Schotterstraßen (Gravelroads) eher die Norm als die Ausnahme. Mir persönlich gefällt am Gravelbiken die Möglichkeit, spielerisch von der Asphaltstraße auf Wald- und Feldwege abbiegen zu können. Gerade auch in den skandinavischen Ländern gibt es sehr viele Schotterstraßen, auf denen man mit einem Gravelbike hervorragend fahren kann.

Außerdem eignet es sich bestens fürs Bikepacking auf allen Arten von Straßen und Wegen. Aber natürlich benötigt man zum Bikepacking kein neues Rad, sondern wirklich jedes Rad kann dazu genutzt werden.

Die Bikepacking-Taschen

Im Prinzip gibt es bei der Wahl der Ausrüstung fürs ultraleichte Wandern oder Biken keinen Unterschied. Man will beim Radfahren selbstverständlich keinen großen Rucksack auf dem Rücken haben, aber dafür hat man ja das Rad. Beim Bikepacking wird die Ausrüstung in mehreren unterschiedlich großen Taschen am Fahrrad befestigt.

Diese Taschen gibt es in unterschiedlichen Größen und Formen. In der Regel erreichen die unterschiedlichen Taschen ein geringeres Gesamtvolumen als ein Trekkingrucksack, es steht also eher weniger Platz für Ausrüstung zur Verfügung als beim Trekking. Aber du legst mit deinem Fahrrad natürlich deutlich größere Distanzen zurück als zu Fuß, was bedeutet, dass du im Unterschied zum Trekking so gut wie nie Essen für eine Woche einpacken musst. Wenn du als Hiker im Schnitt 30 km pro Tag läufst, kannst du als einigermaßen trainierter Radfahrer in der gleichen Zeit 150 km zurücklegen, wenn du auf Asphalt oder Schotterstraßen fährst. Bei Touren in den Bergen über schmale Single Trails wird die Tagesdistanz natürlich deutlich darunter liegen, aber immer noch vielleicht 80 bis 100 km betragen. Das heißt, in den meisten Fällen wirst du daher kaum für mehr als zwei bis drei Tage Essen mitführen müssen.

Meine Bikepacking-Ausrüstung mit Verpflegung für zwei Tage.

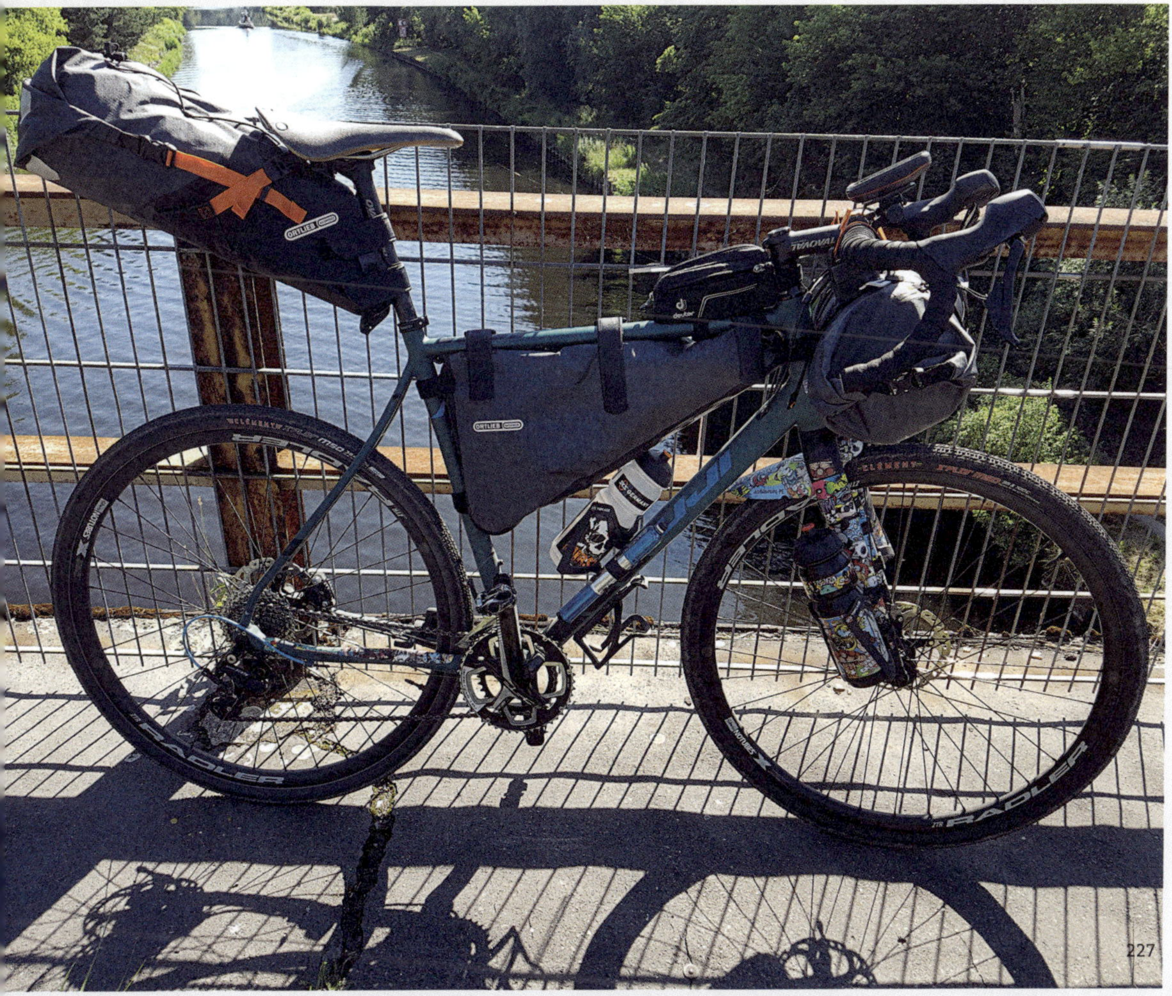

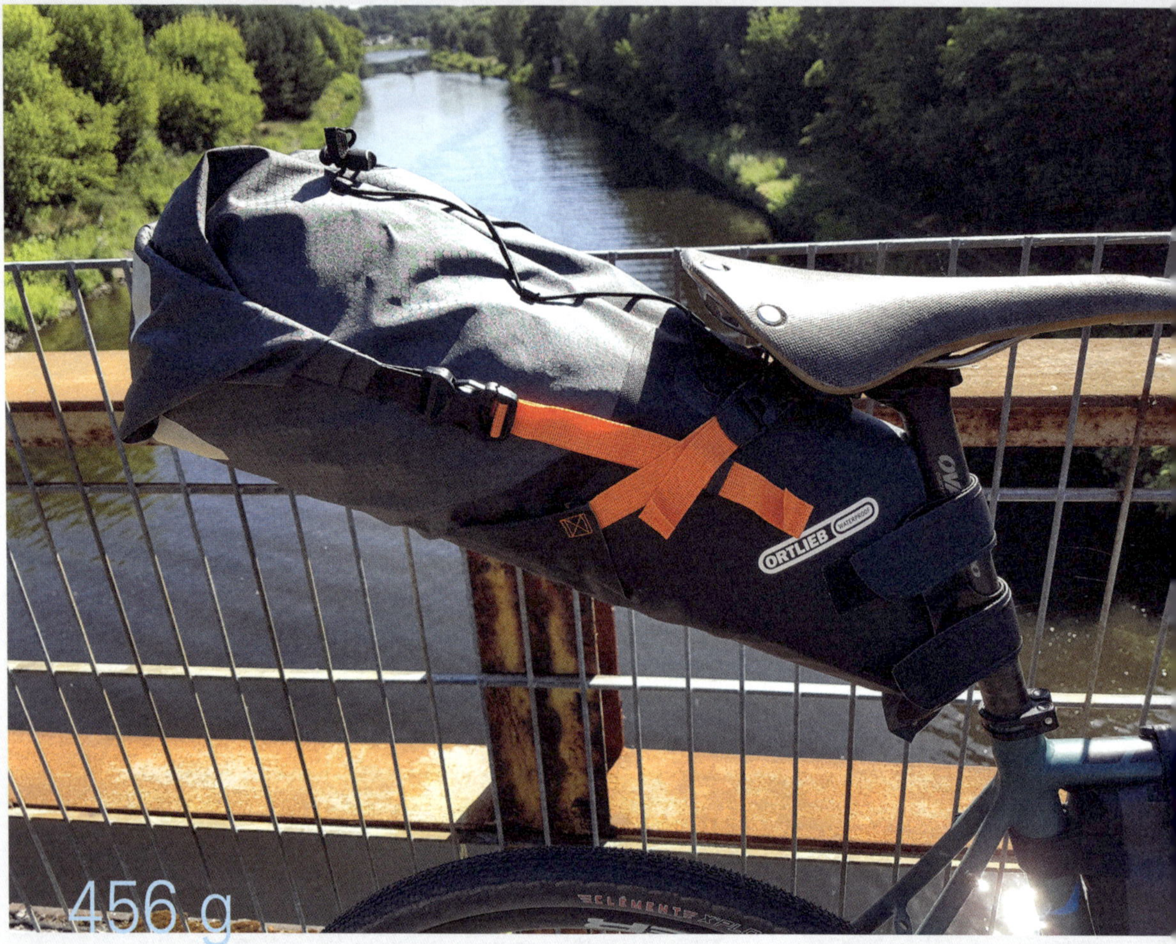

Wasserdichte Satteltasche von Ortlieb, 456 g, 16,5 l Volumen.

Satteltasche

Die Satteltasche wird, wie der Name schon verrät, unter dem Sattel befestigt. Eine kleine Satteltasche nutzen die meisten Radfahrer für Werkzeug oder Ersatzschlauch.

Die Varianten für Bikepacker sind einfach nur sehr viel größer, in der Regel fassen sie zwischen 10–ca. 15 l. Sie werden mit Klettverschlüssen und/oder Schnallen sowohl am Sattel als auch am Sattelrohr befestigt. Die Taschen sind vorne sehr schmal und hinten breiter geschnitten. Diese Form ist notwendig, damit die Tasche nicht am Bein des Fahrers scheuert. Damit die Tasche bei wilder Fahrweise nicht übermäßig wackelt, empfiehlt es sich, die Satteltasche nicht zu schwer zu beladen. Es bietet sich an, in die Satteltasche mittelschwere Sachen, wie zum Beispiel Bekleidung, Zelt/Tarp und leichte Verpflegung zu packen. Es ist wichtig, sie richtig zu beladen: die schwersten Sachen sollten so dicht wie möglich in Richtung der Sattelstütze gepackt werden, die leichteren Sachen kommen ans Ende der Tasche. Dadurch hängt die Tasche nicht so durch und wackelt auch nicht hin und her. Eigentlich alle Hersteller arbeiten bei der Satteltasche mit einem Rollverschluss.

Damit die Tasche eine stabile Form erhält und nicht zu stark wackelt, ist es wichtig, die Tasche möglichst fest zu packen und mit dem Rollverschluss jeden ungenutzten Raum zu komprimieren.

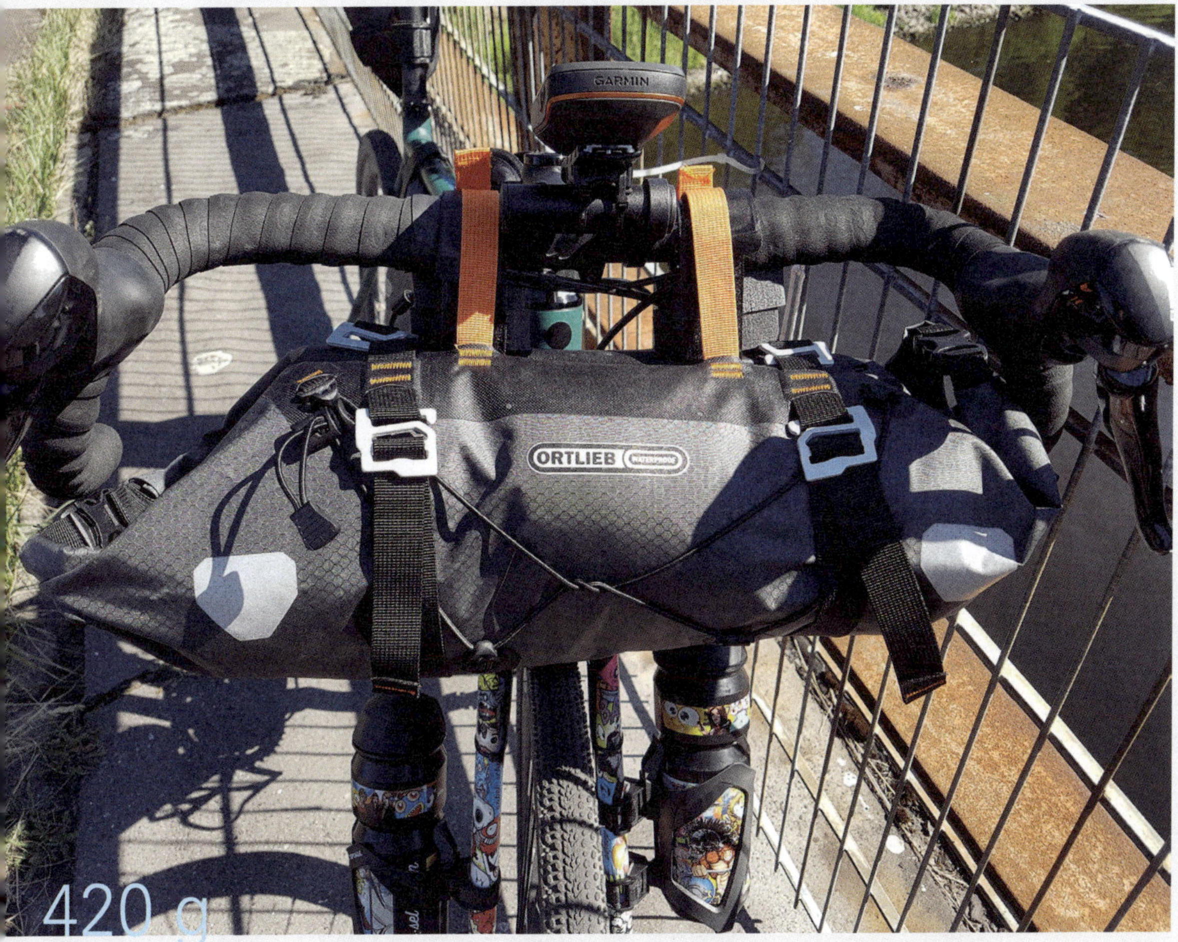

Wasserdichte Lenkertasche von Ortlieb, 420 g, 15 l Volumen. Aufgrund meines Rennlenkers kann ich nicht das volle Volumen ausschöpfen.

Lenkertasche

Das Gegenstück zur Satteltasche ist die Lenkertasche. Auch hier wird die Tasche mit einem System aus Klettverschlüssen und Gurten am Lenker fixiert. Wie groß die Tasche sein darf, hängt von der Art des Fahrradlenkers ab.

MTB oder andere Räder mit geradem Lenker haben Platz für deutlich größere Taschen. Wer mit einem Rennradlenker unterwegs ist, muss sicher zu einer kleineren Tasche greifen, da diese ja zwischen die beiden Hörner des Lenkers passen muss. Bei der Montage der Lenkertasche musst du recht sorgfältig vorgehen, da ja die Bowdenzüge für die Bremsen und die Schaltung dort entlanglaufen. Je nach Taschenmodell werden Abstandhalter aus Schaumstoff mitgeliefert oder einige Taschen haben sogar Kunststoffhalter, die den Haltern klassischer Lenkertaschen ähneln. Gerade bei Rennlenkern ist es von Vorteil, auf eine gute Montage zu achten damit man den Lenker auch noch im (rückenschonenden) Obergriff fahren kann. Da das Gewicht am Lenker das Lenkverhalten des Rades negativ beeinflusst, sollte die Lenkertasche mit nur wenig Gewicht beladen werden.

Ich packe in die Lenkertasche meine Isomatte und den Schlafsack, und wenn es nicht gerade Hochsommer ist, meine kleine, leichte Daunenjacke.

Das sind so in etwa 1,5–2 kg. Mein Gravelbike hat natürlich einen Rennlenker, deshalb habe ich ohnehin nicht so viel Platz.

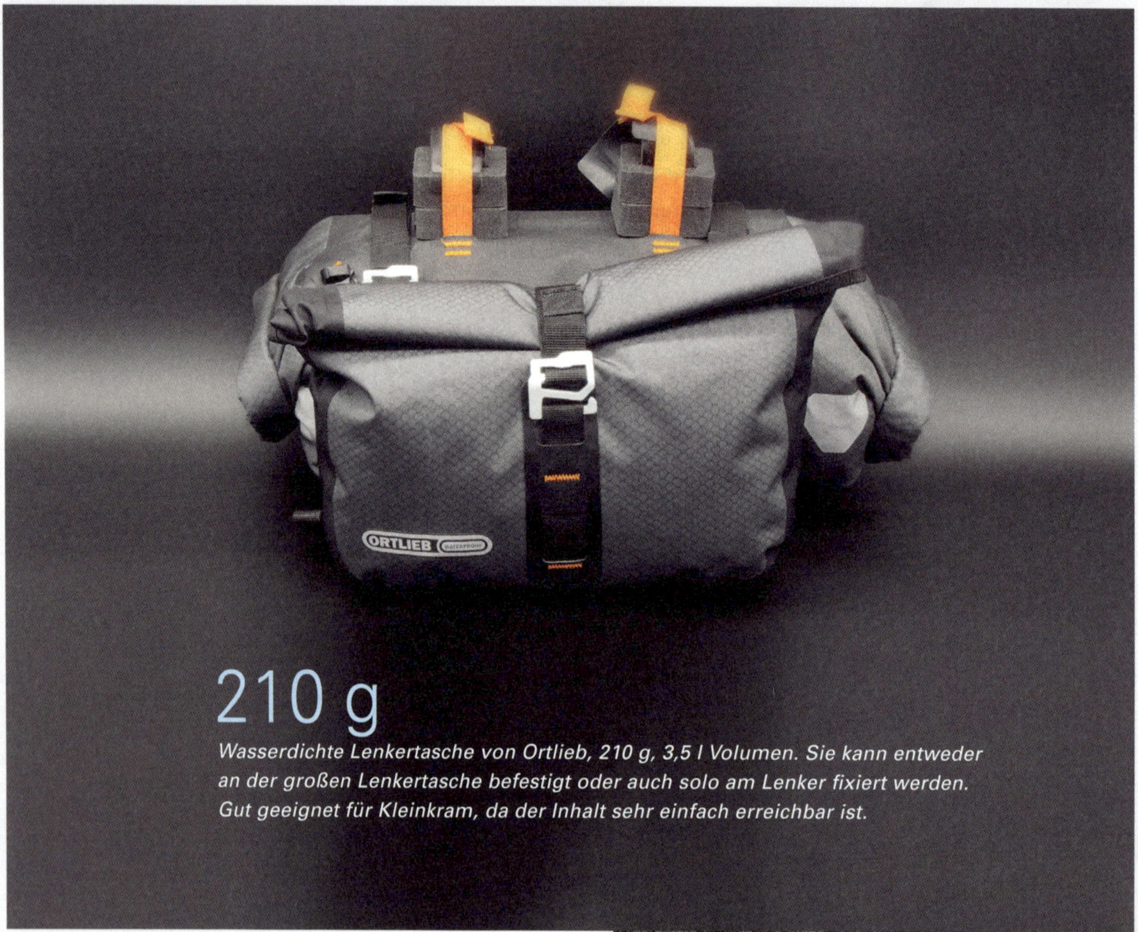

210 g

Wasserdichte Lenkertasche von Ortlieb, 210 g, 3,5 l Volumen. Sie kann entweder an der großen Lenkertasche befestigt oder auch solo am Lenker fixiert werden. Gut geeignet für Kleinkram, da der Inhalt sehr einfach erreichbar ist.

Da der Zugang zur Tasche nicht so einfach ist, packe ich in die Lenkertasche nur Sachen, die ich tagsüber nicht brauche.

Es gibt einige Anbieter von Bikepacking-Taschen, die keine Lenkertasche, sondern nur eine Halterung ohne eigentliche Tasche anbieten. An diese Halterung wird dann mit einfachen Schnallen zum Beispiel eine wasserdichte Rolle befestigt. Das kann vorteilhaft sein, wenn man sehr großvolumige Schlafsäcke oder eine dickere Daunenjacke mitnehmen muss, weil es eher kalt wird.

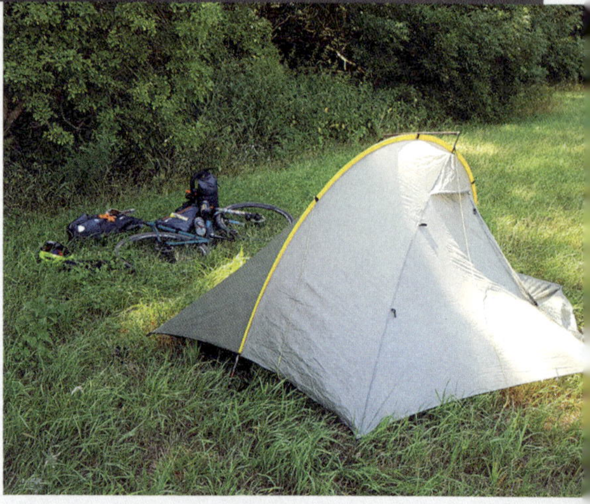

Bikepacking-Tour in Brandenburg.

Rahmentasche

Zwischen Satteltasche und Lenkertasche kommt die Rahmentasche. Die Rahmentasche wird ebenfalls per Klettverschluss im Rahmendreieck befestigt. Es gibt eine große Vielzahl verschiedener Formen.

Das ist notwendig, da das Rahmendreieck sehr unterschiedlich ausfallen kann. Es wird durch die Rahmengröße des Rades bestimmt. Wer also einen sehr kleinen Rahmen hat, bekommt unter Umständen eine große Rahmentasche gar nicht unter. Bei vollgefederten MTBs ist möglicherweise die Dämpfereinheit für den Hinterbau im Rahmendreieck untergebracht. Hier bieten sich flache Taschen an, die nur unter dem Oberrohr befestigt werden und im Rahmendreieck Platz für die Dämpfereinheit und natürlich auch für die Trinkflaschen lassen. Bei großen Rahmentaschen ist es sehr wahrscheinlich, dass die Trinkflasche keinen Platz mehr im Rahmen findet, das heißt für diese muss dann eine neue Unterbringung gefunden werden.

Die Rahmentasche bietet sich auf jeden Fall für die schwereren Sachen an. Durch die zentrale Lage im Rahmen sorgt sie für einen tieferen Schwerpunkt im Gegensatz zu Sattel- und Lenkertasche. Dadurch beeinträchtigt die Rahmentasche das Handling des Fahrrades am wenigsten. Vielfach haben diese Taschen ein großes und ein kleineres Fach, in das man ein bisschen Kleinkram wie Geld, Schlüssel etc. verstauen kann. Wichtig ist es auch, bei der Rahmentasche gut zu packen. Sie darf nicht zu breit gepackt werden. Wenn die Rahmentasche den ganzen Tag an deinen Knien scheuert, ist das nicht angenehm.

232 g

Wasserdichte Rahmentasche von Ortlieb, 232 g, 6 l Volumen.

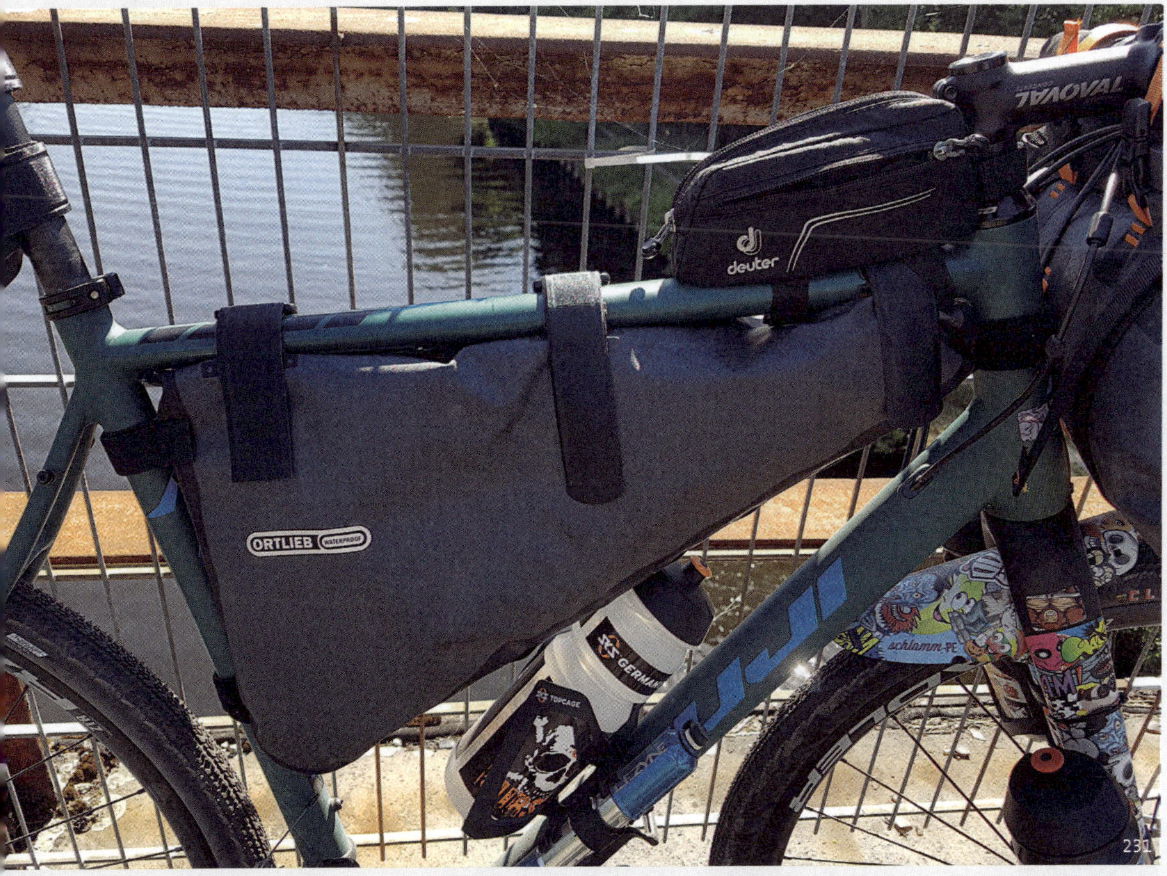

Ultraleicht-Packliste für 1-wöchige Biketour

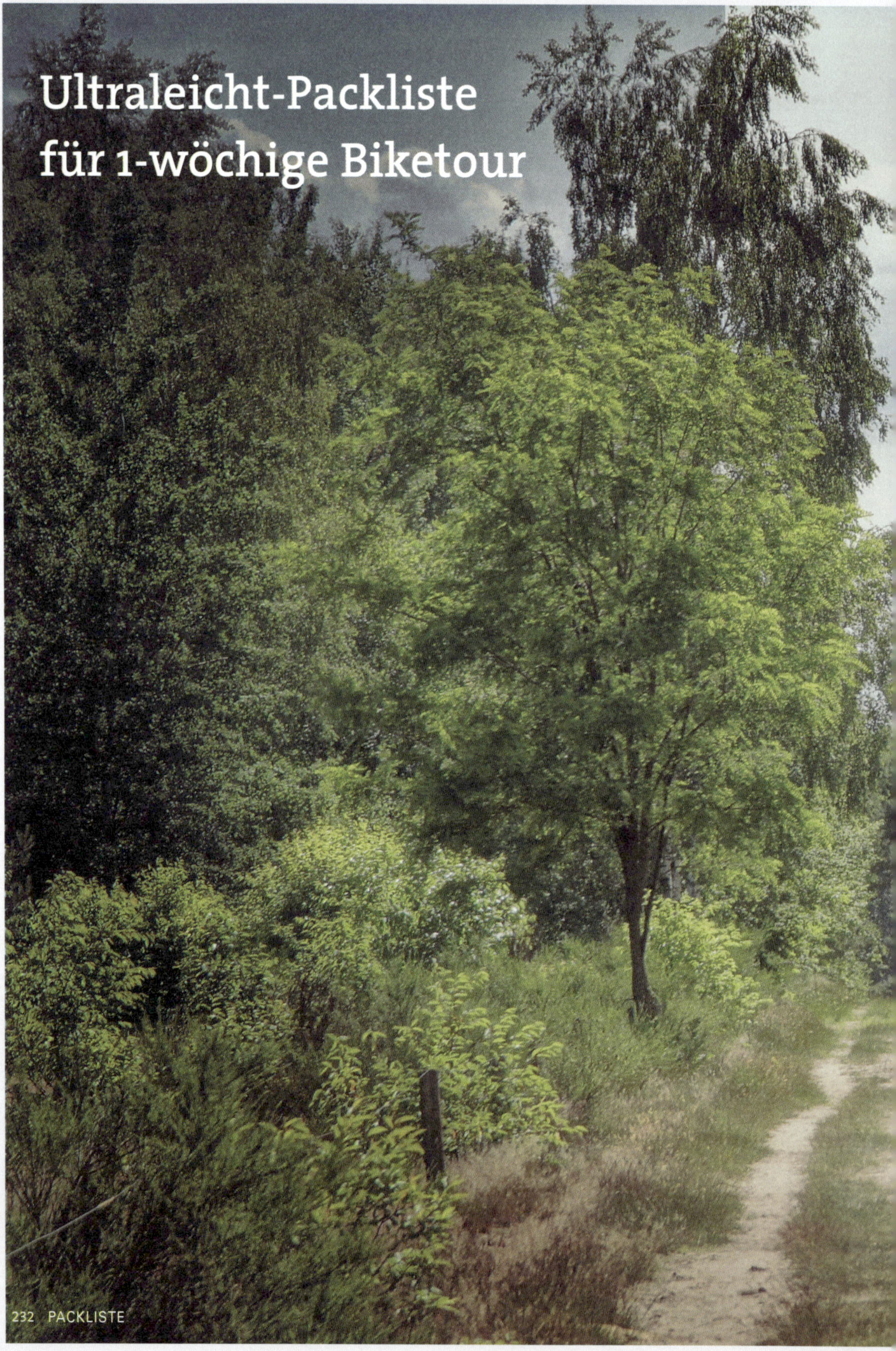

Ultraleicht-Packliste für 1-wöchige Biektour

Kategorie	Gegenstand	Gewicht in Gramm
Hardware	Seatpack	453
	Frame-Pack	183
	Handlebar-Pack	420
	Accessory-Pack	168
	Tarptent Rainbow	971
	Zeltunterlage	160
	Schlafsack Ultralight bis -4°C	880
	Thermoluftmatratze Neo Air X-lite	370
	Elektrische Pumpe für X-Lite	55
	Snowpeak 700-ml-Topf	130
	Gaskocher Express	88
	Gaskartusche 100 g	196
	Esbit Titanlöffel	20
	Feuerzeug	9
	Kopfkissen Mammut	38
	Gesamtgewicht Hardware	4 141
Kleidung	Regenjacke Active Jacket	275
	Regenhose kurz	109
	Wasserdichte Socken	87
	Windjacke	110
	Trikot kurzarm	175
	Bike-Shorts	206
	Armlinge	94
	Beinlinge	150
	Fleecepullover	196
	Daunenjacke	252
	Wasserabweisende Überziehhandschuhe	31
	Schlauchschal	
	Gesamtgewicht Kleidung	1 685
Waschzeug	Sea to Summit Packbeutel	37
	Zahnpasta	25
	Zahnbürste	15
	STS Bodywash Leaves	14
	Kontaktlinsenbehälter	12
	Kontaktlinsenreiniger	18
	Kleines Handtuch	30
	Gesamtgewicht Waschzeug	151
Erste-Hilfe-Kit	Rettungsdecke	55
	Pflaster	6
	Steriles Verbandpäckchen	17
	Dreieckstuch	15
	Gesamtgewicht Erste-Hilfe-Kit	93
Elektronik	Smartphone	215
	Powerbank 16 500 mAh mit USB-Kabel	297
	Gesamtgewicht Elektronik	512
Essen	Kaffee + Kaffeeweißer	520
	Frühstück 2-mal	276
	Abendessen 2-mal	332
	Energieriegel, 6 Stück	349
	Elektrolyt-Tabletten für Getränk	165
	Gesamtgewicht Verpflegung	1 642
	Gesamtgewicht	8224

Bikepacking-Tipps

Ergänzen kannst du diese Grundausstattung noch durch eine kleine Tasche, die oben auf dem Oberrohr und dicht am Steuerrohr sitzt. Hier kannst du zum Beispiel dein Handy, Snacks und Ähnliches zugriffsbereit verstauen. Mit ein bisschen Geschick kommst du an diese Tasche auch gut während der Fahrt ran, wenn du z. B. mal schnell ein Foto schießen willst. Wenn du erst am Anfang deiner Bikepacking/Ultraleicht-Karriere stehst und noch nicht so ein ausgefeiltes System oder noch eine etwas großvolumigere und schwerere Ausrüstung hast, benötigst du eventuell noch mehr Platz. Dafür bietet sich ein kleiner Rucksack an. Wenn du dich für einen Rucksack entscheidest, solltest du dort aber nur leichte Sachen hineinpacken – dein Rücken wird es dir danken. Es ist aber durchaus möglich, noch viele kleine Sachen an anderen Stellen deines Rades unterzubringen. Einige Fahrräder bieten zum Beispiel am Unterrohr Befestigungspunkte für einen zusätzlichen Flaschenhalter. Dort kann auch die Trinkflasche transportiert

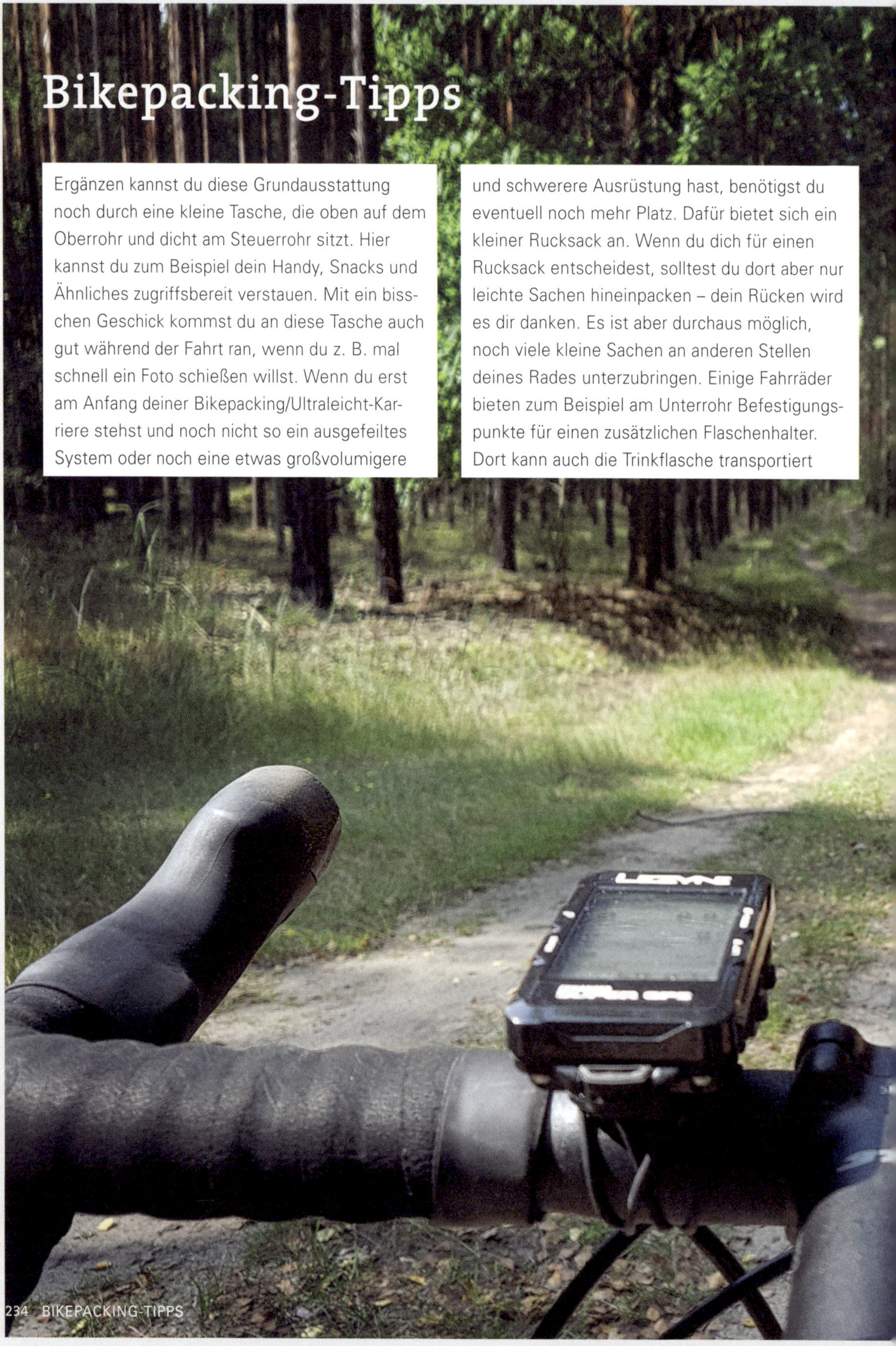

werden, wenn das Rahmendreieck durch die Rahmentasche zugebaut ist. Es gibt auch Transportbehälter in Form einer Trinkflasche, in denen du wunderbar dein Fahrradwerkzeug, Ersatzschlauch und gegebenenfalls die Erste-Hilfe-Ausstattung unterbringen kannst. Bezüglich einer alternativen Unterbringung der Trinkflasche ist es auch eine Möglichkeit, das Wasser in einem Trinkrucksack auf dem Rücken mitzuführen. Eine andere Möglichkeit bieten Befestigungskits für Flaschenhalter.

Ich habe an beiden Seiten meiner Gabel je einen Flaschenhalter per Klettbefestigung angebracht. Da transportiere ich meine beiden 0,75-l-Wasserflaschen. Ich kann zwar dadurch nicht mehr während der Fahrt trinken, aber ich fahre ja auch keine Radrennen. Du solltest aber an Bauteilen aus Carbon wie Rahmen oder Gabel auf keinen Fall irgendwelche geschraubten Schellen anbringen.
Diese können durch die Kerbwirkung das Material zerstören.

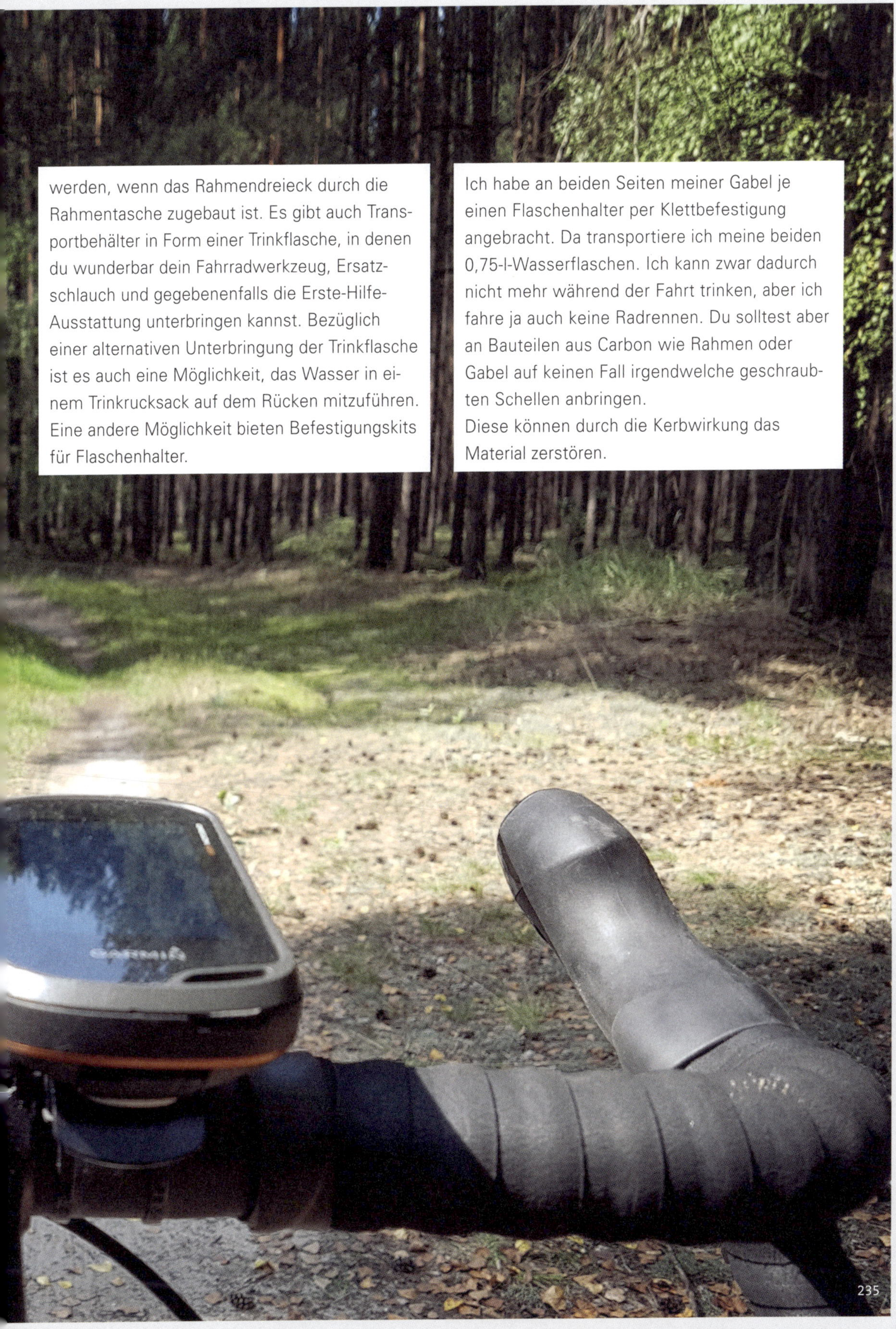

Mit Klettbändern oder auch einfachem Duct Tape kannst du dagegen leichtere Sachen sehr gut an Carbonteilen befestigen.

Es gibt zum Beispiel von der Firma Blackburn den Outpost Cargo Cage, einen »Gepäckträger« in Form eines überdimensionierten Flaschenhalters. Der lässt sich ebenfalls gut an den Gabelscheiden montieren und mit kleinen, schmalen Packsäcken bestücken, z. B. einem Schlafsack oder anderen leichten Sachen.

Grundsätzlich musst du dich natürlich auch entscheiden, ob du wasserdichte oder nicht wasserdichte Taschen haben möchtest. Das hängt sowohl von den vorherrschenden klimatischen Bedingungen im Zielgebiet ab als auch davon, was in der jeweiligen Tasche transportiert werden soll. Ich habe mich für wasserdichte Taschen entschieden. Damit muss ich mir keinen Gedanken machen, ob ich das Ganze nochmals wasserdicht verpacken muss.

Wenn es feucht und dreckig wird, können die Klettbänder, mit denen die Taschen am Rahmen befestigt sind, ihre Spuren am Lack hinterlassen. Der Dreck, der seinen Weg unweigerlich zwischen Rahmenrohr und Klettband findet, kann nach 300 km schon einiges vom Lack abschmirgeln. Deshalb klebe ich den Rahmen unterhalb der Klettbänder mit einer Lage Duct Tape ab. Das lässt sich nach der Tour leicht wieder entfernen und das Rad sieht länger schick aus. Wenn dein Bikepacking-Fahrrad einen Carbonrahmen hat, solltest du das auf jeden Fall machen. Denn diese Rahmen sind sehr kratzempfindlich.

Wenn du das mit dem Bikepacking mal ausprobieren willst und nicht gleich das Geld für eine gute Taschenserie ausgeben möchtest, kannst du, mit ein wenig Improvisationstalent, auch mit einfachen Mitteln die ersten Touren machen.

Ein wasserdichter Rollverschlussbeutel kann mit Packriemen einfach unter dem Sattel montiert werden. Ebenso kann eine weitere Rolle an den Lenker gebunden werden. Am Oberrohr findet das Zelt, eng zusammengerollt, seinen Platz. Der Rest kommt in einen Rucksack. So eine Low-Budget-Konfiguration ist zwar optisch nicht gerade der Knaller, aber für die ersten Testtouren durchaus machbar und kostet dich fast nichts.

Vor allem in den USA gibt es eine Vielzahl von Firmen die Bikepacking-Taschen herstellen. In Deutschland sind diese nicht so einfach zu bekommen, so dass die Markenauswahl hier noch deutlich geringer ist. Einfach zu bekommen sind zum Beispiel natürlich Ortlieb (wasserdicht), VauDe (ebenfalls wasserdicht) Revelate Design, Apidura, Blackburn, Topeak und Salsa.

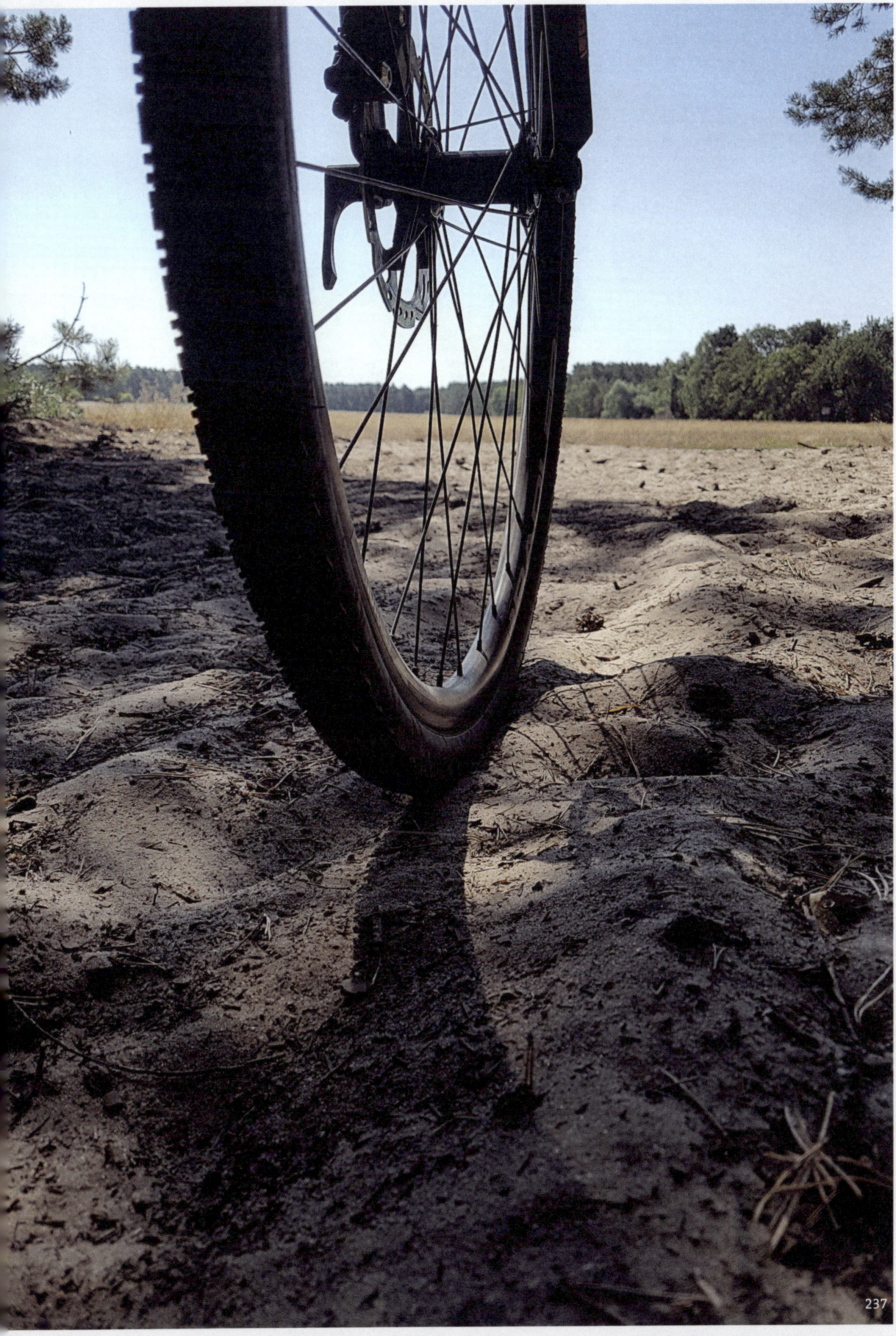

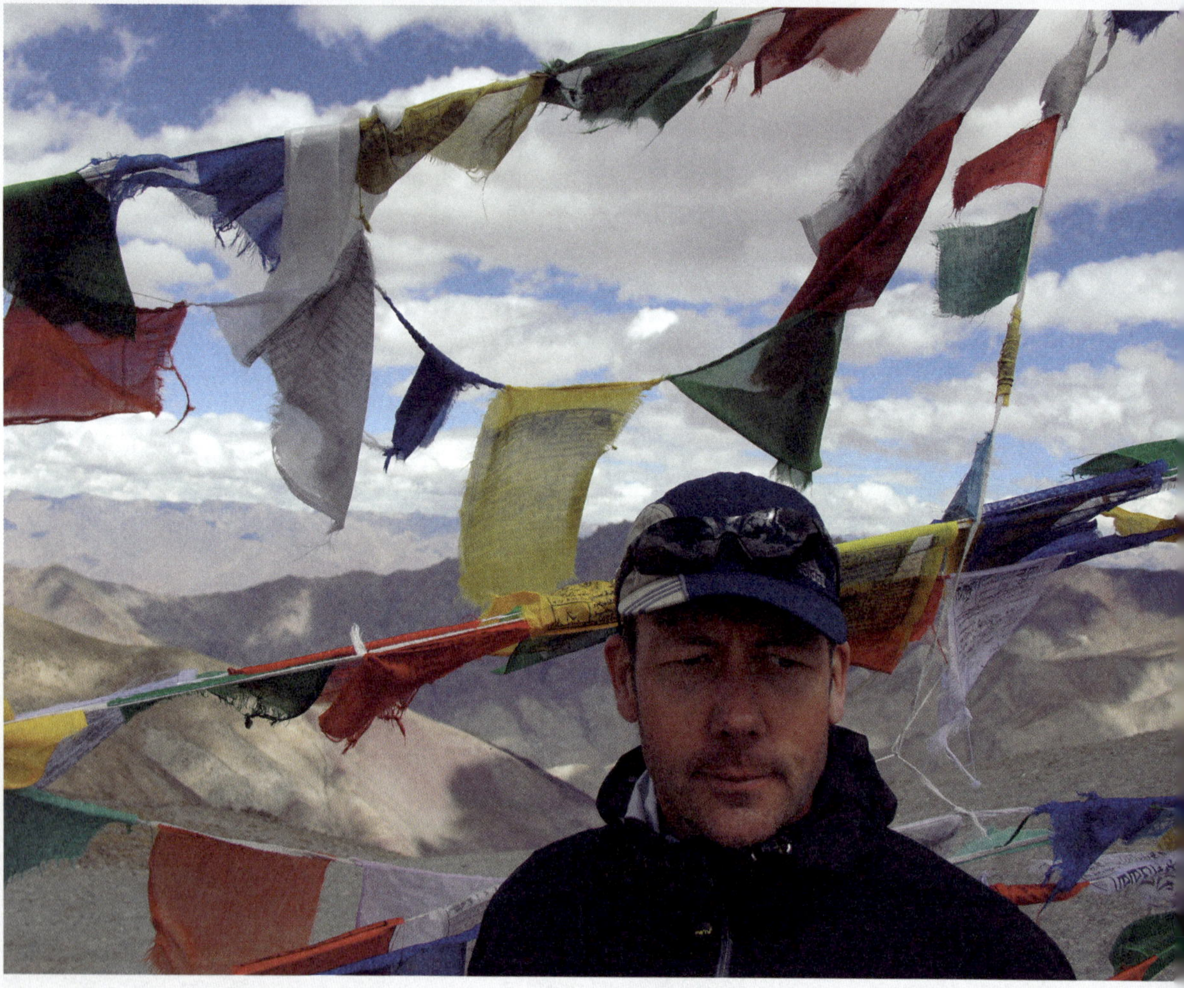

Zum Schluss ...

Nun hoffe ich, dass ich dir in diesem Buch viele Anregungen und Denkanstöße geben konnte, womit du das Gewicht deiner Ausrüstung beim Wandern und bei anderen Outdooraktivitäten sehr deutlich verringern kannst. Weniger Gewicht heißt mehr Spaß und nicht zwangsläufig Verzicht. Weniger Gewicht heißt weniger Belastung für deinen Körper und eröffnet neue Möglichkeiten, größere Entfernung zurücklegen zu können. Wichtig ist es, immer deine persönlichen Entscheidungen zu treffen und dich nicht von anderen beeinflussen zu lassen. Aber wenn du mit offenem Blick auf andere Ultraleicht-Hiker schaust, kannst du dir noch viele weiteren Anregungen holen, um das Gewicht deiner Ausrüstung weiter zu reduzieren. Je häufiger du Leichtgewichtstouren unternimmst, desto mehr wirst du weitere Einsparpotentiale erkennen.

Ich persönlich verzichte auf solche radikalen Sachen wie Zahnbürste absägen, Etiketten aus Kleidung heraustrennen oder den Löffelstiel kürzen und fahre sehr gut damit. Neueinsteiger in der Welt des Ultraleichtgepäcks lasse ich gern an meinen umfangreichen Erfahrungen teilhaben. Kontaktiert mich gerne über less2pack@gmail.com.

Viel Spaß bei deinen Touren mit leichtem Gepäck!

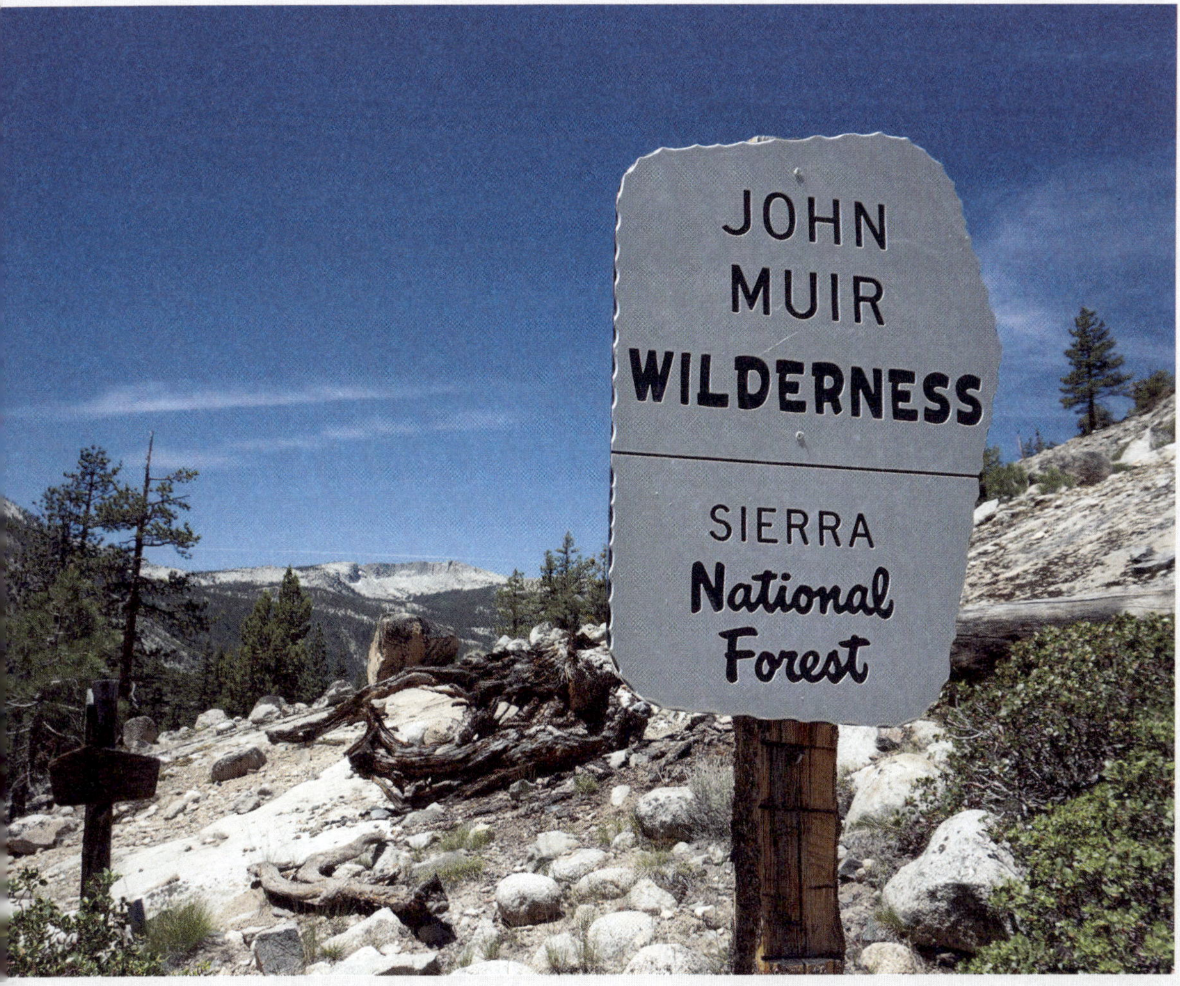

... und über mich

Schon seit frühester Kindheit bin ich viel draußen unterwegs. Als leidenschaftlicher Radfahrer bereise ich mit dem Fahrrad Deutschland, die USA, Island und Neuseeland. Mein Rad habe ich aber auch schon öfters gegen ein Seekajak eingetauscht und damit Flüsse und Meere wie die Ostsee, das Mittelmeer und die Baja California befahren.

Doch die Königsdisziplin ist für mich immer noch das Wandern. In den Alpen, den europäischen Mittelgebirgen, im Himalaya oder auf meiner 1500 Kilometer langen Tour auf dem Pacific Crest Trail habe ich viel Erfahrung über Ultraleicht-Ausrüstung gesammelt. Wenn ich nicht gerade auf Tour bin, lebe ich in Berlin und arbeite dort inzwischen seit mehr als 25 Jahren als Berater bei Globetrotter Ausrüstung, einem der größten deutschen Outdoor-Ausstatter.

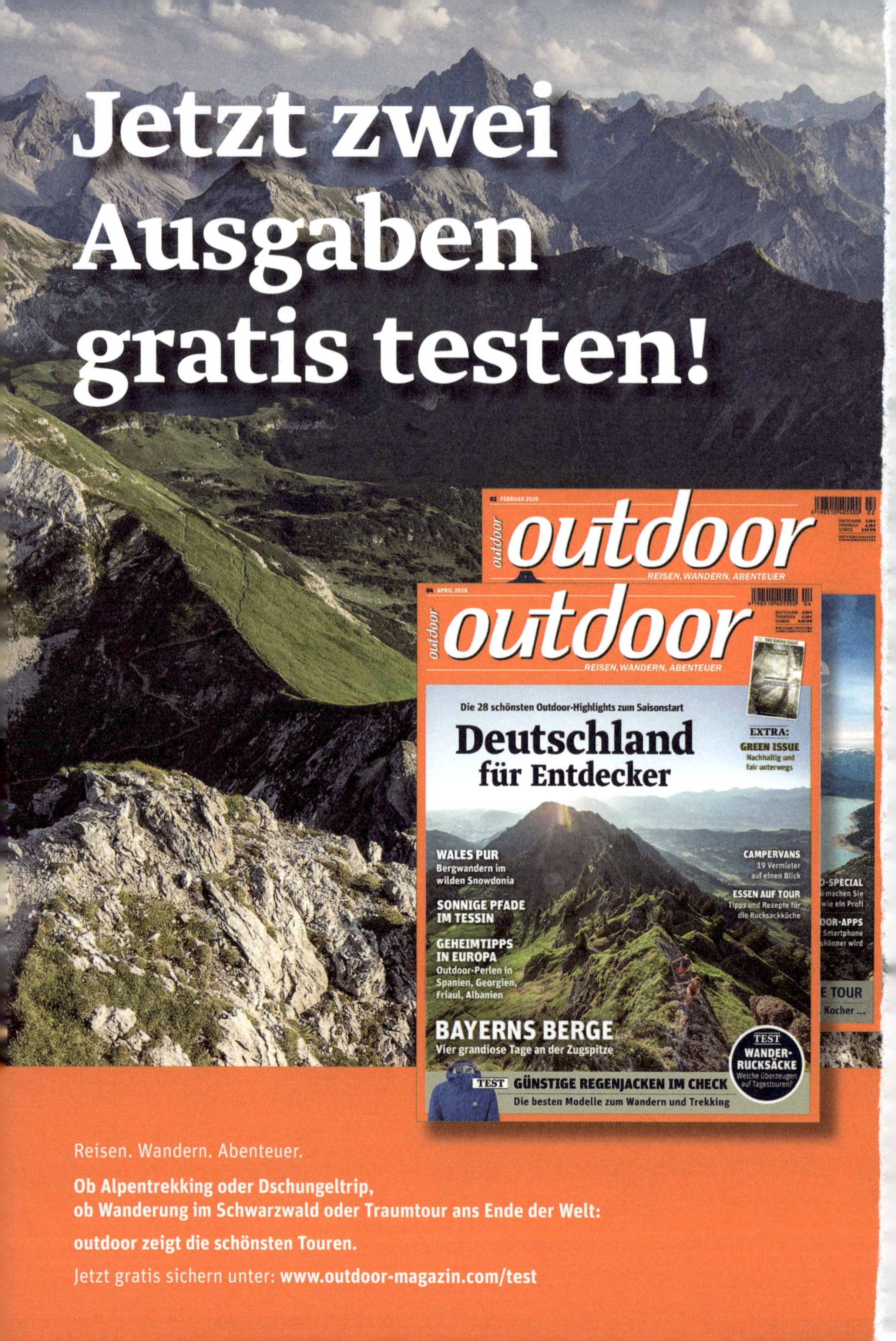
Jetzt zwei Ausgaben gratis testen!
outdoor
REISEN, WANDERN, ABENTEUER
outdoor
REISEN, WANDERN, ABENTEUER
Die 28 schönsten Outdoor-Highlights zum Saisonstart
Deutschland für Entdecker
EXTRA: GREEN ISSUE Nachhaltig und fair unterwegs
WALES PUR Bergwandern im wilden Snowdonia
SONNIGE PFADE IM TESSIN
GEHEIMTIPPS IN EUROPA Outdoor-Perlen in Spanien, Georgien, Friaul, Albanien
CAMPERVANS 19 Vermieter auf einen Blick
ESSEN AUF TOUR Tipps und Rezepte für die Rucksackküche
BAYERNS BERGE Vier grandiose Tage an der Zugspitze
TEST WANDER-RUCKSÄCKE Welche überzeugen auf Tagestouren?
TEST GÜNSTIGE REGENJACKEN IM CHECK Die besten Modelle zum Wandern und Trekking
Reisen. Wandern. Abenteuer.
Ob Alpentrekking oder Dschungeltrip,
ob Wanderung im Schwarzwald oder Traumtour ans Ende der Welt:
outdoor zeigt die schönsten Touren.
Jetzt gratis sichern unter: www.outdoor-magazin.com/test